KB244359

경제 문제와 기독교윤리

기독교인으로서 깨끗한 부자가 될 수 있는가?

한국기독교윤리학회 / 한국복음주의윤리학회

경제 문제와 기독교윤리

엮은이 · 장로회신학대학교 교회와사회연구부

초판 1쇄 찍은날 · 2004년 10월 10일

초판 1쇄 펴낸날 · 2004년 10월 20일

펴낸이 · 김승태

출판본부장 · 김춘태

편　집 · 김규혜, 최지영

표지디자인 · 한영애

등록번호 · 제2-1349호(1992. 3. 31)

펴낸곳 · 예영커뮤니케이션

110-616 서울 광화문우체국 사서함 1661

출판유통사업부 T. (02)766-7912 F. (02)766-8934 E-mail: jeyoungsales@chollian.net

출판사업부 T. (02)766-8931 F. (02)766-8934 E-mail: jeyoungedit@chollian.net

www. jeyoung.com

ISBN 89-8350-331-9   03230

copyright ⓒ 2003, 장로회신학대학교 교회와사회연구부

값 11,000원

■ 잘못 만들어진 책은 교환해 드립니다.

경제 문제와 기독교윤리

기독교인으로서 깨끗한 부자가 될 수 있는가?

편집: 한국기독교윤리학회/ 한국복음주의윤리학회 공동 편집
후원: 대전 대덕교회, 광주 동광교회, 전주 현암교회,
　　　장로회신학대학교, 한국기독교윤리학회,
　　　한국복음주의신학회

한국기독교윤리학회 / 한국복음주의윤리학회

2004년 5월 한국기독교학회의 한국기독교윤리학회와 한국복음주의 신학회의 한국복음주의윤리학회가 공동으로 "경제 문제와 기독교윤리: 기독교인으로서 깨끗한 부자가 될 수 있는가?"라는 주제로 연차 대회를 개최한 바 있습니다. 이 학회 시에 발표된 원고들을 모아 본 책을 만들게 됨을 기쁘게 생각합니다. 두 곳의 학회가 함께 연차 대회를 개최하는 것은 전 신학 분야 중 처음일 것이라 봅니다.

IMF, 부동산 투기, 실업률의 증가, 경제 이념 논쟁 등 경제 문제에 대한 걱정이 날로 커 가고 있습니다. 오늘의 한국 사회의 경제 문제를 기독교윤리적인 시야에서 반성하고, 미래에 나아가야 할 방향을 진단하는 이 책의 내용들은 신학을 연구하는 학자, 신학생 그리고 평신도 모두에게 많은 시사점을 줄 것입니다.

위의 심포지엄은 먼저 노정선 교수의 기조 강연으로 시작되었습니다. 노 교수님은 항상 학문하는 저희 후배들을 격려해 주시는 분으로서, 기독교윤리학자로서 한국 사회의 인권과 한반도 평화를 위해 실천적 노력을 해 오신 분이십니다. 다음으로 그간 한국 교회에서 논란이 되었던 청부론과 청빈론 논쟁을 이상원 교수가 기독교윤리학자의 시야에서 다시 한 번 정리하였습니다. 신기형 교수는 기업 운영에 있어서의 기독교윤리적 논지를 서술하였습니다. 지난 동안 노동 문제에 대한 많은 신학적 성찰을 해 왔던 강원돈 박사의 논문도 주목됩니다. 신자유주의의 파고 속에서 우리 경제가 나아가야 할 좌표를 모색하는 장윤재 교수의 글도 포함되어 있습니다. 한국 사회에서의 분배 정의 문제를 다룬 이혁배 교수의 논문은, 오늘과 같이 경제 정의가 무너진 시대에 좋은 경종이 될 것이라 생각합니다. 박득훈 박사는 오늘의 시점에서 대안 경제에 대해 기독교적인 전망을 제시한 바 있습니다. 마지막으로 정종훈 교수가 쓰신 김인서의 사회사상에 대한 글도 주목이 됩니다.

금년으로 6집 째를 편찬하게 되는 『기독교윤리학논총』을 한국복음주의윤리학회와 공동으로 꾸밀 수 있게 되어 보람을 느낍니다. 마지막으로 이 연차 대회를 후원하여 주신 대전 대덕교회, 광주 동광교회, 전주 현암교회 및 장로회신학대학교와 양 윤리학회 회원 모두에게 마음 깊은 감사를 드리는 바입니다.

오늘날 한국 경제 사회는 중요한 변동의 시기를 맞이하고 있습니다. 열린우리당의 집권과 민주노동당의 원내 진출은 사회의 가난한 계층에 대한 국가의 관심이 그 동안 미흡했으며, 차기의 정부는 가난한 계층의 생존권 문제를 최우선 순위에 두고 다루어야 한다는 국민의 열망이 표출된 것이라고 봅니다.

이와 같은 시점에서 부를 어떻게 사용하는 것이 바람직한 그리스도인의 실천이며, 그리스도인은 현금의 한국 경제 사회를 어떤 방향으로 형성해 가야 하는가 하는 문제를 두고 신학적이고 윤리학적인 관점에서 반성해 보는 것은 매우 큰 의미가 있다고 생각됩니다. 이 문제는 진보 진영의 독점적 과제일 수가 없고 또한 복음주의 진영이 소홀히 방치해야 할 과제도 아닙니다. 두 진영이 모두 머리를 맞대고 고민하고 침된 하나님의 뜻과 방향을 찾아야 할 문제라고 판단됩니다. 이 중요한 주제를 가지고 금번에 한국기독교학회와 한국복음주의신학회에 각각 소속된 한국기독교윤리학회와 한국복음주의윤리학회가 합동으로 연차 대회를 개최한 결과 이 책을 만들게 된 것을 기쁘게 생각합니다.

하나님이 마음에 심어 두신 도덕법과 성경의 도덕법은 모든 그리스도인들과 신학자들의 윤리적 논의를 가능하게 하는 공동 논의의 터전이라고 판단됩니다. 이와 연합하여 만들어진 책을 통하여, 참된 그리스도인의 삶과 실천의 모습에 대한 활발한 토의가 이루어지고 이런 작업을 통하여 한국 교회가 한 단계 더 성숙해지는 열매가 있기를 바랍니다.

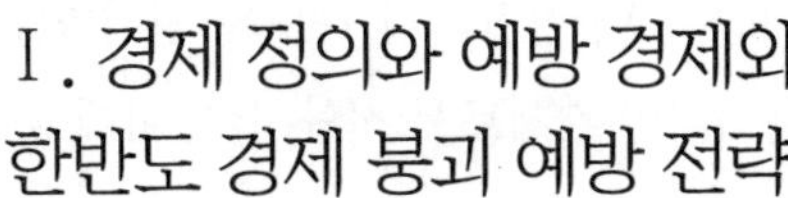

Ⅰ. 경제 정의와 예방 경제와 한반도 경제 붕괴 예방 전략

노정선(연세대 교수)

1. 이경해의 자살과 자유무역조약 시장 경제의 세계화

세계화는 인간에게 희망을 주기도 하지만 동시에 억압과 착취의 구조를 더욱 더 확산시켜 나감으로써 가난한 자들은 더 가난해지고, 부유한 소수는 더 부유해지는 세계 경제를 만들어 나가고 있다. 이것이 오늘의 경제윤리의 결정적인 문제이다.

최근 FTA를 반대하기 위한 세계 대회에서 이경해는 한국의 쌀 농민들을 보호하기 위해서 칼로 자신의 심장을 찔러 자살했다. 결국 이 국제회의는 좌절되었고, 칠레와의 협상에서 쌀은 예외 품목으로 빠져나와서 쌀 농민들의 위기는 일시적으로 극복되었다. 그러나 WTO 협상이 다가오고 있고 쌀 농민들은 또다시 엄청난 실업의 위기를 맞이하고 있다. 이경해의 자살 이후에도 농민들은 불안한 가운데 내일을 걱정하고 있다.

가난한 자들은 더욱 더 가난해져 가고 있는 이 경제의 세계화를 잠정적으로 막는 일은 가능하지만, 항구적으로 막을 수 있는 대안을 제시하지 않으면 안 되는 현실에 인류는 도달해 있다. 부유한 자들은 더 부자가 되고 가난한 자들은 더 가난해져 가도록 되어 있는 세계 경제를 어떻게 보다 나은 윤리적인 경제로서 전환시켜, 이에 따른 성경적 대안을 제시하여 처리할 것인가?

2. 부정적인 세계 경제와 억압과 착취

경제의 자본주의적인 세계화가 인류에게 행복을 더 가져다준다고 주장하고 있는 WTO의 주역들도, 이 과정에서 누군가는 희생을 당해야 할 것이며, 그 희생자는 더욱더 가난해지게 될 것이라는 전제를 인정하고 있다. 문제는 그들이 이 희생자들에 대해서 어떻게 윤리적으로 책임 있는 처리를 해 주어야 하는지에 대한 대안을 제시하지 않고 있으며, 빈익빈의 희생자들을 위한 적극적인 해결 대안을 만드는 데 대해서 별로 관심이 없다는 것이다. 혹 관심이 있더라도 포기하고 만다. 빈익빈은 부당한 억압의 결과이며, 신식민지적인 정복과 제국주의적이며 구조적인 착취의 결과라고 할 수 있다. 현대의 경제윤리학이 해결해야 할 과제는 세계화되는 경제의 악한 면을 어떻게 선한 구조로서 전환시켜 나갈 것이냐 하는 데 있다. 이것은 대안의 발명 내지는 개발을 만들어 내어야 한다는 과제를 말해 주고 있다.

1) 브래튼우드와 봉쇄

특별히 독일과 일본의 패망을 앞두고서 미국 뉴햄프셔의 브래튼우드 협의회는 세계 공산주의 경제에 목조르기를 가하고, 공산주의 경제윤리를 비윤리적인 것으로 규정했다. 공산주의 경제와 사회주의 경제에 대해서 봉쇄정책(containment policy)을 강화하기 위해서 WTO, 세계은행(World Bank), 세계금융기금(International Monetary Fund) 등을 조성하는 전략으로 나가기로 합의해 온 것이, 오늘의 세계 자본주의적인 '소위' 자유 시장경제를 강화시켜 나가고 있는 현상이라고 많은 학자들은 정리한다. 여기서 자유란 누구의 자유인가 하는 것을 규정할 필요가 있다. 극소수 특수층 및 극도의 부유층의 자유는 기타 사람들의 부자유와 구속결박으로 작용하는 경우가 있다.

사회주의 정당에 입당을 하고 정치권력을 확보했던 이라크의 후세인이 체포당하고 권력을 상실해 나가는 모습은, 바로 브래튼우드협의회의 결정 사항들이 또다시 활발하게 실천되어 감으로써 또 하나의 사회주의적인 경제 단위로서의 후세인 권력이 붕괴되는 것으로 해석할 수도 있다. 미국은 이라크의 경제를 하부 구조로 종속시켜 가는 통치를 추진할 것으로 예측된다.

사회주의 경제를 추진했던 칠레의 아옌데는 ITT 등의 다국적기업과 친미 노동조합과 결집된 세력들의 조직적인 군사 저항으로 사망했고, 전투 중에 권력을 상실했다. '부드러운 인간의 얼굴을 한' 사회주의 경제(human faced socialism)[1]를 추진했던 니카라과는 미국이 주도적으로 올테가를 선거에서 패배시키는 방식의 우노(Uno) 작전을 펴서 결국 제거되고, 친미적 경제 하부 구조를 추진하는 권력이 창출되었다. 리영희 교수는 최근 "인간의 얼굴을 한 자본주의를 지지한다."는 의미의 발언을 하면서, '사실은 인간의 얼굴을 한 사회주의를 하자는 주장을 하는 것이 얼마나 강력한 압박을 당하게 되는 것인가'를 간접적으로 시

---

1) 인간의 얼굴을 하지 않은 사회주의 경제에 대응하는 개념이다.

사했다.

 쿠바의 카스트로는 자본주의를 반대하고 사회주의 경제를 추진하면서 결정적인 경제 봉쇄를 당해 왔고, 거의 절대 빈곤의 수준으로 경제가 내려가고 있다. 그러나 쿠바의 삶의 질이 내려갔다고 평가하거나, 행복지수가 내려갔다고 평가하는 것은 별개의 문제로 보는 경우도 있다. 삶의 질이나 행복의 지수는 반드시 경제력이 강할 때 올라가는 것은 아니다. 오히려 사회주의 경제를 추진해 오고 있는 방글라데시는 절대빈곤국임에도 국민들이 행복감을 느끼는 지수는 전 세계 일등으로 나와 있다. 경제가 행복을 결정하는 것은 아니다. 소련의 사회주의 경제는 1917년 이래 발전되었다. Harry F. Ward는 사회주의가 국가 단위에서 최초로 실현된 소련이야말로, 예수의 경제윤리가 실천되는 사례로서 평가하기도 했다.[2] 그러나 그는 소련의 집단적 강제수용소가 운영되고 있었다는 점 등을 정확히 간파하지는 못한 듯하다. 최근에는 총체적인 압박에 의해서 소련이 해체되고 말았고, 러시아는 부분적으로 시장경제를 혼합하는 형태의 경제를 추진하면서 최악의 빈곤상태에서 벗어나기 위해서 발버둥을 치고 있다.

---

2) Harry F. Ward는 "예수의 경제윤리는 곧 협동과 형제사랑의 정신에 기초한 것이며, 자본주의에 있어서의 경쟁과 투쟁에 근거한 것이 아니다."라고 주장한다. 미국 보스턴대학 사회복지학 교수, 뉴욕 유니언신학대학 기독교윤리학 교수를 역임하고, 1940년대 매카시선풍으로 재판받는 지식인들을 변호하는 일에 전념했던 학자이다. 미국감리교본부의 러시아 전문가로도 장기간 봉사했다. 주로 활동한 시기는 1920-1950년대이며, 활발하게 활동하고 90세가 넘어서 사망할 때까지 Reinhold Niebuhr를 교수로 채용하였다. 1940년대 매카시선풍 기에는 니버에게 인기를 점점 빼앗기게 되어 학문적으로 매장을 당하다시피 했다. 그러나 1980년 Beverly Harrison, Cornel West, Robet T. Handy 교수들이 Ward를 살리기 위한 행사를 시작했고, Beverly Harrison은 Harry F. Ward와 Reinhold Niebuhr를 비교하는 강좌를 개설했다. 이것은 유니언신학대학원에 학문의 자유가 보장된 것이라고 했다. 라틴아메리카의 해방신학에서 마르크시즘이 분석 도구로 사용되는 상황을 본 미국의 윤리학계가 Ward를 다시 발굴할 필요가 있다고 판단한 것이다.

중국은 유교적인 경제윤리 구조를 마오쩌둥(모택동) 경제와 마르크스주의 경제를 충분히 고려하여 나름대로의 사회주의 경제를 추진하면서 경제적인 평등 사회를 추진해 나가려고 시도했으나, 여의치 않자 최근 시장 경제든 사회주의 경제든 상관없이 국민들에게 이익이 되는 실제적인 경제, 실용적인 경제를 추구하면서, 시장경제를 수용하면서도 중국식 사회주의 경제를 양보하지 않는 새로운 타협에 성공하고 있다.

2) 우리식 경제윤리와 남한의 경제

사회주의적 우리식 경제를 추구해 온 북한은 결국 미국을 중심으로 한 경제 제재의 대상이 되었고, 이미 1950년 이후 봉쇄 전략에 어려움[3]을 당해 오고 있다. 현재의 경제 수준을 GNP per Capital $700~$2,000 범위 내로 평가하는 학자도 있으나, 자본주의 잣대로 사회주의 경제를 평가할 수 없는 경제적, 경제 외적 요인이 너무 많다.[4]

(1) 김창준과 강양욱의 경제윤리

김창준(1894~1959)은 북의 경제 개혁을 가장 기독교적인 해석으로

---

3) 미국은 1950년 1월 12일 경부터 북한에 대하여 경제 제재를 하고 있으며 아는 아직 완화되지 않고 있다. 미국 입장에서는 이미 완화되었다는 주장도 있으나, 북측에서는 제재가 더욱 강화되었다는 평가가 나오고 있다(2004년 3월 11-15일, 독일 아놀드샤인 말틴니묄러 기념 수양관에서의 협의회에서 강영섭 조선그리스도교련맹중앙위원장의 발언 참조).
남북한의 핵 위기 극복을 위한 평화협의회, 초청은 독일교회(EKD), 약 50여 명 참석, 약 15개국 대표 참석. 북한에서 강영섭, 리춘구, 리정로, 리수익, 김현철, 김관기 등 6명이 참석했다. 미국에서 빅터슈, 캐나다에서 에리히 바인가르트너, WCC에서 클레멘 존, 한국에서 신선, 백도웅, 임흥기, 박종화, 성해용, 박성원(WARC), 이종원(일본), 필자가 참여했다.
4) 박승덕(전 주체사상연구소장)은 약 $2,700(US) 수준이라고 평가하는 듯하다(1992년 북미주 기독학자대회에서의 발언). 2003년 남한의 경제학자들은 약 $730(US)로 평가한다.

주장해 왔다. 1932년 발표된 그의 마르크스주의와 기독교에 관한 논문은 예수 사회주의를 가장 이상적인 것으로 평가하고 있다. 마르크스주의는 무신론이어서 신론이 추가되어야 한다고 평가했고, 자본주의는 기독교인들이 가난한 자들을 버리고 나누지 않는 데서 잘못되어 가고 있으며, 결국 예수님의 정신을 기본으로 한 사회주의 경제가 가장 올바른 것이라고 평가하고 있다. 그는 1948년경 북한으로 가서 정권 창출과 진행에 깊이 참여했다. 미국 개렛성서신학교를 졸업한 그는 감리신학교 교수로 있었고 인사동에서 20년간 목회를 했다. 독립 선언 33인 중의 한 사람이기도 하다.[5]

강양욱(1903~1983)은 1946년 북의 토지개혁위원회 서기를 맡고, 북한식 경제 개혁의 핵심적인 역할을 했으며 1983년 사망했다. 1972년에는 부주석으로 조선기독교련맹중앙위원회 위원장 역할을 했다. 그는 1928년경 평양신학교를 졸업한 후 장로교 목사 안수를 받았다.

고(故) 고기준 전 조선기독교련맹서기장은 1990년 동경회의에서 북한의 사회주의 경제를 기독교는 절대로 포기하거나 양보할 수 없다고 주장했다.[6]

(2) 홍동근의 경제윤리

홍동근은 북의 김일성대학에서 약 10년간 그리스도교 교리를 강의했으며, 1996년경 에모리대학 카터센터에서 주장하기를, "모세는 사회주의 경제를 주장했으며, 북의 경제는 성서적으로 옳은 것"으로 평가했다.[7] 이 모임은 북미주 기독학자대회였고, 북측에서 리종혁 당시 아태

---

5) 노정선, *The Third War* (서울: 연세대학교출판부, 2000).
6) 이 회의는 재일교포 기독교 교단의 강영일 목사 등이 주도해 오고 있다. KCCJ.
7) 필자의 비디오 녹화 연구 자료.

부위원장이 참석했던 것으로 기억한다. 홍동근 목사는 월남하여 영락교회 부목사, 선한사마리아교회(로스엔젤레스) 목사를 역임하고 일본에서도 목회를 했다. 평양에서 최근 사망하였다. 그의 묘는 평양에 있다.

(3) 한경직의 목회적 복지경제(Pastoral Welfare Economy of Han)
한경직은 신의주 제2교회를 담임하다가 서울에서 영락교회를 창립했다. 프린스턴신학교를 졸업한 한경직, 윤하영은 1945년 9월 기독교 사회민주당을 창립했다. 그 후 11월에 정당 이름을 사회민주당이라고 고쳤다.[8] 그의 경제 이론은 "공산주의는 독재를 수반하므로 수용할 수 없고, 자본주의는 빈익빈을 해결하지 못해서 수용할 수 없으며", 결국 사회민주주의적인 복지국가 경제를 주장했다. 그의 저서 『건국과 기독교』(1952)는 이를 잘 증언하고 있다. 그의 교회 공동체의 실천은 고아원 장애인들을 위한 예배와 공동체 형성, 모자원, 양로원 등의 소규모 복지 공동체를 계속해서 운영하는 정열적인 목회 등으로 나타났다. 그러나 자본주의 경제의 근본적인 빈곤의 문제를 풀어 나가기 위한 세계화 경제의 과제는 아직도 아직도 남아 있다. 세계화된 신식민지적 정복이 계속되고 있는 상황에서, 전제적이며 권위주의적인 군사경제와의 결탁이 제기하는 불평등과 경제 불의에 대한 대안의 문제는 다시 청년 세대에 제시되어야 할 것이다.

---

8) 한경직은 1990년대 말의 인터뷰에서 정당 이름이 민주당이었다고 이야기하면서, 이를 청년들이 사회민주당으로 바꿨다고 했다. 한경직이 프린스턴신학교 학생이던 당시의 미국 시민사회에는 기독교사회주의와 사회주의 경제에 대한 상당한 호감이 있었다는 증거가 많이 있으며, 이러한 시대적인 분위기와 한경직, 윤하영의 판단이 어느 정도의 상관성이 있었는가 하는 것이 연구 과제라고 할 수 있다.

(4) 유태영의 경제윤리

유태영[9]은 2004년대에 있어서 북한의 '우리식' 경제 체제와 윤리가 기독교 신앙에 있어 의미 있는 것으로 평가하고 있다. 북한에서 월남한 후 남한을 거쳐 도미한 후 미국 시민이 된 유태영 목사는 미국장로교회 목사로서 뉴욕 브롱크스 한인교회와 미국인 교회에서 수십 년 목회하였다. 그는 경제윤리 면에서 자본주의가 빈곤과 전쟁과 폭력 문제에 해결책이 되지 못한다고 판단하며, Bronx에서 일생 동안 목회하고 코리아반도의 평화운동에 미주 대표로서 깊이 활동하고 있다.

(5) 성서적 경제 대안에 대한 제시

남한에 있어서의 상당수의 개신교, 천주교 교회 교역자들은 공산주의 경제를 부정적으로 평가하고 있으며, 북을 현재의 세계 시장경제에로 변화시켜야 한다고 주장을 하는 경우가 허다하다. 그러나 아직도 빈익빈 부익부의 불평등 현상이 세계에 편만한 데에 대한 성서적인 대안을 제시해야 되는 과제를 남한의 교역자들과 평신도들은 안고 있다.

3) 유럽과 아프리카의 대안

부분적으로는 2000년대 미국식 주도의 자본주의적인 단극 경제 체제를 가장 성서적인 경제로서 평가하기도 한다. 유럽공동체는 이러한 미국 단극의 주도에 대항하기 위한 유럽경제공동체를 형성하고 있으며, 25개국 4억 5000만의 유럽공동경제 체제를 성공시키고 있다. 미국

---

9) 뉴욕 지역 브롱크스한인장로교회의 담임목사로 은퇴하였다. Presbyterian Church USA에서 중요한 직책들을 역임하였다.

주도의 단극적인 경제 체제와 경제윤리에 대한 확실한 대안적인 대응이 유럽 중심으로 진행되고 있다. 근본적인 문제 해결을 할 수 있을 것인가에 대해서는 의문이 남는다. 그러나 이것이 미국 경제에 대한 확실한 견제세력임에 틀림없다.

4) 아프리카와 정글의 법칙 경제윤리

전 아프리카 지역을 중심 세력으로 구성해 나가고 있는 리비아의 카다피 등의 새로운 경제 대안 역시 주목할 만하다.

무아마르 카다피는 리비아 국가평의회 의장인 유럽을 방문하여, "유럽이 국제문제 해결에 있어서 '정글의 법칙'을 피할 수 있도록 영향력을 행사하라."고 주문했다.[10] 그는 미국이 이라크를 점령한 것을 정글의 법칙으로 평가하고 있다. 그는 리비아에 대한 미국 등의 경제 제재 조치를 풀어내는 데 부분적으로 성공하였다. 정글의 법칙을 정당화하는 경제윤리는 비성경적이며 예수 그리스도의 경제에 대한 정신과 배치된다. 기독교 신앙인 등이 많은 유럽과 북미 대륙은 역사적으로 아프리카를 정복하고 부당하게 경제 착취를 해 온 경험을 가지고 있으며, 정글의 법칙으로 아프리카를 유린한 것에 대한 죄를 고백해야 한다. 이에 대한 기독교적 경제윤리의 평가가 필요하다.

---

10)《문화일보》(2004. 4. 29), "카다피 평화전도사?", 미 유럽에 역할 촉구, 홍성철 기자.

3. 2004년의 자본주의 경제의 확장과 자원 전쟁

이라크, 아프가니스탄 등 이슬람 문명권에서 경제윤리 전쟁이 진행되고 있다. 1914년 영국이 이라크 최대의 유전 지역을 점령하고 탈취한 데서 시작된 오일 확보 전쟁은 1991년 걸프전으로 이어졌고, 이 전쟁으로 20만의 이라크 병사가 죽고 50만의 아동들이 우라늄 오염으로 인한 백혈병과 경제 제재로 인한 영양실조, 기아, 영양 관련 질병 등으로 사망한 것으로 집계된다. 이러한 경제 전쟁은 9·11을 거쳐 2004년에도 지속되고 있고, 미국은 중동 지역에 군사 기지를 확보하여 새로운 형태의 미국 지배 지역으로 확보해 나가고 있다. 이러한 미국, 영국, 오스트레일리아 등이 주도하는 경제적 전쟁 행위에 대한 기독교적인 평가가 필요하다. 미국감리교회(UMCUSA), 장로교회(PCUSA) 등은 이 전쟁을 부도덕하며 비윤리적인 석유 확보 전쟁으로 선언하고 있다.

현재 세계화되어 가고 있는 이러한 경제경향은 약자들을 희생시키고 있다는 점에서 부도덕하다.

4. 자본주의 경제의 대안 경제: 희년의 정치경제윤리

1) 아모스의 경제

히브리 성서에서 아모스가 고민했던 경제적인 불의를 제거하려 했던 시도가 21세기에 새로운 경제 구조와 새로운 역학 관계 속에서 다시 부각이 되고 있다. 빈익빈의 문제를 해결할 수 있는 대안을 레위기 25장의 희년의 경제 질서 속에서 찾을 수 있을 것인가?

초기 토니 블레어가 주장했던 제3의 경제는 대단한 지지를 받았으나, 현재 토니 블레어의 이라크 정복 전쟁은 예수 그리스도의 가치와 상반된다고 평가할 수 있으며, 그의 제3의 길은 실상 또 하나의 신식민지 정복에 의한 석유 확보라고 하는 비윤리적인 것으로 나타나고 있다. 토니 블레어가 주장한 '제3의 경제'가 민중을 위한 것이 아니었으며 허구였다는 것이 실제 다수의 살상이 발생한 전쟁으로 인하여 반증되고 있다.

80%의 세계 인구가 착취를 당하면서 매일 점점 더 빈곤해지고 있으며, 20%의 부유층이 점점 더 부유해지는 불평등한 경제 구조가 현실이라는 자료는 울리히 두흐러(Ulrich Durchrow)등 많은 학자들의 주장을 뒷받침한다.[11]

IMF에 의해서 금융 지원을 받은 나라들의 절반 이상이 그 후 더 가난해져 가고 있다는 주장도 있으며, 이는 실제로 타당성이 있다(미셸 초소도프스키, 『빈곤의 세계화』).

5. 생명 경제의 창출

이제 현재의 세계는 생명 살리기, 살림, 경제를 창출해야 하는 긴박한 시점에 와 있다.

2003년 10월 23일 장로교신학대학(광나루)에서 에큐메니칼 인사들이 모여서 발표한 선언에서는 요한복음 10장 10절, "나는 생명을 더욱 풍성하게 하기 위해서 왔다. 그러나 도둑들은 파괴하고 도둑질하고 살

---

11) 손규태는 울리히 두흐로의 책을 번역하였는데, 본 저자의 제목과는 다른 제목을 붙였다.

해하기 위해서만 온다."라고 하는 성경 말씀을 기초로 해서 입장을 발표했다(the Communique of "the People's Forum on Peace for Life: No Peace without Justice" of the International Workshop Closing Declaration, Oct. 13, 2003 at the Presbyterian Theological Seminary in Seoul).

　테러와의 전쟁이라는 미명하에 테러를 당하는 것은 가난하고 약한 세계의 민중들이며, 테러를 주도하는 집단들은 극소수의 부유한 집단들이라고 할 수 있다. 또한 그들의 목적은 물질적인 욕망의 추구와 심리적인 오만에 근거한 폭력적인 전쟁을 수행하면서 심리적인 만족을 취하는 데에 있다고 할 수 있다. 그 전쟁은 '국민을 위한 민주주의' 가 아니라 소수의 제국적인 지배층의 민주주의이고, 새로운 세계 테러에 대한 공포로 지배하는 파시즘의 출현을 말하는 것이다. 그들은 세계의 가장 무서운 대량 살상 무기들을 다량으로 운용하면서 60억의 인구 모두를 다 살상할 수 있는 수천 수만의 핵무기들을 이미 소유하고 배치하고 있다. 새로운 세계 지배 욕망을 위해서 자기 최면에 걸린 결과로서, 수십만 수백만의 대량 살상을 이미 하고 있으면서도 이를 민주주의 실현에 필요한 과정인 듯 선전하는 자기 최면에 걸려 있는 것이다. 이들을 비핵화하는 것이 시급하다. 그리고 수천 수백만의 사람을 죽이고서 민주주의를 실현하겠다고 생각하는 것이 잘못이라는 것을 지적해야 한다.

6. 해결: 희년 경제윤리(political economy of jubilee)[12]

히브리 성서의 레위기 25장에 있는 희년의 명령은 새로운 대안의 단초를 제시한다. 희년의 경제윤리는 사회주의 경제는 아니다. 자본주의 경제도 아니다. 각자의 능력에 따라 부를 축적할 수도 있으나, 희년이 되면 노예화된 가난한 사람들을 해방시켜 주고, 빚을 진 사람들의 빚을 탕감해 주며, 땅을 가지고 있다가 잃거나 탈취당한 경우 다시 토지를 돌려 주는 것이다. 또한 희년에는 자연도 휴식을 취함으로 생태가 다시 부활할 수 있다. 이와 같이 희년에 대한 신의 명령은 현대 경제윤리의 대안을 제시하고 있다.

또한 대안이 되는 민중은행, 신용조합, 한민족의 '계' 등의 '민중금융구조'를 확산시켜야 한다. 가난한 자들의 연대를 통한 새로운 신용조합, 민중 중심의 금융기관 등을 조직해서, 기존 세계에서 노숙자가 될 수밖에 없는 최극빈자들을 살려 줄 수 있는 경제 구조를 창출해야 한다.

국제 무역 관계 역시 가난한 자들이 할 수 있는 거래 구조를 만들어야 한다. 농민과 소비자의 직거래, 생산자와 소비자의 직거래로서 약자를 보호하는 거래구조를 활성화해야 한다. 보다 구체적으로 기독여민회 등의 사례를 들 수 있다. 또한 세계소비자연대(Consumer Coalition International)를 만들어 착취의 고리를 단절해 버릴 수 있도록 연대를 넓혀야 한다.

생산자연대를 만들어서 희년 정신의 생산을 하도록 해야 한다. 희년 생산자연대를 조직해야 한다. 희년 투자자들의 연대를 구성해서 기존

---

12) 노정선, 『통일신학을 향하여』(서울: 한울, 1989). 희년의 정치경제에 대한 토론이 실려 있다.

의 투자 윤리를 극복하고, 희년 정신으로 투자하는 구조를 확산시켜야
한다. 평화연대를 만들어서 극소수들만의 욕망을 달성하기 위한 군산
(軍産) 복합을 대안적으로 대응할 수 있는 평화 민중 안보 구조를 민중
경제의 구조 위에 만들어 확장해야 한다. 안보는 인간 안보가 우선이
며, 이를 받침해 주는 경제윤리가 필요하다. 그 윤리의 기본 틀을 희년
(레 25장)의 경제정치윤리에서 찾아 나갈 수 있다.

적극적인 세계화 경제의 기초는 예수 그리스도의 주기도문, 누가복
음 4장, 마태복음 25장에서 나타나는 경제윤리로 찾아 나갈 수 있다.
이러한 윤리는 전쟁을 예방할 수 있는 '예방경제(preventive economy)'
로 한반도에서의 전쟁을 막는 데 기여를 할 수 있을 것이다.

7. 제언: 예방 경제

한국의 경제윤리를 바로잡기 위해서는 남한과 북한의 경제 협력이
기초가 되어야 한다. 남한은 부유하고 북한은 절대 빈곤에 있는 오늘의
현실을 극복하기 위해서 그리스도의 사랑을 기초로 한 경제가 실천되
어야 한다.

남한은 중동의 전쟁에 무기를 가지고 참전하는 것보다, 식량과 약품
을 공급하고 절대 빈곤에서 벗어나도록 직장을 창출해 주며, 경제 교육
을 실시해야 한다. 이것은 결국 한국이 중동 이슬람 문화권에서 최대한
의 지지를 얻어 낼 수 있으며, 테러를 당하는 것도 막을 수 있는 대안이
될 수 있다.

무기를 들지 않은 의사, 간호사, 약사와, 취직자리들을 많이 가지고
있는 생산 공장들만을 보내야 한다. 중동에 무기를 들고 참전할 경우

한반도는 즉각 테러의 대상이 되며, 스텐더드 앤 푸어스(Standard and Poors) 등이 B 이하의 평가를 할 것이며, 동시에 외자들이 조용히 빠져 나갈 것이다. 이것은 급격한 한국 경제 몰락으로 이어질 수 있다. IMF 위기와 같은 상황이 얼마든지 다시 올 수도 있다. 이라크전에 군대와 무기는 보내지 않는 것이 경제윤리를 바로 잡는 길이다.

일본은 납치 문제를 북한과 풀어 가야 한다. 일본은 일본의 식민 통치하에서 북한 경제를 착취한 것에 대해서 100억 유로를 지불하는 것을 조건으로 하여, 과거 북한에서 납치한 수십만 명에 대해 요구할 것을 요구해야 할 것이다. 또한 일본은 북한의 경제 제재와 금융 제재를 중단해야 한다. 해상 봉쇄와 해상 압박을 중단하고 북한을 상대하는 군사 작전도 취소해야 한다. 이를 통해 일본은 북한과 국교 정상화를 하고 우호관계를 맺어야 한다.

북한은 친미(親美) 국가가 되기 위해서 노력하고 있다. 북한은 미국과 국교 정상화를 하고, 경제 협력을 하고, 군사적인 적대 관계를 청산해야 한다. 동시에 미국은 제네바 합의 사항을 다시 지키고 경수로를 공급하고, 북에 대한 경제 제재를 취소하고, 에너지 봉쇄를 취소하고 보상해야 한다. 이때 비로소 미국의 윤리가 바로 설 것이다. 미국은 경제적 윤리가 붕괴되고 정글의 법칙만이 적용되는 현 상황에서 예수 그리스도의 희생적인 아가페 사랑의 윤리를 다시 수용하고 중생해야 할 것이다.

이라크 제압 후 미국이 북한을 침공할지도 모른다는 전쟁 가능설을 불식하도록 미국은 평화협정을 맺어야 한다. 미국 부시 행정부와의 문제는 살상무기를 든 파병이 아닌 다른 방법, 즉 경제로 해결할 수도 있다[예방 경제 전략(preventive economy)]. 사람을 죽이고서 해결하는 것보다는 경제로서 해결하는 것이 더 윤리적이다.

북한의 평화 관계 노력, 북미 간의 평화 협정 체결, 불가침 결정이 선행되어야 한다. 즉, 북미 간의 외교 정상화가 먼저 이루어져야 한다. 무역도 북에 대해 '최혜국 대우'를 하고, 미국과 일본의 경제 제재나 해상 압박(PSI) 등을 취소해야 한다. 미국은 부시 정책이 전환되어 이라크와 북한과 선린우호 평화적 관계를 추진하는 것이 가장 단기간에 문제를 해결할 수 있음을 직시해야 한다.

'여호수아 착각증후군(Joshua Syndrome)'이라는 말이 있다. 미국은 기독교와 이슬람의 전쟁으로 해석하고 이러한 잘못된 기독교 신앙을 강화하는 일을 중단해야 한다. 최근 미국 국방부 부정보차관보(Deputy Undersecretary of Defence on Intelligence) 윌이엄 제리 보이킨(William Jerry Boykin)은, 이 전쟁을 기독교와 사탄의 세력들과의 전쟁으로 해석하는 강연을 미국 여러 곳에서 하면서 오사마 빈 라덴, 후세인의 사진을 슬라이드로 보여 주는 일을 계속하고 있으며, 그의 신앙 강연을 럼스펠드가 지지하고 있다는 보도가 있었다. 제리 보이킨 중장의 강연은 전 세계의 이슬람을 단결시켜서 대 기독교 전쟁으로 유도하는 역효과를 가져올 수 있는 위험한 것이다.

구약 시대의 여호수아는 대량 살상을 하나님의 명령에 근거해서 강행했으나, 신약 시대의 예수 그리스도는 원수를 사랑하고 미워하지 말라고 가르치셨다. 조지 W. 부시의 "I loathe him"을 "I love him"으로 전환해야 한다. 로마서 12장 14-21절은 원수를 사랑하고, 원수가 주리거든 먹을 것을 주고 목마르거든 마실 것을 주라고 권한다.

1) 북한의 친미(親美) 전략과 미국의 선린우호 전략

북한에 대한 미국의 침공은 2003년 3월 20일 이라크를 공격하기 직전에 가장 가능성이 높아 있었다. 이라크보다 북한을 먼저 공격해야 한다는 분위기가 미국 국방성의 강경론자들에게 편만해 있었던 것이 사실이다. 이라크에는 더 이상의 대량살상무기가 없는 것으로 조사되었으나, 북한은 대량살상무기가 있는 것처럼 행동했다. 이것이 미국에게는 북한을 우선 공격의 대상으로 삼아야 한다는 강경파의 입지를 높여주고 있었던 것이다.

다행히 이라크 공격 이후 지금 미국은 이라크 정리에 묶여 있다. 그러나 다음 순서로 미국은 북한을 처리하려고 속도를 높일 가능성이 있다. 금번 유엔총회 강연에서 부시 대통령은 이미 북한의 무기 수출을 저지시키기 위한 압박용으로 해상에서의 검문 및 봉쇄 작전을 통해 11개국 이상이 참여한 대량살상무기 확산 저지(PSI)를 추진하고 있고, 또한 유엔 주도하의 다국적군 구성도 추진해 나가고 있다. 전쟁은 북한으로 다가서고 있고 그럴수록 남한은 전쟁터가 될 가능성이 높아져 있다. 미국의 이라크 공격은 OPLAN 1003으로 지구의 서쪽 작전이었고(Theatre War-West), 이제 지구 동쪽 작전은 바로 북한 공격이라는 작전이다(Theatre War-East). 이라크 전쟁과 북한에 대한 전쟁 계획은 하나의 일련번호로 되어 있다.

만약 미국이 북한을 선제공격하면, 한국의 국가 평가는 스탠더드 앤 푸어스와 무디스에 의해서 A-에서 B로 내려가고 국가 경제는 급속히 몰락될 것이다. 이것은 승패와는 상관없이 전쟁 발발과 동시에 경제 붕괴와 국제 이자 등의 변동으로 국가 경제의 몰락을 야기할 것이다. 한국이 13억의 이슬람에 대해서 전투병을 파병했을 경우, 이슬람 지하드가 한국인을 자살폭탄 등으로 공격하게 되면, 투자 안전지대에서 멀어지고, 역시 국가 등급이 A- 이하로 내려가고, 외채이자 증가, 보험증가 등으로 남한 경제는 급속히 나빠질 것이다.

2) 미국의 로드맵[13]

미국의 추진 방향 지도와 일정표는, 우선 북한이 핵무기와 핵 관련 모든 시설을 폐기하여 다시는 되돌릴 수 없는 수준으로 완전히 해체하고 나서(complete, verifiable, and irreversible dismantlement, CVID), 그 후 북한의 안전 보장을 협의할 수 있다는 입장이었다.

3) 북한의 로드맵

먼저 미국의 공격과 정복으로부터 생존하기 위해서, 북한은 미국이 북한과 불가침조약을 맺거나 법적으로 효력이 있는 관계를 설정하고, 1994년 제네바 합의 구도에 의해서 약속된 대로 경수로(LWR. 신포)를 2003년 이후에라도 신속하게 완공을 하도록 하고, 경수로 공사 지연에 따른 손해에 대해 보상을 받고, 약속된 중유 50만 톤을 다시 공급받는다.

또한 북한은 1994년 12월경부터 경제 제재를 완화하기로 한 합의를 준수해서 북한에 대한 경제 압박을 중지하고, 미국과 일본 등의 대북 재정 압박을 중지하며, 북한 선박에 대한 해상검문 검색 등으로 해상 전투 발발 가능성을 높이는 일을 중단하고, PSI 조직 및 훈련을 중단 할 것을 요청한다.

나아가 북한은 미국이 제네바 합의 구도 3조 1항에 따라서 "핵무기

---

13) 노정선, 「북한 핵 위기와 미국 일본의 전략에 대한 대안으로서의 로드맵」은 2004년 1월 한국기독자교수협의회 주최, 동북아평화와 한반도 평화에 대한 한일교수협의회에서 보다 더 자세히 발표되었다(한국기독자교수협의회, 「동북아 평화와 교회의 역할」, '2004년도 연차학술대회', 연세대학교 알렌관, 2004년 2월 27일, pp. 92-108. www.kscf.or.kr. 노정선, 「한반도 평화와 미국과 일본의 대북정책 대안」).

를 소유한 국가는 핵무기를 소유하지 않은 국가를 핵으로 선제공격한
다는 위협을 하지 않는다.”고 한 약속을 실천하고, 2002년 2월 초 조지
W. 부시 대통령이 핵 선제공격을 선언한 것을 취소해야 할 것이며, 약
속된 경수로 2기 공사를 완료하도록 요구한다.

결국 이러한 제반사항을 포함하여 일본과 미국과 외교를 정상화하는
것이 북한이 주장하며 요구할 수 있는 일정표 지도, 즉 로드맵이 될 수
있다.

4) 가상의 사태와 시나리오

① 첫째 시나리오는, 미국이 북한을 순식간에 기습공격해서 정복하
는 것이다. 그러나 이 시나리오는 윌리엄 페리나 개스퍼 와인버거가
“다음의 전쟁(The Next War)”에서 말하듯이 수십만 혹은 수백만의 사
망자와 엄청난 파괴를 전제해야 하며, 한반도는 핵무기 전쟁터로 오염
될 수도 있다.

② 둘째 시나리오는, 북과 미국이 즉시, 예를 들면 2004년 미국 대선
시기가 끝나기 전에 평화 관계, 국교 정상화, 경제 문화 협력을 이루어
서 전쟁 가능성을 완전히 없애는 길이다.

③ 셋째 시나리오는, 현재 상태로 북한에 대해서 핵 포기, 파기, 폐기
선언을 받아내고, 경제 압박을 계속 추가하고 해상 압박을 추가하고,
사찰을 강화하고 무기를 해제시키고, 몇 년 이상의 상당한 시간이 경과
되어 대량 살상 무기가 다 해체됨을 확인할 수 있으며, 기아가 증가하
여 경제가 거의 붕괴된 단계까지 끌고 간 후, 즉 항복 전 단계에서 북한
을 서서히 군사 공격해서 이라크처럼 정복하는 방안이다.

④ 넷째 시나리오는, 완전히 북한을 무시하고 내버려 두어서 될 대로

되라는 방법(benign neglect)으로 방치하고, 미국은 미국대로의 대선 등을 치러 나가는 방법이다. 북한의 기아와 가난과 질병에 대해 계속 경제 제재를 가하고 심리적으로 극도의 불안, 파라노이드(paranoid)를 조성하는 잔인하고 무작정한 무시 지연 작전이라고 할 수 있다.

현재로서 가장 가능성이 높은 방안은 미국의 입장에서는 세 번째 시나리오일 수 있다. 니콜라스 크리스토프는 2004년 4월 21일자 기고에서 "11월 대통령 선거 이전에 북을 철저히 압박하고 바게인을 해야 한다. 11월이 지나면 북한은 핵무기를 시장에다가 내다가 팔기 시작할지 모른다(When we next focus on North Korea, after the election, it could be a nuclear Wal-Mart)."고 말함으로써, 부시로 하여금 당장 무엇인가를 해야 한다고 경고하고 있다.[14] 여기에 자극된 부시 행정부는 북한에 대한 작전을 더 빠르게 추진할 가능성이 높으며, 75,000명의 기동이 빠른 특수군(이름은 평화유지군)을 편성하는 것으로 보도되고 있다. 위기국면이 존재하는 것이다.

5) 제3의 바람직한 로드맵

2004년 11월 이전에 미국이 이렇게 할 수도 있다.

북한에 대한 경제 제재를 중단하여 완화하고, 수입품에 대한 관세를 내리고, 중국 수준의 최혜국 대우(Most Favored Nation)를 선언한다. 이 최혜국 선언을 하는 데는 미국의 돈이 들지 않는다는 이점이 있다.

부시 대통령이 상하원에 강력히 설득을 해서 북한에 대한 불가침 평

---

14) Nocholas D. Kristof, "The Real Nuclear Danger", *The New York Times*, Editorials/Op-ed.

화 조약에 해당하는 법령을 통과시킨다. 2002년에 부시 대통령이 한 '악의 축' 선언에 들어 있던 북한을 명단에서 제외시키고, 핵무기로 선제공격할 수 있는 권리를 주장한 것을 취소하고, 북한 선박에 대한 불시 검문 검색이나 나포 등을 할 수 있도록 하는 것을 중단하고, 대 북한 압박을 가능하게 하는 다국적 조직으로서의 PSI 추진을 중단한다고 선언한다. 즉, 북한 정권을 붕괴시킨다는 계획을 세우지도 추진하지도 않으며, 북한인들에 대한 군사 공격을 하지 않을 것이라고 천명하는 것이다.

또한 북한인들이 정신적으로 불안하도록 분위기를 극대화시키는 불안조성작전(파라노이드 작전 OPLAN 5030)을 취소하고, 남한 정부에게 알리지 않고 북한을 불시 단독 공격할 수 있도록 하는 오플랜 5027를 수정해서, 남한 정부의 협의와 동의를 6개월 등의 일정한 기간 이전에 얻지 않고서는 공격을 할 수 없도록 하는 것을 명시하여서 남한 대통령의 군사 지휘 권한을 존중하도록 조처하고, 군사 작전권을 남한 대통령에게 돌려 준다.

나아가 북한 사람들의 자유로운 미국 방문을 허용하고, 사업이나 유학을 할 수 있도록 최대한의 문호를 개방하는 등 미국이 북에 대한 모든 국면에서의 개방 정책을 천명하고, 이것이 입법화되도록 의회가 추진하여 법을 통과시키고, 북한에 대해서 앞으로 '우방국' 임을 선언하고, 평화 공영 공존의 관계를 선언하는 길을 추진하는 것이다.

6) 경제 통합으로 전쟁 방지

남한 기업이나 개인들이 북한과 경제 협력을 추진하도록 미국이 지원하거나 격려하되, 방해하거나 저지시키지 않는다는 정책을 천명하고 실천하는 것이 도움이 될 수 있다.

경의선을 완료하고 개성공단 추진을 미국이 적극 협조협력하여, 미국의 대북 적대 정책이 이 과정에 장애가 되지 않도록 할 것이라고 천명할 수 있다. 남과 북이 경제공동체 형성을 해 나가는 모든 과정에 보조적으로 협력하며, 장애물을 제거한다는 천명을 할 수도 있다.

남한은 북한과 신속하고도 철저하게 경제 통합을 향해 나가고, 함께 살고 함께 죽는 운명공동체와 한반도 공동 안보 체제를 만들어 나가야 한다. 이 방안으로서 이스라엘과 미국 혹은 다국적군에 의한 한반도 공격 등의 전쟁 발발의 속도를 줄이거나 막을 수 있을 것이다.

2004년에 개성공단 1만 평에서 남한 기업들이 재품을 생산, 수출하도록 성공시키고, 10만 평을 2단계로 2004년 말에 공사를 대부분 완료시키고, 2005년에는 100만-200만 평에서 생산이 시작되도록 하는 것이 결정적으로 전쟁 방지에 도움이 될 것이다. 2006년에는 2,000만 평에서 생산이 공동으로 이루어지도록 해야 한다. 남한 기업은 이미 1,500개가 입주를 신청하고 있다. 남한 중소기업의 70%는, 이것이 성공하지 않을 경우 해외로 공장을 이전시키고 남한의 공장을 폐쇄할 수밖에 없는 사활의 상황이라고 고백하고 있으며, 따라서 이럴 경우 총체적인 한국 경제는 심각한 위기로 들어갈 수 있다.

미국은 남북 경제협력을 저지시키고, 방해하고, 북의 경제를 붕괴시키는 작업을 중단해야 한다. 남북 경협의 속도를 줄이는 방향으로 경제 압박을 하고 있는 미국은 대북 정책을 중단하도록 해야 한다.

7) 북한이 할 일 - 친구 혹은 친미(親美) 국가 되기

북한은 인민들의 식량 해결에 최우선 정책을 수행하여 남한이 요구하는 최대한의 식량 투명성을 확보하여 인권을 존중하고 있다는 증거

를 제시하면서 설득해야 하고, 어떠한 형태로든지 정권적이며 억압적
인 조건이 형성되지 않도록 하는 정책을 수행해야 한다. 경제 복지를
획득하기 위한 과감한 과학 · 경제 발전 계획을 추진하고, 2002년 7월 1
일 이후 진전되는 경제개혁을 강력히 추진하여 복지 우선의 정책을 추
진해야 한다. 북미 간의 전쟁적인 대결을 상호 평화 호혜의 관계로 천
명하고, 전쟁 억지력을 확보한 상태에서 북미 국교를 정상화하는 정책
을 실천할 수도 있다. 전쟁 발발 시에는 3조 유로(4000조 원) 이상의 파
괴가 얼마든지 일어날 수도 있다는 손익 계산을 해야 한다. 인권 유린
의 뿌리는 미국이 북한에 대해서 5년 이상 경제 제재와 봉쇄를 가함으
로써 북이 세계 경제 시장에서 다양하게 이익을 추구하는 것을 막은 데
서 기인한다고 할 수 있다.

(1) 부시의 친구 되기

다양한 선택의 길을 가진 미국 대통령 한 사람의 마음을 바꾸는 것이
지역 평화에 큰 기여를 할 수 있다. 부시 대통령이 북한과 조건 없이
'친구'가 되겠다는 결심을 선언하기만 하면, 전쟁은 조용히 그리고 신
속히 해결될 것이다. 북의 경제는 미국과 win-win으로 해결될 수 있으
며 남한과도 win-win이 될 수 있다.

미국의 정치가와 군산 복합의 이익을 위해서 한반도를 희생양으로
삼지 말아야 한다. 혹은 북한을 마녀사냥(witch hunting, demon
hunting)하지 말아야 한다.

(2) 미국의 최혜국 대우(MFN)[15]

북한은 그대로 내버려 두고 경제 압박만 가하지 않으면 친미 국가가
될 것이다. 미국이 북한에 식량을 보내지 않더라도, 경제 제재를 풀고

해상 제재를 풀며 최혜국 대우를 하고 군사 제재를 풀어 주기만 하면, 북한은 친미 국가가 되고 선린우호 국가가 되며, 북한이 미국과 이스라엘의 위협이 되지 않는 것은 분명하다.

미국인은 석유 사용을 줄이고, 식사량을 줄이고, 몸무게를 줄이고, 작은 차, 작은 집에서 살겠다고 하는 절약의 약속을 실천하고, 전 세계에 대량살상무기 판매를 중단하고, 핵무기를 폐기처분하고, 신형무기 개발을 중단하고, 신형 소형핵무기개발을 중단하고, 무기 수출을 중단하고, 생화학무기생산과 개발을 중단 및 폐기하고, 욕심을 줄이는 것이 세계 전면전을 막는 길이 될 수 있다는 것을 깨달아야 한다. 북한도 미국이 먼저 대량살상무기들을 폐기, 해체하는 수준에 따라서, 이에 따른 평화를 향한 변화를 신속히 해야 할 것이다.

일본은 북한에서 강제로 성노예(정신대)와 징병, 강제 노동으로 끌고 가고 납치한 수십만 명에 대해서 배상 보상을 하는 100억 유로를 지불하고, 북한도 이와 상응하는 일본에 대한 필요하고 합리적인 처리를 해야 할 것이다. 일본은 대북 경제 제재, 금융 제재, 대량살상무기 봉쇄를 위한 해사 작전(PSI)의 참여 및 대북 심리적인 적대 정책 등을 중단하여 북일 수교를 하고 우방이 되도록 해야 할 것이다. 일본의 민간단체(교회를 포함)들은 이 목표를 추진해야 할 것이다. 일본과 북한은 사랑의 관계를 설정해야 한다.

---

15) 보다 더 자세한 글은 Noh, Jong Sun, "North Korea's Nuclear Crisis and Peacemaking in the Korean Peninsula" (2004. 3. 13), Candler School of Theology, Emory University에서 발표되었다. 전 주한 미 대사이며 현 에모리대학 명예총장인 제임스 레이니가 논찬을 했고 미국 정책에 대한 대안을 제시하는 토론을 했다.

8. 전략적 제안 - 우리 민족 집단이 할 일

① 북한에 대한 마녀사냥 신학을 해체시키고 바로잡아 주어야 한다 (witch hunting theology). 또한 북한을 악마로 그려 나가는 작업들을 해체시켜야 한다(demonizing theology).

② 북한에 대한 희생양 만들기를 미국, 일본, 영국 등의 군산 복합 및 정치 집단이 결속하여 추진하는 것을 중단시켜야 한다(victimization).

③ 성서 연구에서 구약의 여호수아의 역할과 신약의 예수의 역할을 구분하고, 초강대국들의 현대인들이 구약 시대의 여호수아와 자신을 동일시함으로써 약소민들을 대량 살상해 나가는 것을 정당화하는 것을 폭로하고, 여호수아 착각증후군을 해체시켜야 한다.

④ 북한, 미국, 일본 등이 서로 희생적인 사랑의 관계를 설정하도록 최선의 다해야 한다. 먼저 국교를 정상화해야 한다. 그리고 핵 초강대국들은 북한에 있는 극소의 핵물질이나 수십 킬로그램의 Pu239의 핵 능력이 마치 전 세계를 초토화시킬 수 있는 대량살상무기인 것처럼 보도하는 심리적인 조작과 엄청나게 과장된 선전을 그쳐야 한다. 이는 결국 세계의 시민들을 오류가 되는 정보로 길들이려는 속셈이다(domestication). 이러한 과장된 길들이기는 잘못이라는 것을 폭로하고 수정시켜 주어야 한다.

이미 핵무기를 다량으로 확보하고 있는 국가들은 먼저 핵을 폐기해야 한다. 수만 킬로그램의 플루토늄 핵물질을 대량 확보하고 있는 일본은 이 핵물질을 파기하거나 폐기하는 것이 평화의 길이라는 것을 인식해야 한다. 세계에서 가장 위험한 국가들은 수백 수천 수만의 대량의 핵무기를 수십 년 동안 소유한 국가들이다.

⑤ 일본과 한국, 북한 등의 기독교 교회는 약자들을 대량으로 희생시키면서, 부익부 빈익빈, 약육강식을 추진하는 집단 세력들을 회개시키

고 바로잡아 주는 일에 단결하여 초교파적인 작업을 해야 할 것이다. 예언자적인 행동과 동시에 요엘서 3장의 실천을 통해서 '희생당해 온 약자들'이 강하게 될 수 있도록 하는 종합적인 대안을 추진해야 할 것이다.

⑥ 기아로 인한 사망이 증가하고 있는 북한 시민들에 대해서 1950년 1월 이래 50년 이상 강력한 경제 제재를 가하는 것은 인권유린이다. 일본이 최근 단독으로 북한에 대해 경제 제재, 금융 제재를 가하는 것은 엄연한 인권유린이다. 이러한 제재가 직접적인 기아와 영양실조의 원인 중의 하나이다. 경제 제재를 중단하고 경제 협력과 정상적인 교류로 전환하도록 적대적인 국가의 정책을 설득하고 변화시켜서 국경을 넘어선 협력의 길을 열어야 할 것이다.

⑦ 북한이 우라늄으로 전기를 생산해서 산업을 일으킬 수 있도록 허용해야 하며, 이를 봉쇄하는 것이 인권유린이라는 것을 인정하도록 해야 한다. 전 세계가 우라늄으로 전력을 생산하고 있는데, 북한만이 할 수 없도록 봉쇄하는 것은 국제적으로 불법이며 인권유린이라는 것을 지적하고 수정하도록 해야 한다.

⑧ 미국과 일본은 북한을 희생양으로 만들어서 특정 정권을 유지하려고 하거나, 대통령 선거에서 승리하기 위하여 이 문제를 악용하거나, 특정 기업들의 이익을 위해 북한을 악용하는 일을 중단해야 할 것이다. 예수 그리스도의 사랑의 경제를 실천하는 하나의 대안은, '예방 경제'로서 전쟁을 막고, 생명, 살림, 평화를 이루는 길이다.

〈참고 도서〉

노정선. *Story God of The Oppressed: Joshua Syndrome and Preventive Economy*.
　　서울: 도서출판 한울, 2003.
──. *The Third War*. 서울: 연세대출판부, 2000.
──. 『제삼의 전쟁: 동북아 정세 변화와 한반도 평화 정착』. 서울: 고려글방,
　　1997.
──. 『통일신학을 향하여』. 서울: 한울, 1989.
Robert McNamara. *In Retrospect: The Tragedy and Lessons of Vietnam*. New York:
　　Random House, 1995.
Nocholas Kristof. "The Real Nuclear Danger", 2004. 4. 21 *The New York Times*,
　　Op-ed.
www. bbcnews.com, www. nytimes.com, www. washingtonpost.com, *Los
　　Angeles Times*, Marcus Noland, "전면 경제 봉쇄로서 북한 붕괴시키는 전략",
　　SAPIO, 2004. 2. 25. pp. 88-90.

참조 1:
We need Sabbath-jubilee vision(p. 178).
The Christian scriptures offer a critical mandate for periodically overcoming
　　structural injustice and poverty and for restoring right relationships.
During the sabbath year, there was to be release from debts and slavery and during
　　the jubilee year and a restoration of all family lands(Lev. 25)
People and animals were to rest every seventh day and the land every
　　seventhyear(Exodus 23:10-12)
These commandments are taken up in "the year of the Lord's favour" (Isaiah 61:1-
　　2a) and described in Isa. 65:17-25 as "new heavens and a new earth"

────────

W.C.C. *Together on the Way*, Official Report of the Eighth Assembly of the World
　　Council fo Churches. ed. by Diane Kessler, Geneva: World Council of
　　Churches, 1999.
"Road to Damascus: Kairos and Conversion" in *Liberating God for Minjung*, by

Noh, Jong Sun, Seoul, Hanul Academy, 1997. This is the Document written by
the theolgians of the seven countries, i.e., Namibia, South Africa, Korea, The
Phillippines, Gautemala, El Salvadore, Nicaragua., with the support of British
Council of Churches, and Catholic Institute of International Relations, Catholic
Institute for International Relations, CIIR.

참조 2:

Launching a People's Forum on Peace for Life

Recognizing the urgency to respond to the massive threat to life and the well-being
of communities posed by the U.S.-led war on terror amidst a world already
suffering from the onslaught of economic globalization and the discontent
resulting from the attendant homogenization of culture, the World Council of
Churches, the Christian Conference of Asia, and the National Council of
Churches in the Philippines organized the International Ecumenical Conference
on Terrorism in a Globalized World in Manila on the 23rd to the 26th of
September 2002. The conference declared that, indeed, another world is
possible! 135 persons from 28 countries in Manila committed themselves to a
covenant on peace for life.

Born from that commitment, the organizers in cooperation with the National
Council of Churches of Korea convened 26 persons from 12 countries to hold
this international workshop on people, (people's) forum on peace for life. We
who gathered in Seoul, Korea, on October 12, 2003, launch the Peoples Forum
on Peace for Life!

We envisage a global coalition of ecumenical, multi-religious and inter-faith
movements in opposition to expanding state terror and U.S. global domination.

The poor, already victims of state- and corporate-led globalization, are caught in
the widening scope of violence as their own states implement increasingly
repressive policies along U.S. anti-terrorist mandates.

Seoul, Korea
13 October 2003

2. 기업에 대한 기독교윤리적 이해

신기형(서울여대 교수)

1. 들어가는 말

기업윤리는 이제 새로운 용어가 아니다. 윤리 경영, 책임적인 기업, 환경 친화적인 기업 등 기업에 있어 윤리적인 요소를 빼고는 오늘날 기업이 설 자리가 없어질 정도로 기업에 있어서 윤리가 중요한 부분을 갖게 되었다. 기업과 윤리는 더 이상 상호 모순적인 관계가 아니고 윤리는 기업 경영에 중요한 기여를 하고 있다. 그런데 기독교윤리는 기업에 어떤 영향을 줄 수 있을까? 기업윤리면 되지, 기독교윤리로서 기업을 이해하고 그 책임을 묻는 것이 기업윤리와 어떤 차이가 있을까?

기독교윤리는 기독교적 관점에서 제도와 행동을 보게 한다. 기독교적인 관점이란 성경과 전통 그리고 신학으로 인해 형성된 관점이나. 제도와 조직, 그리고 개인이 어떻게 살아가야 하고 반응해야 하는지를 살피는 것, 그래서 모든 행동과 조직의 존재 이유를 보다 '큰 틀' 에서 보게 하는 일이 기독교윤리의 한 사명인 것이다. 신학적 개념인 죄, 은혜, 섭리, 창조 질서 등을 통해 현실이 어떻게 구성되어 있으며 작동하는

지, 인간 삶의 깊은 본성과 실재가 어떤 것인지를 보다 확장된 지평 가운데 기독교윤리는 설명한다.[1] 따라서 기업을 기독교윤리적으로 이해한다는 것은 기업의 의무와 책임을 확장된 관점에서 생각하게 하는 작업이라 할 수 있다.

이 확장된 관점을 우리는 다음의 세 질문에 적용해 볼 수 있다. 기업의 목적이 무엇인가? 기업에 종사하는 사람들은 어떤 자들인가? 그리고 기업에는 어떤 가치들이 스며들어야 하는가? 목적과 사람과 가치는 경제적으로 경영학적으로 볼 수 있지만, 보다 더 크며 근본적인 틀인 하나님과의 관계 속에서도 볼 수 있다. 그리고 그때 기업의 존재 이유와 그에 따르는 책임이 책임과 의미가 더욱 분명해진다.

이 글은 기업을 기독교윤리적으로 이해하기 위해 기업의 목적, 가치, 인간 이해라는 세 범주로 나누어 살펴보려고 한다. 하나님과의 관계 속에서 이 세 범주를 살펴봄으로써 기업을 보다 더 깊게 이해하고, 더 책임있게 하는 길을 찾게 될 것이다.

2. 기업의 목적

목적이 무엇인가 하는 것은 도덕적으로 타당하고 중요한 질문이다. 기업의 목적이 어떻게 정의되느냐에 따라 기업의 책임성의 한계가 정해지고, 기업 내 일의 우선순위와 전략이 결정되기 때문이다. 일에 대

---

1) James M. Gustafson and Elmer W. Johnson, "The Corporate Leader and the Ethical Resource of Religion: A Dialogue", in *The Judeo-Christian Vision and the Modern Corporation*, ed. Oliver Williams and John Houck(Notre Dame: University Press of Notre Dame, 1982), p. 319.

한 평가가 달라지고 참여하는 자들의 동기도 영향을 받는다. 목적이 좋을 때 일의 의미가 생겨나고, 바른 목적이 구성원들을 하나되게 하기도 한다.

1) 이윤 창출

기업의 목적에 대한 논의는 크게 둘로 나누어진다. 하나는 기업의 목적을 이윤창출로 보는 밀턴 프리트만의 기업관이다.[2] 경영인들은 수입을 내기 위해 고용된 자들이고 기업은 수입을 내는 일에 전문적인 조직이기에, 이익을 만들어 내는 것만이 기업의 유일하고 합법적인 목적이라고 본다.

이윤 창출이라는 목적관에는 그러나 윤리적인 문제가 있다. 만약 기업의 목적이 이윤 창출에 있다면 기업이 맺는 모든 관계는 이윤을 위한 수단이 된다. 소비자도 수입의 수단이요, 함께 일하는 동료들도 한 도구에 불과하다. 모두가 큰 기계의 부품에 불과하며, 여기에 인격적인 관계도 윤리도 자리를 잡지 못한다. 모든 윤리와 관계는 수입의 부속품에 불과하고, 그럼으로 기업은 무인격, 비인격, 형식적인 조직이 되고 만다. 기업은 돈 만드는 장소이며, 이기적이고 계산적인 이성만이 주도하는, 그래서 기독교인뿐 아니라 선량한 사람에게 추천하고 싶지 않은 장소가 된다.

과서 신학자들과 윤리학자들이 기업을 이런 이유로 비판하였다. '돈을 만드는 기계' '경쟁에서 살아남기 위해 수단과 방법을 가리지 않는

---

2) Milton Friedman, "The Social Responsibility of Business Is to Increase Its Profits", *The New York Times*(1970. 9. 13), pp. 122-126; reprint in *Ethical Theory and Business*, eds. Tom Beauchamp and Norman Bowie(Englewood Cliffs: Trentice Hall, 1993), pp. 56-60.

집단 이기주의의 본산지' '노동을 착취하고 이윤을 남기기 위해 소비자를 속이는 것을 아무렇지도 않게 생각하는 곳' 등이 그것이다. 특히 기독교 사회주의자들은 이에 대해 강력하게 비판하였다. 경쟁과 이해관계가 없는 가족과 교회를 이상 사회의 모습이라 보면서 기업은 하나님의 나라의 원리에 벗어난 제도로 본 것이다.[3]

2) 섬김

그러나 기업은 매우 고상한 목적을 가질 수도 있다. 이것이 두 번째 발견하는 기업의 목적이다. 이 목적은 기업의 목적을 기업에서 찾지 않고, 기업이 생산하는 상품과 서비스를 소비하는 사람에게서 찾는다. 더 근본적으로는 하나님에게서 찾는다. 하나님은 왜 기업을 존재하게 하시는가? 왜 소비자와 사회는 기업이 이 땅에 있기를 바라는 것일까?

기업은 기업만이 갖고 있는 여러 가지 기술과 집약된 노동력을 통해 인류의 물질적인 복리를 가장 잘 섬기기 위해 존재한다고 보는 것이다. 가장 싼 가격으로 가장 좋은 재화를 생산해서 소비자의 가치를 높이며 하나님의 피조물들을 빛나게 해 주는 곳으로 기업을 본다.[4]

기업만큼 소비자의 필요를 저비용과 고효율로 채우려고 노력하는 곳은 없다. 경쟁이라는 메커니즘과 한 지붕 밑에 작업하는 환경을 통해 기업은 가장 효과적으로 생산하며 판매하는 곳이다. 기업이 가진 이런 특별한 속성으로 기업은 상품과 서비스를 생산하여 인간 공동체의 물

---

3) Ronald Preston, *Religion and the Ambiguities of Capitalism*(Cleveland: The Pilgrims Press, 1991), p. 145.
4) 이런 기업 이해는, 신기형, 『기업윤리: 언약적 해석과 계약적 해석을 중심으로』(서울: 한들출판사, 1998), pp. 30-37을 참고하라.

질적인 복리를 가장 효과적으로 기여할 수 있다. 토머스 멀리건의 표현대로, '일상적인 삶을 쉽게 만드는 일'을 기업이 할 수 있고, 이 일이 기업이 제공하는 유일한 봉사(unique service)이다.[5] 이 얼마나 의미 있고 도덕적으로 정당하며 존경받을 만한 일인가?

물론 기업은 살아남아야 하고 성장해야 한다. 그러나 이런 모든 성장과 생존은 기업의 더 근본적인 목적을 위해서이다. 그것은 바로 기업이 인류를 섬기는 목적을 위해서이다.

기업은 또한 이윤을 남겨야 한다. 이윤 없이 재투자는 없고, 이윤을 남기지 않으면 기업은 생존이 불가능하다. 그러나 이윤이 목적은 아니다. 이윤은 로버트 솔로몬이 말한 대로 기업이 계속 게임에 남아 있기 위한 조건이다.[6] 기업이 계속 섬기기 위한 조건으로써의 이윤이지, 이윤 자체가 목적은 아니라는 뜻이다. 기업이 경영을 잘했는지를 밝혀 주는 지시물이며(indicator), 이윤은 기업이 소비자로부터 어떤 반응을 얻고 있는지를 알려 주는 상(reward)이다. 그래서 기업은 이윤에 신경을 쓰지 않을 수 없지만, 기업의 궁극적인 관심은 얼마나 많이 그리고 얼마나 효과적으로 사람들을 섬겼느냐에 있다.

그렇다고 기업이 교회가 되고, 학교가 되어서는 안 된다. 기업은 기업이 할 수 있는 것으로 소비자를 섬긴다. 이익을 사회에 환원하기보다, 수재민을 위해 기부를 하기보다, 수고한 노동자에게 그 대가를 정당하게 지불하고, 그럼으로 더 나은 상품과 서비스로 소비자를 섬기는 것이다.

---

5) Thomas Mulligan, "The Moral Mission of Business," in *Ethical Theory and Business*, eds. Beauchamp and Bowie(Englewood Cliffs: Prentice Hall, 1993), p. 66.
6) Robert Solomon, *Ethics and Excellence*(New York: Oxford University Press, 1992), p. 121.

이 점에서 '기업윤리(business ethics)'는 엄밀한 의미에서 기업의 '사회적 책임(social responsibility)'과 '사회적 반응(social response)'과 다르다.[7] '사회적 책임'은 기업이 사회를 위해서 재단을 만들거나, 봉사 조직을 형성해서 사회의 어려운 자들을 돕는 일이다. 기업의 '사회적 반응'은 사회가 어려운 일을 당했을 때 그들을 돕기 위해 응급 구조대를 파견한다거나 혹은 돈을 모아 내는 일이다. 기업의 '사회적 반응'은 항시적이라기보다 문제가 있을 때 나타나는 기업의 반응이다. 기업의 '사회적 책임'은 항시적일 수는 있지만, 기업 이외의 단체가 할 수 있는 일을 기업의 잉여 자원이나 인력으로 감당한다. '기업윤리'는 기업 경영에 윤리적인 요소가 배어 있게 하는 일이다. 노사 관계, 지배 구조, 이윤 배분, 상품과 서비스의 질, 하청업체와의 관계 등 모든 기업의 관계에 있어 윤리적이며 책임감 있게 하는 것이 기업윤리이다. 기업이 보다 생산적이며 윤리적이기 위해서는 사회적 책임이나 사회적 반응의 유형보다 기업윤리적 기준이 적용되는 것이 더 우선시된다고 할 수 있고, 이 점에서 기업의 목적을 섬김으로 삼는 일이 출발이며 기초라 할 수 있다.

3. 기업의 가치

기업의 목적에 대한 논의는 곧바로 경제활동에 있어 강조되어야 할 가치에 연결이 된다. 가치란 화살표가 달린 감정이라고도 하는데, 되었

---

7) Charles McCoy, *Managers of Values: the Ethical Difference in Corporate Policy and Performance*(Boston: Pitman, 1985), pp. 88-89.

으면 하고 바라는 것이다. 목적이 무엇이냐에 따라 바라는 가치가 달라진다. 특정 목적에 부합하는 가치가 따로 있기 때문이다. 밀턴 프리트만 같은 이윤 창출을 기업의 목적으로 여기는 자에게 가치는 자유, 생존이다. 주주와 경영인 간의 계약을 할 수 있는 자유, 경쟁할 수 있는 자유, 개발할 수 있고 판매할 수 있는 자유이다. 그런데 이 자유는 방임적인 소요가 많다. 하고 싶은 것을 할 수 있는 자유, 돈을 벌기 위해, 이윤을 창출하기 위한 자유이기 때문이다. 그러면 기독교윤리는 기업에게 어떤 가치를 강조할 것인가? 섬기는 기업은 어떤 가치를 추구할 것인가?

1) 돌봄(caring)

돌본다는 것은 상대방의 유익에 관심을 갖고, 상대방 이익이 극대화되도록 돕는 일이다. 돌보는 것은 이기적인 생각으로 돌아올 보상을 염두에 두고 베푸는 것과 다르다. 돌보는 것은 상대방이 갖는 고유한 가치를 존중하는 일이며, 상대방을 수단이 아니라 목적으로서 접근하고 대우하는 일이다. 그래서 돌봄을 아가페적 사랑의 실천으로 보기도 한다.[8]

또 돌보는 일은 기업과 소비자가 하나됨을 전제하고 있다. 소비자를 기업의 물건을 파는 대상으로만 보는 것이 아니라, 소비자의 삶과 가치에 생산자도 소비자 자신과 같은 정도의 관심을 갖는 친구가 되는 것이다. 그래서 더 이상 '소비자 조심(buyer beware)' 혹은 '판매자 조심

---

8) James Childs Jr., *Ethics in Business: Faith at Work*(Minneapolis: Fortress Press, 1995), p. 67.

(seller beware)'이 아니라 '판매자 돌봄(seller must care)'으로 기업과 소비자와의 관계가 형성되는 것이다.

기업은 사실 인류를 섬기면서 가장 잘 돌볼 수 있는 곳이다. 모든 영역은 아니더라도 기업이 생산하는 상품과 서비스를 통해 소비자의 가치를 높여 주는 돌봄을 할 수 있는 곳이다. 기업이 생산해 낸 상품이 가는 곳마다 소비자의 가치가 높아지고 새로운 가치들이 만들어질 수 있기에, 기업은 소비자들을 돌보는 중요한 주체가 된다.

로라 내시는 "이런 기업의 목적은 기업의 고립화를 깨고, 소비자를 위한 생산에 박차를 가하게 되어 경쟁력을 갖게 하고, 기업 구성원들에게는 도덕적 양심을 고양시켜 결국 생산성 향상에 기여한다."고 말한다.[9]

2) 자유

이런 돌봄을 잘 감당하기 위해 기업에게 허락되어야 하는 것이 하나 있는데 이는 자유이다. 실험할 수 있고 출입과 퇴진할 수 있는 자유, 연구하고 실험한 것을 소비자들에게 소개하고 판매할 수 있는 자유, 정부로부터 독립되어 상품과 서비스로 경쟁할 수 있는 자유이다. 그러나 이 자유는 이윤 창출을 위한 자유라기보다 잘 섬기기 위한 자유이다. 방임적 자유라기보다 책임적 자유인 것이다. 하고 싶은 것을 할 수 있는 자유를 방임적 자유라 한다면, 해야 하는 것을 할 수 있는 자유를 책임적 자유라 할 수 있다. 기업의 목적을 잘 달성할 수 있기 위한 자유, 소비

---

9) Laura Nash, *Good Intentions Aside*(Cambridge: Harvard Business School Press, 1990), p. 78.

자를 더 잘 섬길 수 있는 자유가 기업에게 보장되어야 하고, 이 자유 가운데 창의력이 발휘되며 더 나은 품질과 다양한 서비스가 제공될 수가 있다.

3) 도덕법(moral law)

기업에게 고유한 기능과 목적이 있다 할지라도 기업 역시 모든 인간이 지켜야 하는 법을 지켜야 한다. 이를 우리는 양심의 법 혹은 도덕법, 자연법이라 부르는데, 기업은 기업 경영 원리 이전부터 존재하고, 모두에게 요구되는 도덕법을 중시 여기며 지켜야 한다. 누구나 지켜야 할 십계명 두 번째 돌판의 계명들이 기업에도 적용이 되어야 하는 것이다. "거짓 증거하지 말 것" "도적질하지 말 것" "간음하지 말 것" 등의 명령이 기업에도 적용되며, 기업은 이런 법의 큰 테두리 안에서 경쟁하며 생산하고 경영해야 한다. 만약 기업이 이런 도덕법을 지킬 수가 없다면, 그래서 양심에 어긋나는 것을 강요하는 자리가 된다면 이는 기업의 존재 자체에 문제가 있으며 하나님이 계신 조직이라고 볼 수가 없다. 따라서 기업은 초법적인 조직이 아니라 법 아래 있는 많은 조직 가운데 하나이며, 학교나 교회나 정부에서 모든 사람에게 요구되는 보편적인 도덕법이 준수되고 존중되어야 한다.

4) 공공의 선(common good)

기업은 인류를 섬기는 조직이다. 기업은 사회의 한 구성원이며, 다른 구성원들과의 관계를 떠나서 생존할 수 없다. 기업은 특수한 상황과 시대에 놓여 있으며, 그 역사적이며 상황적인 사명을 또한 감당해야 한다. 이를 우리는 사회의 기대와 요구에 함께 부응해야 하는 기업의 의무라고 보고, 기업은 사회가 추구하는 공공의 가치와 선에 대해 공유하며 기여해야 한다.

예를 들어 환경오염에 사회적 경각심이 커지고 있다면 기업은 친환경적인 경영과 생산을 해야 하고, 사회가 통일을 염원한다면 기업은 통일을 준비하는 전략을 세워야 할 것이다. 기업의 책임은 기업이 직접 사회에 대해(to society) 하고 있는 것뿐 아니라 사회를 위해(for society) 할 수 있는 일까지도 포함되어야 한다.

이 점에서 기업은 고립된 사적 조직이 아니라 사회와 긴밀히 연결되어 있는 공적 성격을 갖고 있으며, 사회로부터 제공받아 누리는 여러 혜택들은 기업으로 하여금 사회가 바라는 선을 향해 함께 나아갈 것을 당연시한다.[10]

5) 통전성(integrity)

이렇게 섬기고 돌보는 것에 대한 강조가, 기업이 이타적인 존재가 되어야 한다는 뜻은 아니다. 기업은 소비자를 위해서 있지만, 동시에 기업도 살아남아야 한다. 남을 섬기면서 동시에 주주를 섬기고 종업원을 돌봐야 한다. 윤리도 중요하고 사업도 중요하다. 비윤리적인 기업은 생존해서는 안 되고, 이윤을 남기지 못하는 기업은 생존할 수가 없다. 그래서 기업은 이런 여러 가치들을 함께 추구하는 곳이 되어야 한다. 여러 이해들이 함께 실현될 수 있는 곳, 우리는 이를 통전성이라 부른다.

---

10) Willian F. May, "Moral Business Leadership: Origins and Outcomes", in *On Moral Business*, eds. Max Stachouse, Dennis McCann, Shirley Roles, and Preston Williams (Grand Rapids: Eerdmans, 1994), p. 695.

개인의 선과 공동체의 선, 도덕적 양심과 경제적 효율성, 경제의 법칙과 윤리의 법칙이 적용될 수 있는 곳이 하나님이 허락하신 공동체이며, 기업은 이런 곳이 되기 위해 여러 가치들을 함께 붙잡을 수 있는 문화와 덕성을 가져야 한다.

여기에 지도력이 요청된다. 여러 가치들을, 여러 가지 선(goods)들을 다 실현할 수 있는 지도력이다. 로라 내시는 앞으로의 기업윤리는 바로 이런 통합할 수 있는 지도자의 손에 달려 있고 이런 통합의 노력은 기업 경영을 더욱 창조적이며 건강하게 한다고 본다.[11]

4. 인간 이해

인간 이해는 기업의 목적과 도덕적 가치를 하나로 묶는 끈과 같다. 인간이 이기적으로만 이해된다면 기업의 목적은 이윤 추구가 되고, 기업이 추구할 가치는 방임적인 자유와 생존이 된다. 기업이 대내외로 갖는 관계의 비전 역시 계약적이며 보상적인 관계(quid pro quo)로 제한될 수밖에 없다. 반면 인간을 도덕적이요 관계적으로 본다면 기업의 목적은 섬기는 데까지 확장될 수 있고, 기업이 추구하는 가치 역시 도덕적인 것이 될 수 있다.

인간의 동기, 기질, 상호 작용의 유형에 대한 전 이해는 따라서 사회 관계나 책임적인 관계의 비전을 형성하는 데 결정적인 영향을 끼치는 데, 기독교윤리는 인간을 바라보는 데 다음의 두 이해를 제공해 준다.

---

11) Nash, *Good Intentions Aside.* pp. 5-6; *Believers in Business*(Nashville: Thomas Nelson, 1994), p. 90.

1) 복합적 본성을 지닌 자

인간은 경제적인 면도 있지만 도덕적인 면도 있다. 계산도 하지만 계산을 초월한 결정을 할 때도 있다. 개인적인 면도 있지만 사회적인 면도 있고, 이기적인 면도 있지만 이타적인 면도 있다.

인간의 결정은 이런 여러 본성의 상호작용을 통해서 이루어지는 것이지, 이기적이거나 경제적인 것이 모든 결정을 주도하지는 않는다. 격려를 통해서 더 열심히 일하기도 하고, 회사를 생각하는 마음이 강해질 때 계약 이상의 헌신을 할 때도 있다. 그래서 인간을 환원적으로 보는 것을 거부한다. 모든 동기와 원인을 경제적으로 보는 환원주의적인 설명은 인간 본성의 복잡함과 다양성을 부인하고 있기 때문이다.

신학적으로 하나님의 형상 개념이 이를 지지한다. 하나님의 형상대로 지음을 받은 인간은 도덕적 결정을 할 수 있고, 경제적이며 상황적인 요인을 초월하기도 하는 삶을 살아간다. 그렇기에 이타적인 관계와 행위에 대한 책임을 요구받고 있으며, 사회를 변화시키고 개혁하기도 한다.

복합적 본성은 동시에 인간의 죄성을 또한 인정하게 한다. 끊임없이 자기 생존 시나리오의 노예가 되기 쉽고, 집단 이기주의에 빠져들 수 있는 인간이기에, 더욱 도덕적 가치의 강조가 요구되며, 기업의 목적에 대한 주의가 필요한 것이다.

2) 관계적 존재

인간은 또한 관계적 존재이다. 관계적 존재라는 말은 인간은 남과의 관계를 통해 자기를 알고 자기를 형성시켜 나간다는 뜻이다. 의미 있는 타자와의 만남을 통해 자기를 발견하고, 관계의 질에 의해 또한 많은 영향을 받는 존재가 인간이다. 진정한 만남을 갖기까지 자기를 알 수가 없고, 궁극적인 실재인 하나님을 발견할 때에만 비로소 인간은 그 앞에 존귀하고 사랑받는 자임을 알게 된다.

관계적 존재라는 것은 또한 관계를 맺도록 지음을 받은 것을 뜻한다. 더 큰 실재와 관계를 맺고 싶어하고, 동화(empathy)를 통해 남의 세계에 들어가며, 이웃을 알되 객체로서 알 뿐 아니라 관계적으로 알게 되기도 한다.

이런 관계적 존재에 대한 이해는 조직의 문화와 분위기에 주목하게 한다. 어떤 관계를 맺느냐에 따라 삶의 질이 달라지기에, 조직의 덕성과 성격을 분석하고 조직의 가치를 따져 보게 한다. 또한 기업 구성원이 갖고 있는 중요한 관계들을 존중하게 한다. 직장뿐 아니라 가정에서의 관계, 종교에서 절대자와의 관계 등, 인간의 존엄성이 관계에서 온다고 할 때 한 사람 한 사람과의 관계를 위해 노력하며, 섬김과 도덕적 가치가 기업의 활동에 핵심이 되는 하는 것이다.

5. 기독교윤리적 이해의 현실성과 당위성

그러면 이런 기업 이해가 현실성이 있는 것인지, 기독교윤리적인 기입 이해가 기업 활동에 필요한 것인지를 살펴볼 차례가 되었다. 이러한 기업 이해는 다음 몇 가지 점에서 현실성을 가진다. 또한 기업 활동에 긍정적으로 작용하는, 그래서 당위적인 성격을 충분히 가지고 있다.

첫째, 기업은 사실 사회에 진 빚이 많다. 기업이 있기까지 사회 구성원들이 많은 것을 협조해 주었다. 기업은 스스로 오늘에 이른 것이 아니다. 기업이 근대적인 산물이 된 이유가 바로 여기에 있다. 사회적 인프라가 만들어진 다음에야 기업이 만들어질 수 있었다. 학교 교육, 교회에서 가르친 윤리, 사회가 제공하는 기반 시설들이 그것이다. 그래서 기업은 사회의 여러 빚들을 안고 형성되었고, 이런 빚을 갚는 차원에서 기업은 고유한 기능으로 인류를 섬기며 돌봐야 한다.

둘째, 섬김과 돌봄이라는 이타적인 가치와 통전성이라는 가치가 강조되지 않으면 기업은 윤리적 · 도덕적 실천을 하기가 어렵다. 기업은 경쟁이라는 메커니즘 속에 경영되기에 생존 전략에 몰두하기가 쉽다. 시장은 이전투구의 장이 되고, 기업은 터널 비전으로 인해 더 크고 놀라운 목적을 잊기가 너무 쉽다. 그렇기에 기업의 윤리적 목적에 대한 강조, 그리고 이타적인 가치에 대한 강조가 있지 않으면, 기업은 금방 윤리를 몰아내고 이윤을 중심으로 돌아가는 돈 만드는 기계가 될 수밖에 없다.

셋째, 섬김과 돌봄 그리고 도덕적 가치는 기업 구성원들, 주주를 포함해서 도덕적 양심에 동기를 유발할 수 있다. 에미타이 에치오니의 말대로 인간은 도덕적으로 비환원적(irreducible) 존재인데,[12] 도덕적 양심을 실현하고자 하는 마음은 결코 경제적인 동인으로 채워지지 않는다. 인간은 양심이 실현될 때 행복할 수 있는데, 기업이 고상한 목적을 향해 수고하고자 할 때 구성원들은 더욱 적극적으로 참여하게 되고 일에 자부심을 갖게 된다. 따라서 기업이 하고 있는 일이 섬김과 돌봄이라고 인식이 된다면 기업의 선한 목적이 달성될 뿐 아니라, 이해 당사자들 개인의 목적도 달성되고, 그래서 기업 공동체는 개인을 섬기고 또

---

12) Amitai Etzioni, *The Moral Dimension: Toward New Economics*(New York: Free Press, 1988), pp. 67-87.

개인은 공동체를 섬기는 행복한 조직이 될 수 있는 것이다.

6. 나가는 말

　맥스 드 프리는 *Leadership as an Art*에서 기업이 들을 수 있는 최고의 말은 "감사합니다."라고 했다.[13] 소비자가 판매자에게, 종업원이 사장에게, 사장이 종업원에게 이 말을 듣는 것이 기업의 목적이라는 것이다. 그런데 이 "감사합니다."는 각자의 이해가 성실히 성취되었을 때 나오는 반응이다. 구성원의 잠재력이 발휘되었을 때, 소비자의 가치가 만들어졌을 때 서로를 향해 표현하는 말이 감사인데, 기업을 기독교윤리적인 틀에서 바라보며 그 책임으로 안내할 때 충분히 이룰 수 있다고 본다.

---

13) Max De Pree, *Leadership as an Art*(New York: Dell Publishing Co., 1989), pp. 19, 69.

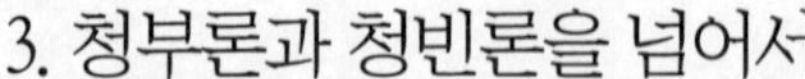

3. 청부론과 청빈론을 넘어서

이상원(총신대 신학대학원 교수)

1. 들어가는 말

근래 한국 사회를 탄핵 정국의 소용돌이 속으로 몰아넣었던 결정적인 이유들 가운데 하나가 불법 정치자금이었다는 사실에 이의를 달 사람은 없을 것이다. 작게는 몇천만 원으로부터 시작해서 크게는 몇백억 원에 이르기까지 다양한 금액과 방식으로 오고간 정치자금은 생계유지에 필요한 금액을 훨씬 상회하는 부(富)의 축적을 물적 기반으로 하여 나타나는 병적인 사회 현상이다. 시민들로부터 질투심을 유발할 정도의 부를 축적한 사람들은 축적된 부를 유지하거나 증식시키고자 하는 강한 욕구를 갖게 되고, 이 욕구는 정치권력과의 유착과 타협으로 나타난다. 지나친 부의 소유가 소유자와 사회를 부패시키고 있다. 다른 한편에서는 생계유지에 필요한 재화조차도 확보하지 못한 소외된 계층의 신음소리가 들려온다. 1950년대에 한국전쟁을 계기로 한국 국민들 전체의 경제적 여건이 하향 평준화된 이후 분배를 위한 이렇다 할 만한 조치가 거의 시행되지 못한 상황에서 50년이라는 긴 기간 동안 성

장 지향적인 경제 정책이 일방적으로 추진되어 온 결과,[1] 부의 극심한
불공정한 분배가 구조적으로 고착되기에 이르렀다. 최저생계비에도
턱없이 못 미치는 지원금으로 연명하는 독거노인들이나 생계 문제로
인하여 신용 불량자의 처지로 떨어진 사람들의 숫자도 늘어나고 있다.
노인 인구와 평균수명은 늘어나는데 퇴직 시기는 점점 더 앞당겨짐으
로써 생계 자체가 위협받는 국민들이 늘어나고 있다. 재화의 결핍이 개
인과 사회를 피폐화시키고 있는 것이다. 지나치게 소유한 부도 개인과
사회를 피폐화시키지만 지나치게 결핍된 부도 개인과 사회를 피폐화
시킨다. 그렇다면 개인과 사회를 피폐화시키지 않는 정도의 부란 과연
어느 정도의 부인가? 그 부는 어떤 방법을 통해서 획득된 것이어야 하
며 또 어떻게 사용되어야 하는가?

이처럼 부의 지나친 소유도 개인과 사회에 문제가 되고, 부의 지나친
결핍도 개인과 사회에 문제가 될 정도로 부가 인간의 삶 속에서 차지하
는 위치가 중요하다면, 부의 문제가 그리스도인들의 윤리적 비판과 반
성의 주제가 되는 것은 자연스러운 일이라 하겠다. 윤리적 반성 작업이
란 문제의 상황에 대한 비판과 대안의 제시라는 점을 고려할 때, 부의
문제에 대한 대응도 두 전선에서 나타날 수밖에 없다. 하나의 전선은,
부가 인간의 삶 속에서 무시할 수 없을 정도의 순기능을 담당하고 있음
에도 불구하고 순기능을 애써서 외면하고 정신주의적 관점에서 부의
가치를 평가절하하는 태도가 나타날 때 형성된다. 이때 부가 지닌 순기
능을 편중되게 강조하는 대응이 나타날 수 있다. 이 태도는 이른바 축
적의 양에 제약받지 않는 정당한 부가 존재함을 강조하는 청부론의 형

---

1) 해방 이후의 한국 경제가 분배를 무시한 채 성장 위주의 경제 정책을 추진해 왔음을 일견
(一見)하려면, 이상원의 글 "경제개발계획기의 한국 경제에 대한 비판적 분석"(이상원,
1999, pp. 242-271)을 보라.

태로 나타난다. 또 하나의 전선은, 부가 인간의 삶 속에서 역기능을 담당하고 있는 엄연한 현실을 외면하고 부의 순기능만을 일방적으로 강조할 때 형성된다. 이때 부의 역기능을 극적으로 부각시키는 대응이 나타날 수가 있다. 이 태도는 부는 단지 중립적인 수단에 지나지 않는 것이 아니라 일종의 악한 힘으로써 언제나 인간을 종교적·도덕적으로 부패시킨다는 점을 강조하는 청빈론의 형태로 나타난다.

지난 해 동안 기독교계에서 쟁점으로 부상했던 청부론과 청빈론 논쟁의 중심에는 부 또는 돈으로 대표되는 재화의 본질적 성격에 관한 정의의 문제가 숨어 있다. 부 그 자체는 선한 것이며, 다만 문제는 부의 선용 여부에 있다고 보아야 하느냐, 아니면 부 그 자체가 인간으로 하여금 종교적·도덕적으로 악에 빠지도록 만드는 일종의 살아 있는 힘이냐 하는 문제인 것이다. 그런데 우리는 두 입장이 이 질문에 대하여 서로 상이한 정의에서 출발하고 서로 상이한 결말에 도달한다 하더라도, 모두 부가 부당한 방식으로 남용되는 현실을 비판하면서 부의 책임 있는 사용을 강조하고 있다는 점을 간과해서는 안 된다. 부의 문제에 대한 입장의 차이가 삶의 전 영역에 끼치는 파장이 상당한 것은 사실이지만, 부에 대한 입장의 차이를 지나치게 확대 해석하여 그리스도인의 정체성에 대한 판단에까지 나아간다든지, 한쪽은 보수적인 수구 세력이고 다른 한쪽은 참신한 진보 세력이라고 집단화하여 마르크스주의적인 갈등 구조로 파악하는 시도에 대해서 필자는 반대한다. 두 입장의 차이는 어디까지나 그리스도 안에 있는 형제들의 판단의 불완전함과 미숙함의 문제로 보아야 한다.

이 글에서는 청부론의 대표적인 논객인 김동호가 쓴 『깨끗한 부자』 『깨끗한 고백』 『깨끗한 크리스천』에 나타난 청부론의 논리를 비판적으로 분석하고, 이어서 청빈론의 대표적인 논객인 김영봉이 쓴 『바늘귀를 통과한 부자』『사귐의 기도』에 나타난 청빈론의 논리를 비판적으로 분석함으로써, 청부론과 청빈론이 모두 부에 관한 성경의 가르침을 단편적으로는 반영하고 있기는 하지만 성경의 가르침과는 상당한 거리가 있는 입장들임을 보여 주고자 한다. 이어서 부에 관한 필자의 생각을 제시하는 방식으로 논의를 전개하고자 한다. 필자는 청부론이나 청빈론 어느 편에도 설 생각이 없는데, 그 이유는 두 입장이 모두 성경이 제시하는 부에 대한 가르침을 균형 있게 이해하지 못하고 있다고 판단하기 때문이다.

2. 김동호의 청부론: 청부-유토피아니즘

김동호는 장신대 학부와 신대원을 졸업한 뒤에 합동 총회에 속한 유서 깊은 교회인 승동교회에서 담임목사로 봉직한 후에 통합 교단의 대표적 교회인 영락교회에서 협동목사로서 봉직함으로써 한국 장로교의 양대 산맥인 두 교단에서 골고루 목회 경력을 쌓았다. 김동호는 그 이후에 동안교회를 개척하여 성공적으로 부흥시킨 후에 한창 일할 수 있는 연령인데도 불구하고 과감하게 교회를 다른 사역자에게 인계해 주고 '높은뜻숭의교회'를 개척하여 오늘에 이르고 있다. 한국의 여러 대형 교회에서 벌어지고 있는 담임목사직의 세습이 목회자의 도덕성 시비를 불러일으키고 있는 현실 속에서 담임목사 자리에 연연하지 않고 과감하게 자리를 양도하는 처신은 깨끗한 한국 교회상을 열망하는 많은 기독교인들에게 신선한 충격을 주고 있으며 그의 말의 영향력과 권위를 뒷받침해 준다. 담임목사직과 관련하여 김동호가 제시한 교회 정치의 한 실천 사례가 한국 교회 전체가 본받아야 할 보편적인 모범적 사례인가의 문제는 논의의 여지가 있을 수 있지만, 그의 실천이 한국 교회로 하여금 교회 정치의 현실을 비판적으로 반성하도록 촉구하고 있는 것만은 사실이다. 교회 정치에 있어서 바람직한 대안 모델을 제시한 바 있는 김동호는 이번에는 교회와 그리스도인의 경제생활의 영역에서도 바람직한 대안 모델의 제시를 시도한다.

김동호는 논쟁을 불러일으킨 그의 저서 『깨끗한 부자』 머리말에서 자신의 글이 청빈에 대한 비판서임을 명확히 한다. "청빈을 기독교적 신앙으로 알고 있는 교인들에게, 청빈은 훌륭한 것이지만 이것이 기독교의 가장 궁극적인 목표가 아니라는 것과 기독교의 궁극적인 목표는 청부라는 것을 강조하여 설교했을 때는 얼마나 많은 반박과 저항(?)이 있었는지 모른다."[2] 김동호는 자신이 책을 서술한 목적 나아가서는 자신의 입장이, 청부가 기독교의 궁극적인 목적임을 제시하는 데 있음을 분명히 한다.

김동호가 말하는 청부는 무엇인가? 김동호는 기독교인들이 하나님의 방식과 법대로 살았을 때 그에 대한 은혜와 상급으로 부를 주시는데, 이 부가 곧 청부라고 정의한다.[3] 물론 여기서 김동호는 하나님의 방식과 법대로 살아도 가난해질 수 있다는 사실을 배제하지 않는다. 세상이 비뚤어지고 왜곡되어 있기 때문에 정직하고 성실하게 살아도 얼마든지 가난해질 수 있다.[4] 그러나 김동호는 정직하고 성실하게 살면 반드시 가난해진다는 원리를 일방적으로 주장하면서 모든 형태의 부나 부유한 삶을 정죄하는 일방적인 청빈론은 단호하게 거부한다. "기독교에서 부함은 죄도 아니고 부끄러움도 아니다. 부끄럽고 죄스러운 부가

---

2) 김동호, 『깨끗한 부자』(서울: 규장, 2003), pp. 5-6.
3) *Ibid.*, pp. 23, 72; 김동호, 『깨끗한 크리스천』(서울: 규장, 2002), pp. 8-9, 113, 140.
4) 김동호, 『깨끗한 부자』(서울: 규장, 2003), p. 167.

없지 않지만 무조건 모든 부가 다 부끄럽고 죄스러운 것은 아니며 부 자체가 부끄럽고 죄스러운 것은 더더욱 아니라는 점을 분명히 알아야 한다.”[5]

그러면 김동호가 말하는 하나님의 방식과 법대로 획득한 부란 무엇일까? 그것은 정당한 방법으로 벌어들인 돈을 말하는데, 김동호는 정당하지 못한 방법으로 벌어들인 돈에는 어떤 종류가 있는가를 제시함으로써 자신이 생각하는 정당한 방법으로 벌어들인 돈이 어떤 것인가를 간접적으로 제시한다.[6] ① 도둑질한 돈 - 예를 들어서 탈세한 돈, ② 정당하지 못한 직업으로 벌어들인 돈 - 예를 들어서 술집에서 몸을 파는 여자가 번 돈,[7] ③ 불로소득으로 벌어들인 돈 - 예를 들어서 도박, 투기, 복권 등을 통하여 벌어들인 돈,[8] ④ 공정하지 못한 방법으로 벌어들인 돈으로 정리할 수 있다. 이상의 정보를 요약하면 정당한 방법으로 벌어들인 돈은 도덕적으로 건전한 직업을 가진 자가 자기 손으로 노동하여 벌어들인 돈 중에서 정직하게 세금을 내고 남은 돈을 가리킨다는 점을 알 수 있다.

김동호의 ‘청부론’은 부 또는 돈이란 그 자체가 악한 것이 아니라는 전제로부터 출발한다. “돈은 선이 아니지만 그렇다고 악도 아니다. 돈은 선도 아니고 악도 아니다. 복도 아니고 화도 아니다. 돈은 그냥 돈이다. 돈은 선과 악 그리고 화와 복이 될 만한 것이 못된다.”[9] 일만 악의

---

5) *Ibid.*, 이 외에도 pp. 27, 43.
6) *Ibid.*, pp. 104-111.
7) “창기의 번 돈과 개 같은 자의 소득은 아무 서원하는 일로든지 네 하나님 여호와의 전에 가져오지 말라 이 둘은 다 네 하나님 여호와께 가증한 것임이니라”(신 23:18)
8) “여호와를 경외하며 그 도에 행하는 자마다 복이 있도다 네가 네 손이 수고한 대로 먹을 것이라 네가 복되고 형통하리로다”(시 128:1-2)
9) *Ibid.*, p. 37.

뿌리가 되는 것은 돈을 사랑하는 태도이지 돈 자체가 아니다.[10] 돈에 대한 생각과 자세가 우리에게 화가 되고 복이 된다.[11] 김동호는 "사람이 떡으로만 살 것이 아니요 하나님의 입으로 나오는 모든 말씀으로 살 것이라"(마 4:4)라는 예수님의 말씀은 떡에 대한 전체 부정이 아니라 부분 부정이라고 말한다. 전체 부정이란 떡 자체를 부정하는 것이고, 부분 부정은 떡 자체를 부정하는 것이 아니라 떡에 대한 잘못된 조건 곧 하나님의 말씀과 뜻에 반하면서까지 떡을 생각하는 것을 뜻한다.[12] 김동호는 돈 그 자체를 부정하는 태도를 영지주의라고 규정하고, 영지주의는 돈을 지나치게 인정하고 긍정하는 기복주의와 함께 피해야 한다고 말한다.[13] 김동호는 예수를 믿으면 물질의 '복' 을 받게 된다는 생각은 우(右)로 치우친 생각인 반면, 부자로 잘사는 예수 믿는 자를 비판하는 자는 좌(左)로 치우친 생각이라고 말한다.[14]

그런데 여기서 제기되는 문제는, 하나님의 방식과 법대로 돈을 벌면 청부라고 말하면서 왜 예수 믿는 자가 물질의 복을 받으면 우로 치우친 잘못된 기복주의적인 생각이 되는가 하는 것이다. 이 난관을 해결하기 위하여 김동호는 돈을 '복' 으로 보지 않고 '은사' 로 봐야 한다는 납득하기 어려운 논리를 전개한다.[15] 김동호는 거듭거듭 이 점을 힘을 주어 강조한다. 아마도 김동호는 이 점에서 자신이 돈에 대한 아주 새로운 시각을 제시하고 있다고 확신하고 있는 것 같다. 김동호는 물질은 복이

---

10) "돈을 사랑함이 일만 악의 뿌리가 되나니 이것을 사모하는 자들이 미혹을 받아 믿음에서 떠나 많은 근심으로써 자기를 찔렀도다"(딤전 6:10)

11) *Ibid.*, p. 38.

12) *Ibid.*, pp. 90-91.

13) 김동호, 『깨끗한 고백』, p. 53.

14) 김동호, 『깨끗한 부자』, pp. 47, 49-50.

15) *Ibid.*, pp. 15, 28, 36.

아니라 은사에 가깝다고 말한다. 방언이 은사이고 그렇기 때문에 기독교인 모두에게 은사가 주어지는 것이 아닌 것처럼 물질도 은사이기 때문에 모든 사람들에게 주어지지 않는다고 말한다.[16] 여기서 "은사에 가깝다"는 말과 "은사다"라는 두 가지 표현을 사용하고 있는데 이 두 가지 표현을 사용하는 이유가 무엇인지 불분명하다. 더욱 납득이 가지 않는 말은, 쓰지 않으면 소멸하는 것이 은사이기 때문에 물질도 쓰지 않으면 소멸되어 버리고 계속하여 쓰면 하나님으로부터 더 많은 물질을 받게 된다고 언명하는 것이다.[17] 돈은 복이 아니기 때문에 좋은 것을 먹고 좋은 옷을 입으며 좋은 것을 마시며 사는 것은 복이 아닐 수밖에 없다.[18]

그러나 이와 같은 김동호의 생각은 매우 납득하기가 어렵다. 우선 성경은 돈이나 물질을 은사라고 부른 예가 없다. 신약성경에서 말하고 있는 은사는 언제나 인격체이신 성령께서 성도들의 인격에 바탕을 둔 품성이나 재능을 뜻하며, 교회 공동체를 세우기 위하여 주시는 것이다.[19] 신약성경은 어느 곳에서도 물질이나 돈을 은사라고 말하지 않는다. 더욱이 성경은 물질이나 돈이 복임을 여러 곳에서 밝히고 있다.[20] 뿐만 아니라 은사가 쓰지 않으면 소멸되는 것처럼 물질도 쓰지 않으면 소멸된다는 김동호의 판단도 상식적으로 납득이 가지 않는다. 물질 가운데 농

---

16) 김동호, 『깨끗한 부자』, p. 21.

17) *Ibid.*, p. 22.

18) *Ibid.*, p. 94.

19) 이상원, 『21세기 사도신경 해설』(서울: 솔로몬, 2002), pp. 128-149; Stott, John Row, 『오늘날의 성령의 사역: 세례, 충만, 열매, 은사』 조병수 역(서울: 한국기독교교육연구원, 1983), pp. 101-140.

20) "여호와께서 나의 주인에게 크게 복을 주어 창성케 하시되 우양과 은금과 노비와 약대와 나귀를 그에게 주셨고"(창 24:35) "이삭이 그 땅에서 농사하여 그 해에 백 배나 얻었고 여

산물은 쓰지 않으면 썩어서 소멸될 수가 있겠지만 냉장 기술이 발달된 오늘날에는 장기간 보존이 가능하며, 특히 돈은 쓰지 않고 보관하면 없어지지 않는다. 물질은 써야 소멸되는 것이지 쓰지 않아야 소멸되는 것이 아니다. 김동호의 글에는 성경에 뚜렷한 근거가 없는 자신의 주관적인 판단에 성경적인 권위를 입혀서 단언하는 어법이 자주 등장하는데 "돈은 복이 아니라 은사다"라는 언명이 대표적인 사례다.[21]

김동호는 부의 소유의 정당성을 확보하기 위한 인간학적인 근거로서 에리히 프롬이 제안한 '소유형의 인간과 존재형의 인간이론'을 원용한다. 소유형의 인간은 삶의 의미와 목적을 소유(to have)에 두고 사는 사람이고, 존재형의 인간은 삶의 의미와 목적을 인간답게 존재하는 데 두고 사는 사람을 뜻한다.[22] 만일 소유형의 사람에게 부가 주어진다면 그 부는 부끄러운 부이지만 존재형의 사람에게 부가 주어진다면 그 부

호와께서 복을 주시므로 그 사람이 창대하고 왕성하여 마침내 거부가 되어 양과 소가 떼를 이루고 노복이 심히 많으므로…"(창 26:12-14) "여호와께서 욥의 모년에 복을 주사 처음 복보다 더하게 하시니 그가 양 일만 사천과 약대 육천과 소 일천 겨리와 암나귀 일천을 두었고"(욥 42:12) "여호와께서 복을 주시므로 사람으로 부하게 하시고 근심을 겸하여 주지 아니하시느니라"(잠 10:22) "어떤 사람에게든지 하나님이 재물과 부요를 주사 능히 누리게 하시며 분복을 받아 수고함으로 즐거워하게 하신 것은 하나님의 선물이라"(전 5:19)

21) 이 밖에도 김동호가 제시하는 성경적인 근거가 확실하지 않은 단언들 가운데 하나는 "바른 삶을 살지 못하면 절대로 구원받지 못한다."는 행위구원론적인 의미를 담은 언명들이다. 보다 구체적으로 말한다면 김동호는 구원은 오직 믿음을 통해서만 얻는다는 점을 바르게 강조하면서 율법주의를 철저하게 배격하면서도(김동호, 『깨끗한 크리스천』, pp. 86-99) 단언적인 어법으로 행위구원론적인 언명을 하는 것을 주저하지 않는다. "땅에 보물을 쌓는 사람은 돈이 그의 하나님이 된다. 아무리 교회에 다니고 입으로 '주여, 주여' 해도 이런 사람의 주는 하나님이 아니라 돈이다. 그러므로 그는 구원을 얻을 수 없다. … 돈에 대한 욕심 때문에 땅에 보물을 쌓고 사는 사람은 결국 구원을 얻을 수 없게 될 것이다."(김동호, 『깨끗한 부자』, pp. 165-166). "자기를 부인하고 죄와 싸우는 생활이 없는 교회생활만으로는 절대 구원 얻을 수 없다고 믿습니다."(김동호, 『깨끗한 고백』, p. 80). "물질로부터 자유롭지 못한 사람은 구원을 얻을 수 없습니다."(Ibid., p. 183).

22) 김동호, 『깨끗한 부자』, p. 64.

는 자랑스러운 부로 볼 수 있다고 말한다. 욥, 아브라함, 다윗, 아리마대 요셉과 같은 성경에 등장하는 부자들은 모두 존재형의 인간들이었기 때문에 이들의 부는 정당한 부다. 반면에 존재형의 인간들도 가난한 경우가 있을 수 있다. 존재형의 인간들이 가난한 경우는 자랑스러운 가난이라고 볼 수 있다. 그러나 존재형의 인간이 가난한 사례를 근거로 하여 존재형의 인간은 가난해야만 한다는 결론을 끌어내서는 안 된다고 말한다. 다른 한편으로는 소유형의 인간들 가운데 가난한 경우가 있는데, 이때 가난은 소유에 대한 욕심이 없어서가 아니라 소유에 대한 능력이 없어서 가난해진 사람들이라고 김동호는 말한다.[23] 이들의 특징은 부자들을 비난하고 부함에 대하여 언제나 부정적이고 비판적인데, 이들의 내면은 부함에 대한 갈망으로 가득 차 있다.[24]

물론 소유에 대한 능력이 없어서 가난하다는 김동호의 판단은 부분적으로만 옳다. 소유에 대한 능력이 있어도 사회의 정치 경제적 구조에 의하여 능력의 행사가 차단되어 있기 때문에 부를 소유하지 못하는 경우도 있기 때문이다. 사회의 구조적 현실에 대한 인식의 부족은 김동호의 글 전체에 나타나는 특징이기도 하다. 결국 기독교인은 사도 바울이 말한 것처럼 "비천에 처할 줄도 알고 풍부에 처할 줄도 아는"(빌 4:12) 사람이 되어야 한다.[25] 김동호는 자신이 목사이지만 부하게 사는 것이 좋다고 공공연히 말한다.[26] 그런데 여기서도 김동호의 성경에 대한 이해와 적용에 있어서의 미숙함과 오해가 드러난다. 이 본문이 말하는 '풍부'는 바울의 정황으로 보았을 때 김동호가 말하는 많은 부를 소유

---

23) *Ibid.*, p. 67.
24) *Ibid.*, p. 68.
25) *Ibid.*, p. 70.
26) *Ibid.*, p. 99.

한 존재형의 인간이 소유한 부의 상태를 말하는 것은 아니다. 바울은 김동호가 생각하고 있는 바와 같은 정도의 부를 소유해 본 일이 없다. 아마도 본문이 말하는 풍부는 일용할 양식의 차원에서 부족함이 없는 상태를 가리킨다고 보는 것이 바른 해석일 것이다. 물론 존재형의 인간이 부를 소유하는 것이 정당하다는 사실은 성경적으로 정당화될 수 있지만, 이 본문은 존재형의 인간이 많은 부를 소유하는 것이 정당한가 부당한가를 판단하기에 적절한 본문은 아니다. 한편 넉넉한 물질을 소유하고 있으면서도 만족할 줄 모르는 태도는 '아주 질 나쁜 악성 가난'으로 규정된다.[27]

지금까지는 김동호가 말하는 청부가 형성되는 과정을 검토해 보았다. 그런데 부란 획득하는 과정이 정당하다고 해서 그 소유가 정당화될 수 있는 것은 아니다. 획득하는 과정에 있어서의 정당성은 부의 정당성 담보의 반쪽에 지나지 않는다. 정당하게 획득된 부는 정당하게 사용되어야만 비로소 명실 공히 청부가 된다.[28] 다시 말해서 정당하게 벌어들인 돈, 곧 보물은 땅에 쌓아서는 안 되고 하늘에 쌓아야 한다.[29] 그렇다면 보물을 하늘에 쌓는다는 말의 구체적인 의미는 무엇인가? 김동호는 상당히 구체적이고도 체계화된 돈의 정당한 사용 방법을 제시한다.

김동호는 돈은 세 가지 몫으로 구성되어 있다고 말한다. 첫째는 하나님의 몫이고, 둘째는 다른 사람의 몫이고, 셋째는 내 몫이다.[30] 하나님의 몫과 다른 사람의 몫을 올바르게 쓰고 나면 내 몫이 남는데, 그 몫의 분량이 얼마가 되었든지 부끄럽지 않은 돈이요, 그 돈으로 부유하게 살

---

27) *Ibid.*, p. 32.
28) *Ibid.*, p. 24, 37.
29) *Ibid.*, pp. 38-39, 116, 172.
30) *Ibid.*, p. 121.

수 있다고 말한다.[31]

첫째로, 하나님의 몫은 수입의 십일조를 뜻한다. 김동호는 하나님이 헌금과 구제를 최대(maximum)한 요구하시지 않고 최소(minimum)한 도로 요구하신다는 사실을 알게 되었다고 말한다. 그 최소한도가 십일조다. 김동호는 신명기 14장 22-29절 말씀을 전거로 하여 이스라엘 백성들에게 이중의 십일조가 부과되었다고 주장한다. 신명기 14장 22절 말씀에 근거하여 수입의 10분의 1을 떼어서 하나님께 헌금을 하고, 신명기 14장 28-29절 말씀에 근거하여 수입의 30분의 1을 떼어서 구제하면 하나님의 몫을 바르게 뗀 것으로 간주했다. 그러고 나서 남은 돈을 가지고 자신과 가족을 위하여 쓰는 데는 어떤 정죄와 비판도 해서는 안 된다.[32]

김동호는 이중의 십일조를 보완하는 방편으로 50년마다 한 번씩 빚을 탕감해 주라고 명령하고 있는 희년의 정신을 살린 '유산 안 남기기 운동'을 제안한다. 김동호는 식구 수에 하나님을 더한 숫자로 수입을 나눈 후에 이 나눈 몫이 각자의 몫이라고 말한다. 김동호는 자신의 가족이 여섯 식구임을 말하면서 1/7이 식구들의 몫이고 하나님의 몫도 1/7이라고 말한다. 우연하게도 김동호가 자신의 가족 숫자에 맞춘 하나님의 몫은 이중의 십일조의 액수와 거의 일치된다.[33] 김동호는 유산을 나누어야 할 시점이 되면 각자의 몫을 각자에게 준 다음에 자신과

---

31) *Idem.*

32) *Ibid.*, pp. 78-80.

33) 이 계산법은 그럴듯한 것 같지만 상당히 많은 문제를 안고 있다. 만일 식구가 셋이면 하나님의 몫이 수입의 25%가 되고, 식구가 둘이면 하나님의 몫은 33.3%가 되는데 이렇게 하나님의 몫이 십일조보다 많아져도 김동호는 받아들일 것인가? 만일 식구 수가 10명이면 하나님의 몫은 9%가 되는데 이처럼 하나님의 몫이 십일조보다 줄어들어도 김동호는 받아들일 것인가?

부인에게 남겨진 몫을 가지고 살다가 남은 몫은 하나님께 드림으로써 유산을 남기지 않겠다고 말한다.[34] 그러나 이런 방법이 과연 유산을 남기지 않는 방법이라고 말할 수 있는지는 의문이다. 부부에게 해당된 몫을 자녀들에게 남기지 않는다는 마음가짐도 사실은 가상한 것이긴 하지만 실질적으로 아이들에게 자기의 몫을 넘겨 준 것이 이미 유산을 분배한 것이 아닌가?

둘째로, 김동호는 나의 몫을 자유롭게 사용하기 전에 다른 사람의 몫을 먼저 뗄 것을 강조한다. 김동호는 다른 사람의 몫으로 다섯 가지를 제시한다: 세금의 정직한 납부, 임금의 지급, 노동의 성실한 제공, 빚 갚기, 구제(제2의 십일조).[35]

셋째로, 하나님의 몫과 다른 사람의 몫을 떼고 남는 몫은 나의 것이며, 그 분량이 얼마가 되든 문제가 되지 않으며, 그 몫을 가지고 자신과 가족을 위하여 풍족하고 자유롭게 사용해도 된다고 한다. 특히 김동호는 목회자 자신의 저축을 포함하여 기독교인이 저축하는 태도를 강력하게 옹호한다. 김동호는 7년 풍년에 7년 흉년을 위하여 곡물을 저장해 두었던 요셉의 예를 들면서 돈을 벌 수 있는 청장년의 때를 7년 풍년이라고 보고, 청장년의 때에 7년 흉년이 시사하는 노년의 때를 대비하여 저축하는 것이 바른 태도임을 역설한다. 청장년의 때에 흥청망청 다 써 버리고 노년의 때에 다른 사람에게 짐이 되고 폐가 되는 삶을 사는 태도가 비판된다. 또한 여름 동안에 예비하며 추수 때에 양식을 모으는 개미를 보고 지혜를 얻으라는 잠언 6장 6-8절 말씀은 저축의 정당성을 지원한다고 말한다.[36]

---

34) *Ibid.*, pp. 81-85.
35) *Ibid.*, pp. 135-148.
36) *Ibid.*, pp. 39-40.

사실 김동호가 교인들이 가장 꺼려하는 문제 가운데 하나인 돈 문제를 신앙생활의 중심 주제로 채택하고 설교하며 구체적인 실천 지침까지 제안하는 이유는 구원의 문제는 하늘이나 내세만이 아니라 이 땅에서도 이루어져야 한다[37]는 전인적인 구원관이 자리 잡고 있기 때문이다. 구원은 "살아서 천국을 살고 죽어서 천국 가는 것"[38]이다. "기독교 신앙은 죽어서 하나님의 나라에 들어가는 것도 중요하게 생각하지만, 우리가 살아가는 이 세상에 하나님의 나라가 임하게 하는 것 역시 중요하게 생각하는 종교입니다."[39] 삶의 모든 부분이 믿음 안에서 영위되어야 한다는 신념은 여러 곳의 성경 본문들을 인용하고 적용하는 과정에서 반복되어 나타난다. "내가 곧 길이요 진리요 생명이라"(요 14:6)고 했을 때 길은 단순히 인간이 하나님께 나아가는 길만을 의미하는 것이 아니라 예수님이 모든 것의 길이며 식이며 법이라는 의미인 바, 그 안에는 심지어 돈 버는 법도 예수님 안에 있음을 뜻한다고 한다.[40] "네가 땅에서 무엇이든지 매면 하늘에서도 매일 것이요 네가 땅에서 무엇이든지 풀면 하늘에서도 풀리리라"(마 16:19)는 말씀은 돈 버는 비결도 예수님에게 있다는 뜻하는 말씀으로 이해되어야 한다.[41] "영접하는 자 곧 그 이름을 믿는 자들에게는 하나님의 자녀가 되는 권세를 주셨으니"라는 요한복음 1장 12절 말씀은, 자녀의 권세란 곧 아버지의 것이 모두 나의 것이 되는 것이요, 나의 것을 마음껏 쓸 수 있는 권세를 의미한다고 한다.[42] 구원은 곧 전인적인 구원인 바, 그 구원 안에는 죽음의

---

37) 김동호, 『깨끗한 고백』, pp. 39-40.
38) *Ibid.*, p. 103.
39) *Ibid.*, p. 108.
40) 김동호, 『깨끗한 부자』, pp. 199-200.
41) *Ibid.*, pp. 200-201.
42) *Ibid.*, pp. 201-204.

극복, 정신적이고 철학적인 극복, 육적인 극복이 포함되어야 한다.[43] 육적인 극복 안에는 부자가 되어서 경제적 곤경으로부터 벗어나는 것도 포함된다는 것이 김동호의 논리다. 이와 같은 김동호의 주장은 부자가 되는 것이 정당한가의 여부를 따지기 전에 성경 본문들을 잘못 인용하고 있다는 데 있다. 김동호가 인용한 본문들은 모두 불신자가 믿음을 통하여 예수를 구주로 영접할 때 하나님의 자녀로 거듭난다는 진리를 말하고 있는 본문이지 돈 버는 방법에 관한 본문은 전혀 아니다. 김동호의 본문 해석과 적용은 아주 기초적인 부분에서부터 심각한 문제점을 드러내고 있다. 더욱이 김동호는 기독교인들이 하나님의 청지기라고 말하면서[44] 다른 한편으로는 하나님의 것이 다 내 것이요 따라서 통장에서 자유롭게 돈을 빼서 쓰듯이 하나님의 것을 내 것으로 자유롭게 쓸 수 있다고 말한다.[45] 그러나 이 말은 앞뒤가 서로 맞지 않는다. 청지기가 관리하는 재산은 청지기의 것이 아니다. 그 재산은 주인의 소유다. 다만 주인이 주는 수고비만이 청지기의 것이 될 따름이다. 따라서 하나님의 청지기임을 말하면서 하나님의 것을 내 것이요 내 마음대로 쓸 수 있다고 말하는 것은 모순이다.[46]

김동호의 청부론은 일종의 청부-유토피아니즘이라고 말할 수 있는 단계에까지 나아간다. 유토피아니즘이란, 죄로 말미암아 부패되어 왜곡된 인간과 사회의 현실을 의미 있게 고려하지 않고 현실 속에서 인간의 힘과 지혜로 어떤 이상이 실현될 수 있다고 믿는 신념 체계를 말한

---

43) 김동호, 『깨끗한 고백』, pp. 39-45.
44) 김동호, 『깨끗한 부자』, p. 24.
45) *Ibid.*, p. 203.
46) 김동호는 자신의 언명이 이런 방향으로 오해될 수 있음을 우려한 듯이 자신의 생각을 다음과 같이 밝힌다. "우리가 바르게 벌었다고 해도 그 돈이 모두 우리의 것은 아닙니다. 정확히 말해 모든 것이 다 하나님의 것입니다."(김동호, 『깨끗한 고백』, p. 186).

다. 현실 속에서 이루어질 수 없는 이상을 현실 속에서 인간의 힘으로 이루려고 할 때 사람들은 필연적으로 강박관념을 갖게 되며, 일종의 결벽증 또는 완전주의를 태동시킬 뿐만 아니라 목적을 이룩하기 위하여 폭력을 포함하여 수단과 방법을 가리지 않게 만든다. 공상적 사회주의를 실현하려고 시도하다가 일어난 프랑스혁명에 뒤따른 잔인한 살육, 마르크시즘을 실현하려고 하다가 어마어마한 인명살상을 낳았던 공산주의에게서 우리는 유토피아니즘의 비극을 볼 수 있다. 김동호가 기독교인이 풍부한 청부를 누릴 수 있는 사회를 꿈꾸고 있다는 증거는 여러 곳에서 확인된다. "모든 사람이 하나님의 말씀대로 순종하여 산다면 세상은 절대로 가난한 세상이 되지 않는다고 생각한다."[47] "하나님의 법대로 사는 사람이 결국은 형통하게 된다."[48] "예수 믿는 우리가 궁극적으로 욕심내고 도전해야 할 것은 우리가 부자가 되고 강한 자가 되어서 예수 믿는 사람답게 사는 일이다. …예수 믿는 사람답게 사는 부자가 된다면 이 세상은 지금보다 훨씬 더 살기 좋은 세상이 될 것이다."[49] "세상을 바꾸어야 한다. 하나님의 뜻과 식이 통하는 세상으로 바꾸는 것이다. 하나님의 뜻과 식이 통하는 세상은 의로운 자가 가난해지는 세상이 아니다. 하나님의 뜻과 식이 통하는 세상은 의인이 형통하고 악인이 망하는 세상이다. …하나님의 뜻대로 의롭게 사는 사람이 성공하고 부해지며, 하나님의 뜻을 거스르고 악하게 사는 사람이 바람에 나는 겨와 같이 실패하고 가난해지는 세상을 만들어야 한다."[50] "이 세상의 이리들을 다 몰아내어 세상을 어린 양들이 마음 놓고 뒹굴 수 있는 푸른

---

47) *Ibid.*, p. 61.
48) *Ibid.*, p. 113.
49) *Ibid.*, p. 192.
50) *Ibid.*, p. 96.

초장으로 만들어 갑시다."[51]

　그렇다면 김동호가 꿈꾸는 세상은 구체적으로 어떤 곳인가? 이 세상은 모든 사람들이 균등한 정도의 부를 누리는 사회가 아니라 불평등한 사회 곧 부자와 가난한 자가 공존하는 사회다. 왜 부자와 가난한 자가 공존하는 불평등한 사회가 이상적인 사회인가? 부자와 가난한 자 사이에 생명의 흐름이 있기 때문이다. 흐름에는 중요한 원칙이 있다. 물이 높은 곳에서 낮은 곳으로 흐르며 바람이 강한 곳에서 약한 곳으로 불듯이 생명이 높은 곳에서 낮은 곳으로, 강한 곳에서 약한 곳으로 흐른다. 하나님의 원칙은 강한 자가 약한 자를 돕고 섬기는 것이다.[52] "우리 강한 자가 마땅히 연약한 자의 약점을 담당하고 자기를 기쁘게 하지 아니할 것이라 우리 각 사람이 이웃을 기쁘게 하되 선을 이루고 덕을 세우도록 할지니라"(롬 15:1-2). 건강하고 부한 사람들이 병들고 가난한 사람들을 돕는다면 세상이 조금 불공평해도 좋다고 김동호는 말한다.[53] 평원만 있는 세상보다는 산이 많은 세상이 더 아름답듯이 "높고 낮음, 강하고 약한 것이 공존하지만 그 속에 담긴 하나님의 의도와 뜻대로 강한 자가 약한 자를 섬기며 살기만 한다면 사회주의의 평등과는 비교조차 되지 않을 만큼 아름다운 세상이 되지 않을까?"[54]라고 주장한다.

---

51) 김동호, 『깨끗한 크리스천』, p. 141.
52) *Ibid.*, pp. 179-180.
53) *Ibid.*, p. 183.
54) *Ibid.*, p. 184.

3. 김영봉의 청빈-유토피아니즘

　김영봉은 그의 저서 『바늘귀를 통과한 부자』에서 김동호라는 개인을 비판하려는 의도로 글을 쓴 것은 아니라고 말하면서 김동호의 글을 직접 인용하는 것은 예의상 피하고 있긴 하지만, 김동호의 글을 간접 인용한 뒤에 철저하고도 세밀한 비판을 전개한다. 김영봉이 그의 저서에서 전개하고자 하는 논지는 '시작하는 말'에서 밝힌 것처럼 깨끗한 부자가 되는 것에 삶의 목표를 둔 것은 부유한 삶이 아닌 거룩한 삶에로 부르신 기독교의 소명관과 조화될 수 없음[55]을 논증해 내는 데 있다.

　김영봉의 논지는 청부론의 돈에 관한 해석을 비판하는 것으로부터 시작된다. 김영봉도 돈이 본질적으로 악하지 않다는 점을 인정한다.[56] 그러나 마지못해 돈의 본질적인 무악성(無惡性)에 대하여 잠깐 고개를 끄떡인 김영봉은 곧 머리를 내저으면서 서둘러서 돈 그 자체가 악한 권세라는 범신론적이고 금욕주의적인 해석으로 들어가서 안착한 뒤에 안도의 한숨을 내쉬며 편안한 마음으로 논증을 전개한다.

　김영봉은 예수님이 돈에 인격적인 힘을 부여하셨다는 오스 기니스 (Os Guinness)의 해석[57] 돈은 단순히 중립적인 교환의 수단이 아니라 그 자체가 생명을 지니고 있는 권세들(powers)이라고 본 리처드 포스터 (Richard Foster)의 해석[58]을 원용하면서, 예수님이 돈을 맘몬이라고 부르셨던 것을 근거로 "돈은 그냥 돈이다."라고 보아서는 안 되고 "돈은 영적인 세력이다."라고 보아야 한다는 범신론적인 해석을 제시한다.[59]

---

55) 김영봉, 『바늘귀를 통과한 부자』(서울: IVP, 2003), P. 15.

56) *Ibid.*, p. 26.

57) Guinness, 『소명』 홍병룡 역(서울: IVP, 2002), P. 222.

58) Foster, 『돈, 섹스, 권력』 김영호 역(서울: 두란노, 1989), p. 33.

59) 김영봉, 『바늘귀를 통과한 부자』, p. 27.

그러나 문제가 된 마태복음 6장 24절로부터 "돈 그 자체가 이미 영적인 세력이다."라는 신격화되고 인격화된 개념을 끌어낼 수 있는지는 의문이다. 예수님이 말씀하신 재물은 돈 그 자체를 가리킨다기보다는 상당한 액수가 축적되어 있는 재화의 상태를 가리키는 것으로 보는 것이 문맥상 자연스럽다. 예컨대 일상생활에 필요한 정도의 가벼운 분량의 돈을 재물이라고 하지 않으며 그것을 주인으로 삼고 섬기는 사람도 없다. 주인이 되는 것은 다른 사람들로부터 질투를 일으킬 만큼 축적된 양의 재화다. 이렇게 볼 때 예수님이 말씀하신 재화는 이미 인간의 탐욕이 개입된 상태의 재화를 뜻하는 것이요, 좀 더 정확히 말한다면 재화에 대한 인간의 탐욕이라고 할 수 있다. 따라서 예수님의 말씀은 재화 그 자체를 하나님과 대비시킨 것이 아니라 질투를 일으킬 만큼의 재화를 축적한 인간의 탐욕을 하나님과 대비시키신 것으로 보아야 한다. 예수님이 인격자이신 하나님과 재물을 대비시키셨다는 단순한 문장 구조상의 이유 하나만으로 하나님께 부여된 인격성을 재화 그 자체에 부여하는 것은 예수님의 말씀을 곡해하는 것이다.

김영봉의 돈에 관한 견해는 칼의 비유를 통하여 보다 구체화된다. 김영봉은 이렇게 말한다. "'칼은 그냥 칼이다.'라거나 '마약은 그냥 약이다.'라고 말해서는 안 된다. '칼은 위험한 것이다.' 혹은 '마약은 위험한 약이다.'라고 말해야 옳다. …담뱃갑에 '지나친 흡연은 건강에 해롭습니다.'라고 적어 넣은 것처럼, 돈에도 '지나치게 많은 돈은 당신의 삶에 해롭습니다.'라고 새겨 넣었으면 좋겠다."[60] 그런데 이와 같은 김

"한 사람이 두 주인을 섬기지 못할 것이니 혹 이를 미워하며 저를 사랑하거나 혹 이를 중히 여기며 저를 경히 여김이라 너희가 하나님과 재물을 겸하여 섬기지 못하느니라"(마 6:24)

60) *Ibid.*, p. 28.

영봉의 비유는 상당히 심각한 문제점을 안고 있다. 우선 돈을 칼, 마약, 흡연에 비유하는 태도 안에 벌써 김영봉 자신의 선입견이 깊이 들어가 있다. 칼에 비유하는 것은 그런대로 이해될 수도 있는데, 그 이유는 칼은 역기능만큼 순기능도 충분히 가지고 있는 도구이기 때문이다. 그러나 돈을 마약이나 흡연에 비유하는 것은 김영봉에게 물질을 악하게 보고 영혼을 선하게 보는 영지주의적 이원론의 선입견이 들어 있지 않다고 보기 어렵다. 돈이 마약인가? 물론 마약도 암환자와 같은 경우에 통증완화제라는 순기능으로 사용될 수 있는 것은 사실이지만, 90% 이상이 명확히 악한 목적으로 사용되고 극히 예외적인 경우에만 선한 목적으로 사용되는 마약에 돈을 비유하는 것은 이해가 되지 않는다. 오늘날 암을 비롯한 성인병의 주범으로 꼽히는 흡연에 돈을 비유하는 것도 납득이 가지 않는다. 95% 이상은 악용되다가 5% 정도 선용되는 마약보다는 95% 정도는 선용되다가 5% 정도는 악용되는 타이레놀과 같은 약제에 돈을 비유하는 것이 더 적절하지 않을까? 돈을 인격적인 악한 세력(곧 사탄의 세력)으로 보는 김영봉의 주관적 해석이 전제되어 있기 때문에 이런 비유가 가능하다.

물론 김영봉의 의도는 본성이 타락한 인간에게 있어서 돈의 힘이 크고 위험하다는 점을 강조하고자 하는 데 있다.[61] 이와 같은 김영봉의 의도를 십분 이해한다 하더라도 그가 사용한 비유는 적절치 않으며 지나친 비유다. 필자는 칼을 예로 드는 것 자체가 불만이지만, 칼을 예로 드는 경우에도 "칼은 위험하다."고 말하려면 동시에 "칼은 인류의 생활에 없어서는 안 되며 필수 생활 품목으로서 유용하다."는 말을 같이 해야 한다. 그래야 균형 잡힌 이해가 가능하다. 이 점은 돈에 있어서도 마

---

61) *Ibid.*, pp. 28, 30.

찬가지다. 인류 역사상 돈이 가진 순기능을 전혀 언급하지 않은 채 역기능만을 집중적으로 부각시키는 것은 공정하지 못하다. 물론 돈이 인류를 패망으로 끌고 간 주범으로서의 기능을 담당해 온 사실을 부인할 수는 없지만, 이보다 더 근원적으로 돈은 사회의 날과 올을 엮어 주며 상품의 교환과 유통을 원활하게 해 줌으로써 공동체 형성의 구조를 지탱해 준 중요하기 이를 데 없는 재화로서 기능해 왔고 앞으로도 기능할 것이다. 심지어 돈은 교회를 형성하고 선교 사역을 추진하는 데도 없어서는 안 될 중요한 재화로서 기능을 발휘한다. 그러므로 돈을 어떤 방법으로 그리고 무엇을 위하여 사용하느냐를 결정하는 인간의 마음과 윤리적인 결단이 문제이지 돈 그 자체가 문제라고 보아서는 안 된다. 악한 것은 언제나 인간의 마음으로부터 나오는 것이지 물질 그 자체로부터 나오는 것은 아니다. 물질 그 자체를 인격화하거나 신격화하면 글에 극적인 힘을 더하고 충격요법으로서 효과가 있을지는 모르지만, 인간을 헤어 나올 수 없는 변증법적 모순이라는 딜레마 속에 빠뜨리며 부당한 죄의식에 사로잡히게 한다. 생명을 유지하기 위해서는 끊임없이 생명을 죽여서 섭취하지 않을 수 없으면서도 생명은 파괴되어서는 안 된다는 격률을 절대 규범으로 주장함으로써 인간을 헤어 나올 수 없는 딜레마와 죄의식 속에 몰아넣었던 알베르트 슈바이처(Albert Schweitzer)의 모순이 여기서 다시 나타난다.

새 하늘과 새 땅이 임하기까지 가난이 세상에 상존할 수밖에 없는 현실 속에서 기독교 지도자들이 부자로 사는 것이 삶의 이상이요, 하나님이 주시는 복이라고 가르치는 것은 큰 문제라고 지적한[62] 김영봉은 자크 엘룰(Jacques Ellul)의 입장[63]을 받아들여 아브라함, 욥, 솔로몬과 같

---

62) *Ibid.*, pp. 37, 39.

은 예외적인 경우를 제외하면, 성경은 부자나 부를 축적하는 삶 그 자체를 정죄하고 심판한다고 단언한다.[64] 부 그 자체가 이처럼 정죄의 대상이 되어야 하는 이유는 부가 지닌 위험 때문인데, 곧 부는 영적 생활의 목을 조이며 자신의 삶을 스스로 보장하려는 유혹을 받게 하고, 다른 사람의 아픔을 보지 못하게 하며 자신을 지배자로 만들고, 부를 잘못 다루면 심판의 대상이 되기 때문이라고 말한다.[65] 부가 일용할 양식의 차원을 훨씬 넘어서는 정도로까지 축적된 재물을 의미한다고 볼 때 부 또는 부자가 하나님의 비판의 대상에 오르게 될 비율이 더 높아지는 것은 분명하며, 부 그 자체에 더 많은 위험이 뒤따른다고 보는 것은 바른 판단이다.

그러나 여기서도 김영봉의 생각의 추는 균형을 잃고 금욕주의적인 방향으로 기운다. 이 점은 세 가지 측면에서 지적될 수 있다.

(1) 김영봉은 아브라함, 욥, 솔로몬과 같은 극히 예외적인 경우를 제외하고는 성경이 부자들이나 부의 축적 자체를 정죄한다고 주장한다. 그러나 성경이 아브라함, 욥, 솔로몬과 같이 의로운 부자들의 이름을 특별히 거명하고 있다는 사실은 의로운 부자들이 이들뿐이었는지, 아니면 이들 이외에도 많은 의로운 부자들이 있었는지를 판단할 수 있는 근거가 될 수 없다. 오히려 이들이 의로운 부자들로서 특별히 거명될 수 있었다는 사실은 이들 이외에도 많은 의로운 부자들의 집단이 있었음을 반증할 수도 있다. 성경이 불의한 부자들을 비판하고 있는 것은 사실이고 불의한 부자들의 범주가 상당히 넓을 수 있는 것도 추정이 가능하지만 성경에 있는 불의한 부자들에 대한 비판을 부자들 전체에 대

---

63) Ellul, 『하나님이냐, 돈이냐』(서울: 대장간, 1994), p. 179.

64) 김영봉, 『바늘귀를 통과한 부자』, pp. 39-40.

65) *Ibid.*, pp. 40-43.

한 비판으로 확장시켜서는 안 된다.

(2) 하나님은 아담과 하와가 타락한 이후에도 하나님의 백성들이 하나님의 명령에 순종하면 부를 축복으로 주신다는 약속을 명시적으로 거듭하여 주셨는데, 이 약속을 전면적으로 부인하는 것은 성경의 가르침을 거부하는 태도다.

(3) 김영봉의 부에 대한 견해가 실질적으로는 청부론을 타깃으로 하고 있다면 그의 공격은 과녁을 빗나갈 공산이 크다. 왜냐 하면 김영봉이 아브라함, 욥, 솔로몬과 같은 의로운 부자를 인정하고 있다면, 청부론이 추구하는 부자도 불의한 부자가 아닌 아브라함, 욥, 솔로몬과 같은 의로운 부자이기 때문이다. 청부론의 내용을 들여다보면 김영봉이 우려하는 것처럼 불의한 부를 추구하는 것은 아님을 알 수 있다.

돈과 부에 대한 김영봉의 태도가 가난을 기독교인이 추구해야 할 삶의 모델로 제시하는 태도로 나타나는 것은 논리적으로 자연스러운 귀결이다. 김영봉은 가난의 유형을 세 가지로 분류한다. 첫째는, 게으름으로 인하여 찾아오는 가난과 사회 구조 때문에 초래된 가난은 극복해야 할 탁빈(濁貧)이다. 둘째는, 정의롭게 살고자 하는 확고한 태도 때문에 가난을 감수하는 유교적 청빈인데, 청부론의 관점은 이 차원에 머무른다고 말한다. 셋째는, 기독교인들이 적극적으로 소망해야 할 가난으로서 자기에게 필요한 재화 이외의 것을 나눔으로써 자발적으로 선택하는 영성적 가난이다.[66] 어떤 형태의 가난이든 가난은 영적 생활을 자유케 하고 하나님께 믿음을 두며, 낮은 자리에서 눈물 흘리며 아파하는 사람을 보는 눈을 뜨게 해 주고 받는 훈련을 시킴으로써 마음을 겸손하게 하며, 하나님의 심판에 처하게 될 가능성을 원천적으로 제거해 준

---

66) *Ibid.*, pp. 47-53.

다.[67]

　김영봉은 구약성경에 하나님의 뜻대로 바르게 살면 물질적인 복이 주어진다고 약속한 본문[68]은 율법을 지키는 목적이 잘 먹고 잘사는 데 있다는 뜻이 아니고 율법을 지키는 하나님의 백성을 책임져 주신다는 정도의 뜻으로만 받아들여야 한다고 주장한다.[69] 물론 율법을 지키는 목적이 현세적이고 물질적인 복을 누리는 데 있다는 점을 비판한 것은 정당하지만, 율법을 지킨 결과로서 이스라엘 백성들에게 물질적인 복을 주신다는 것은 하나님이 친히 주신 명백하고 구체적인 약속이다. 이 약속은 문자 그대로 믿어야 한다. 이 약속의 명백성과 구체성을 "책임져 주신다"는 추상적인 관념으로 환원시켜서는 안 된다. 물론 하나님이 율법을 지킨 자를 가난의 상태에 그대로 머물게 하실 수도 있으나, 그것은 하나님의 주권의 문제다. 한편 김영봉은 신약성경에서는 부해지고 강해지고 높아지고 형통하는 것이 아니라 하나님의 의를 이루기 위해 가난해지고 약해지고 낮아지고 고생의 길 곧 좁고 협착한 길(마 7:14)을 가는 것을 복으로 소개하고 있는 팔복을 상기시키면서, 청부론자들이 인용하는 빌립보서 4장 18절에서 풍부라는 말의 의미는 바울의 정황으로 볼 때 부의 축적이 아닌 최소한의 생필품이 충족되는 상태를 가리킨다고 타당하게 해석한다.[70]

---

67) *Ibid.*, pp. 56-58.
68) "너희가 이 모든 법도를 듣고 지켜 행하면 네 하나님 여호와께서 네 열조에게 맹세하신 언약을 지켜 네게 인애를 베푸실 것이라 곧 너를 사랑하시고 복을 주사 너를 번성케 하시되 네게 주리라고 네 열조에게 맹세하신 땅에서 네 소생에게 은혜를 베푸시며 네 토지 소산과 곡식과 포도주와 기름을 풍성케 하시고 네 소와 양을 번식케 하시리니 네가 복을 받음이 만민보다 우승하여 너희 중의 남녀와 너희의 짐승의 암수에 생육하지 못함이 없을 것이며 여호와께서 모든 질병을 네게서 멀리 하사 너희가 아는바 그 애굽의 악질이 네게 임하지 않게 하시고 너를 미워하는 모든 자에게 임하게 하실 것이라" (신 7:12-15)
69) *Ibid.*, pp. 64-65.

김영봉은 청부론이 부당하게 물질적 소유를 '마음껏' 누릴 것을 강조한다고 비판한다. 그런데 이 비판은 청부론의 입장을 너무 한쪽으로 몰아붙인 판단이다. 청부론은 '마음껏' 재화를 누릴 것을 제시하지는 않는다. 물론 청부론이 수입에서 '나의 몫'을 따로 챙기는 관점에는 문제가 있지만, 청부론은 이미 수입의 상당한 부분을 하나님의 몫과 다른 사람의 몫으로 떼어 놓을 것을 요청하고 있는데, 이것은 이미 상당한 절제를 전제하는 것이고, '나의 몫'으로 배당한 부분에 대해서도 절제 안에서 자신과 가족을 위하여 쓸 것을 강조하고 있음이 분명하다. 이와 같은 청부론의 관점을 외면하고 청부론을 '마음껏' 누릴 것을 강조하는 입장이라고 비판하는 것은 공정하지 못하다.

김영봉은 신을 영화롭게 하기 위하여 고행에 몰입하는 극단적인 금욕주의를 피하면서 '인생의 일반적인 쾌락을 절제하고 물질적인 만족을 스스로 부정하는' 태도로서의 금욕주의를 기독교인들이 지향해야 할 삶의 태도라고 규정한다.[71] 이 태도는 책임 있는 절제를 의미한다. 청부론이 일정한 몫을 떼고 난 나머지 것을 자기 몫이라고 생각하고 자기 몫으로 사치스러운 삶을 사는 태도를 정당화시키는 것을 비판하면서, 황호찬이 말한 것처럼[72] 생각을 전환하여 하나님의 것 중에서 일부를 내가 쓴다는 태도로 전환해야 한다고 말한다.[73] 십일조 제도에 있어서도 김동호가 제안한 방식보다는 로널드 사이더가 제안한 누진십일조 곧 수입이 증가함에 따라서 십일조의 비율을 높여 나가는 방법을 더 나은 방법으로 제안한다.[74]

---

70) *Ibid.*, pp. 69-70.

71) *Ibid.*, p. 76.

72) 황호찬, 『돈, 그 끝없는 유혹』(서울: IVP, 1996), p. 48.

73) 김영봉, 『바늘귀를 통과한 부자』, p. 102.

김영봉의 금욕주의가 가장 극명하게 그 모습을 드러내는 것은 저축에 대한 그의 생각에서다. 김영봉은 타락 이전의 에덴동산에서는 저축하지 않고 사는 삶이 하나님이 의도하셨던 삶이었음을 전제한다.[75] 김영봉은 기독교인들은 일체의 저축없이 하나님이 나의 필요한 모든 것을 공급해 주신다는 믿음 안에서 살아야 하지만, 인간의 연약성과 이기심 그리고 미래에 대한 불확실성이 현존하는 현실 속에서 규모 있는 경제생활을 영위하기 위해서는 어느 정도 저축이 필요악이라고 말한다. 김영봉은 "우리의 삶을 인도하시는 분이 하나님이라는 확신을 갖고 있다면 저축하는 것은 우리에 대한 하나님의 의지에 대항하는 것"이라는 자크 엘룰의 말을 다시 인용한다.[76] 김영봉은 다시 자크 엘룰을 인용하여 필요악으로서의 저축의 유형은 필요한 물건을 사거나 검소한 집 마련을 위한 저축, 회사의 사업 확장이나 제품 연구를 위한 저축, 불규칙한 수입에 의존하여 사는 가정의 안정된 가정 경제 운영을 위한 저축, 가파르게 치솟는 교육비를 담당하기 위한 저축 등은 허용될 수 있다고 말한다.[77] 또한 특별히 목회자가 은퇴 이후 등을 대비하여 저축하는 것을 '비자금의 조성'이라는 극단적인 용어를 이용하여 질타한다.[78] 노후를 대비하여 저축하는 태도는 하나님보다는 돈에 더 의지하고자 하는 태도로서 맘몬 숭배로 전락하는 계기가 된다고 말한다.[79]

김영봉의 저축론이 지나치게 많은 액수의 돈을 축재하고 축재한 돈

---

74) *Ibid.*, p. 116; Sider, 『가난한 시대를 사는 부유한 그리스도인』 한화룡 역(서울: IVP, 1998), pp. 275-279.
75) 김영봉, 『바늘귀를 통과한 부자』, p. 122.
76) Ellul, 『하나님이냐, 돈이냐』, p. 134.
77) *Ibid.*, p. 135; 김영봉, 『바늘귀를 통과한 부자』, p. 129.
78) *Ibid.*, p. 124.
79) *Ibid.*, p. 128.

으로부터 안전보장을 찾으려고 하는 불신앙적인 태도를 비판하는 데 초점이 맞추어져 있다는 점은 충분히 이해가 되지만, 저축 그 자체가 하나님을 대항하는 태도이며 필요악에 불과하다는 생각은 돈에 관한 그의 입장과 마찬가지로 금욕주의적인 방향으로 경사된 태도다. 겨울에 대비하여 먹을 것을 여름에 예비하는 개미를 보고 배우라[80]고 말씀하심으로써 저축을 권고하신 하나님은, 인간에게 가능한 한 피해야 할 필요악을 제안하신 것이 아니라 세상을 살아가는 지혜를 제안하신 것이다. 이 지혜를 주신 이는 하나님이신데 하나님이 주신 지혜가 하나님을 대항하는 태도인가? 저축하지 않고 오직 하나님만을 의지하여 사는 삶의 모델로 해석될 수 있는 광야에서의 만나 생활은 이스라엘 백성들이 가나안에 들어가서 가나안 땅의 소산의 첫 열매를 먹기 시작하자 중단되었다.[81] 가나안 땅에 들어간 이후에는 달라진 환경에 걸맞게 추수한 것을 저장하여 두었다가 양식을 먹는 생활을 하도록 하셨는데, 이 생활이 하나님을 대항하는 생활인가? 누가복음 12장 13절에서 21절까지 기록되어 있는 어리석은 부자의 비유가 저축의 위험성을 보여 주는 비유로 종종 원용되기도 하는데, 예수님이 이 비유에서 비판하신 것은 소출이 늘어난 농부가 늘어난 소출을 저장하기 위하여 곡간을 더 크게 지은 행위 때문이 아니었다. 예수님이 문제 삼으신 것은 늘어나 저장된 소출에 대한 부자의 마음이었다. 부자는 소출에 의지하였을 뿐만 아니라 그 소출을 자기 스스로가 먹고 마시고 즐거워하는 일에만 쓸 궁리를

---

80) "게으른 자여 개미에게로 가서 그 하는 것을 보고 지혜를 얻으라 개미는 두령도 없고 간역자도 없고 주권자도 없으되 먹을 것을 여름 동안에 예비하며 추수 때에 양식을 모으느니라"(잠 6:6-8) "곧 힘이 없는 종류로되 먹을 것을 여름에 예비하는 개미와"(잠 30:25)
81) "그 땅 소산을 먹은 다음 날에 만나가 그쳤으니 이스라엘 사람들이 다시는 만나를 얻지 못하였고 그 해에 가나안 땅의 열매를 먹었더라"(수 5:12)

하고 있었던 것이다.

　더욱이 사회 구성원 전체를 연대 관계 안에서 파악하면서 건강하고 일할 능력이 있는 자들이 병들고 일할 능력이 없는 자들의 생계를 책임 진다는 기독교적인 사랑과 정의 실현의 정신 위에서 형성된 서구의 사회보장 체제는, 철저한 저축 생활을 기반으로 하여 운영되는 제도이다. 수입의 상당한 액수를 사회보장을 위한 세금으로 납부하는데, 이 세금 납부는 실질적으로 몸이 병들거나 일자리를 잃었거나 노후의 상태를 대비한 체계적인 저축 행위이다. 이것이 하나님을 대항하는, 가능한 한 피해야 할 필요악인가, 아니면 하나님이 경제생활을 위하여 주신 지혜 인가? 사회보장 제도가 완비되어 있지 못한 우리나라와 같은 현실에서 노후를 대비하여 어느 정도의 저축을 하는 것은 지혜로운 경제활동이 라고 볼 수 있다. 저축한 돈이 없는 상태에서 자식들에게 종속되어 자 식들의 눈칫밥을 얻어먹어야 하는 노인들의 처지는 비참하고 비인간 적인 것이며, 이런 비인간적인 처지에 들어가지 않으려는 노인들의 심 정을 깊이 헤아려야 한다. 또한 성도들이 질병에 걸릴 경우를 대비하여 의료보험에 가입한다든지, 운전 중 사고를 당할 때를 대비하여 자동차 보험에 드는 행위도 모두 일종의 저축 행위인데, 이런 행위들이 모두 하나님을 대항하는 행위인가? 이런 행위들을 할 때마다 하나님께 대한 불신앙을 고백하면서 죄의식을 가져야 하는가? 자연환경의 힘으로 자 라난 농작물이나 가축들에 단순하게 의존하는 삶을 영위하는 농경사 회나 목축사회가 아니라 인간이 구상해 낸 복잡하기 이를 데 없는 인공 적인 구조와 관계의 체계 안에서 경제생활을 해야 하는 현대사회에서, 단지 하나님이 내려 주시는 만나만을 수동적으로 기다리며 사는 삶은 무책임한 삶이 될 수 있다. 오히려 경제생활을 영위하기 위하여 주어진 다양한 방편들을 하나님의 은총의 방편으로 해석하고 그 의미를 물으며 그 방편에 지나치게 의존하거나 집착하지 않기 위하여 기도하고 그 방편들의 책임 있고 선한 사용법을 모색해 나가는 것이 책임 있는 그리스도인의 자세일 것이다.

김동호가 청부-유토피아니즘에 빠졌다면, 김영봉도 다른 방향에서 유토피아니즘 곧 청빈-유토피아니즘의 경향을 드러낸다. 자본주의 사회의 병폐가 빈부의 극심한 격차에 있음을 지적한 김영봉은 "들쭉날쭉한 산이 좋다."고 주장한 김동호의 사회관이 빈부 격차가 나타나는 사회현실을 비판적으로 인식하는 데 실패했다고 규정지으면서[82], 빈부의 격차가 엄존하는 현실 속에서 부자가 가난한 자를 돕는 행위는 "변질된 선행"이라고 혹평한다.[83] "아름다운 세상은 빈부의 격차가 있는 가운데 서로 돕고 사는 세상이 아니라 빈부의 차이가 사라진 세상이다."[84] 이사야 40장 3-5절의 예언과 누가복음 1장 47-55절에 있는 마리아 찬가는 빈부의 차이가 상존하는 현존하는 사회를 '전복' 시키고 모든 사람이 청빈의 삶을 사는 가운데 빈부의 격차가 철폐된 사회를 이룩할 것을 요청하는 본문들로 해석된다. 여기에는 희년 규정도 힘을 거든다. 희년 규정은 하나님의 정의가 인간사회에 온전히 실현되도록 부단히 노력하기를 요청하는 규정으로서 보다 더 정의로운 체제와 제도를 모색해 나갈 것을 요청한다.[85] 희년 규정은 영적인 차원으로만 혹은 개인적인 차원으로만 해석해서는 안 되고 사회적 차원의 규정으로 받아들여야 하는 바, 예수님도 이 규정을 사회적 차원에서 실현하기 위하여 노력하셨다.[86]

---

82) *Ibid.*, pp. 206-207.
83) *Ibid.*, p. 208.
84) *Ibid.*
85) *Ibid.*. pp. 211-212.

　　그런데 사실상 빈부의 격차가 철폐된 사회는 현실 속에서는 이루어
질 수가 없고 빈부의 격차가 철폐된 사회가 정말로 이상적인 사회인가
도 의문이다. 현실 속에서는 다만 빈부의 격차가 가능한 한 좁혀진 체
제를 향한 노력이 있을 뿐이다. 여기서 우리는 희년 제도가 빈부의 격
차의 철폐를 요구하는 제도가 아니라는 점에 유의해야 한다. 사실 희년
은 부익부 빈익빈으로 굳어져 있는 기존의 분배 구조를 김영봉식의 표
현대로 "전복"시키는 혁명적인 방법으로 변혁시킬 것을 요구하는 규
정이 결코 아니다. 희년 규정은 50년마다 한 번씩 빚을 탕감해 줄 것을
명령하고 있는데, 이 조치만으로 빈부의 격차가 철폐된다고 생각하는
것은 큰 오산이다. 이스라엘 사회에서 빚을 탕감해 줄 만한 위치에 있
는 사람은 빚을 탕감해 주어도 자기 자신의 부자로서의 신분에는 별다
른 변화가 없다. 탕감해 줄 빚은 받지 않아도 생활에 아무런 지장이 없
다. 반면에 빚을 탕감 받은 채무자는 빚을 탕감 받았다고 해서 탕감해
준 사람과 동등한 위치에 올라서는 것이 아니다. 탕감 받았다고 해서
목돈이 들어오는 것이 아니다. 아무런 돈도 안 들어온다. 다만 마음의
부담을 잠시 덜 뿐이다. 잠시 후면 또 다시 돈을 빌려야 할 상황을 맞이
해야 하기 때문이다. 이처럼 희년 제도는 당시의 사회 경제 구조를 바
꾸라는 명령이 아니고, 그 구조를 그대로 인정하면서 그 구조가 가진
비인간성을 최소화시키자는 의도로 제정된 것이다. 희년 제도의 이와
같은 한계를 직시하지 않고 이 제도를 지나치게이상화해서는 안 된다.
희년 제도가 그리는 사회는 결코 이상적인 사회가 아니다. 현실을 인정
하고 약간의 개선이 이루어진 사회일 뿐이다. 희년의 요구는 사회의 전
복에 있지 않고 개선에 있다. 희년 규정은 땅 위에 어떤 이상적인 사회

---

86) *Ibid.*. p. 213.

를 이룰 것을 요청하는 명령이 아니요, 이와 같은 사회를 이데올로기로 설정하고 이데올로기의 실현을 독려하는 규정이 아니다.

4. 나가는 말: 평가 및 제언

지금까지 분석한 김동호와 김영봉 두 사람의 글이 가지는 의미는, 각자가 자신의 입장을 극단적으로 밀고 나가 봄으로써 각자의 입장을 뒷받침하는 논리가 무엇이며, 또한 문제점이 무엇인가를 선명하게 드러내고, 그렇게 함으로써 쟁점을 분명하게 부각시켰다는 점에서 찾을 수 있을 것이다. 또한 두 사람의 글은 기독교인의 삶에 있어서 논의를 꺼려하면서도 실상은 가장 적절한 신앙의 표현 무대인 돈의 문제를 솔직한 논의의 중심 주제로 삼고 돈의 바른 사용을 위한 성실한 고민을 전개함으로써, 하나님의 뜻과 주권이 돈의 영역에서까지도 나타나야 할 전인적인 개념임을 분명히 했다는 점에서 공헌이 있다고 하겠다.

먼저 두 사람의 출발점을 이루고 있는 돈에 관한 관점부터 정리해 보자. 김동호는 돈은 그 자체가 악한 것이 아니요 악은 돈을 사용하는 인간의 마음이라는 전제에서 출발한 데 비하여, 김영봉은 돈 그 자체가 이미 인격화된 악의 세력이라는 전제에서 출발한다. 김영봉이 유려한 문장과 풍부한 문헌 연구에 근거하여 탄탄하게 자신의 논지를 전개하고 있다는 점에서 학문적인 연구의 뒷받침이 되어 있지 않은 김동호의 투박한 글보다 한 수 앞서 있는 것은 사실이며, 기독교인들의 잘못된 재물관에 대한 예리한 비판에 있어서 탁월한 통찰력을 보여 주고 있는 것이 사실이지만, 김영봉의 돈에 관한 금욕주의적인 정의는 심각한 문제점을 안고 있으며, 그에 비하면 오히려 김동호의 정의가 건실하고 타당한 출발점이 될 수 있다. 개혁주의의 전통은 물질 그 자체를 악한 것이 아니요, 하나님이 주신 선물로 간주한다. 한걸음 더 나아가서 물질은 단지 생계유지에 필요한 최소한의 필요만을 충족시키기 위하여 주신 것이 아니라 어느 정도의 즐거움과 쾌락을 위하여 주신 것이라는 점에 이의를 달지 않는다. 우리는 칼빈에게서 이와 같은 견해를 확인할 수 있다. 칼빈은 이렇게 말한다.

> 선물 수여자이신 하나님 자신이 창출하고 의도한 목적에 맞게만 사용된다면 하나님이 주신 선물은 잘못 사용되는 일이 없다. 하나님은 우리를 파괴시키기 위해서가 아니라 우리의 유익을 위하여 선물들을 창출하셨다.⋯하나님이 음식을 창조하신 것을 생각해 볼 때, 우리는 하나님이 우리의 필요 때문만이 아니라 우리의 쾌락과 즐거움을 채워 주시고자 하셨음을 발견할 수 있을 것이다.[87]

칼빈은 우아한 의복, 아름다운 풀, 나무, 과일, 꽃, 포도주를 마실 때 즐거워지는 마음, 기름이 주는 아름다운 효력[88]을 보고 하나님의 인자하심을 찬양할 때와 똑같은 찬양을 하나님께 드린다. 색상, 금, 은, 상아, 대리석의 아름다움에 대하여 길게 말한 후에 하나님이 많은 것들을 필요한 정도 이성으로 주셨음을 말한다.[89] 칼빈은 디모데전서 3장 3절에서 5절까지를 주석하면서 하나님이 만드신 모든 것이 선하며 감사함

---

87) Calvin, John. Institutes of the Christian Religion, Trans. Henry Beveridge(Grand Rapids: Eerdmans, 1989), Ⅲ.10.2.

88) "사람의 마음을 기쁘게 하는 포도주와 사람의 얼굴을 윤택케 하는 기름과 사람의 마음을 힘있게 하는 양식을 주셨도다"(시 104:15)

89) Esser, H.H. "새로운 통화 질서의 관점에서 본 칼빈의 재산 개념", 이상원 역(서울: 숭실대학교 기독교대학원, 1998), P. 47.

으로 받는 모든 것은 악하지 않다는 점을 강조한다. "우리는 그의 선물을 감사한 마음으로 받아야 한다. …만물은 하나님의 작품이기 때문만이 아니라 하나님의 인자하심이 그것들을 우리에게 주어서 우리로 하여금 그것들을 사용할 수 있도록 했기 때문에 깨끗한 것이다."[90] 돈에 관한 칼빈의 견해는 앙드레 비엘러(Andre Bieler)에 의하여 잘 제시되었다.

> 칼빈은 물질적인 재산이 하나님이 자신의 섭리를 완성시키는 데 사용하는 도구들이라고 가르친다. 돈은 이러한 재산을 대표하는 것이고 따라서 인간과 그의 동료들의 생존을 지원하기 위해 필요한 것을 인간에게 공급해 주는 데 하나님이 사용하시는 수단이다. 하나님은 부를 인간의 수중에 두셔서 인간으로 하여금 자신의 생활과 사회생활을 영위해 갈 수 있게 하신 것이다. …돈은 하나님 나라의 상징이기도 하다. …돈도 내세의 풍요한 삶의 전조가 되는 것이다. 따라서 돈은 이중적인 의미를 가진 표징이다. 돈은 믿음을 통하여 모든 그의 소유물들이 하나님으로부터 그에게 왔음을 인정하는 자에게 내린 은총의 표시(다.: 필자의 결어)[91]

돈에 관한 칼빈의 묘사는 김영봉이 말하는 것처럼 "돈 그 자체가 인격화된 악의 세력"이라는 관점과는 거리가 멀다.[92] 사람이 먹고 마시며 수고하는 가운데서 심령으로 낙을 누리게 하는 것보다 나은 것이 없나

---

90) *Ibid.*, p. 49.

91) Bieler, Andre. 『칼빈의 경제윤리』 황호찬 역(서울: 성광문화사, 1985), pp. 55-56.

92) 존 웨슬리(John Wesley)도, 돈은 하나님의 지혜로우시고 은혜로우신 섭리의 하나로서 문제는 돈이 아니라 돈을 사랑하는 태도라는 점을 강조함에 있어서는 칼빈과 입장을 같이 한다(Wesley, *The Bicentennial Edition of the Works of John Wesley*, p. 268).

니 내가 이것도 본즉 하나님의 손에서 나는 것이로다"는 전도서 2장 24절 말씀은 재물 그 자체의 선함을 전제로 하고 나온 말씀이다.

악은 물질 그 자체로부터 나오는 것이 아니라 언제나 인간의 마음으로부터 나온다. 마음의 탐욕을 책임 있게 절제하지 못할 때 악이 시작된다. 이 점에 있어서 돈 그 자체가 악이 아니라 돈을 사랑하는 태도가 악이라고 파악한 김동호의 판단이 성경적인 바른 판단이다. 예수님은 씻지 않은 손으로 음식을 먹는 제자들을 보고 장로들의 유전을 어긴 행동을 정죄하는 바리새인들과 서기관들에 답변하는 과정에서 악의 좌소는 물질에 있지 않고 인간의 마음에 있음을 다음과 같이 천명하였다.

> …무엇이든지 밖에서 들어가는 것이 능히 사람을 더럽게 하지 못함을 알지 못하느냐 이는 마음에 들어가지 아니하고 배에 들어가 뒤로 나감이니라 하심으로 모든 식물을 깨끗하다 하셨느니라 또 가라사대 사람에게서 나오는 그것이 사람을 더럽게 하느니라 속에서 곧 사람의 마음에서 나오는 것은 악한 생각 곧 음란과 도적질과 살인과 간음과 탐욕과 악독과 속임과 음탕과 흘기는 눈과 훼방과 교만과 광패니 이 모든 악한 것이 다 속에서 나와서 사람을 더럽게 하느니라(막 7:18-23)

바울도 악은 인간의 마음으로부터 나오는 것임을 천명한다. "저희 목구멍은 열린 무덤이요 그 혀로는 속임을 베풀며 그 입술에는 독사의 독이 있고 그 입에는 저주와 악독이 가득하고 그 발은 피 흘리는 데 빠른지라 파멸과 고생이 그 길에 있어 평강의 길을 알지 못하였고 저희 눈앞에 하나님을 두려워함이 없느니라…"(롬 3:13-18) 야고보도 같은 사상을 표현한다. "오직 각 사람이 시험을 받는 것은 자기 욕심에 끌려 미혹됨이니 욕심이 잉태한즉 죄를 낳고 죄가 장성한즉 사망을 낳느니

라 내 사랑하는 형제들아 속지 말라 각양 좋은 은사와 온전한 선물이
다 위로부터 빛들의 아버지께로서 내려오나니…"(약 1:14-17)

비엘러가 정리한 바에 의하면 칼빈은 돈이 타락한 인간의 마음속에
서 인격화된 신의 위치 곧 맘몬(Mammon)의 자리를 차지하게 되었다
고 말한다. 그러나 이 경우에도 칼빈은 '돈'과 '악'을 구분하여 돈의
도구성을 분명히 했으며, 돈을 맘몬이 되게 하는 원인을 돈 그 자체에
서 찾지 않고 인간의 사악한 마음과 이 마음을 지배하는 사탄의 세력으
로부터 찾았다. 비엘러는 칼빈의 입장을 이렇게 설명한다.

> 하나님 앞에서 하나님을 위한 청지기의 책임을 맡고 있는 인간
> 은 재물과 돈을 선용할 의무가 있다. 그런데 이 책임이 마음이 사악
> 한 자와 죄의 결과로 인해 유기되었다. 그리하여 죄를 범한 인간의
> 마음속에서 하나님의 위치를 차지하게 되었다. 특히 그리스도로
> 말미암아 거듭나지 못한 자연인의 경우 더욱 그랬다. 돈이 악의 도
> 구가 된 것이다. 돈이 악과 결탁하여 피조계를 지배하게 된 것이
> 다. 성경은 이렇게 하여 신이 된 돈의 위력을 맘몬이라고 부른다.
> …사탄이 하는 일이란, 인간에게 일용할 양식을 공급해 주고 인간
> 의 미래를 보장해 주는 것은 결국 하나님이 아니라 돈이라는 사실
> 을 넌지시 비추어 주는 것이다. 이렇게 해서 재물의 신이 하나님의
> 자리를 차지한다. 재물의 신은 일단 신의 자리를 찬탈하고 난 뒤엔
> 인간을 더욱 교묘하게 속이기 위해 인간 자신이 신뢰하는 종교를
> 실행하고 기도를 하도록 충분한 자유를 허용한다.[93]

김영봉이 지적한 것처럼 돈이 가지고 있는 위험성과 폐해가 큰 것은

---

93) Bieler, Andre. 『칼빈의 경제윤리』 pp. 62-63.

사실이지만, 돈의 역기능을 지나치게 의식한 나머지 돈 그 자체를 악의 세력과 동일시하는 관점보다는 돈을 하나님의 일반 은총의 선물로 해석하고 마음의 윤리적 결단을 통하여 도구로서의 선물을 남용하지 않고 선용하기 위하여 노력하는 모습이 훨씬 더 바람직한 태도일 것이다. 돈은 어디까지나 윤리적 결단의 도구이며, 돈이 신격화된 맘몬으로서 다가온다 하더라도 사탄의 세력의 도구로 이용당하는 것이다. 물론 현실 속에서는 돈이 선용의 대상이 되지도 않고 악용의 대상이 되지도 않은 채 중립적인 상태에 머물러 있는 경우는 거의 없다. 그런 의미에서 돈은 중립적인 도구가 아니라고 말할 수 있으나, 이 말은 돈 그 자체가 도덕적 선이라든지 악이라는 뜻은 아니다. 돈은 언제나 악 또는 선의 도구로 사용된다. 그러나 돈 자체가 악은 아니다.

다음으로 논의할 문제는 하나님의 도구로서의 돈을 어떻게 사용하는 것이 바른 사용이냐는 문제다. 이 질문에 있어서 김동호와 김영봉의 제안은 부분적으로 옳은 측면이 있지만 현대 경제사회에서의 윤리적 실천 방안으로 보기에는 모두 문제를 안고 있다고 생각된다. 우선 김동호는 청부를 축적하여 부유한 삶을 영위하는 것이 기독교인들이 지향해야 할 궁극적인 목표라고 제안했는데, 이 제안은 김영봉이 바르게 비평하고 있는 것처럼 잘못된 목표설정이다. 기독교인의 삶의 목표는 하나님께 영광을 돌리는 데 있는 것이지 인간이 부를 향유하는 데 있는 것이 아니기 때문이다. 김동호는 청지기 정신을 언급하긴 하지만 그럼에도 불구하고 청지기 정신과는 조화될 수 없는 "하나님의 것은 내 것이고 내 마음대로 써도 좋다."는 말을 함으로써 혼선을 빚고 있다.

그러나 다른 한편에서 김영봉은 돈 또는 재물의 기능을 너무나 협소하게 금욕주의적인 시각에서 설정했다는 점에 문제가 있다. 김영봉은 하나님의 뜻대로 사는 자들에게 하나님이 결과적으로 재물의 축복을 주실 수 있는 가능성의 범위를 너무나 좁게 설정했다. 아브라함, 욥, 다윗의 사례를 극히 예외적인 경우로 제시하고 있는데, 이것은 김영봉의 주관적인 견해이다. 성경이 기록되던 당시에도 김영봉이 생각하는 것보다는 훨씬 더 많은 축복받은 부자들이 있었다고 봐야 하며, 교회사상 재물의 축복을 받고 훌륭하게 신앙생활을 한 성도들의 숫자도 김영봉이 생각하는 것보다 훨씬 많다. 하나님의 뜻대로 사는 자에게 물질의 복을 주신다는 말은 성경 말씀에 명백히 나타나 있는 것이기 때문에 인간이 자의적으로 제한해서는 안 된다. 하나님의 뜻대로 사는 자에게 물질적인 축복을 주시느냐 아니면 가난한 상태에 그대로 머물게 하느냐 하는 문제는 하나님의 주권의 문제로서 인간이 자의적으로 판단할 문제는 아니다. 또한 재물의 용도를 '필요'의 수준에 묶어 두는 것도 재물의 용도를 지나치게 좁게 금욕주의적으로 제한시키는 것이다. 칼빈이 말한 것처럼 재물은 단지 필요의 충족만을 위하여 주어진 것은 아니다. 그러면 문화라는 것이 형성되기 어렵다. 한 대에 몇천만 원이나 몇억 원씩 하는 바이올린 명품을 사서 연주 활동을 하는 것도 죄가 되고, 엄청난 예산을 들여서 히말라야 산행을 하는 것도 죄가 될 수 있다. 필요에 따라서 살아야 할 때가 있고 때로는 큰 예산이 들더라도 투자해야 할 때가 있다.

돈을 구체적으로 사용하는 바른 방법에 대한 두 사람의 견해는 십일조에 대한 해석을 둘러싸고 전개된다. 김동호는 구약성경에 근거하여 십일조와 삼십분의 일조, 유산 안 남기기, 다른 사람의 몫(세금, 임금 등)에 먼저 수입을 사용하고 남은 몫은 자기 자신과 가족을 위하여 사용하는 방안을 제시하고 있고, 김영봉은 누진적 십일조 제도를 대안으로 제시한다. 그런데 수입의 바른 사용을 논의함에 있어서 두 사람 모두 개인적인 윤리적 실천이라는 맥락에서만 수입의 바른 사용 문제를 논의할 뿐, 현대인의 경제생활을 그 배경적인 구조적 현실인 국가의 임무와의 관련 하에서 논의하지 않고 있다는 데 근본적인 문제점이 있다. 두 사람 모두 개인의 수입의 일정량을 할애하여 가난한 사람들을 구제한다는 맥락에서 논의한다. 다만 그 액수의 정도에 있어서 김영봉이 김동호보다는 더 많은 금액을 할애하는 차이가 있을 뿐이다. 특히 김영봉이 누진적인 십일조를 하나님 앞에 드릴 것을 제안하고 있는데, 필자는 이 사회에 대하여 이의를 제기하고자 한다. 누진적 십일조를 드려야만 하는 사회는 문제가 있는 사회요, 오히려 김동호가 제안한 것처럼 구약의 모범을 따라서 헌금으로서는 십일조와 삼십분의 일조 정도를 통상적으로 드리는 사회가 바람직한 사회다. 왜 그렇게 말할 수 있는가?

아브라함 카이퍼(Abraham Kuyper)가 일찍이 지적한 것처럼, 사회 문제는 개인적인 구제나 교회 차원 또는 민간 차원의 구제의 실천만으로는 해결될 수 없고 사회 구조의 차원에서 비평과 해결책이 모색될 때 비로소 논의될 수 있는 것이다.[94] 가난한 자들의 생계 문제의 해결은 개인이나 교회 차원의 구제 행위만으로는 근본적인 해결책이 될 수 없다. 구제의 대상이 된다는 것은 한 편이 은혜를 베풀고 다른 한 편은 은혜를 받는 관계를 골간으로 한다. 여기서 양자 사이에는 종속 관계가 형성된다. 그런데 생계 문제의 해결은 인간으로서의 기본권의 문제로서, 기본권이 시혜를 주고받는 종속 관계를 통하여 해결된다는 것은 모순이며, 시혜 받는 자에게 부당한 굴욕감을 안겨 줄 수 있다. 뿐만 아니라 전국적인 현상으로서의 생계와 직결된 가난의 문제는 개인이나 자연스럽게 형성된 공동체인 교회[95]의 일과성 실천으로는 해결하기가 어려

---

94) Kuyer, Abraham. *Lectures on Calvinism*(Grand Rapids: Eerdmans, 1981), p. 25.

운 문제다. 따라서 한 사회의 가난한 자들의 기본권으로서의 생계 문제
의 해결은 국가가 사회의 약한 자를 보호해야 한다는 국가 고유의 사명
을 고려하여 제도적으로 국민의 기본권 보호의 차원에서 수행해야 한
다.[96]

기본적인 생계의 보장은 시혜의 대상이 아니라 당당히 요구해야 할
권리다. 국가가 이 직무를 수행하기 위해서는 막대한 양의 재정이 요구
되는 바, 이 재정은 국민들이 국가에 내는 사회보장 부담 비용으로 충
당되어야 한다. 이때 국가는 국민들에게 중과세할 수밖에 없는데, 기독
교인들은 이웃사랑의 가장 구체적인 실천으로서 이 세금을 성실하게
부담해야 한다. 건강하고 일할 능력이 있는 국민들은 병들고 늙고 원하
지 않는 요인에 의하여 일을 하지 못하게 된 동료 국민들도 유기적 연
대성 안에 있는 형제자매들이다. 따라서 이들의 생계를 책임져야 한다
는 인식[97]으로부터 형성된 국가보장 체제는 가난한 자들로 하여금 굴
욕감이나 종속감을 느끼지 않고 편안한 마음으로 생계의 도움을 받도
록 할 수 있는 최선의 방법이다. 만일 기독교인들이 중과세되는 사회보
장비용을 납세의 형태로 참여한다면 교회에 따로 누진적 십일조를 드
릴 여유가 없어질 것이다. 오히려 김동호가 제안한 십일조와 삼십일조

---

95) 영역주권론의 맥락에서 볼 때 국가와는 달리 교회 공동체는 자연성과 자발성에 기인한
   생래적인 약점 때문에 무너질 우려를 늘 안고 있다(Kuyper, 1981, p. 93; 이상원, 2000,
   p.132).
96) 카이퍼는 국가의 역할을 세 가지로 요약한다. ① 사회의 영역들이 충돌을 일으킬 때 각
   영역의 경계선을 상호 존중하도록 강제한다. ② 권력자의 권력남용에 대항하여 개인들,
   특히 가난한 자들을 보호한다. ③ 국가의 자연적인 통일성을 유지하기 위한 개인적이고
   재정적인 부담을 함께 지도록 강요한다(Kuyper, 1981, pp. 93, 97; 이상원, 2000, p. 132).
97) Kouwenhoven, A. *De dynamiek van christelijk sociaal denken*(Nijkerk: Callenbach,
   1989), p. 135; 이상원, "네덜란드 개혁주의 사회경제 사상에 있어서의 경제정의론Ⅱ",
   「신학지남」, 제263호: 2000 여름), p. 160.

를 드리는 것도 쉽지 않을 것이다. 사회보장 시스템이 없이 누진적 십일조를 헌금으로 내는 사회보다는 십일조 및 삼십분의 일조를 내면서 사회보장비용을 위한 무거운 납세의 의무를 담당해야 하는 사회가 더 나은 사회요, 이런 방식으로 수입을 배분하는 것이 더 나은 실천이다.

마지막으로 다룰 문제는 김동호와 김영봉이 꿈꾸는 이상사회의 문제다. 김동호가 제안하는 깨끗한 부를 마음껏 누리는 사회는 현실 속에서 이루어질 수 없다. 그 사회를 현실 속에서 이룩하는 것이 하나님의 뜻도 아니고, 그 사회가 이상사회도 아니다. 반면에 김영봉이 꿈꾸는 평등한 분배의 사회도 현실 속에서 이루어질 수 없고, 그 사회가 이상사회도 아니다. 진정한 이상사회는 물질의 누림이나 물질 소유의 과다 혹은 평등 여부를 넘어서서 모든 현실을 하나님과의 관계 안에서 해석하는 사회이며 하나님의 통치에 복종하는 사회이다. 때문에 이 사회의 실현은 인간의 노력을 통하여 이루어지는 것이 아니다. 인간이 추구해야 하고 실질적으로 구현되어야 할 사회는 오직 하나님의 은혜와 주권에 의하여 실현되는 사회로서, 이 사회는 예수 그리스도를 믿는 자들을 중심으로 하여 이미 역사 안에 침투해 들어와 있고, 장차 오직 하나님의 주권적인 은혜에 의하여 임할 것이다. 기독교인의 윤리적 실천은 이 나라의 증인으로서 현실 세계 속에 서는 것이며, 이 나라의 빛과 영광을 세상을 향하여 드러내는 것이다.

현실은 마지막 날까지 정의의 상황(the circumstances of justice)에서 벗어날 수가 없다. 정의의 상황이란 사람들이 필요로 하는 재화의 양에 비교해 볼 때 사회가 공급할 수 있는 재화의 양은 언제나 부족하여 불가피하게 분배의 원리와 제도를 요청하는 상황이다.[98] 돈은 롤즈가 말

---

98) Rawls, John. *A Theory of Justice*(Cambridge: Harvard University Press, 1971), pp. 126-127; 이상원, "존 롤즈의 정의론: 공정으로서의 정의", 「기독교윤리와 사회정의」(서울: 한

한 정치적 재화와 경제적 재화로 구성된 사회적 재화 가운데 경제적 재화에 속한다. 현실 속에서 사회적 재화는 언제나 부족한 상태에 있을 뿐만 아니라, 시민들의 상호 무관심과 인간의 마음속에 있는 탐욕은 정의의 상황을 한층 더 악화시킨다. 마르크스주의가 역사적으로 보여 주듯이, 정의의 상황이라는 사실을 간과하고 이상사회 수립을 추구했던 노력은 일종의 사회적 결벽증을 피할 수가 없었고 마침내는 사회를 비극으로 몰아넣었다. 하나님의 나라는 인간이 축적한 깨끗한 부를 마음껏 누리는 나라가 아니라 하나님이 예비하시고 은혜로 주신 영적이고 물적인 축복을 값없이 누리는 나라이다. 또한 현실 속에서 부의 소유가 완전히 평등해진 사회가 이상사회라는 것도 잘못된 판단이다. 이 말은 각 사람의 개인적인 특성과 다양성을 무시한 발상이다. 개성이 다르고 추구하는 바가 다른 사람들이 필요로 하는 재화의 양은 동일할 수가 없다. 필요로 하는 양이 동일하지 않은데 산술적으로 재화를 균등하게 분배하는 것을 정의의 실천이라고 보기는 어렵다. 하나님의 형상을 지닌 인간으로서 유지해야 할 기본적인 생계를 위한 경제적 재화는 사회적 최저선으로서 보장되어야 하겠지만 그 이상의 재화가 반드시 균등하게 배분되어야 하는 것은 아니다. 그런데 개인이 필요로 하는 재화의 양을 측정한다는 것은 사실상 불가능에 가깝다. 더우기 인간의 마음속에 자리 잡고 있는 탐욕은 문제를 한층 더 어렵게 만든다. 모든 재화의 양이 균등하게 배분되는 사회보다는 롤즈가 구상한 사회, 곧 사회적 최저선이 보장된 상태에서 어느 정도의 부의 소유의 편차가 있는 사회가 더 건강한 사회이다.

여기서 우리는 가능한 한 부의 편차가 시민들이 납득할 만한 정도로

들출판사, 2000), p. 29.

유지되는 사회를 형성하기 위하여 노력함과 더불어 부의 편차가 가지는 사회윤리적 의미가 무엇인가를 물어야 한다. 그리고 다시 칼빈의 탁월한 혜안에 주목할 필요가 있다. 칼빈은 가난한 자는 부자를 필요로 하며 부자도 가난한 자를 필요로 한다고 말한다. 칼빈은 신명기 16장 11절을 해석하면서, 가난한 자와 부자는 함께 공동체를 형성하고 이 안에서 가난한 자는 받고 부자는 나누어 줌으로써 부자는 가난한 자와 똑같이 되지 않으면서도 그들과 교류를 가지며, 하나님이 그에게 주신 자들의 필요를 채워 주게 된다고 말한다.[99] 가난한 자와 부자가 공존함으로써 사회란 혼자 힘으로 사는 것이 아니라 다른 지체들과 더불어 살아야 함을 인식하게 해 준다는 칼빈의 해석은, 불의한 체제를 정당화시켜 주는 기득권자들의 자기 정당화의 논리가 아니라 기독교 사회사상의 터전에서 나온 건실한 사회 해석으로서 음미할 가치가 있는 언명이다.

---

99) Esser, H.H. "새로운 통화 질서의 관점에서 본 칼빈의 재산 개념", 이상원 역(서울: 숭실대학교 기독교대학원, 1998), p. 54-55.

〈참고 문헌〉

김동호. 『깨끗한 크리스천』. 서울: 규장, 2002.
──── . 『깨끗한 부자』. 서울: 규장, 2003a.
──── . 『깨끗한 고백』. 서울: 규장, 2003b.
김영봉. 『사귐의 기도』. 서울: IVP, 2002.
──── . 『바늘귀를 통과한 부자』. 서울: IVP, 2003.
이상원. "경제개발계획기의 한국 경제에 대한 비판적 분석", 「기독교와 경제」. 호남
　　신학대학교 편. 서울: 한들, 1999.
──── . "네덜란드 개혁주의 사회경제 사상에 있어서의 경제정의론 II", 「신학지남」,
　　제263호: pp. 127-73, 2000a 여름.
──── . "존 롤즈의 정의론: 공정성으로서의 정의", 「기독교윤리와 사회정의」. 서울:
　　한들출판사, 2000b.
──── . 『21세기 사도신경 해설』. 서울: 솔로몬, 2002.
황호찬. 『돈, 그 끝없는 유혹』. 서울: IVP, 1996.
Bieler, Andre. 『칼빈의 경제윤리』. 서울: 성광문화사, 1985.
Calvin, John. *Institutues of the Christian Religion*, Trans. Henry Beveridge. Grand
　　Rapids: Eerdmans, 1989.
Ellul, Jacques. 『하나님이냐, 돈이냐』. 서울: 대장간, 1994.
Esser, H. H. 이상원 역. "새로운 통화 질서의 관점에서 본 칼빈의 재산 개념", "숭실
　　대학교 기독교학대학원 제1회 베어드강좌"(미출판). 서울: 숭실대학교 기독교학
　　대학원, 1998.
Foster, Richard. 김영호 역. 『돈, 섹스, 권력』. 서울: 두란노, 1989.
Guinness, Os. 홍병룡 역. 『소명』. 서울: IVP, 2002.
Kouwenhoven, A. *De dynamiek van christelijk sociaal denken*. Nijkerk:
　　Callenbach, 1989.
Kuyper, Abraham. *Lectures on Calvinism*. Grand Rapids: Eerdmans, 1981.
Het sociale vraagstuk en de Christelijke religie. Kok: Kampen, 1990.
Rawls, John. *A Theory of Justice*. Cambridge: Harvard University Press, 1971.
Sider, Ronald J. 한화룡 역. 『가난한 시대를 사는 부유한 그리스도인』. 서울: IVP,

1998.

Stott, John R. W. 조병수 역. 『오늘날의 성령의 사역: 세례, 충만, 열매, 은사』. 서울: 한국기독교교육연구원, 1983.

Wesley, John. *The Bicentennial Edition of the Works of John Wesley*, Vol.2. Ed. Frank Baker. Nashville: Abingdon, 1985.

Wilmer, Wesley. 정성묵 역. 『하나님과 재물』. 서울: SFC, 2002.

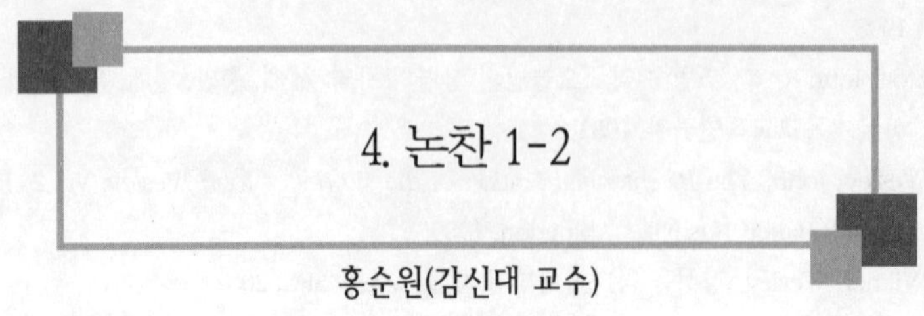

4. 논찬 1-2

홍순원(감신대 교수)

논찬 1

신기형 교수는 기업을 기독교윤리적 관점에서 성찰함으로써 기업의 본질과 책임을 확장, 심화시키려고 시도한다. 그는 이러한 구상을 기업의 목적, 기업의 가치, 인간 이해라는 세 영역을 통해서 전개시킨다.

먼저 기업의 목적은 이윤 창출에 있는데, 신 교수는 여기에 윤리성이 결여되어 있다고 보고 하나님과의 근원적인 관계 속에서 형성되는 섬김이라는 목적을 제시한다. 기업은 상품과 서비스의 생산을 통해 인간 공동체의 물질적 복리 증진에 기여하며 이런 의미에서 기업의 성장은 단지 이윤 추구를 위한 것이 아니라 인류를 섬기는 목적을 위한 수단이 된다는 것이다.

둘째로, 신 교수는 기업의 가치를 돌봄, 자유, 도덕법, 공공의 선, 그리고 통전성에서 찾는다. 그에 따르면 돌봄은 소비자의 삶과 가치에 생산자가 관심을 가짐으로써 기업과 소비자의 연대성의 근거가 되며 자유의 개념은 이윤 창출을 위한 소극적·수동적 자유(freedom from)가 아니라 소비자를 섬기는 적극적·능동적 자유(freedom for)로서 서술되고 있다. 신 교수는 또한 도덕법, 공공의 선 그리고 통전성 개념을 통하여 이윤 추구와 사회적 환원, 곧 기업의 개체적 복지와 사회복지 사이의 균형을 강조한다. 그는 이와 관련해서 십계명의 기업윤리적 적용을 강조한다.

셋째로, 신 교수는 기업의 목적과 가치가 인간 이해에 의하여 결정된다고 본다. 그는 먼저 인간 존재를 이중적 실존으로 이해한다. 인간은 경제적일 뿐 아니라 윤리적이며, 개인적일 뿐 아니라 사회적이다. 그는 이러한 실존의 이중성을 인간 안의 하나님의 형상과 죄성의 공존에서 찾는다. 신 교수가 이해하는 인간은 또한 관계적 존재이다. 그에 따르면 인간은 타자와의 관계를 통해 자신의 정체성을 인식하며 그 관계를 유지하고 보존해야 하는 책임적 인격으로 존재해야 한다는 책임성을 인식한다.

신 교수는 결론적으로 세 가지 측면에서 기업에 대한 기독교윤리적 이해의 현실성과 당위성을 강조한다. 그는 먼저 기업이 사회에 진 빚이 많다고 본다. 왜냐 하면 기업은 사회의 다양한 구조적 기반 위에서 형성되었으며 따라서 사회적 책임을 감당해야 한다는 것이다. 다음으로 신 교수는 이윤 추구와 경쟁의 메커니즘에 의해 지배되는 기업의 구조 속에는 필연적으로 윤리성과 도덕성이 결여되기 때문에 섬김과 돌봄의 이타적 가치와 통전성의 가치가 강조되어야 한다고 주장한다. 마지막으로 그는 섬김과 돌봄, 그리고 도덕적 가치는 기업의 구성원들의 도덕적 양심에 동기를 유발함으로써 마침내 개인적 선과 공동체적 선을 함께 이루어 낼 수 있다고 본다.

이상에서 살펴본 것처럼 기독교윤리적 관점에서 바람직한 기업상을 제시하려는 신 교수의 의도와, 기업의 목적과 가치 그리고 인간 이해라는 세 가지 관점에서 논제에 접근하는 방법론은 구조적 타당성과 의의를 가진다고 볼 수 있다.

다음으로 내용과 전개에 있어서는 몇 가지 질문들이 제기될 수 있다. 먼저 기업의 목적에 대한 서술에 있어서 이윤 창출이라는 경제적 가치관과 섬김이라는 기독교적·윤리적 가치관이 기업의 목적으로 함께 제시되는데, 현실적으로 대립적인 두 가치관이 서로 어떻게 작용하며 또한 어떤 근거에서 동시에 수용될 수 있는지가 여전히 불명료하게 남아 있다. 과연 경제 질서의 자율적 원리와 기독교적 가치관이 서로 상응하는가 아니면 대립적인 것인가의 문제가 먼저 제기되어야 할 것이다. 그리고 기업과 경제 질서 안에 내재하는 이윤 추구와 경쟁이라는 자율적 원리가 기독교윤리적 관점에서 볼 때 긍정적 의미를 가지는가 아니면 부정적 의미를 가지는지가 먼저 규정되어야 한다고 본다. 예를 들어 기업의 경영자인 기독교인이 경제 질서 안에서 경쟁 기업과 소비자를 이웃사랑의 실천 대상으로 이해할 때 기업의 존재 이유인 이윤 창출의 원리와의 갈등을 어떻게 해결할 것인가 하는 문제는, 기업윤리뿐 아니라 기독교인이 겪는 신앙과 현실과의 괴리를 반영한다.

다음으로 기업의[기업이 추구하는(?)] 가치에 관한 신 교수의 서술에 있어서는 섬김이라는 기업의 목적과 돌봄이라는 기업의 가치의 의미 진술이 중복되어 나타나는 듯한 인상을 준다. 특히 기업이 추구해야 하는 도덕법이란 가치에 있어서 십계명의 부분적 내용을 기업에 적용해야 한다는 주장을 보다 구체적으로 듣고 싶다.

마지막으로 인간 이해에 있어서 신 교수는 인간 이해가 기업의 목적과 가치를 결정하는 관건이 된다고 주장하는데, 신 교수가 제시하는 복합적 본성을 가진 자, 관계적 존재로서의 인간 이해는 단지 기독교적 인간 이해가 아닌 일반적인 인간 존재의 개념 규정이라고 볼 수 있으며 이러한 인간 이해가 기업과 어떤 연관성을 가지는지, 다시 말해서 기업과 경제 질서 안에서 그것이 어떤 의미를 가지는지가 구체적으로 전개되지 않은 것 같다.

논찬 2

이상원 교수는 물질의 지나친 소유나 지나친 결핍은 모두 개인과 사회를 피폐화시킨다고 보고, 부의 적정한 수준과 부의 획득 그리고 부의 사용의 문제에 대한 자신의 견해를 김동호의 청부론과 김영봉의 청빈론을 비판적으로 성찰함으로써 전개시킨다. 그에 따르면 청부론이란 부의 순기능을 강조하는 입장이며 청빈론이란 부의 역기능을 부각시키는 입장이다. 두 입장 모두 부의 책임 있는 사용을 강조하고는 있지만 이 교수는 두 입장의 출발점과 목표가 부에 대한 성경적 견해에 어긋나 있다고 주장한다.

먼저 이 교수는 김동호의 청부론에 있어서 출발점인 '하나님의 은혜와 상급'으로서의 부 개념을 비판한다. 비록 김동호가 부를 가치중립적인 것으로 정의하고는 있지만 이 교수는 김동호가 부의 선한 가치를 인정하는 것으로 받아들인다. 그는 김동호가 마태복음 4장 4절의 내용("사람이 떡으로만…")을 예수의 말씀을 떡에 대한 전체 부정이 아니라 부분 부정으로 해석하면서 돈을 그 자체로서 부정하는 태도를 영지주의라고 강조한 데서 그 근거를 찾는다.

다음으로 이 교수는 김동호가 현실적인 빈부 격차의 문제를 설명하면서 돈을 복이 아닌 은사로 해석하는 입장을 비판한다. 그에 따르면, 은사가 다양하며 모두에게 동일하게 주어지지 않듯이 부도 그러하다고 보는 김동호의 견해는 설득력이 없다. 그는 성경적 의미에서 물질은 여전히 복의 의미를 지닌다고 본다.

김동호는 부의 획득과 소유에 대한 정당성을 에리히 프롬의 소유형 인간과 존재형 인간 이론을 통해 제시하는데, 존재형 인간은 소유보다 존재의 가치를 중요시하는 인간 유형이고, 소유형 인간은 반대의 경우다. 여기서 김동호가 존재형 인간에게 부가 주어질 경우 그 부의 획득과 고유가 정당화된다고 보는 데 반하여 이 교수는 이것을 부적절한 근거 설정이라고 이해한다.

한편 부의 사용 문제에 있어서 이 교수는 김동호가 요한복음 1장 12절 본문에 나타나는 '하나님 자녀의 권세'를 부에 대한 정당한 사용권으로 해석하는 것을 비판한다. 그는 부에 대한 정당한 사용권이 인간의 물질에 대한 청지기적 관계에 어긋남을 강조한다. 결론적으로 이 교수는 김동호의 청부론은 부에 대한 기독교적 정당화를 통해 결국 청부 유토피아니즘에 빠지게 된다고 주장한다.

발제의 두 번째 부분인 김영봉의 청빈론을 설명하면서, 이 교수는 김영봉이 마태복음 6장 24절의 내용을 해석하면서 '돈을 영적인 세력'으로 규정하는 것에 주목한다. 여기서 돈은 본질적으로 악한 것은 아니지만 악한 영향력을 행사하는 것으로 인격화된다. 이 교수는 본문에서 주인의 의미는 인격화된 실체가 아니라 재화에 대한 인간의 탐욕을 의미한다고 강조하면서 김영봉의 견해를 비판한다. 이 교수는 김영봉이 돈의 기능을 칼, 마약, 흡연에 비유하면서 그것의 역기능만을 강조하는 것에 대해 비판하며, 돈의 가치와 사용을 결정하는 것은 인간의 마음과 윤리적 결단이며 악은 인간의 마음으로부터 오는 것이지 물질 그 자체로부터 오는 것이 아니라는 입장을 견지한다.

이 교수는 김영봉에게서 금욕주의적인 성향을 발견하는데, 그 이유는 김영봉이 부를 영적 생활을 방해하는 정죄의 대상으로 규정할 뿐 아니라 저축까지도 필요악으로 이해하기 때문이다. 이러한 의미에서 김영봉에게 가난은 영적 생활을 자유케 하며 심판의 가능성을 제거하는 긍정적 가치를 가진다.

이 교수는 그 때문에 김영봉이 현실적인 빈부의 공존을 역사의 모순으로 비판하고 있다고 본다. 그에 따르면 바로 이 점에서 김영봉은 청빈 유토피아니즘에 빠지게 된다.

결론적으로 이 교수는 청부론과 청빈론을 비판하면서 개혁주의 전통 속에서 새로운 방향을 제시한다. 그는 부를 하나님의 선물로써 감사함으로 받아야 한다는 칼빈의 견해를 받아들인다. 그는 김동호가 제안하는 깨끗한 부를 향유하는 사회와 마찬가지로 김영봉이 추구하는 평등한 분배의 이상사회도 현실적으로는 불가능하다고 보고, 칼빈이 주장하는 가난한 자와 부한 자가 함께 공존하면서 상호의존적이며 상호보완적으로 구성해 가는 공생의 질서를 바람직한 대안으로 제시한다.

발제의 내용에서 나타난 것처럼 부의 문제를 청부론과 청빈론이란 찬부 양론을 떠나 현실적 차원에서 바라보는 이 교수의 관점은 바람직하다고 볼 수 있다. 특히 하나님에 대항하는 것과 상응하는 것을 이원화하지 않는 칼빈주의 전통 속에서 부의 문제를 바라보는 것은 기독교적인 부 이해에 있어서 중요한 의미를 가진다고 볼 수 있다. 그러나 전체적인 내용 전개에 있어서 이 교수는 김동호의 청부론을 비판하고 있지만, 원칙적으로 물질을 가치중립적인 것으로 규정하고 하나님의 선물과 도구로서 이해하는 김동호의 입장에 서 있는 듯한 인상을 준다. 또한 노아 질서의 현실 이해에도 나타나듯이 빈부의 공존 개념을 칼빈과 성서적 전통 속에서 더 발전시켜 나갈 수 있었으면 하는 아쉬움이 남아 있다.

5. 마르크스의 노동가치론 비판과 그 기독교윤리적 함의

강원돈(아시아경제윤리연구소장)

1. 머리말

오늘의 세계에서 자본주의는 경제의 지구화와 정보 기술의 발달에 힘입어 새로운 국면에 접어들었다. 컴퓨터와 인터넷 기술의 발전, 신소재 기술의 확산, 유전자 조작, 지구적 차원에서 실현된 생산, 유통, 소비의 네트워크 등은 한 세대 전만 해도 상상하기 어려운 일이었다. 지적 소유권에 근거한 지식 기반 경제의 발전은 이미 자본에 대한 새로운 해석을 요구하고 있는 듯하며, 미래 경제에서 '유형 자본'에 대한 '무형 자본'의 우위를 약속하고 있는 것 같다.[1]

이처럼 눈부시게 발전하는 자본주의는 그 이면에 약탈과 억압의 광기를 감추고 있다. 엄청난 몸집으로 부풀어 오른 화폐 자본은 1990년대 말의 아시아 금융 위기에서 보듯이 국민 경제들을 초토화할 수 있는

---

1) 마뉴엘 카스텔은 오늘의 자본주의가 어떤 과정을 거쳐서 '네트워크 사회'를 형성하였는가를 매우 상세하게 설명한다. 이에 대해서는 마뉴엘 카스텔, 『네트워크 사회의 도래 - 정보시대 경제, 사회, 문화 1』(서울: 한울아카데미, 2003). 특히 제2장, 제3장을 보라.

위력을 갖고 있으며, 국가의 전통적인 경제 주권을 무력화하고 있다. 지구적 경쟁의 격화는 노동 절약적 합리화, 노동 시장의 유연화, 인(燐) 생산의 지구적 네트워크 등을 통하여 노동을 압박하고, 북반구와 남반구의 어느 사회에서나 새로운 사회적 가난을 확산시키고 있다. 지적 소유권에 근거한 신경제는 정보 처리와 획득의 사회적 불평등을 확산시키고, 유전자 자원에 대한 약탈을 제도화한다.

이러한 자본주의 발전의 양지와 음지는 모두 자본의 축적과 팽창의 논리에서 비롯된다. 오늘의 세계에서 지구와 그 위에서 살아가는 생명체들은 자본의 팽창과 실질적 포섭의 대상으로 완전히 포획된 것처럼 보인다. 자본의 축적과 팽창의 논리는 암세포의 증식 논리와 닮아서 자본의 숙주인 인간과 자연을 죽이고 무덤 속에 파묻어 버리고 있는 것 같다.

바로 이것이 오늘 기독교윤리학이 대면하고 있는 상황이다. 기독교윤리학은 무엇을 하는 학문인가? 기독교윤리학은 인간과 자연의 생명 공동체를 창조하고 유지하고 완성하고자 하는 하나님의 역사에 책임 있게 동참하는 기독교인들의 실천을 이론적으로 뒷받침하고자 한다. 그렇기 때문에 이 신학의 분과는 자본의 팽창과 축적의 논리에서 비롯되는 생명 파괴의 세계 현실을 명료하게 인식하고 그 대안을 모색하는 일을 회피할 수 없다.

이러한 현실 분석과 대안 모색 과정에서 기독교윤리학이 마르크스의 정치경제학 비판을 재검도하는 것은 의미 있는 작업이다. 왜냐 하면 마르크스의 정치경제학 비판은 자본의 축적과 팽창의 논리를 분석하고 대안을 제시하는 하나의 패러다임이기 때문이다. 많은 사람들은 잉여가치의 원천이 인간의 노동에서 기술로, 그리고 지식 기반 경제에서 '지식' 으로 옮겨져서 마르크스의 정치경제학 비판이 더 이상 현실에 대한 설명 능력을 갖지 못한다고 생각한다. 이러한 생각은 자본주의적 경쟁에서 기술 독점과 지식 독점이 초과 이윤 능력을 가진다는 점을 지적하고 있기에 일리가 있으나, 시장경제의 심층에 있는 잉여가치 추출 메커니즘의 끈질김을 과소평가하고 있는 것처럼 보인다. 시장경제가 존속하는 한, 마르크스의 정치경제학 비판은 비판적 현실 인식과 실천적 대안 모색에 기여할 것이다.

이 글에서 필자는 우선 마르크스의 정치경제학 비판의 핵심을 이루는 부르주아 노동가치론 비판을 분석하면서 그것이 사회적 관점과 생태학적 관점을 통합하여 자본주의 사회를 해부하고 있음을 밝혀 낼 것이다. 그 다음, 잉여가치의 배분에 관한 마르크스의 견해를 재구성하여 자본의 축적과 팽창의 논리에 대항하는 사회적이고 생태학적인 정상경제의 몇 가지 원칙들을 기업 차원과 국민경제 차원에서 제시할 것이다. 끝으로, 마르크스의 노동가치론 비판과 그것에 바탕을 둔 대안의 추구를 기독교윤리학의 관점에서 간략하게 평가할 것이다.

그러면 마르크스 이전의 부르주아 노동가치론이 어떻게 발전되었는가를 간략하게 살피는 것으로 논의를 시작하기로 한다.

2. 마르크스 이전의 부르주아적 노동가치론의 전개

마르크스 이전의 노동가치론은 존 로크의 노동소유권 이론에서 싹이 트고, 애덤 스미스의 교환척도 이론에서 비교적 세련된 모습을 갖추고, 데이비드 리카도의 노동가치론에서 완성된 형태를 취한다.

1) 존 로크의 노동소유권 이론은 소유권의 근거가 노동의 기여에 있

다는 것을 그 핵심 내용으로 한다. 그는 화폐 발명 이전과 이후의 자연 상태를 구별하면서 노동소유권 이론을 전개했다.

우선, 화폐 발명 이전의 자연 상태에서 소유권은 어떻게 정당화되는 가? 로크에 따르면, 태초에 신은 아담과 그 후손에게 세계를 공유재로 부여하였지만, 개개인은 자기 것을 자기 것으로 주장할 권리를 갖고 있 다.[2] 만인의 공유와 개인의 소유 사이에 나타나는 이 모순을 해명하기 위하여 로크는 개인의 특성에 주목했다. "땅과 모든 하등 생명체들은 모든 인간에게 공히 부여되었지만, 각 사람은 자기 자신에 대한 소유권 을 갖는다." 각 사람은 다른 사람과 구별되는 독립적인 행위 주체이며, 노동은 이 행위 주체가 한 일이다. "각 사람이 몸을 놀려 한 일과 손을 놀려 만든 것은 …본래적 의미에서 그 사람의 소유이다."[3]

로크에게서 노동을 통한 소유의 정당화는 다음과 같은 단순한 구조 로 되어 있다. ① 각 사람은 생명을 유지하고 삶을 향유하기 위해 무엇 인가를 획득해야 한다. ② 무엇인가를 자기 것으로 얻기 위해서는 일해 야 한다. ③ 일을 해서 얻은 것은 그 일을 한 사람의 소유이다. 중요한 것은 소유의 대상이 생활필수품에 국한되지 않고 생산 수단까지도 포 함한다는 점이다. 개인은 경작되지 않는 땅을 개간해서, 곧 노동의 기 여를 통하여 자신의 소유물로 만들고, 이를 노동을 위한 수단으로 지배 한다.[4]

그 다음, 화폐의 발명 이후의 자연 상태에서는 어떤 일이 벌어지는

---

2) J. Locke, *Zwei Abhandlungen ueber die Regierung*, hg. u. einl. von W. Euchner (Frankfurt am Main/Wien, 1967), Bd. 2, p. 25.
3) *Ibid.*, p. 27.
4) *Ibid.*, p. 35; "노동과 가공될 수 있는 질료를 요구하는 인간 생활의 조건은 필연적으로 사 적 소유를 가져온다."

가? 화폐의 발명은 무제한의 소유를 향한 길을 연다. 왜냐 하면 화폐는 노동의 소산이 썩을 것에 대한 염려를 불식시키기 때문이다.[5] 이제 경작지의 소유는 한도를 모르게 되었다. 각 사람이 땅을 더 많이 개간하면 할수록 땅의 소산은 더 많아질 것이기 때문이다.[6]

로크의 노동소유권 이론은 자연에 대한 인간 노동의 절대적 우위를 전제한다. 이러한 주장 뒤에는 인간에게 부여된 신의 노동 위임이 땅에 대한 인간의 지배를 포함한다는 이신론적 견해가 깔려 있다.[7] 그는 생명 공동체를 형성하라는 신의 계명을 전혀 알지 못한 채 땅의 점유와 지배를 신의 계명으로 해석한다. 따라서 인간을 제외한 피조물들은 '충만한 자연의 보고'로서 인간의 '향유'를 위해 주어진 것으로 간주되고, 인간은 노동을 통하여 자신의 삶에 필요한 것을 자연으로부터 탈취할 수 있는 권리를 부여받았다고 인식된다. 인간의 노동 능력(이성, 근면, 수고)은 자연재를 자원으로써 지배한다.

로크의 노동소유권 이론은 후대의 노동가치론의 발전에 뚜렷한 흔적을 남긴다. 그 흔적은 두 곳에서 찾을 수 있다. 하나는 가치 형성에서 자연이 기여한 몫을 무시하는 관점이다. 로크는 가치 형성에서 원료를 공급하는 땅이 기여한 몫을 거의 고려할 필요가 없다고 본다. "그 몫은

---

5) *Ibid.*, p. 46.

6) 로크는 토지 개간을 통한 토지 소유권의 확정이 소유권자에게는 물론 인민 전체에게도 이익이 될 것으로 생각했다. 왜냐 하면 토지 경작의 증가는 토지 소산물의 증가를 가져오고, 그것은 인민의 욕망을 더 많이 충족시킬 수 있는 가능성 조건이라고 전제했기 때문이다. 로크는 그러나 대토지 소유가 가져온 사회경제적 경사에 대해서는 큰 관심을 두지 않았다. 그는 대토지 소유자가 마치 토지개간이라는 직접적인 노동을 통해 거대한 토지를 소유한 듯이 서술했으며, 그 당시 이미 영국 사회의 핵심 문제로 불거진 토지 소유자와 무소유자 사이의 갈등에 대해서는 아무런 주의도 기울이지 않았다.

7) *Ibid.*, p. 31; "말하자면 신은 땅을 정복하라는 계명을 통해 (인간에게) 땅을 점유하는 전권을 부여했다."(괄호 안은 필자 보충)

너무나도 적기 때문에 우리에게서조차 땅은 목축이나 개간 혹은 식물 재배조차 하지 않고 자연에 내맡겨 둘 정도이다."[8] 가치 형성에서 자연의 기여를 고려하지 않을 경우, 생활필수품은 오직 그것이 노동의 산물이기 때문에 제 가치를 갖는다고 볼 수 있다. 이러한 로크의 견해는 장차 부르주아적 노동가치론의 기본 특징을 이루게 된다.

또 다른 하나는 임노동자의 소유권 주장을 인정하지 않는 것이다. 로크는 화폐의 발명 이후에 임노동이 등장하였고 부르주아 사회에서 사실상 보편화되었다고 간주했다. 그러나 그는 임노동은 노동의 대가를 이미 지불받았기 때문에 그 소산에 대한 소유권을 주장할 수 없다고 못박았고, 따라서 임노동자는 소유의 보호를 목표로 해서 조직된 정치 공동체에 참여할 권리가 없다고 주장했다.[9]

2) 경제학의 틀에서 노동가치론은 본래 시장에서 등가 교환을 보장하기 위한 가치 척도를 규정하기 위해 구상되었다. 경제학자들은 하나의 상품이 쓸모가 있을 때에만 교환 관계에 들어선다는 것을 의심하지 않았다. 그것은 사용 가치가 상품 교환의 전제 조건이라는 것을 의미한다. 그러나 쓸모가 있는 물건들을 어떤 척도 아래서 서로 교환하여야 하는가? 교환되는 재화의 등가성(等價性)을 객관적으로 보장하기 위해서는 상품의 교환 가치를 평가하기 위한 정밀한 척도가 있어야 한다. 그 척도는 과연 무엇인가? 이 문제를 제기한 사람은 다름 아닌 아담 스미스였다.

스미스는 시장 가격이 독점이나 교환 강제 혹은 사기에 의해 동요되

---

8) *Ibid.*, p. 42.
9) *Ibid.*, p. 124; 이에 대해서는 Th. Kraemer-Badoni, *Zur Legitimitaet der buergerlichen Gesellschaft*(Frankfurt/New York, 1978), p. 54를 보라.

지 않는 이상적인 상태를 전제하고서 '모든 재화의 교환 가치를 측정하는 진정한 혹은 사실상의 척도'는 노동이라고 주장했다.[10] 그는 사회적 분업과 공정 분업의 조건들 아래서 '보통 노동'의 동등성을 출발점으로 삼고, 노동자가 상품을 생산하기 위하여 자신의 시간을 희생하고 수고한 보통 노동의 양을 기준으로 해서 교환가치를 규정했다.[11]

스미스에 따르면, 가치를 결정하는 데 고려되는 것은 오직 노동, 더 엄밀하게 말하면 양적으로 표현될 수 있는 형태의 노동뿐이다. 자연의 생산성을 강조한 중농주의자들(Boisguillbert, Vantillon, Petty, Quesney 등)과는 달리, 자연은 스미스의 가치 결정에서 완전히 배제된다. 스미스는 자연이 자유재 형태의 원료로 구성되어 있다고 보았고, 따라서 자유재로서의 자연은 경제학에서 어떤 가치도 갖지 않는다고 전제했다. 자연 자원은 오직 인간의 노동에 의해 가공되어 노동 소재로 소유될 때에만 그 가치를 갖는다. 자연 자원의 가격은 그 자체에서 나오는 것이 아니라 그것을 가공하는 데 들어가는 생산 비용에서 비롯된다.[12]

3) 데이비드 리카도는 스미스의 노동가치론을 두 방향에서 철저하게

---

10) A. Smith, *Der Wohlstand der Nationen. Eine Untersuchung seiner Natur und seiner Ursachen*, aus der Engl. uebersetzt und mit einer Wuerdigung von H. C. Reckenwald (Muenchen, 1974), p. 28.

11) *Ibid.*, p. 30; "아무튼 우리는 동일한 노동량이 언제 어디서나 노동자에게 동일한 가치를 갖는다는 것만큼은 말할 수 있다. 정상적인 건강과 힘, 그리고 정신적 상태를 갖고 있을 경우에, 평균적인 경험과 숙련도를 가진 노동자는 언제나 동일한 양의 편안함과 자유와 행복을 희생하지 않으면 안 된다. … 따라서 노동만이 모든 상품의 가치를 언제 어디서나 측정하고 비교할 수 있게 하는 최종적인 실제적 척도이다."

12) 이에 대해서는 A. Huber, *Die philosophische und ethische Begruendung des homo oeconomicus bei Adam Smith*(Frankfurt am Main/Bern/New York/Paris, 1991), p. 189를 보라.

다듬었다. 우선, 그는 스미스의 자유재 개념을 자연 상수 개념으로 발전시켰다. 상품의 형태로 나타나지 않는 외적인 자연은 모든 생산과 모든 가치 형성의 항구적인 전제 조건이다. 이 자연은 경제의 영원한, 고갈되지 않고 파괴되지 않는 무제한한 조건이다.[13] 그 다음, 리카도는 자연 상수를 전제한 순수 노동가치론을 정식화했다.

그는 노동의 두 측면에 주목했다. 첫째, 노동은 가치생산적이라는 것이고, 둘째, 노동은 또한 상품이기도 하다는 것이다. 이 두 주장을 조금 더 자세하게 살펴보면 다음과 같다. 우선, 시장에서 상품들 간의 가치 관계를 결정하기 위해서 리카도는 "인간의 노동에 의해 증식되지 않는 것을 예외로 치면, 노동은 모든 물건들의 교환 가치의 근거"라고 주장했다.[14] 이것은 서로 다른 두 상품들의 가치 관계가 인간이 각각의 상품을 생산하기 위해 수행한 '사회적으로 평균적인' 노동의 양에 의해 결정되어야 한다는 것을 의미한다. 그 다음, 이와 동시에 리카도는 노동이 상품으로 나타난다는 점에 주목했다. 만일 상품들의 가치 관계가 지출된 노동의 양에 의존한다면, 노동이 상품으로서 갖는 가치를 정확하게 규정하는 것은 모든 상품의 가치를 결정하는 출발점이기에 매우 중요하다. 노동의 가치는 노동자가 자신의 노동력을 유지하고 자신의 가족을 부양하기 위하여 지출하는 비용으로 귀착한다.[15] 바로 여기서 리카도식 가치 분석의 난제가 발생한다.

만일 가치 형성에서 자연의 몫을 절대적으로 배제하여야 한다면, 생

---

13) 리카도의 자연 상수 개념에 대해서는 H. Immler, 'Ist nur Arbeit wertbildend? Zum Verhaeltnis von politischer Oekonomie und oekologischer Krise', in H. Immler/W. Schmied-Kowarzik, *Marx und die Naturfrage*(Hamburg, 1984), p. 27을 보라.

14) D. Ricardo, *Ueber die Grundsaetze der politischen Oekonomie und der Besteuerung* (Berlin, 1959), p. 11.

15) *Ibid.*, p. 77.

산 비용을 공제하고 난 뒤에 남는 가치의 잉여는 노동에게 귀속되어야 할 것이다. 왜냐 하면 리카도는 노동이 가치창조적이라고 규정하였기 때문이다. 그런데 리카도의 자본주의에서는 사정이 그렇게 단순하지 않다. 자본가는 노동자들에게 노동의 대가로 임금을 지불했다. 자본가의 입장에서 임금은 생산 비용에 속하며 임금 지불을 통하여 가치 형성에 기여한 노동자들의 몫은 인정되고 보상되었다. 따라서 가치의 잉여가 노동자들에게 귀속되어야 한다고 주장할 근거는 더 이상 없다. 가치의 잉여는 당연히 자본가에 의해 전유(專有)된다. 그런데 가치의 잉여가 자본가에게 전유되어야 한다면, 자본가는 어떤 방식으로든 가치의 형성에 참여하였음을 증명하여야 한다. 바로 여기서 리카도는 하나의 딜레마에 직면하였음을 안다. 왜냐 하면 그는 노동이 가치생산적이라고 전제하였기 때문이다. 이 딜레마로부터 벗어나기 위하여 리카도는 상품의 생산을 위해, 다시 말하면 가치의 생산을 위해 지출한 노동량을 산 노동의 몫과 죽은 노동의 몫으로 나누었다. 산 노동은 노동자의 생산적 노동이고, 죽은 노동의 집적은 고정 자본, 곧 생산 수단의 형태로 나타난다. 리카도의 눈에는 산 노동과 죽은 노동이 아무런 차이 없이 가치 생산에 참여한다.[16] 자본가가 생산 수단의 소유자로서 가치의 잉여를 전유할 수 있는 권리를 주장하는 것은 바로 이 죽은 노동의 가치 창조 때문이다.

그런데 자본가의 잉여 가치 전유를 정당화하는 리카도의 궤변은 노동과 노동력을 서로 구별하지 못했기 때문에 나타난 것이다. 그 때문에 노동력 가치의 크기는 노동자가 노동력 지출을 통하여 공정에 투입한 노동 가치의 크기와 구별되어야 한다는 것을 리카도는 몰랐다.

---

16) *Ibid.*, pp. 23., 44.

4) 위에서 본 부르주아적 노동가치론에 대해서는 최소한 다음 네 가지를 지적할 필요가 있다. 첫째, 로크는 고전적인 노동가치론의 기본 윤곽을 그렸다. 그는 가치 이론의 틀에서 교환의 정의를 다루지 않았지만, 가치 계산에서 자연을 배제해도 무방하다는 점만은 분명히 했다. 둘째, 스미스로부터 리카도에 이르는 노동가치론은 상품 생산을 위해 지출된 노동량이 교환 가치의 척도가 된다고 주장함으로써 교환의 정의를 확립하고자 했다. 셋째, 이러한 노동가치론은 자유재라는 개념을 도입해서 가치 계산에서 자연을 절대적으로 배제하였고, 노동가치론을 주장하는 모든 이론가들에게서 물리적 자연이 부의 창조자임을 부정하도록 만들었다. 넷째, 노동과 노동력을 구별하지 못함으로써 부르주아적 노동가치론은 자본가의 잉여가치 전유를 정당화했다.

3. 마르크스에 의해 수정되고 비판된 노동가치론

노동가치론의 역사에서 마르크스가 이룩한 공헌은 두 가지이다. 그는 한편으로 부르주아적 노동가치론이 자연을 망각하고 있음을 밝혔고, 또 다른 한편으로 가치 창조에 대한 부르주아 경제학자들의 분석에 내적 모순이 있음을 폭로하였다.

1) 마르크스는, 흔히 오해되듯이, 리카도적 노동가치론을 계승하여 이를 정교하게 가다듬은 이론가가 아니다. 그는 리카도에게서 완성된 부르주아 노동가치론의 비판적 극복자였다. 마르크스에 대한 해석에서 중요한 것은 그가 정치경제학 비판을 자신의 과학적 연구의 대상으로 삼았다는 점이다. 이 점에 대해 슈미트-코바르치크는 다음과 같이 말한다.

마르크스는 '정치경제학 비판'을 가지고 비판적 경제의 근거를 설정하려고 하지 않는다. 그와는 정반대로 그는 가치 법칙에 근거한 일체의 정치경제학을 철저하게 비판하고자 한다. 따라서 그는 노동가치론을 가지고서 경제학의 근거를 긍정적으로, 존재론적으로 설정하고자 하지도 않는다. 그는 사회적 생산이 가치 법칙을 지향하도록 하기 위하여 가치 법칙을 긍정적으로 끌어들이지도 않는다. 오히려 그의 모든 작업은 자본주의적 정치경제학의 기초들을 뒤따라가며 표기하여 그것의 뿌리에 놓여 있는 내적인 모순을 증명하는 데 이바지할 뿐이다.[17]

마르크스는 고전적 노동가치론의 분석적 불충분성을 보완했지만, 그것은 자본주의적 생산 과정과 가치실현 과정을 내부로부터, 실상에 맞게, 철두철미하게 비판하기 위해서이다. 따라서 마르크스가 분석적·비판적으로 정식화한 노동가치론의 명제들을 놓고서 그가 자기 나름대로 노동가치론의 기본 원칙들을 정립하였다고 말하는 사람들의 주장은 완전히 잘못된 것이다.[18] 비판을 위하여 마르크스는 고전 경제학자들에게서 나타나는 경제 법칙의 영원성에 대한 잘못된 관념들을 극

---

17) W. Schmied-Kowarzik, 'Weder Arbeit noch Natur sind wertbildend, aber sie sind die Quellen allen Reichtums', in H. Immler/W. Schmied-Kowarzik, *Marx und die Naturfrage*, pp. 49f.

18) 여기서 필자는 이와 같은 잘못된 주장들의 대표적인 실례들을 몇 가지 제시하고자 한다. H. Arendt, *Vita activa oder vom taetigen Leben*(1958), p. 8. Aufl. (Muenchen/Zuerich, 1994), pp. 92-99; J. Habermas, *Erkenntnis und Interesse*(Frankfurt am Main, 1968), pp. 60ff.; A. Schmidt, *Der Begriff der Natur in der Lehre von Marx*(Hamburg, 1993), XI und pp. 57f.; I. Fetscher, 'Karl Marx und das Umweltproblem', in ders., *Ueberlebensbedingungen der Menschheit. Zur Dialektik des Fortschritts*(Muenchen, 1980), pp. 124f.; Hans Immler, 'Ist nur die Arbeit wertbildend? Zum Verhaeltnis von politischer Oekonomie und oekologischer Krise', in H. Immler/W. Schmied-Kowarzik, *Ibid.*, pp. 29ff. 34ff.; ders., 'Und die Natur produziert doch Wer', in H. Immler/W. Schmied-Kowarzik, *Ibid.*, pp. 78-91.

복하였고, 사물들의 역사적으로 규정된, 다양한 현상 형태들의 내적 연관에 대한 분석에서 출발하는 연구 방법을 고수하였다.[19]

2) 부르주아 정치경제학의 가치 법칙에 대한 비판에서 마르크스가 주목하고 있는 것은 추상적 노동의 탄생이다. 추상적 노동은 사회적 노동 분업에서 '사회적으로 필요한 노동'으로 등장한다. 마르크스는 노동력과 노동을 구별하는데, 이때 노동은 시간 단위의 관점에서 계량화되고 계산될 수 있다. 이러한 개념 규정 아래서 마르크스는 노동이 상품 교환의 등가 형식을 규정하기 위한 가치 단위로서 기능한다고 정식화한다. "한 마디로, 사회적으로 필요한 노동의 양 혹은 어떤 사용 가치를 생산하는 데 필요한 노동 시간이 그것의 가치 크기를 규정한다."[20]

이렇게 개념을 명료하게 한 다음에 마르크스는 고전적 노동가치론의 기본 명제를 철저하게 가다듬는다. 그 기본 명제는 이렇다. "오직 사회적으로 필요한 노동 시간만이 가치창조적이라고 간주된다."[21]는 것이다. 이 명제는 다음의 두 가지 점에서 매우 철저한 성격을 갖는다. 우선, 노동가치론에 충실하고자 한다면 사람들은 자연이 가치 생산자라는 관념을 철저하게 배척하지 않으면 안 된다. 그 다음, 죽은 노동도 가치생산에 참여한다는 당대의 자명한 통념도 불식되지 않으면 안 된다.

---

19) 마르크스의 연구 방법론에 대한 설명은 그 자체만 해도 큰 주제이기 때문에 여기서 다룰 겨를이 없다. 마르크스의 법칙 이해와 방법 이해의 개요와 관련해서는 아래의 원문들을 참조하기 바란다. K. Marx, *Das Kapital*, Bd. 1, Nachwort zur zweiten Auflage(Berlin, 1975), pp. 26f.; ders., 'Deutsche Ideologie', in MEW Bd. 3, pp. 37ff.; ders., 'Das Elend der Philosophie', in MEW Bd. pp. 4, 130; ders., 'Einleitung zu den Grundrissen der Kritik der politischen Oekonomie', in MEW Bd. pp. 42, 34-42 등.

20) K. Marx, *Das Kapital*, Bd. 1, p. 54.

21) *Ibid.*, p. 204.

"하나의 생산 수단이 노동 과정에서 자신의 사용 가치를 상실하는 것
보다 더 큰 가치를 생산물에 부여하지 못한다는 것은 명확하다." [22]

3) 마르크스는 노동 개념과 노동력 개념을 구별하였는데, 이 구별은
매우 중요하다. 자본가가 노동 시장에서 구입하여 노동 시간 동안에 자
신의 지배 아래서 가치창조 과정에 투입하는 것은 노동이 아니라 노동
력이다. 생산 과정에서 소비되는 노동력의 가치 크기는 "이 특별한 품
목의 생산과 재생산에 필요한 노동 시간"[23]에 의해 결정된다. 이것이
노동력의 교환 가치이다. 그것은 자본가가 노동자에게 지불한 임금과
동일하다. 이제 가치생산 과정에서 노동력 지출을 통하여 형성된 가치
는 자본가의 소유가 된다. 이 가치는 자본가에 의한 노동력의 사용에서
비롯된 것이며, 따라서 본래 노동력의 사용 가치에서 온 것이다. 그런
데 노동력의 교환 가치와 사용 가치는 전혀 동일하지 않고, 그 속에 깃
들어 있는 가치의 양도 마찬가지이다. 자본주의적 가치생산 과정에서
이 둘의 '가치 차이', 곧 '잉여가치'는 이윤의 형태로 자본가에게 귀속
되고 그에게 축적된다.[24]

4) 마르크스의 기본 관심사는, 교환 가치 개념에 터 잡은 경제 형태는
자본가들 사이의 투쟁으로 인하여 자본의 유기적 구성을 증가시키고
경제 위기와 혁명을 불러일으킨다는 것을 증명하는 것이었다. 그러나
그는 가치생산 과정과 가치실현 과정에서 비롯되는 생태학적 위기를
주목하기도 했다.

---

22) *Ibid.*, p. 218.
23) *Ibid.*, p. 184.
24) *Ibid.*, pp. 207f.

자연 상수 개념을 자명하게 전제한다면, 가치창조 과정은 원칙적으로 그 한계와 끝을 모른다. 가치생산 과정과 가치실현 과정에서 탄생하고 실현되는 잉여가치는 이 두 과정들을 확대하여 넘쳐흐르는 가치를 전유하는 기반을 제공할 것이다. 그리하여 "자본가는 가치 실현의 열광주의자로서 아무런 고려 없이 인류를 생산을 위한 생산으로 몰아넣는다."[25] 이것은 자본이 원칙상 무제한적으로 확대되고 자신의 지배력을 끝없이 강화시킨다는 뜻이다. 확대된 가치생산 과정과 가치실현 과정은 더 많은 자연 원료들을 집어삼키고[26] 점점 더 많은 쓰레기들을 배출한다.[27]

자본주의적 생산이 노동자와 자연을 무덤에 집어넣는다는 마르크스의 통찰은 자본주의 경제에 대한 중요한 해석이며, 경제계와 생태계의 순환 과정에 대한 사회적이고 생태학적인 분석의 열쇠를 제공하는 것으로 평가된다.

5) 마르크스는 교환 가치 개념을 고집하고서는 새로운 사회를 열 수 없다고 믿었다. 새로운 사회에 대한 강령적 구상이 나타나고 있는 1875년의 "고타 강령 비판"에서 그는 상품 생산의 코드로서의 가치 개념과 의식적이고 이성적인 경제 형태의 기반으로서의 부의 개념을 서

---

25) *Ibid.*, p. 618.

26) *Ibid.*, p. 529f.

27) K. Marx, *Das Kapital*, Bd. 3(Berlin, 1978), pp. 110ff. 만일 경제계와 생태계의 관계를 이 두 영역을 넘나드는 에너지-물질 교환의 관계라고 생각한다면, 마르크스는 오늘의 생태학적 경제학이 도달한 최첨단의 패러다임을 이미 구상하였다고 말할 수 있다. 그는 비록 에너지-물질 보존의 법칙과 열역학 제2법칙(엔트로피 법칙)을 염두에 두지 않았지만, 생태계로부터 경제계로 투입되는 에너지와 물질이 경제계를 통해 그 꼴을 변형함으로써 생태계에 가하는 부담을 적절하게 인식하였다는 것은 분명하다.

로 구별했다. 이 두 가지 개념들을 구별한 다음에, 그는 "노동이 모든 부의 원천인 것은 아니다. 자연도 그 자체로 보아서는 자연 능력인 인간의 노동력의 외화인 노동과 마찬가지로, 사용 가치들(그리고 실제의 부는 사용 가치들로 구성되어 있다!)의 원천이다."[28]라는 명제를 제시하였다. 마르크스는 노동 과정을 인간과 자연 사이의 영원한 물질대사로 이해하였는데, 바로 이 노동 이해에 기대어 그는 가치 법칙에 터 잡은 모든 종류의 경제 형태들을 넘어서는 사회 형태의 한 윤곽을 그린 것이다. 이 사회에서 자연은 인간과 그 자신 사이의 물질대사에서 고유한 가치를 가지고 등장한다. 인간의 노동 과정에서 자연의 형태는 질료적으로 변화되지만, 그것은 더 이상 가치 증식을 위해서 그렇게 되는 것은 아니다. 노동을 통한 자연의 형태 규정에서 자연은 사용 가치의 형태로 자신의 고유한 가치를 보존한다. 자연은 노동과 마찬가지로 모든 부의 원천으로서 인간의 인간적인 욕망의 충족에 기여한다.

6) 이제까지의 논의를 되짚어 보면, 마르크스는 노동 개념과 노동력 개념을 구별함으로써 자본주의 해부의 무기를 발견하고, 자본의 축적과 팽창의 논리를 밝혀냈다. 자본의 축적과 팽창의 논리는 한편으로는 사회적 가난을 불러일으키고, 또 다른 한편으로는 생태계 위기를 가져온다. 사회 문제와 생태계 문제의 밑바닥에는 자본의 축적과 팽창의 논리가 도사리고 있는 셈이다.

마르크스는 자본의 축적과 팽창의 논리를 넘어서는 새로운 사회에 대한 프로그램을 구체적으로 제시한 적이 없다. 그는 단지 자유로운 생

---

28) K. Marx, 'Kritik des Gothaer Programms', in *Marx-Engels ausgewaehlte Schriften*, (Berlin, 1964), Bd. II, p. 9.

산자들의 결사체가 의식적으로 이성적으로 인간과 자연의 물질대사를 규율하는 사회에 대한 어렴풋한 윤곽을 그렸을 뿐이다.

그 윤곽을 정교하게 다듬어 새로운 사회의 프로그램을 제시하는 일은 별도의 과제가 된다 하더라도, 마르크스의 역사적 · 분석적 관점에 따라 시장경제가 역사적 시작을 갖고 있기에 역사적 끝을 향하여 나아가고 있다는 점을 인식하는 것은 중요하다. 시장경제는 역사적인 경제 제도이지 경제의 영원한 형식이 아니다. 따라서 시장경제의 역사적 청산을 위한 진보적 기획은 언제나 의미가 있고, 또 그러한 기획의 실현 가능성을 모색하는 것은 역사를 진보적 방향으로 발전시키기 위한 실천의 핵심 과제이다. 그러나 시장경제의 생명력은 아직 고갈되지 않았고, 상당한 기간 동안에 쉽게 고갈되지도 않을 것이다.

그렇다면 시장경제의 청산이 이루어지지 않은 상황을 역사적 현실로 전제하고서 마르크스의 노동가치론 비판에 담겨 있는 사회적 관점과 생태학적 관점을 살리며 시장경제를 규율하는 원칙들을 세워나갈 수는 없는 것일까? 마르크스의 관점에서 시장경제를 개혁하려는 시도는 일찍이 오타 시크에 의해 시도된 바 있고,[29] 그의 작업은 자본주의 경제의 조절 방식을 제시하였던 케인스주의가 스태그플레이션(stagflation)에 좌초되기 시작하던 1970년대 초 이래로 케인스주의에 대한 이론적 대안으로서 세계적 주목을 받은 바 있다. 오타 시크의 이 특이한 작업은 아르투르 리히에 의해 평가된 적이 있다.[30]

자본의 축적과 팽창의 논리가 인간과 자연의 생명과 생존을 위협하

---

29) O. Sik, Der dritte Weg. *Die marxistisch-leninistische Theorie und die moderne Industriegesellschaft*(Hamburg, 1972).

30) A, Rich, 『경제윤리 2: 사회윤리의 관점에서 본 시장경제, 계획경제, 세계경제』(서울: 한국신학연구소, 1996), pp. 2, 5-6.

는 오늘의 상황에서 사회적 관점과 생태학적 관점을 통합하는 시각을
갖고서 시장경제를 제대로 규율하는 방책을 모색하는 것은, 설사 시장
경제의 청산이라는 역사적 기획에 미치지 못한다 할지라도 당대의 과
제임에는 틀림이 없다. 나는 이 과제의 핵심이 잉여가치의 분배에 있다
고 생각하며, 아래에서 기업 차원과 국민경제 차원에서 잉여가치를 어
떻게 배분할 것인가를 놓고서 몇 가지 원칙들을 제안하고자 한다.

4. 기업 차원에서의 잉여가치의 분배

1) '기업 차원에서 잉여가치를 어떻게 분배할 것인가' 하는 문제를
풀기 위해서 잉여가치 개념을 한 번 더 짚고 넘어가기로 하자. 잉여가
치는 지불되지 않은 노동의 가치이다. 그것은 가치생산 과정에서 지출
된 노동력의 사용가치, 달리 말하면 상품 생산 과정에서 지출된 노동력
의 가치에서 노동력의 교환가치를 뺀 가치의 잉여이다. 자본주의 경제
에서 이 가치의 잉여는 이윤의 형태로 자본가에게 귀속된다. 이윤은 상
품 생산과 상품 가치의 실현 과정을 통하여 발생하고, 통속적으로는 기
업의 총매출에서 총비용을 공제한 가치의 양이다.

2) 상품생산 과정에서 노동만이 가치 창조적이라고 가정하면, 흔히
들 이윤이 상품생산 과정에 참여한 노동자들의 몫이어야 한다고 주장
한다. 노동자 운동의 역사를 살펴보면, 이러한 주장은 한때 대세를 이
루기도 하였다. 대표적인 예가 1875년 고타에 모인 독일의 사회주의자
들과 노동자들의 강령이다. "고타 강령"에 따르면, 노동자들은 이윤의
전유를 위해 투쟁하여야 하고, 그것이 정의라고 했다. 왜냐 하면 오직

산 노동만이 가치를 창조하고, 죽은 노동은 감가상각 보전 비용만큼 가치를 상품에 이전할 뿐이기 때문이다.

이에 대해 마르크스는 노동자 운동이 자유로운 개인들의 생산 결사체, 곧 동직자 조직의 형성을 위해 공헌하여야 함을 강조하고, 동직자 조직에 의해 생산된 노동의 산물은 노동자들에 의해 모두 삼켜질 수 없다고 못 박았다. 그는 노동의 산물이 기업의 생산 활동과 비생산 활동을 위하여 적절하게 배분되어야 한다고 말했다. 우선, 기업의 생산 활동을 위해 설치되어야 할 항목은 사용된 생산 수단을 보완하기 위한 기금, 생산 확대를 위한 추가 투자, 자연에 의한 재해나 고장을 제거하기 위한 예비금 등이며, 비생산 활동을 위해 설치되어야 할 항목은 생산에 직접 속하지 않는 일반적인 행정 비용, 학교나 보건 시설 등 욕구의 공동체적 충족을 위한 기금, 노동 능력이 없는 사람들을 위한 기금 등이다. 이러한 항목들을 위한 지출을 공제하고도 남는 노동의 산물만이 노동자들의 직접적인 복지 향상을 위해 소비되어도 무방하다는 것이다.[31]

3) 잉여가치의 분배에 관한 마르크스의 견해는 기업 경영과 관련하여 두 가지 의미를 갖고 있다. 하나는 잉여가치의 일부가 기업의 생산적 활동을 위해 쓰여야 한다는 것이고, 또 다른 하나는 잉여가치의 일부가 생활 세계의 공동체적 형성을 위해 지출되어야 한다는 것이다.

시장경제의 역사적 조건들을 고려하면, 마르크스의 첫째 견해는 이윤의 상당 부분이 기업의 생존 기반을 확보하기 위하여 사용되어야 한다는 것을 뜻한다. 치열한 경쟁에서 살아남기 위해, 기업은 시장의 가

---

31) 이에 대해서는 K. Marx, *Kritik des Gothaer Programms*, Bd. II, pp. 14ff.를 보라.

격 신호에 따라 자원 할당의 효율성을 추구하여야 할 뿐만 아니라, 생산적 투자의 확대를 통하여 경쟁 능력을 강화시키지 않으면 안 된다. 기업의 생존과 경쟁력 향상을 위한 활동은, 그것이 어떻게 조직되든지간에 기업의 핵심 기능이며, 이 핵심 기능을 담당하는 것이 오늘의 용어로 표현한다면, '경영' 이다. 경영 기능은 노동 기능과 구별되지 않으면 안 된다. 설사 자유로운 개인들이 자발적 의사에 따라 결성한 생산 공동체라 할지라도, 그 생산 공동체는 시장경제의 역사적 조건들 아래서 경영과 노동의 기능적 구별을 존중하고, 기업의 생존과 생산적 활동을 위해 잉여가치를 처분하는 일에 관하여 합의를 도출하여야 할 것이다.

마르크스의 둘째 견해는, 기업의 잉여가치가 생활 세계의 공동체적 형성을 위해 사용되어야 한다는 것이다. 오늘의 시장경제에서 기업 이윤의 일부가 법인세의 형태로 징수되어 국가 재정의 원천이 되고, 국가가 사회 정책과 복지 정책을 통해 소득 이전 활동을 하는 것도 마르크스가 말한 잉여가치 배분의 한 역사적 형태일 수 있다. 기업이 필요로 하는 노동력의 훈련을 위한 지출, 노동 생산성이 향상되는 조건들 아래서 잉여 노동력의 보유를 위한 다각적 노력, 생활 세계를 위한 기업의 다양한 직접적 공헌 등도 이 범주에 속할 것이다. 기업의 사회적 책임과 생활 세계적 정당성은 이러한 일련의 기업 활동과 기여를 통해 확인된다.

4) 문제는 경영과 노동, 그리고 생활 세계가 어떤 절차와 원칙을 가지고 잉여가치의 배분에 관한 합의에 도달하는가이며, 이것은 오늘의 시장경제에서 기업의 지배 구조를 조직하는 일과 관련된 핵심 주제들 가운데 하나이다. 나는 잉여가치의 집적을 통해 기업의 사회적 책임이 그 어느 때보다 커지고 있는 상황에서는 기업 조직의 민주화가 이 문제에

대한 한 해법이 될 것이라고 생각한다.

기업 조직의 민주화는 생산 자산의 소유자가 이윤의 직접적 전유를 목표로 기업 활동을 조직하는 것을 포기하는 데서 시작된다. 오늘의 경영 환경에서 소유와 경영의 분리, 경영과 노동의 구별은 기업 조직의 근간이다. 개별 기업의 창업 과정에서 생산 자산의 출자자가 기여한 공헌을 인정한다 할지라도, 기업의 성장은 잉여가치의 집적에서 비롯된 것이고, 집적된 잉여가치의 운영은 고도의 사회적 책임과 생활 세계적 정당성 요구를 회피할 수 없다.

만일 생산 자산에 대한 소유자의 개인적 지배를 제한하거나 배제한다면, 바로 이러한 자본의 중립화 조건[32] 아래서 기업의 잉여가치를 배분하기 위한 절차와 원칙을 다양하게 설정할 수 있다. 여기서는 상법상의 대기업(종업원 300인 이상의 기업)에 국한하여 몇 가지 아이디어를 정리하고자 한다.

역사적 시장경제가 자본과 노동의 대립과 협력을 강제하는 제도라는 점을 감안한다면, 자본과 노동이 적어도 대등한 사회 권력으로서 잉여가치의 배분에 관한 원칙에 합의하기 위하여 마주 앉는 것이 중요하다. 시장경제가 기업간 경쟁을 통해 기업의 생존을 강제한다는 점을 인식한다면, 설사 기업의 의사결정 기구에서 노동이 자본보다 더 많은 대표권을 장악한다 할지라도, 잉여가치의 배분을 둘러싸고 경영 측의 합리적 주장이 관철되지 못하리라는 법이 없다. 만일 기업의 생존과 생산적 활동을 위해 배분되어야 할 잉여가치의 몫이 결정된다면, 이 잉여가치는 그것을 생산하는 데 참여한 사람들의 지분으로서 인정되어야 하고,

---

32) 생산자본의 중립화에 대해서는 O. Sik, *Humane Wirtschaftsdemokratie. Ein dritter Weg* (Guetersloh, 1979), p. 404를 보라. 시크에 따르면, 생산자본의 중립화는 생산자본이 소유자 개인에 의해 좌우되지 않고 소유자들 사이에서 분할되지 않는 것을 뜻한다.

이 지분은 기업이 존속하는 한 분할되어 매각되는 일이 없도록 하여야 한다. 이를 위해서는 생산 기업 외부에 따로 지주회사를 설립하여 이 지분을 지주회사의 소유로 만들고 이 지주회사가 생산 기업에 자본금을 대어 주는 형태로 관리하는 것도 추천할 만하다.[33] 그렇게 하면, 생산 기업은 지주회사의 출자금에 대한 적정 이자를 지급하여 출자자본의 실체를 보존하고 기업 회계 결산 때 새로 발생한 잉여가치를 지주회사에 생산 공동체의 지분으로 새로 등록할 수 있을 것이다.

5) 기업의 사회적 책임과 생활 세계적 정당성 실현을 위해서는 기업의 의사결정 기구에 생활 세계의 대표를 참여시켜서 잉여가치의 적절한 분배에 관한 합의를 시도할 수 있다. 그러나 잉여가치의 배분에서 여전히 남는 문제는 기업의 생존과 경쟁력 유지를 위하여 배분하여야 할 잉여가치의 크기를 어느 정도 규모로 결정하는가인데, 이 문제는 오직 국민경제 차원에서 성장의 속도 조절 정책과 생태계 안정 정책에 관한 민주적 결정이 있을 때에만 해결될 수 있다.

5. 국민경제 차원에서의 잉여가치의 분배

1) 경제의 지구화 조건들 아래서 국민경제의 중요성을 부정하는 시각이 늘어가고 있지만, 국민경제는 개별기업들의 지역별·산업별, 금융적·국제적 네트워크의 중추기구로서 여전히 큰 역할을 하고 있다. 신자유주의적 지구화 과정에서 국가가 자본의 도구로 전락하는 경향

---

33) 참조 O. Sik, *Humane Wirtschaftsdemokratie*, p. 405.

이 뚜렷하고, 이것은 반드시 시정되어야 할 과제이지만, 오늘의 국민경제에서 국가는 시장 규율의 책임자로서, 공익의 실현자로서, 신용 제도의 마지막 보증자로서 여전히 커다란 영향력을 발휘하고 있다.

2) 국민경제 차원에서 잉여가치는 총소득에서 총비용을 공제한 몫으로 나타난다. 관례적인 국민소득 계정은 가계와 기업의 소득을 합산해서 국민총소득을 표시하지만, 필자는 개인적으로 기업의 매출에서 노동 비용과 자본 비용을 공제한 몫을 따로 합산하여 국민경제 차원의 잉여가치를 계산하는 것이 합당하다고 생각한다.

흔히들 이 몫을 가리켜 국민저축이라고 부르는데, 이 용어는 시장경제에서 잉여가치의 사회경제적 성격을 증발시키기 때문에 적절하지 않다. 또한 많은 사람들이 노동 소득에서도 저축이 발생하고 이 저축이 국민저축의 일부를 구성한다고 생각하지만, 노동 소득의 저축은 미래의 교육 소비, 주택 소비, 내구재 소비, 퇴직 후 소비 등 비생산적 활동을 위해 지출되는 것이 시장경제의 현실이기에, 국민경제 차원에서 이루어지는 투자의 중추를 이룬다고 말하기 어렵다. 오늘의 시장경제에서 보험이나 연금 등을 운영하는 금융기구들의 중요성이 커지고 있기는 하지만, 그 기구들은 생산적인 직접 투자로 진출하지 않는 이상 자본 시장에서의 시세 차익 실현이라는 논리에 충실하기 때문에 생산적 활동으로 나타나지 않는 경향이 강하다.

따라서 국민경제 차원에서 이루어지는 총투자의 양은 기업의 잉여가치를 합산한 총저축의 양이라고 보는 것이 사리에 맞다. 케인스가 말하는 '저축률=투자율'이라는 등식[34]은 오직 잉여가치의 사회경제적 성격을 감안할 때에만 국민경제 차원에서 설명 능력을 갖는다.

3) 국민경제 차원에서 잉여가치는 오직 국민경제의 재생산 과정에서 투자와 소비의 균형을 유지하는 소득분배 원칙이 결정될 때 가장 이상적으로 배분될 것이다. 마르크스는 사회의 총생산이 자본재 생산과 소비재 생산의 두 부문으로 이루어져 있다고 전제하고서[35] 재생산 도식에 관한 광범위한 연구를 통하여 국민경제 차원에서의 잉여가치 배분 원칙을 제시했다. 재생산에서는 단순재생산, 확대재생산, 축소재생산 등을 상정할 수 있다. 축소재생산은 시장경제에서 특별한 상황을 제외하고는 거의 나타나지 않기 때문에 일단 이를 도외시하면, 단순재생산은 다음과 같은 등식으로 표시될 수 있다.[36]

$$Pr1 = C1+V1 \ (Pr1=\text{자본재 생산}, C=\text{고정자본}, V=\text{가변자본})$$

$$Pr2 = C2+V2 \ (Pr2=\text{소비재 생산})$$

---

34) G. M. Keynes, *Allgemeine Theorie der Beschaeftigung*, des Zines und des Geldes (Muenchen und Leipzig, 1936), p. 154.

35) K. Marx, *Das Kapital*, Bd. 2 (Berlin, 1977), p. 394. 사회적 총생산을 자본재 생산 부문과 소비재 생산 부문으로 나누는 관점은 자본의 순환 과정을 설명하기 위해 고안된 논리적 추상이다. 이러한 범주적 구별은 현대 경제학에서 통용되는 1차, 2차, 3차 산업 부문, 혹은 이른바 지식 기반 경제를 가리키는 4차 산업 부문 등의 산업 부문 설정과는 구별되어야 한다. 흔히들 마르크스는 상품생산 과정만을 염두에 두고 경제학을 구성했다고 말하는데, 그것은 마르크스가 생산적 경제활동과 비생산적 경제활동을 구별하고, 비생산적 경제활동에 교육, 행정, 보험, 상업, 운수 등 다양한 형태의 서비스를 포함시켰음을 간과한 데서 비롯되는 오해이다. 그리고 노동의 결과가 재화의 형태로 응결되어 상품으로 순환하지 않고 직접 사람의 욕망을 충족시키는 경우 그 노동을 가리켜 서비스라 부르는데, 이러한 서비스는 비물질적 상품 생산이기 때문에 논란의 여지없이 가치생산적이다. 이에 대해서는 H. Wasmus, *Produktion und Arbeit. Immanente Kritik der politischen Oekonomie*(Hamburg, 1987), pp. 205. 218f를 보라.

36) 필자는 마르크스의 재생산 도식을 O. Sik, Der dritte Weg. *Die marxistisch-leninistische Theorie und die moderne Industriegesellschaft*(1972), pp. 255-341의 설명에 따라 정리하고자 한다. 아래의 설명에 나오는 약어도, 로마자를 아라비아 숫자로 바꾼 것을 제외하면, 오타 시크의 표기법을 따랐음을 밝혀 둔다.

이 두 등식은 Pr1=C1+C2, Pr2=V1+V2라는 등식으로 변용되고, Pr2=C2+V2=V1+V2라는 등식 이항을 통하여 C2=V1이라는 등식을 얻게 된다. 이 등식을 해석하면, 소비재 생산의 고정자본은 자본재 생산의 가변자본과 같아야 단순재생산에서 투자와 소비의 균형이 이루어진다는 뜻이다. 만일 자본재 생산에서 고정자본의 비율을 증가시켜서 가변자본의 양을 줄이게 되면, 소비재의 일부는 팔리지 않을 것이고, 국민경제 차원에서 생산과 소비의 균형은 깨질 것이다. 거꾸로 만일 자본재 생산에서 고정자본의 비율을 줄이고 가변자본의 양을 늘린다면, 소비재의 부족이 심화될 것이다.

그 다음, 확대재생산의 도식은 다음과 같다.

$$Pr1 = C1+V1+M1 \ (M=잉여가치)$$
$$Pr2 = C2+V2+M2$$

이 경우, 확대재생산을 위해 고정자본을 구입하는 데 들어간 잉여가치를 mC, 가변자본을 구입하는 데 들어간 잉여가치를 mV, 자본가의 비생산적 활동을 위해 지출한 잉여가치를 mR로 표시하면, M1=mC1+mV1+mR1, M2=mC2+mV2+mR2의 등식이 성립한다. 이제 위의 재생산 도식을 변용하면, 다음과 같은 일련의 등식들을 얻을 수 있다.

① Pr1=C1+V1+M1(=mC1+mV1+mR1)=C1+C2+mC1+mC2

② Pr2=C2+V2+M2(=mC2+mV2+mR2)=V1+V2+mV1+mV2+mR1+mR2

③ V1+mV1+mR1=C2+mC2

등식 ③은 자본재 생산에서 발생한 가변자본과 그 증가분, 그리고 자본가의 비생산적 지출이 소비재 생산의 확대를 위한 고정자본 및 그 증가분과 균형을 이루어야 한다는 점을 명시한다. 만일 자본재 생산의 확대를 위해 이 부문에서 가변자본을 줄이고 잉여가치의 비생산적 사용을 줄인다면, 소비재는 팔리지 않을 것이고 소비재 생산 부문에서 가치 실현이 이루어지지 않게 된다. 이렇게 되면 소비재 생산 부문의 붕괴로부터 시작되어 급기야는 공황이 나타날 것이다. 거꾸로 자본재 생산 부문에서 고정자본이 증가하지 않고 가변자본과 비생산적인 잉여가치 사용이 증가하면 소비재는 부족해지고 물가는 폭등할 것이며, 귀중한 잉여가치는 물가에 의해 잠식되어 흔적조차 남지 않게 될 것이다.

이번에는 국가의 경제활동을 고려하여 확대재생산 도식을 음미하기로 한다. 오늘의 경제 현실에서 국가는 경제 주체로서 활발하게 활동하고 있다. 경제적·사회문화적 인프라의 구축을 위한 국가 활동은 말할 것도 없고, 재화와 서비스 제공을 위한 국가의 투자 활동도 매우 활발하게 이루어지고 있다. 소득의 재분배를 위한 국가의 활동은 사회국가의 핵심 과제이기도 하다. 그러나 민간 부문에서 생산적 투자가 활발하게 일어나고 있는 오늘의 경제 상황에서 국가의 생산적 투자 활동은 부적절한 것으로 여겨지고 있다. 여기서는 국가 재정이 오직 공공 서비스를 위한 지출로 소비된다고 가정하고 마르크스의 재생산 도식을 변용해서 살피기로 한다. 먼저, 약어를 설명한다.

Pr1 = 생산된 생산 수단의 총 가치
Pr2 = 생산된 소비재의 총 가치
V1 = 자본재 생산 부문에서 발생한 순임금(저축 이전의 임금)
V2 = 소비재 생산 부문에서 발생한 순임금(저축 이전의 임금)
R1 = 자본재 생산 부문에서 발생한 자본가의 비생산적 지출

R2 = 소비재 생산 부문에서 발생한 자본가의 비생산적 지출

S1 = 자본재 생산 부문에서 발생한 노동자와 자본가의 저축

S2 = 소비재 생산 부문에서 발생한 노동자와 자본가의 저축

C1 = 자본재 생산 부문에서 소비된 생산 수단

C2 = 소비재 생산 부문에서 소비된 생산 수단

J1 = 자본재 생산 부문에서 발생한 저축에서 이루어진 추가 투자

J2 = 소비재 생산 부문에서 발생한 저축에서 이루어진 추가 투자

St1 = 자본재 생산 부문의 노동자와 자본가가 지불한 세금

St2 = 소비재 생산 부문의 노동자와 자본가가 지불한 세금

D = 제3 부문을 위한 국가의 총지출(국가의 투자 활동은 배제하고,
   세금에 의해 충당되는 것으로 전제함)

이제 마르크스의 확대재생산 도식을 변용하면 다음과 같다.

① $Pr1 = C1 + C2 + (S1 + S2 = J1 + J2)$

② $Pr2 = V1 + V2 + R1 + R2 + (St1 + St2 = D)$

③ $Pr2 = C2 + V2 + J2 + R2 + St2 = V1 + V2 + R1 + R2 + (St1 + St2)$,
   따라서 $V1 + R1 + St1 = C2 + J2$이다.

그런데 일단 소비재 생산 부문에서 발생하여 소비재 구입을 위해 지출하는 소득 전체를 Q2로 표시하고, 소비재 생산 부문의 소득에 의해 구매되지 않는 소비재의 가치를 U2로 나타내면, $Pr2 = C2 + V2 + R2 + St2 + J2$이고, $Q2 = V2 + R2 + St2$, $U2 = C2 + J2$이기 때문에 결국 $Pr2 = Q2 + U2$의 등식이 성립된다. 또한 균형 조건 아래서는 소비된 생산 수단에 해당하는 가치도 교환되어야 하기 때문에, 모든 소비재가 남김없이 구매되었다

고 가정할 경우에는 U2=C2+J2=V1+R1+St1이라는 등식이 성립된다. 이제 다시 자본재 생산 부문에서 발생하는 소득이 생산 수단을 위해 지출되지 않고 소비재를 위해 지출된다고 가정하고 이를 Q1으로 표시하면, Q1=V1+R1+St1이고, 따라서 Q1=U2라는 등식이 성립한다.

이제 조금만 더 꼼꼼하게 따져 보기로 하자. 위와 같은 조건들 아래서 소비재 생산 부문은 Q1의 가치만큼 자본재 생산 부문으로부터 생산 수단을 구입하여 소비된 생산 수단을 대체할 수 있다. 이것은 소비재 생산 부문이 J2만큼의 추가 투자를 한다는 뜻이다. 또한 자본재 생산 부문에서는 C1+J1, 곧 U1으로 표시되는 가치만큼의 생산 수단이 자본재 생산 부문 내부에서 교환된다. 자본재 생산 부문의 기업들은 동일 부문의 다른 기업들에 생산 수단을 팔 수 있는데, 그 가치의 양은 U1에 해당할 것이며, 이러한 방식으로 자본재 생산 부문의 기업들은 고정자본 C1을 대체하고 J1만큼의 추가 투자를 행하게 된다. 이렇게 되면 U1=C1+J1, 따라서 Pr1=U1+Q1이라는 등식이 성립한다.

마르크스의 재생산 도식을 이렇게 변용하여 해석하는 과정에서 중요한 것은 Q1=U2라는 등식의 의미를 파악하는 것이다.[37] 이 등식은 조세에 근거한 국가의 비생산적 활동, 보험, 연금, 은행의 금융 활동 등 다양한 변수를 모두 이입하여 재생산 도식을 복잡하게 만든다 할지라도 어김없이 나타난다. 한 마디로, 자본재 생산 부문에서 발생하는 소득의 증가와 소비재 생산 부문에서 이루어지는 투자 확대가 균형을 이루지 않으면 시장경제에서 소비와 투자의 거시 균형은 이루어지지 않는다.

마르크스의 재생산 도식에 대한 해석을 요약하면서 오타 시크는 거

---

37) 이 등식은 위에서 말한 저축(S) 가운데 일부가 은행이나 대부업자들을 통해 비생산적 활동에 지출되는 경우를 상정한다고 해도 그대로 통용된다.

시소득분배 차원에서 잉여가치 가운데 소비재 구입을 위한 지출의 총
량을 X, 추가 투자를 위한 지출의 총량을 S로 표시하고서 다음과 같이
말한다.

> 거시생산구조와 거시소득분배 사이의 객관적인 연관, 그리고 거
> 시소득분배 내부에서 잉여가치가 X와 S로 나누어진다는 것은 논란
> 의 여지가 없다. 그리고 이 (배분의) 필요 비율을 지키지 않는 데서,
> 특히 결정적인 거시균형 조건, 곧 V1+X1=C2+J2를 지키지 않는 데
> 서 지속적으로 등장하는 시장 교란의 고유한 원인을 찾을 수 있
> 다.[38]

4) 문제는 시장경제에서 자본의 이해관계와 노동의 이해관계, 곧 투
자와 소비의 균형을 이룩하는 것이 단순하지 않다는 데 있다. 자본의
권력이 노동의 권력을 압도하여 자본의 이해관계를 관철한다면, 자본
재 생산 부문이나 소비재 생산 부문에서 고정자본의 비율은 턱없이 높
아질 것이며, 더욱이 자본 상호 간의 삶과 죽음을 건 투쟁 속에서 고정
자본의 증가가 노동절약적 합리화로 치닫게 되면, 실업의 증가는 피할
수 없고 국민경제 차원에서 투자와 소비의 균형은 완전히 깨지고 만다.
정반대의 상황도 쉽게 예상할 수 있다. 만일 노동의 이해관계가 관철되
어 잉여가치의 상당 부분이 비생산적 활동을 위하여 지출되면, 확대된
수요에 대한 재화의 공급 능력은 턱없이 부족해져서 경제는 침체되고
인플레이션은 심화될 것이다.
　이러한 두 가지 상황을 회피하는 길은 노동의 이해관계와 자본의 이
해관계가 상대방의 일방적 희생을 강요하며 관철될 수 없다는 것을 인

---

38) O. Sik, *Humane Wirtschaftsdemokratie*, p. 321(괄호 안은 필자 보충).

식하고, 이 두 이해관계를 조정하여 투자와 소비의 거시 균형을 유지하는 것이다. 이러한 거시 균형을 위해 고려할 원칙은 다음의 몇 가지이다.

첫째, 잉여가치의 분배를 둘러싼 노동과 자본의 갈등은 국민경제의 적정 성장률을 제시하는 조건 아래서 조정되어야 한다. 위에서 말한 Q1=U2의 등식은 확대재생산 조건 아래서 소비의 확대와 투자의 증대를 균형 상태에 놓아야 한다는 것을 예시한다. 국민경제의 적정 성장률은 국민경제의 성장을 조율하는 국가 기구의 지도 아래서 노동의 대표 기구와 자본의 대표 기구가 대등한 사회 권력으로서 마주 앉아 합의하고, 이를 국민의 대표 기구인 국회를 통해 추인할 수 있다. 물론 잉여가치의 배분을 둘러싼 노사정 합의와 국회의 추인은 결코 시장 활동을 대체하는 것으로 여겨질 수는 없고, 시장을 보완하는 기능을 맡아야 할 것이다. 만일 잉여가치의 배분과 관련하여 성장률이 가이드라인으로 책임 있게 제시되면, 기업 차원에서의 잉여가치 배분도 적절하게 이루어질 것이다.

둘째, 오늘날과 같이 민간경제 부문에서 잉여가치의 집적이 빠른 속도로 이루어지는 상황에서 국가는 투자 활동에 나서기보다는 소비 확대를 위한 공공 서비스를 확대하여야 한다. 민간 부문에서 이루어지는 대규모 투자는 시장 경쟁 조건들 아래서 필연적으로 노동비용 감축을 위한 합리화로 귀결될 것이며, 투자를 통한 노동생산성 향상은 거의 모든 산업 부문에서 아주 빠른 속도로 노동력의 퇴출을 강제할 것이다. 가치생산 과정에서 퇴출되는 노동력은 더 이상 갈 곳이 없다. 이러한 상황에서 국가는 잉여가치의 상당 부분을 세금의 형태로 퍼내어서 시장 소득이 없는 사람들을 위한 생계비를 지원하고, 보다 많은 사람들을 고용할 수 있는 공공 서비스를 확대하여야 한다. 예컨대 의료와 교육, 문화 창달과 자연 보호를 위한 국가 활동의 강화와 이를 위한 증세는

고용 문제와 소득 문제를 해결하는 하나의 방안일 수 있다.[39]

셋째, 국민경제 차원에서 잉여가치를 배분할 때 경제성장의 속도를 조율하는 일 못지않게 중요한 것은 생태계 안정을 위한 비용을 마련하는 것이다. 시장의 가격 장치나 가치 법칙을 갖고서 생태계 위기의 문제를 해결하기 어렵다는 것은 분명하다. 시장의 가격 기제나 가치 법칙은 이 분야에서 실패할 수밖에 없다. 이러한 상황에서 인간 생존의 자연적 기반들과 경제의 생태학적 기반들을 보호하기 위한 비용은 오직 가격과 가치 개념을 뛰어 넘는 방식으로 조달될 수밖에 없고, 그것은 생태계 안정을 위한 정치적 합의에 기초하여 잉여가치의 상당 부분을 생태계 안정을 위해 소비하여야 한다는 것을 의미한다. 생태계 안정은 국민경제의 적정 성장을 설정할 때 함께 고려되어야 하며, 생태계 안정을 위해 투자와 소비의 규모를 줄일 수도 있어야 한다. 오직 이러한 조건들이 충족될 때에만, 소방 활동에 비교할 수 있는 임기응변식의 자연 보호 활동이 지양되고 생태계 안정을 위한 국가의 체계적이고 예방적인 활동이 조직될 수 있다. 그리고 이러한 국가 활동의 강화는 생태계 보전을 위한 공공 서비스 부문을 확대하여 실업 문제를 해결하는 데에도 기여할 것이다.[40]

---

39) 모든 국민의 기본 소득을 보장하고 그 재원을 확보하기 위한 법인세 인상과 노동소득세 인상을 고려하는 것도 국민경제 차원에서 소득분배를 시도하는 하나의 방안일 수 있다. 이렇게 되면 국민경제 차원에서 생산된 총 가치를 경제성장을 위한 투자, 자본의 감가상각 보전, 시장임금, 국민기본소득으로 나누면 될 것이다. 시장소득과 기본소득의 비율은 국민경제 차원에서 노동 능력이 있고 노동 의사가 있는 사람들에게 노동 시간을 어떻게 배분할 것인가를 고려하면서 결정하면 된다.

40) O. Sik, 'Dritter Weg und gruene Wirtschaftspolitik', in *Gruene Wirtschaftspolitik*.

6. 글을 마치며 - 마르크스의 노동가치론 비판에 대한 기독교윤리학적 평가

1) 마르크스의 노동가치론 비판은 기독교윤리학의 관점에서 볼 때 몇 가지 중요한 의미를 갖는다. 우선, 마르크스는 부르주아적 노동가치론을 비판하고자 했으며, 그 비판에는 사회적 관점과 생태학적 관점이 간직되어 있다. 사회적 가난과 생태계 위기가 자본의 축적과 팽창의 논리에서 비롯되고, 이 둘이 동전의 양면처럼 결합되어 있음을 밝힌 마르크스의 통찰은 우리 시대의 핵심 문제를 해결하는 데 많은 것을 시사한다.

기독교윤리학은 노동 문제와 생태계 위기 문제에 접근하는 신학적 관점을 그 나름대로 설정할 수 있고, 그 신학적 관점에 기대어 노동과 자연의 문제에 관한 윤리적 판단의 원칙들을 정교하게 가다듬을 수 있다. 그런데 기독교윤리학이 윤리적 판단의 원칙들과 이를 뒷받침하는 신학적 관점을 어떤 식으로 설정하든 간에, 적어도 역사적으로 주어진 시장경제와 대결하면서 이 두 가지 문제들을 제도적으로 풀기 위한 실천의 방책을 고려할 때에는 마르크스의 노동가치론 비판에서 하나의 현실 분석 도구를 발견할 수도 있을 것이다. 왜냐 하면 문제의 제도적 해결을 위한 윤리적 구상은 역사적 제도의 현실에 대한 분석과 이에 바

Machbare Utopie, mit einem Vorwort von O. Schilly, hg. v. F. Beckenbach u. a. (Koeln, 1985), p. 361; "생태계의 추이와 경제의 추이 사이에 나타나는 연관은 애초부터 (거시균형 계획에서) 고려될 수 있다. 물론 그렇게 한다고 해서, 환경(과 경제)의 갈등을 완전히 해결할 수는 없을 것이다. 그러나 미래의 발전에 관해 시의 적절한 토론을 할 수 있을 것이고, 요즈음 환경 정책에서 왕왕 볼 수 있는 소방정책과 같은 조치들을 배제할 수 있을 것이다. 더 나아가 생태학적 요구들이 거시계획에 받아들여질 수 있다. 왜냐 하면 물질적인 욕망 충족, 환경보호 조치, 성장의 속도, 노동 시간, 완전 고용 사이의 연관 관계들은 계측될 수 있고, 거시적으로 계획될 수 있고, 경제 정책을 통해 규율될 수 있기 때문이다." (괄호 안은 필자 보충)

탕을 둔, 역사적으로 실현 가능한 제도적인 해법을 포함하여야 하기 때문이다. 이 과제는 문제에 대한 윤리적 판단의 원칙들을 제시하는 과제나 그 원칙들의 신학적 근거를 설정하는 과제와는 구별되어야 한다.[41]

그 다음, 기독교윤리학이 현실을 책임 있게 형성하고 현실의 대안을 정책 제안의 수준에서 제시하고자 할 때 마르크스의 재생산 도식에 담긴 도전도 회피하지 못할 것이다. 오늘의 주류 경제학은 잉여가치의 존재를 인정하려 들지 않지만, 잉여가치 개념은 기업 개혁과 국민경제 개혁의 실마리를 찾는 데 도움이 될 것이고, 기독교윤리학도 시장경제의 역사적 조건들 아래서 기업윤리, 경제윤리, 환경윤리의 틀을 짜는 데 잉여가치 개념을 도구적으로 활용할 수 있을 것이다.

2) 물론 마르크스는 부르주아적 노동가치론을 비판하였지만, 새로운 사회의 운영 원리를 구체적으로 제시하지는 못했다. 그것은 천재적인 사회과학자가 자본주의 사회의 해부에 자신의 역량을 쏟아 부은 나머지 미완의 과제로 남게 되었다. 기독교윤리학은 생태계 안정과 만인의 복지를 다 함께 구현하는 생명의 경제와 공생의 사회를 책임 있게 구상하고자 하기 때문에, 부르주아적 노동가치론과 시장경제의 핵심적인 조정 기구인 가격 기제 이론을 넘어설 수 있는 새로운 사회의 운영 원리를 밝혀야 할 큰 과제를 안고 있다.

---

41) 필자는 기독교윤리학을 구성할 때 문제 지향적 접근을 중시한다. 문제 지향적 접근에서는 ① 문제에 대한 윤리적 판단의 원칙들을 제시하는 과제, ② 이 원칙들의 신학적 근거를 해명하는 과제, ③ 문제의 제도적 해결 방법을 모색하는 과제가 서로 구별된다. ①의 과제를 수행하였다고 해서 ③의 과제가 해결되었다고 말할 수 없다. 이에 관한 논의로는 拙稿,「책임윤리의 틀에서 윤리적 판단의 규준을 정할 때 고려할 점」,『신학연구』, 한신신학연구소 편(오산: 한신대학교출판부, 2000), vol. 41, pp. 348-368을 보라.

3) 이 글을 되돌아보면서, 마르크스의 노동가치론 비판에서 얻을 수 있는 실마리를 붙잡고 기업 차원과 국민경제 차원에서 잉여가치를 분배하는 방안과 관련된 필자의 몇 가지 구상이 오늘의 지구 경제에서 과연 어떤 의미가 있을까 생각해 보게 된다. 자본이 생산과 유통과 금융의 지구적 네트워크를 통하여 노동을 지배하고 약탈하는 상황에서, 기업 차원과 국민경제 차원에서 잉여가치의 배분 원칙을 따지는 것은 철 지난 논의가 아닌가 하는 의구심을 자아낼 수도 있지만 결코 간과할 만한 과제가 아닌 것 같다. 금융시장을 통하여 화폐자본이 시세차익을 실현하고 자신의 권력을 끝 갈 데 없이 강화시키는 데 대해서는 별도의 대책이 필요하다는 것이 분명하다. 그러나 적어도 잉여가치의 민주적 배분을 위한 제도가 확립되면 기업과 국민경제에 대한 화폐자본의 공격은 약화되거나 배척될 수 있다. 설사 주식 보유를 통한 생산자산의 통제가 실현되어 있는 상황에서도, 잉여가치의 민주적 배분을 위한 제도는 기업과 국민경제의 적정 성장을 위하여 주식 배당의 적정 수준을 강제하는 제도를 구축하고 이를 강화할 수 있을 것이기 때문이다.

물론 노동을 지배하고 약탈하는 지구적 네트워크에 대한 대안은 더 많은 논의를 필요로 한다. 논의의 계속을 위해 필자는 우선 지구경제가 지역경제와 국민경제의 발전을 교란하는 방식으로 조직되어서는 안 되고 오히려 이 둘을 보완하여야 한다고 제안하고 싶다. 지역경제와 국민경제는 자기 안에 유폐되어서는 안 되지만, 내포적 발전 가능성을 부정당해서도 안 된다. 경제의 개방성과 내포적 발전 가능성이 모두 보장될 때에만 기업과 국민경제의 적정 성장을 이성적으로 통제하면서 생태계 안정과 세계 만민의 복지를 실현할 수 있을 것이다.

4) 이러한 관점은 우리나라 경제의 미래와 관련해서도 중요한 의미를 갖는다. 수출만이 살 길이라는 구호는 오늘의 지구경제에서는 더 이상 설득력이 없다. 에너지와 물질의 무모한 낭비에 기초를 둔 수출경제는 재조정되고, 내수와 수출이 균형을 이루도록 경제 운영의 틀이 새로워져야 한다. 사회적이고 생태학적 관점에서 정상적인 경제 운영은 에너지와 물질의 자급과 효율적 활용을 기술적으로 실현하면서 국민경제 차원에서 생산과 소비의 거시균형을 이루고 잉여가치의 배분을 위해 기업이 민주적으로 조직될 때 비로소 이루어질 것이다.

6. 신자유주의 경제 체제와 기독교윤리
- 신자유주의 세계화에 대한 신학적 성찰과 윤리적 대안 모색 -

장윤재(이화여대 교수)

1. 들어가는 말

인류의 역사는 '권위의 승계' 과정이라고도 할 수 있다. 과거에 권위는 '하나님' 이었고 근대화 이후에는 '국가' 였으며 현대 자본주의 사회에서는 '시장' 이다.[1] 초대 기독교인들은 "모든 물건을 서로 통용하고 또 재산과 소유를 팔아 각 사람의 필요를 따라 나눠 주"는(행 2:44-45) 높은 윤리성으로 시장의 법칙을 무색케 했다. 하지만 이런 유토피아적 비전은 오래 가지 않았고, 중세 시대에는 수도원 운동으로 간신히 그 명맥을 잇게 된다. 중세 시대 1,000년간, 교회는 윤리적 가르침과 종교적 제재로 시장을 통제하려 애썼다. 예를 들어, 중세의 도시들에 장이 서는 날이면 어김없이 도시의 한 가운데에 나무로 만든 거대한 십자가가 세워지곤 했는데, 교회를 이를 통해 시장에 나온 모든 사람들에게 이렇게 말하고 있었다. "정직하시오. 하나님이 보고 계십니다!"

---

1) Johannes Schasching, S.J. "The Church and the Market", in *Religion & Liberty*(Grand Rapids, MI: Acton Institute) www.action.org/publicat/ranl/96sep-oct/liggio.html에서 인용.

그러나 시장은 영원히 교회의 통제하에 있지 않았다. 시장이 자기 스스로를 규제하도록 내버려 두어야 한다는 새로운 경제적 신앙의 등장과 함께, 시장은 최대 다수의 최대 행복을 보장하는 '보이지 않는 손(invisible hand)'으로 신화화되기 시작했다. 하지만 경제적 자유주의가 모든 사람들에게 번영을 가져다준 것은 아니었다. 이 이념을 채택한 나라들에서 민중의 삶은 빈곤해졌으며, 그것을 채택하지 않은 나라들에서 그것은 식민주의라는 가혹한 폭력으로 경험되었다. 제1차 세계 대전의 발발은 시장에 대한 자유방임적 신뢰에 종지부를 찍었다. 시장은 민족국가의 통제 하에 들어와야 하는 것이 되었다. 하지만 그것도 오래가지 못했다. 케인스가 기초를 놓았던 브레튼 우즈(Bretton Woods) 체제가 1970년대 초에 붕괴하자, 그간 민족 국가 내에 발이 묶여 있던 자본이 국경을 맘대로 넘나들면서 시장경제를 전 지구적으로 확산하게 되었다. 필자는 이 글에서 우리가 1997년 외환위기 이후 고통스럽게 경험하고 있는 '신자유주의 경제 세계화'의 역사와 본질과 이념을 분석하고, 그것의 신학적 의미를 성찰하며, 나아가 대안적 경제윤리를 모색할 것이다.

2. '세계화'의 정의(定意)

제2차 세계 대전 이후 세계 경제는 두 단계의 과정을 밟아 왔다. 첫 단계는 전후부터 1970년대 초반까지 경제학자들이 소위 '산업 자본주의(industrial capitalism)'의 황금기라 부르는 브레튼우즈 체제의 시기이며, 두 번째는 고정환율제와 자본의 국제적 이동에 제약을 가하고 있던 이 브레튼우즈 체제가 붕괴한 이후 지금까지, 즉 경제학자들이 '금융 자본주의(finance capitalism)' 단계라 부르는 시기이다. 우리가 현재 경험하고 있는 '세계화(globalization)'는, 노암 촘스키(Noam Chomsky)가 지적하다시피 경제 신자유주의(neoliberalism)와 연관된 이 두 번째의 시기이다.[2]

세계화가 진행된 지난 30년간 세계 경제에 많은 변화가 일어났다. 그 중 가장 크고 위험한 변화는 금융 자본(finance capital)의 전면적 부상이다. 물론, 다국적 기업들은 아직도 세계 경제의 '근육과 뼈'를 이루는 중추적 세력이다.[3] 하지만 오늘날은 노조와 정부뿐만 아니라 다국적 기업들까지도 국제 금융 자본의 막강한 힘과 지배 아래 놓여 있다. 오늘날 국제 외환시장('forex' market)에서 어떤 가격에 돈이 사고 팔

---

2) Noam Chomsky, "Why the World Social Forum?", 2001년 세계사회포럼에 제출된 발제문에서 인용.

3) 1970년대 7천여 개이던 다국적 기업은 1990년에 4만 개로 늘어나는 등 가히 폭발적으로 성장하였다(UN Division of Transnational Corporations, *World Investment Report*, 1996). 다국적기업들은 전 세계에 퍼져 있는 자신의 27만 개의 지사들에 의해 거미줄처럼 얽혀 있다. GDP 혹은 총 매출액을 기준으로 본다면 GM은 태국이나 노르웨이보다 크고, 포드 자동차는 사우디아라비아보다 크며, 미츠비시는 폴란드보다 크고, 이토츠는 남아프리카보다 크며, Royal Dutch Shell은 그리스보다, 스미토모와 토요타와 월마트는 각각 말레이시아, 이스라엘, 그리고 콜롬비아보다 크다. 양적으로만 아니라 다국적기업들은 우리의 삶도 질적으로 지배하고 있다. 우리가 무엇을 먹고, 무슨 일을 하고, 어떻게 우리의 자녀들을 키우며, 나아가 무엇을 거룩하게 여기는지 등에 이르기까지, 인류의 삶의 거의 모든 구석을 다국적기업들이 지배하고 있는 것이다. 나아가 그들은 1886년 미국의 대법원이 산타클라라(Santa Clara County)와 남부태평양철도회사(Southern Pacific Railroad) 사건에서의 판결에서 기업도 일반 시민과 동일한 헌법적 권리를 누린다고 판결한 이후 이제 어엿한 '사람(person)'으로서의 권리를 누리게 되었다. 미국에서는 19세기 후반에 내려진 또 다른 판결에 의해 기업에 '인권'까지 부여하였다. 이 말은 기업이 '공공의' 기관으로부터 개인과 동일한 법적 지위를 누리며 오직 자신의 소유주들에게만 책임을 지는 '사적' 기관으로 변모하였다는 것을 의미한다(Kevin Danahar, *10 Reasons to Abolish the IMF & World Bank*, pp. 42-43을 보라). 빌 모이어(Bill Moyer)의 "Trading Democracy: NAFTA's Chapter 11"이라는 다큐멘터리는(2002년 2월 5일 미국 PBS에서 방영), 이제 완전한 '사람'이 된 기업들이 특별히 '북미자유무역조약(NAFTA)'이 발효된 이후 어떻게 여러 주 정부나 국가를 상대로 반환경적이고 반사회복지적 정책을 강요할 수 있는 무소불

리느냐에 따라 다국적 기업의 정책은 물론, 우리가 1997년 아시아 경제 위기에서 경험했듯이, 한 국가 전체의 운명이 좌우된다.[4] 외환 시장은 이 세계에서 가장 규모가 큰 시장이다. 하루 거래량이 무려 1.5조 달러에 이르는데, 이것의 3-4일치 분량이 미국 경제의 연간 총생산량과 맞먹는다고 한다. 한때 국내 시장에 발이 묶여 있던 금융 자본은 이제 자기 맘대로 세상을 활보할 수 있는 시대를 맞이하였다. 우리가 피부로 경험하고 있는 현 단계 경제 세계화의 가장 핵심적 특징은, 사적으로 통제되는 금융 자본이 빠른 속도(빛의 속도)로, 예상할 수 없는 방향으로, 그리고 종종 대규모로 국경을 마음대로 넘나드는 현상이다. 따라서 초국적 자본이 주도하는 세계화는, 조지 소로스(George Soros)의 표현대로, 사적 금융 자본의 경제적 · 정치적 승리를 의미한다.[5]

위의 권능을 갖게 되었는지를 잘 보여 주고 있다. 예를 들어 화학 독극물을 생산하는 MTBE라는 기업은 환경에 관한 법률을 시행하고 있는 캘리포니아 주 정부를 상대로 소송을 벌여 9억 7천만 달러의 승소판결을 받아낸 적이 있다.

4) 필자는 지금도 1997년 12월 2일에 한 은행 노동자가 매서운 서울의 겨울 거리 위에서 들고 있던 한 작은 피켓의 구호가 생각난다. 거기에 그는 "IMF = I'M Fired(?)"라고 썼다. 실제 '사회적 살인'으로 비유되는 이러한 대규모 실업 사태로 수많은 사람들이 줄지어 자살의 대열에 들어섰다. 경제 대공황을 경험했던 1929년 미국의 뉴욕도 예외는 아니었던가 보다. 당시 맨해튼에 있던 한 호텔에서는 숙박객이 투숙할 때 "어떤 방을 원하세요? '잠자는 방'이요, '뛰어내릴 방'이요?"라고 물어보았다는 이야기가 지금도 전해져 온다 [Charles R. Geisst, *100 Years of Wall Street*(New York: McGraw-Hill, 2000), p. 36].

5) 조지 소로스도 세계화란 자본의 자유로운 이동과 국제 금융시장에 의한 민족국가 경제의 점증하는 지배를 의미한다고 말한다[George Soros, *On Globalization*(New York: PublicAffairs, 2002), p. viil. 그는 또 이렇게 말한다. "우리는 모두 전 지구적 자본주의 시스템의 한 부분으로 편입되었는데, 이 시스템의 특징은 자유무역이라기보다 자본의 자유로운 운동이다. 이 시스템은 금융자본에 상당히 우호적이다. 이 시스템은 마치 하나의 거대한 순환기관과 같은데, 자본을 중심부에 있는 금융시장과 기관으로 빨아들인 다음, 주변부로 신용이나 포트폴리오와 같은 직접적 방식이나 다국적 기업을 통한 간접적 방식으

3. 초국적 금융자본의 얼굴

초국적 금융자본은 세계화의 엔진이다. 따라서 우리가 신자유주의 경제 세계화를 제대로 이해하려면 먼저 이 금융자본의 성격과 특성을 깊이 이해해야 한다. 소로스는 금융자본을 '번영의 선구자(harbinger of prosperity)'라 치켜세웠다.[6] 하지만 필자가 보기에 초국적 금융자본은 부를 창출하는 번영의 선구자가 아니라 오히려 '부의 집중'을 가속화하는 맘몬, 즉 '돈 신(money-god)'일 뿐이다. 예수님은 "너희가 하나님과 재물(맘몬)을 겸하여 섬기지 못한다"(마 6:24)고 말씀하셨다. 세계화 시대의 새 주인, 국제 금융자본은 과연 어떤 얼굴을 하고 있나?

첫째, 사적으로 통제되는 금융자본은 '공공의 책임성(public accountability)'이 없다. 그것의 유일한 관심사는 최단 시일에 최고의 수익을 올리는 것뿐이다. 사적 금융자본은 이문을 낼 수 있는 곳이면 땅 끝까지도 찾아간다. 하지만 자신의 기대가 거품으로 판명되었을 때 그들은 즉시, 우리가 IMF의 구제금융에서 이미 보았듯이, 그 비용과 손실을 '사회화'한다.[7] 자본 소유주와 투자가가 떠맡아야 할 부담을 납세자에게 떠넘기는 것이다. 고스란히 그 실질적 피해가 가난한 사람들에게 전가되는 것은 두말할 나위도 없다. 진정한 자유는 사회적 정의와 공공의 질서에

로 배출하고 있다."[Soros, *The Crisis of Global Capitalism: Open Society Endangered* (New York: PublicAffairs, 1998), p. xii.]

6) Soros, *Ibid.*, p. xix.

7) 한국의 외환위기 직후 《뉴욕타임스》(1998. 1. 8)는, "남한 경제에 대한 구조 작업은 마치 대중 스포츠 경기처럼 되어 가고 있는데… 여기에서 유일한 승자는 외국계 은행들뿐이다."라고 지적하였다. 또한 "외국인들은 이 스포츠 게임에서 그 동안 부채가 많았던 한국의 은행들에게 마구 돈을 빌려준 자신들의 행위에 대해서는 조금도 벌을 받지 않으며… 앞으로도 외국계 은행들은 언제든지, IMF가 항상 구제금융을 할 준비가 되어 있는 이상, 싸구려 돈을 들고 필요한 사람들을 찾아다닐 것이다."라고 하였다.

대한 책임을 인정하는 자유이다.[8] 하지만 금융자본은 '책임적 인격 (responsible person)'이 아니다. 존 포비(John S. Pobee)가 초국적 금융자본이 주도하는 세계화를 "닭을 밟고 서서 '오 자유'를 노래하며 춤추는 코끼리"에 비유한 것은 그래서 과장이라 볼 수 없다.[9]

둘째, 사적 금융자본은 투자(investment)가 아니라 투기(speculation)를 본업으로 한다. 독일의 사회학자 마르크스 베버(Marx Weber)는 자본주의에 '정신'이 있음을 강조하면서, 프로테스탄트 노동윤리가 19세기 자본주의의 꽃을 피우게 한 원동력이었다고 주장하였다. 하지만 에드워드 챈슬러(Edward Chancellor)는 17세기 이후 자본주의를 이끌어 온 첨병은 투기이며, 자본주의 경제 안에서 도박꾼과 투기꾼과 금융인을 구분하는 경계선은 애매하기만 하다고 지적했다.[10] 실제로 오늘날 모든 산업국가에서 투자는 생산 분야에서 금융 분야로 옮겨가고 있다.[11] 나아가 국제 외환시장에서 거래되는 자본 가운데 2.5%만이 실물경제에 쓰이고 있으며, 나머지 97.5%는 '약탈 자본주의(plunder capitalism)'의 첨병으로 알려진 헤지 펀드(hedge fund)에 의해 주도되는 단기성 투기이다. 물론 이런 식의 투기는 새로운 부의 창출에 기여하지 않는다. 누군가는

---

8) 이것이 에큐메니칼 운동이 추구해 온 '책임사회론'의 한 핵심적 주장이다. '책임사회 (Responsible Society)'에 관해서는 한국기독교교회협의회가 번역 · 출간한 『에큐메니칼 운동과 신학사전』을 참조하라.

9) John S. Pobee, "Theology in the Context of Globalization," in *Voices from the Third World*, Vol. XX, No. 2, December 1997, p. 71.

10) Edward Chacellor, *Devil Take the Hindmost: A History of Financial Speculation*(New York: Plum Book, 2000)을 보라.

11) 이러한 추세는 오늘날 해외 투자가 FDI(Foreign Direct Investment)에서 FPI(Foreign Portfolio Investment)로 옮겨 가고 있는 것에서 잘 드러난다. 전자는 외국인이 타국에 들어가 그 나라 기업의 지분을 사거나, 회사 자체를 사거나, 아니면 아예 새로운 회사를 시작하는 경우이다. 후자는 외국인이 타국의 주식시장에서 주식을 사고파는 경우이다.

분명 돈을 벌지만, 일자리가 창출되지도, 공장이 새로 지어지지도, 그리고 작은 부품 하나가 만들어지지도 않는다.[12] 한마디로 초국적 금융자본은 가난한 사람들에게 아무 도움을 주지 않는 것이다. 도리어 투기에서 얻어진 잉여자본은 바하마, 케이만 아일랜드, 라이베리아, 그리고 버뮤다와 같은, 소위 '조세 천국(tax haven)'으로 흘러 들어가 부정부패와 범죄의 온상이 되고 있다.[13] 맘몬은 땀 흘려 노동하지 않는다. 도박을 할 뿐이다. 맘몬은 고통 받는 사람들의 생명을 살리려 '이제까지 (안식일에까지) 일하시는'(요 5:17) 예수의 하나님이 아닌 것이다.

셋째, 초국적 금융자본은 우리가 사는 실제 세계(real world)와의 연관성을 상실하였다. 브레튼우즈 시스템이 붕괴된 1970년대 초반 이후 세계 경제에서 일어난 변화 중 가장 주목할 만한 현상은 금융경제와 실물경제의 분리 현상이라고 헤이젤 헨더슨(Hazel Henderson)은 말한다.[14] 금융경제가 실물경제보다 비대해졌으며, 실제의 생산과 교환 활동에 복무해야 할 자본은 실물경제로부터 분리되어 추상화되었다. 돈

---

12) 현재 사회적으로 문제가 되고 있는 이른바 '고용 없는 성장'으로 인한 심각한 실업 문제도 자본이 자신의 이윤을 극대화하기 위해 고정자본의 비율을 늘리는 경향과 무관하지 않다. 김만수 박사는 최근 그의 저서 『실업사회』(갈무리)에서 자본 구성의 고도화와 비례하는 '실업률 증가 경향의 법칙'을 주장하였다. 마르크스는 그의 『자본론』에서 자본을 크게 불변자본(생산수단, 즉 고정자본+원료 및 재료와 같은 유동자본)과 가변자본(노동력으로 투입된 임금)으로 구분했는데, 자본은 이윤의 극대화를 위해 고정자본 비율을 늘리기는 경향이 있다는 것이다. 이를 '자본의 유기적 구성의 고도화'라고 하는데, 이를 뒤집어 보면 총자본에서 차지하는 가변자본의 상대적 비율이 감소함으로써 신규 고용 창출의 폭이 줄어드는 것을 의미하는 것이다. 김만수의 연구는 마르크스 자본구성 개념으로 실업 문제를 설명하고 통계 수치로 실증해 보인 시도라는 것에서 의미를 갖는다. 그러나 가변자본의 상대적 감소 경향이 반드시 고용과 임금의 절대적 감소를 뜻하는 것은 아니라는 반론에 대해 보다 풍부한 자료를 통한 후속 연구가 필요하다는 지적을 받고 있다.
13) 예를 들어, 이러한 조세 천국 혹은 역외 금융센터에는 국제마약시장에서 벌어들인 돈(연간 약 5천억 달러)이 흘러들어온다.
14) Hazel Henderson, *Beyond Globalization*, pp. 2-4.

이 국가나 지역 공동체, 그리고 상품과 서비스와 같은 실제의 세계와 연관성을 상실했다는 말이다. 금융자본과 실물경제의 사이가 점점 멀어지면서 오늘날 실물경제 밖에는 약 60조 달러 규모에 이르는 '카지노 경제권(casino economy)'이 존재하게 되었다. 브르노 케른(Bruno Kern)은 이것을 국제금융 투기의 온상이 되는 "투기의 상부 구조(superstructure of speculation)"라고 불렀다.[15] 초국적 금융자본은 가난한 사람들의 손이 닿지 않는 구름 저편에 있는 것이다. '주리고, 목마르고, 나그네 되고, 헐벗고, 병들고, 옥에 갇히는'(마 25장), 이 눈물과 땀과 고통의 세상으로부터 맘몬은 '초월'해 있는 것이다. '예나 지금이나' 눌리고 고통당하는 사람들 속에 살아 계신 예수 그리스도와는 달리 말이다.

동짓달 추운 겨울밤 / 조선족 이주 노동자가 / 서울 중심가에서 얼어 죽었다 / 불법 체류자 합법화 투쟁하는 / 외국인 노동자들도 / 자살로, 병으로 죽어 가고 있다 / 이제 다시 크리스마스 계절이 / 가난한 자에게 복음을 / 눈먼 자에게 보게 함을 / 포로 되고 눌린 자에게 자유를 외치는데 / 금년 성탄절에 예수님 오셔서 / "내가 주릴 때 먹을 것을 / 목마를 때에 마실 것을 주지 않았고 / 나그네 되었을 때에 외면하였으며 / 헐벗었을 때에 옷을 주지 않았고 / 병들고 옥에 갇혔을 때에 돌보지 않았다." 하실 때 / "주여, 그때가 언제였나이까?" 반문할 수 있을까 / "지극히 낮은 자를 대접한 것이 내게 한 것이다." 하시면 / 우리는 무어라 변명할까 / 예나 지금이나 예수 그리스노는 / 눌리고 고통낭하는 군중 속에 있다 / 외국인 이주 노동자 농성 현장에 / 노숙자 모여 사는 서울역 지하도 등에.[16]

---

15) Bruno Kern, "A Colossus with Clay Feet: Is the World Economy about to Collapse?" in *Outside the Market No Salvation?*, p. 17.

16) 이진재, "이 땅의 예수는 어디에", 《한겨레신문》(2003. 12. 26)에서 인용.

넷째, 국제 금융시스템은 부채를 창출함으로써 (가치가 아니라) 돈을 창출한다. 윌리엄 그라이더(William Greider)는 현재 급속하게 축적되고 있는 국제 금융자산의 대부분이 부채라는 점을 지적한다. 초국적 금융자본은 대부분 빌려 온 돈이라는 말이다. 물론 자본주의 경제에 잘 알려진 비밀의 하나는, 부자가 되려면 돈을 저축해야 하는 것이 아니라 돈을 잘 빌려와야 한다는 것이다. 사실 오늘날 세계에서 성공한 기업인들은 모두 돈을 잘 빌려오는 채무자들이다. 가난한 사람들에겐 빚이 '최악의 가난'이다. 하지만 금융자본의 세계화 시대에 빚은 일부의 사람들에게 번영의 밑천이 된다. 제3세계 외채는 이미 2조 달러를 넘어섰으며, 지금도 불어나고 있다. 60억 인류의 5분의 1이 하루 1달러 미만으로 살아가는 이 세상에서, 제3세계 모든 사람은 갓난아이부터 노인에 이르기까지 일인당 4백 달러 이상의 빚을 지고 있다. 예수님은, '우리가 우리에게 빚진 모든 사람을 탕감하오니 우리 빚도 탕감하여 달라'고 기도하라 가르치셨다(눅 11:4a; 마 6:12). 맘몬은 '주님이 가르치신 기도'와 정반대의 길을 가고 있다. 맘몬은 빚을 창출하고 모든 사람들에게 빚의 멍에를 지움으로써 자신을(돈을) 재생산한다.

다섯째, 금융자본의 세계화는 정치적 민주주의에도 심각한 위협이 되고 있다. 국제 금융시장은, 매일 엄청난 양의 거래가 이루어짐에도 불구하고 아주 소수의 '전문인'들에 의해 움직이고 있다. Quantum Fund, J. P. Morgan, Goldman Sachs, Salomon Brothers, 그리고 Merrill Lynch와 같은 주요 브로커들과 30~50개의 거대 은행들이 바로 그 '전문인'들이다. 정보통신 기술의 획기적인 발전 덕분에, 현재 전 세계에 걸쳐 약 2만 명을 넘지 않는 금융 '전문인'들이 하루 24시간 컴퓨터 앞에 앉아 빛의 속도로 돈을 사고판다. 이것이 민주주의에 무엇을 의미하는가? 정치적 힘이 대중으로부터 전문가에게로, 다수로부터 소수에게

로, 그리고 정치적 기관으로부터 경제적 기관으로 이전되는 것을 뜻한
다. 존 콥(John B. Cobb, Jr.)이 지적했듯이, 정치적 힘이 공동의 선을
추구하고 공공의 의견에 영향을 받는 시스템으로부터 그와 무관한 시
스템으로 옮겨간 것이다.[17] 초국적 금융자본의 세계화 시대에 정치적
권력은 주권자로부터 그리고 가난한 사람들로부터 점점 더 멀어지고
있다. 모세는 하나님께서 이스라엘을 애굽 사람의 손에서 구원하시는
것을 보고, "여호와는 나의 힘이요 노래시며 나의 구원"(출 15:2)이라
노래하였다. 성서의 하나님은 우리에게 능력 주시는 하나님(God of
empowerment)이다. 맘몬은 우리가 어렵게 얻은 작은 힘마저 빼앗아
가 버린다. 그는 우리를 빈궁케 하는 맘몬(Mammon of impoverishment)
인 것이다.

　여섯째, 초국적 금융자본은 제1세계 선진국 사람들도 빈곤하게 만든
다. 세계화 시대에는 소비자와 기업과 정부에게 돈을 빌려 주는 소수의
기관들을 제외하고는 모두가 피해자다. 과거 제1세계 자본주의에는
'인간의 얼굴'이 있었다. '포디즘(fordism)'이라 알려진 대량생산과
대량소비의 '규모의 경제(economies of scale)'는, 지속적인 생산성의
증가와 그로 인한 지속적인 임금의 증가 및 낮은 실업률 그리고 낮은
소비자 물가를 가능케 했다. 이것이 소비자들의 소비를 촉진시켜 역으
로 기업을 다시 살찌우는 일종의 '화목한 수레바퀴(harmonious
wheel)' 체제를 가능케 했다. 그러나 금융자본의 세계화 과정에서 이
체제는 바람과 함께 사라졌다. '좋았던 시절'이 가자 선진국의 중산층
이 급속히 몰락하고 있으며, 이제는 선진국들도 제3세계 국가들과 마

---

17) John B. Cobb, Jr. "Can a Globalized Society be Sustainable?" in *Dialogue: A Journal
of Theology*, Vol. 36(winter 1997), p. 11.

찬가지로 싼 임금과 높은 생산성과 노조 없는 기업 환경을 찾아다니는 다국적 기업들을 유치하기 위해 하나 둘 '저임금 노동력의 천국' 으로 전락하고 있다. 사미르 아민(Samir Amin)은 이러한 현상을 '제1세계의 제3세계화' 라 불렀다.[18] 그런데, 아이러니하게도 선진국의 중산층은 이러한 변화의 희생자이자 동시에 원인 제공자이기도 하다. '화목한 수레바퀴' 체제에서 주머니가 넉넉해진 선진의 중산층은 그들의 여유 자금을 금융시장에 투자하게 되었다.[19] 바로 이 돈이 초국적 금융자본 으로 성장하여, 불행히도 자신을 낳고 길러 준 비옥한 토양이었던 사회 적 복지와 화목한 수레바퀴 체제를 파괴하고 있는 것이다. 돈이 선을 악으로 갚았다고 해야 할까. 물론 여기서 선진국 중산층 각 개인은 '죄 인' 이 아니다. 하지만 그들은 자신과 제3세계 가난한 사람들의 삶을 위 협하는 '죄의 구조' 에 얽혀 있다. 이른바 '20:80 사회' 의 도래는 선진 국 중산층의 자기몰락이라는 슬픈 이야기의 다른 표현일 뿐이다. 성서 는 "악을 악으로, 욕을 욕으로 갚지 말고 도리어 복을 빌라 이를 위하여 너희가 부르심을 입었으니 이는 복을 유업으로 받게 하려 하심이라" (벧전 3:9)고 말한다. 맘몬은 선을 악으로 갚고, 있는 복도 차 버리며, 후손에 복을 이어받지 못하게 한다.

마지막으로 일곱째, 국제 금융시장은 근본적으로 불안정하며 궁극적 으로는 인간의 통제 밖에 있다. 국제 금융시장에서 큰 재미를 봤다는 조지 소로스조차, 국제 금융시장을 '시계 진자' 가 아니라 크레인에 달

---

18) Samir Amin, "The Future of Global Polarisation", in *Voices from the Third World*, Vol. XXII, No. 2(December 1999), p. 12. 한 통계를 보면 현재 약 4만 명의 백만장자들이 살고 있는 뉴욕의 맨해튼에는 같은 수의 노숙자들이 살고 있는데 해마다 미국 전역에서 무료급 식소를 찾는 사람들의 발걸음이 늘고 있다.

19) 미국의 상호기금(mutual fund) 산업은 그 자산 규모가 약 4조 달러가 되는데, 이는 전 세 계 상호기금의 절반을 넘는 엄청난 액수이다.

린 거대한 '쇠공'에 비유한다.[20] 국제 금융시장은, 안정과 불안정 사이를 일정한 리듬과 한계를 가지고 주기적으로 왕복하는 것이 아니라, 건물 철거 작업에 쓰이는 거대한 쇠공처럼 지구상의 국가 경제들을 하나씩 때려 부수고 있다는 뜻이다. 초국적 금융자본의 세계화 시대에 전 세계적으로 국가 금융위기 사태가 잇따르고 있는 것은 결코 우연이 아니다. 1973년부터 1995년까지 이미 11차례의 대규모 금융위기가 있었으며, 이후에도 멕시코(2차례), 태국, 말레이시아, 인도네시아, 필리핀, 한국, 러시아, 미국(Long Term Capital Management), 브라질, 그리고 최근에 아르헨티나에 이르기까지, 이제 국가 금융부도 사태는 지구촌 경제의 '일상' 혹은 '전염병'이 되었다. 국제 금융시장의 '큰손'들조차 그들이 만들어 놓은 시스템에 의해 피해를 보고 있다. 이 말은 국제금융 시장은 그것을 만들고 또 그것으로부터 가장 큰 혜택을 누리는 사람들의 통제권으로부터도 밖에 있다는 것을 암시한다.[21] 그리고 국제 금융시장의 근본적인 불안정성은 시장의 붕괴 가능성마저도 예고하고 있다. 사실 앞서 지적한 실물경제와 금융가치 사이의 점증하는 격차가 비극적인 결말을 예고하는 것이기도 하다. 불길한 징조는 순수한 투기 행위에 혈안이 된 소주주들이 많아진다는 사실이다. 금융의 역사에서 소액 주주와 일반인들마저 투기에 휩쓸리기 시작하면 그것은 대체로 시장의 붕괴가 임박한 징조라고 한다.[22] 1929년 미국의 경제대공황에서 드러났듯이, 시장의 붕괴는 주식 가격의 돌연한 대폭락뿐만 아니라 소

---

20) George Soros, *The Crisis of Global Capitalism*, p. xvi.
21) 그라이더는 이것을, 고속도로는 뚫렸는데 과속을 단속할 고속도로 순찰대가 없는 것과 같다고 비유하였다. 국가나 기업들에게 일정한 규칙을 부여할 중립적인 당국이 세계 경제에 없는 것이다.
22) William Greider, *One World, Ready or Not*, p. 230.

액 투자자들의 '잘못된 희망(misplaced hope)' 에서도 기인한다. 금융시장이 소액 주주들의 '집단적 광기' 에 이끌려 가면 비참한 결말을 맞이하는 것이다. 오늘날의 금융시장은 마치 2,000년 전 팔레스타인의 거라사 지방에서 일어난 한 사건을 떠오르게 한다. 2,000마리 돼지 떼가 바다를 향하여 비탈로 내리달아 바다에서 몰사한 사건 말이다(막 5:1-20). 이 시대의 맘몬은 그때 예수님이 쫓아내신 '군대(legion)' 귀신과 같다. 맘몬은 수많은 사람들로 하여금, 정신을 잃고 바다를 향해 비탈로 내딛던 돼지 떼처럼, 투기의 바다로 내리닫고 있다.

정말이지 오늘날의 지구촌 경제는 마치 '찰흙으로 빚어진 발 위에 서 있는 콜로수스 거인(a Colossus with clay feet)' 과 같다고 케른은 말했다. 초국적 금융자본이 지배하는 세계화 시대에 과연 시장은 재앙적인 붕괴로부터 안전한가? 세계화 시대에 던져진 중요한 신학적 질문은 "교회 밖에도 구원이 있는가?" 가 아니라, 과연 "시장 밖에도 구원이 있는가?(Is there salvation outside the market?)" 이다. 과거의 독재자들은 '강압' 으로 국민을 지배했다. 오늘날 맘몬은 돈에 대한 우리의 '사랑' 을 무기로 우리를 지배한다. 예수님은 우리가 하나님과 맘몬을 동시에 섬길 수 없다고 단언하셨다. 그렇다면 초국적 금융자본의 세계화 시대에 참된 신앙인으로 살아가기 위한 첫걸음은 빈곤의 신 맘몬으로부터 생명의 신 하나님께로 돌아서는 것이다. '회심' 하는 것이다. '돈 신' 에 대한 우리의 은밀한 사랑과 비겁한 굴종으로부터 영적 · 정신적으로 자유를 얻는 것이다. 이것이 경제 세계화 시대에 요구되는 기독교적 영성(spirituality)이다.

4. 세계화의 진실

지금까지 우리는 신자유주의 경제의 세계화의 엔진인 초국적 금융자본의 성격과 특징에 대해 살펴보았다. 그렇다면 세계화는 구체적으로 인류의 삶에 어떤 변화를 일으키고 있는가?

세계화는 60억 인류 모두에게 똑같은 것을 의미하는, 어떤 가치중립적 개념이 아니다. 서 있는 자리에 따라, 보는 입장에 따라 세계화는 '축복'이 될 수도 '저주'가 될 수도 있다. 세계화를 지지하는 사람들은 그것이 인류를 가난에서 해방할 수 있는 유일한 희망이라 주장한다.[23] 그러나 세계화를 반대하는 사람들은 그렇지 않다고 반박한다.[24] 세계화의 적법성(legitimacy)을 옹호하는 핵심적 주장은 무엇인가? 그것은, "부의 밀물이 똑똑 흘러내려 모든 배들을 물 위에 띄울 것이다(A "rising tide" of wealth will "trickle down" to society "floating all boats")"라는 간결한 구호에 잘 나타나 있다. 설사 세계화에 여러 가지 문제가 있다 할지라도 이 점 때문에 세계화는 포기될 수 없다. 그런데 과연 양동이에 차오른 부는 정말 아래로 똑똑 흘러내리는가? 만약 그렇다 치더라도 만약 배가 커다란 구멍이 난 사람들에게는 무슨 일이 일

---

23) 예를 들어, 다니엘 핀(Daniel R. Finn)은 교역의 자유화가 많은 사람들을 자급 경제에서 경제적 발전을 이끌어 냈다고 말한다. 클린턴 행정부의 첫 노동부장관이었던 로버트 라이크(Robert Reich)는 세계화 덕분에 이 지구상 대부분의 사람들의 삶이 크게 향상되었다고 주장한다. 다국적 기업인 네슬레의 허버트 오베헨슬리(Herbert Oberhensli)는 세계화 덕분에 전 세계적으로 거대한 부가 창출되었으며, 따라서 세계화의 속도를 늦추려고 하는 시도는 아직 이 기회조차 갖지 못한 나라들에게 불공평한 처사라고 말한다. 부자 나라들의 모임인 G-7 역시 세계화는 지구상의 모든 나라들에게 위대한 미래의 기회를 제공하고 있다고 주장한다.

24) 『오래된 미래』의 저자 헬레나 노르베리-호지(Helena Norberg-Hodge)는, 세계화는 비서구인들의 기본적인 필요를 충족시키기 위한 것이 아니며, 대부분의 원주민들은 그들의 방법으로 그들의 기본적 필요를 완벽히 만족시킬 수 있다고 말한다.

어나겠는가? 아니, 아예 배가 없는 사람들에게는? 예수님은 "그의 열매로 그들을 알리라"(마 7:20)고 하셨다. 우리는 신자유주의 경제 세계화가 실제 만들어 내고 있는 현실로 그것을 평가해야 한다. 신자유주의 세계화의 진실은 무엇인가?

첫째, 힐러리 프렌치(Hilary French)는 그의 저서 『사라지는 국경(*Vanishing Border*)』에서 경제 세계화가 오늘날 큰 문제가 되고 있는 '생물학적 침략(bio-invasion)'과 '질병의 세계화'의 주 원인이라 고발한다.[25] 인간과 상품과 서비스의 급속한 지구적 운동을 따라 수천 종의 생물이 이국땅에 퍼지게 되었다. 이와 같은 종(種)의 초국적 이동은 지구의 생물학적 다양성(bio-diversity)과 인간의 건강을 위협하고 있다.[26] 이 과정에서 세계화는 세균과 박테리아의 전파를 통한 '질병의 세계화'도 낳고 있다. 사실 과거의 역사에서도 무역의 교역로 혹은 제국의 팽창 경로를 따라 질병의 세계화가 일어난 적이 있었다.[27] 그런데 지난 20년 동안에 인류 역사상 처음으로 AIDS, 에볼라 바이러스, 한타 바이러스, C형 및 E형 간염 등 30여 종에 이르는 전염병들이 전 지구적으로 확산되었다. 1999년에 뉴욕에서 처음 발견된 African West Nile virus는 그 이전까지 서반구에서는 한 번도 발견된 적이 없는 것이었다. 오늘날 사스와 조류독감 등 여러 가지 질병이 인류의 건강을 위협하고 있다. 경제의 세계화는 지구 환경과 인간 건강에 부정적 영향을 미친다.

---

25) Hilary French, *Vanishing Borders: Protecting the Planet in the Age of Globalization* (New York and London: W. W. Norton & Company, 2000)을 보라

26) Zebra mussel, Kudze vine, Asian tiger mosquito, 그리고 giant African snail 등과 같은 침습성의 종(種)들이 교역 물자와 교통망을 따라 세계적으로 번져 자신의 천적이 없는 타 지역에서 생태학적 다양성과 건강성을 파괴하고 있다. 국제 교역이 이와 같이 환경 파괴에 기여한다는 점이 지금까지 강조되지 않았다.

27) 서기 165년의 '대재앙'은 제1세기 로마제국 시대 지중해 문명과 아시아 문명 사이의 교

둘째, 세계화는 지구의 자원을 고갈시키는 주범이다. 세계화는(인간과 자연 모두를 포함한) 우리의 미래 세대가 살아가는 데 필요한 귀중한 자원을 급속히 탕진하고 고갈시키고 있다. 경제의 세계화는 급속한 경제발전을 부추겼고, 거기에는 막대한 자원의 소비가 뒷받침되어야 했다. 1950년에 3.8조 달러에 달했던 세계 경제의 총생산량은 현재 그의 약 5배인 18.9조 달러에 육박했는데, 이것은 곧 지금 우리 세대가 인류 역사를 전체를 통틀어 가장 짧은 시기에 가장 많은 지구 자원을 사용하고 있다는 것을 의미한다. 인간의 경제가 지속적으로 팽창한 결과 지구를 덮고 있던 숲의 절반이 이미 파괴되었으며, 지금도 해마다 1,400만 헥타르의 열대림이 파괴되고 있다. 두말할 나위도 없이 우리의 지구는 인간의 무한한 생산 활동을 뒷받침할 능력을 갖고 있지 않을 뿐더러 거기로부터 나오는 쓰레기를 모두 정화할 능력을 갖고 있지 않다. 우리는 지구가 스스로를 치유하고 재생산할 수 있는 능력과 속도를 훨씬 앞질러 물자와 쓰레기를 쏟아내고 있다. 하지만 지금 우리가 만들어 내고 있는 부는 사실 우리의 후손들로부터 '빌려 온 부'이며, 만약 현재와 같은 추세가 계속된다면 우리의 후손들은 그들의 조상들로부터 황폐해진 지구만을 물려받게 될 것이다. 어쩌면 우리는 지금 우리 자신의 소멸을 향해 나아가고 있는지도 모른다. 세계화는 창조 세계의 온전성과 보존에 가장 큰 위협이 되고 있는 것이다.

셋째, 세계화는 가난한 사람들의 생활수준을 더 악화시키고 있으며, 기존의 빈부의 격차를 극도로 심화시키고 있다. 유엔개발국(UNDP)은 세계화 덕분에 1990년대 이후 약 5억에서 6억에 이르는 인류가 빈곤으

역의 증가에 의해 촉진되었다. 14세기 유럽을 휩쓸어 당시 인구의 3분의 1의 목숨을 앗아간 '흑사병' 역시 몽고제국이 중앙아시아를 넘어 유럽으로 그 세를 확산함에 따라 낙타들의 교역로를 타고 중국으로 유입된 적이 있다.

로부터 탈출하였다고 발표하였다.[28] 그러나 이 수치는 지구상 두 인구 대국인 중국과 인도 덕분이다. 다른 통계들은 오히려 가난이 전 지구적으로 확산 및 심화되고 있음을 말해 준다.[29] 사실 우리는 경제학자들이 생활수준 향상의 근거로 제시하고 있는 GNP나 GDP와 같은 통계 수치의 허실을 짚어야 한다. GNP나 GDP는 경제 안에서 단순한 돈의 흐름을 나타내는 지수에 불과하다. 이 계산법에 의하면 돈이 사람의 손을 옮겨 갈 때마다 GNP와 GDP는 올라가며, 우리는 점점 더 부자가 된다.[30] 그래서 이 대안으로 존 캅 등이 '지속 가능한 경제복지 지수(Index of

---

28) UNDP의 통계를 인용하며, Herbert Oberhensli, "Globalization and Sustainable Prosperity," in *Sustainability and Globalization*, p. 107.

29) 한국의 빈곤 문제만 예로 들도록 하자. 한국의 빈곤층은 IMF 이후 2배로 늘었다. KDI 보고서에 의하면, 한국의 절대 빈곤율은 1996년에 5.5%(추정치)였던 것에 비해 2000년에는 10.1%가 됐다. 이들을 인구 수로 환산하면 약 470만 명이 된다. 현재 정부로부터 최저생계비를 받는 기초생활수급자는 142만 명이고 소년소녀 가장과 점심을 굶는 어린이, 사실상 실업 상태에서 하루하루 인력시장에서 생계를 잇는 청장년층은 약 200만 명에 달한다. 비닐하우스나 임대아파트에서 혼자 사는 노인들이 약 64만 명이며, 부모 없이 할아버지 할머니와 손자 손녀가 사는 조손가정, 여성 가장들이 늘어나고 있다. 이는 중산층에 속한 많은 가정들이 가장의 실직과 함께 빈곤층으로 몰락한 결과이다. 그런데 실업 문제는 비단 한 개인의 문제에 국한되지 않고 가정의 파탄을 초래하고 나아가 사회를 병들게 한다. IMF 이후 가정파괴(이혼)의 원인 중에는 유난히 경제 문제가 많다. 한국보건사회연구원 김승권 박사에 의하면 국내 1431만 2000여 가구의 6.8%인 96만 7500가구가 이미 붕괴된 상태라고 한다. 이 가구 중 18.5%가 경제적 문제로 이혼 혹은 별거 상태에 있었다고 한다. 빈곤이 가족 해체를 가져오고 또 가족 해체가 빈곤으로 이어지는 악순환이 거듭되는 것이다. 그리고 IMF 이후 자살률이 급격히 높아져, 지난해의 경우에는 1만 3055명이 자살했는데 이는 하루 평균 36명, 시간당 1.5명꼴이다.

30) 따라서 텃밭에서 채소를 가꾸어 먹는 것보다 지구 반대편에서 농약에 잔뜩 절은 야채를 수입해 먹는 것이 GNP의 성장에 기여한다. 걷거나 자전거를 타는 것보다 차를 운전하는 것이, 창문을 여는 것보다 에어컨을 켜는 것이 GNP/GDP의 증가에 기여한다. 모든 숲의 나무를 다 베어 버려도 GNP/GDP는 증가한다. 심지어 비극적인 재해도 GNP/GDP의 증가에 기여한다. 예를 들어 유조선이 좌초하여 바다를 오염시키면 그것을 청소하느라고 국가의 GNP/GDP는 증가한다. 세계무역센터가 공격당해도 그것을 다시 짓게 되므로 GNP/GDP가 증가한다.

Sustainable Economic Welfare, ISEW)' 혹은 '참 진보 지수(Genuine Progress Indicator, GPI)' 등을 제시하였고, 실제 그가 이 지수들을 미국 경제에 적용해 본 결과 미국은 신자유주의 세계화의 첫 20년 동안 오히려 살기 더 나빠진 것으로 판명되었다.[31] 오늘날 60억 인류의 약 절반이 하루 2달러 미만으로, 그리고 5분의 1이 1달러 미만으로 살고 있다는 사실은(그 중 66.7%가 아시아에 살고 있음) 이제 더 이상 뉴스거리도 아니다. 뉴스거리가 있다면, 세계은행도 인정한 것처럼 지극히 향상된 지구촌 경제 성장의 재분배가 '극도로 불평등하다'는 것이다. 신자유주의 세계화가 본격화되기 전인 1960년대에 인류의 상층 20%는 하층 20%보다 약 30배의 수입을 올리고 있었다. 그런데 신자유주의 실험 30년이 경과한 1997년에는 전자가 후자보다 약 90배의 수입을 올리고 있는 것으로 나타났다. 빈부차가 30배에서 90배로, 즉 3배로 더 커진 것이다.[32] 세계화는, 멕시코 시인 옥타비오 파즈(Octavio Paz)가 표현한 것처럼, "고통의 대양 위에 부자 섬 몇 개가 떠 있는" 세상을 만들고 있다.[33] 그러나 이보다 더 놀라운 사실이 있다. 세계화는 부를 위에서 아래로가 아니라 아래에서 위로 재분배하고 있다는 사실이다. 울리히 두흐로(Ulrich Duchrow)에 의하면, 제3세계 국가들은 해마다 최소 5천억 달러의 돈을 선진국에 잃고 있는데, 이 액수는 가난한 나라들이 선진국으로부터 경제 지원의 명목으로 받는 돈의 10배가 된다고 한다.[34] 세계화는 양동이에 차오른 부를 아래로 똑똑 떨어뜨리는(trickle

---

31) 이 시기에 미국민의 일인당 GNP는 46%가 늘었지만 ISEW는 2%가 떨어졌다. 같은 시기 일인당 GDP는 40%가 늘었지만 GPI는 40%가 떨어졌다(John B,. Cobb, Jr., "Can a Globalized Society be Sustainable?", pp. 13-14).

32) Wayne Ellwood, *The No Non-sense Guide to Globalization*, pp. 97, 101.

33) *The New York Times*(2002. 3. 22).

down) 것이 아니라, 거꾸로 부를 아래로부터 위로 용솟음치게(gushes up) 하고 있다.

다섯째, 세계화는 '가난의 여성화(feminization of poverty)'와 여성에 대한 가부장적 지배의 강화를 낳고 있다. 유엔개발국(UNDP)과 세계은행은 이미 성의 불평등이 오늘날 가난의 주요 원인임을 밝힌 바 있고,[35] 유엔홍보국(UNDPI) 역시 우리를 당혹스럽게 만드는 '성 관련 개발지수(gender-related development index, GDI)'를 발표한 적이 있다.[36] 말레이시아의 여성학자인 세실리아 웅(Cecilia Ng)은 세계화 과정을 통해 어떻게 가난이 '여성의 얼굴'을 하게 되었는지, 또 여성에 대한 가부장적 지배가 어떻게 강화되고 있는지를 구체적으로 분석한다. 그에 의하면 첫째가 '고용의 여성화' 현상이다. 다국적 기업 간 경쟁이 심화됨에 따라 각 기업들은 노동시장을 다루는 새로운 방식을 모색하게 되었는데 그 중 대표적인 것이 고용의 여성화이다. 아시아와 다른 개발도상국들에 진출한 외국계 기업들에 고용된 노동자의 80~90%가

---

34) Ulrich Duchrow, *Alternative to Global Capitalism: Drawn from Biblical History Designed for Political Action*(International Books with Kairos Europa, 1995), p, 14. 외채 상환의 예를 든다면, 1990년에서 1997년 사이에 가난한 나라들은 선진국으로부터 약 1조 5300억 달러를 지원받았는데 외채 상환으로 1조 6070억 달러를 지불함으로써 순수하게 770억 달러를 선진국에 지불한 격이 되었다.

35) *UNDP Poverty Report 2000*, Overcoming Human Poverty와 World Bank, World Development Report 2000/2001을 보라.

36) 이에 따르면 이 지구상에 가장 가난한 13억의 인구 중 70%가 여성이며, 이들의 대부분은 문맹이고 이들에게는 안전한 식구와 같은 최소한의 설비가 주어지지 못했다. 지구상에는 1억 3천만 명의 아이들이 학교에 가지 못하고 있는데 이 중 3분의 2가 여자아이들이다. 2700만에 이르는 지구상 난민의 75~80%가 여성과 어린이들이다. 같은 일을 해도 여성들은 남성들이 받는 것의 평균 4분의 3을 받는다. 대부분의 나라에서 여성은 남성보다 2배 무임금 노동을 한다. 인류의 네 가정 중 한 가정이 여성 가장이다. 20~50%의 여성이 결혼생활에서 가정폭력을 경험하고 있다. 오늘날 전쟁과 테러와 같은 무력 분쟁에서의 주

여성이라 한다.[37] 이 기업들은 기존의 가부장적 이데올로기를 활용하여 보다 더 경영진에 순종적이며, 보다 덜 노조를 조직할 경향이 있고, 그리고 보다 더 열악한 작업환경을 감내할 준비가 되어 있는가 하면, 나아가 보다 쉽게 결혼·출산 등을 이유로 내쫓을 수 있는 여성 노동자를 선호하는 것이다. 물론 이른바 구조 조정의 '충격 흡수'를 위해 가장 먼저 희생되는 것 역시 여성이다.

두 번째는 '이주 노동의 여성화' 현상이다. 현재 전 세계적으로 약 1억 2천만 명의 사람들이 자기의 고향을 떠나 해외에서 일자리를 찾고 헤매고 있다. UN은 이것을 '우리 시대 인간의 위기(human crisis of our age)'라고 규정한 바 있다. 그런데 아시아에서 '이주 노동의 세계화'는 '이주 노동의 여성화'와 일치하고 있다는 점이 특이하다.[38] 물론 인류 역사상 유례가 없는 오늘날 이주 노동의 세계화는 가족의 해체와 파괴로 나타나고 있다.

셋째, '여성에 대한 폭력의 증가'이다. 현재 전 세계 노동 가능 인구 25억 명 가운데 약 30%가 실업 혹은 비정규 고용 상태에 있으며, 이들의 다수가 남성이라 한다. 즉 '밖에서 돈을 벌어오는' 전통적인 남성상이 신자유주의 경제 세계화의 확산으로 위협받고 있는 것이다. 이것은 곧 '남성성의 위기'를 불러오고, 그것이 가정에서 여성을 향한 폭력으

희생자는 민간인 여성과 아이들이다. 그리고 강간이 전쟁의 무기화되고 있다고 이 보고서는 말한다(이상 *DAGA info*, No. 114, November 21, 2000에서 인용).

37) Maria S. Floro, "Some Reflection on the Impact of Globaization in the Asia Pacific Region", unpublished article presented to the Joint Session of Southern Asia and East Asia/Pacific Committees, NCCC-USA, (1997. 9).

38) 예를 들어, 필리핀 이주 노동자의 65%가 여성이다. Matsui Yayori, "Globalization and Asian Women", in *Globalization and Its Impact on Human Rights*(Hong Kong: CCA, 1988)를 참조하라.

로 왜곡되어 분출되고 있다고 볼 수 있다.

넷째, '여성의 상품화'이다. 세계화는 사람과 물자와 미생물뿐만 아니라 여성의 몸까지도 국경을 넘나들게 만들고 있다. 가난한 여성들과 나이 어린 소녀들이 날이 갈수록 크게 성장해 가고 있는 세계 섹스 산업의 희생물로 바쳐지고 있다. 태국의 경제성장이 어떻게 태국의 빈곤층과 원주민의 가정들의 어린 딸들을 섹스 산업에 내몰았는지는 이미 잘 조사가 되어 있다.[39]

다섯째, '공공 부문의 민영화와 여성의 관계'이다. 신자유주의 구조조정의 일환으로 사회복지가 축소되고 주요 공공 서비스가 민영화되고 있는데, 이것은 곧 공공 서비스 요금과 생필품의 가격 인상을 의미한다. 빠듯해진 수입에 살림을 해야 하는 여성들은 뛰어오르는 의료비, 교육비, 기타 비용을 맞추느라 더욱 허리가 휘어진다. 신자유주의 경제 재편은 여성들에게 2중, 3중의 역할과 피로를 강요한다. 세계화는 다수의 여성들에게 복된 소식이 아닌 것 같다.

이상에서 보았듯이, 세계화는 지구 환경의 다양성을 파괴하고 질병을 세계화하며, 자연자원을 약탈하고 빈부의 격차를 넓히며, 부를 아래

---

39) Yayori에 의하면, AIDS에 대한 공포 때문에 점차 젊고 어린 여성에 대한 수요가 늘고 있다고 한다. 하지만 이렇게 팔려나간 어린 딸들은 일년 내에 HIV 바이러스에 감염된다는 통계이다. 그런데 이러한 태국 소녀들의 공급도 부족해지자 이번에는 4-5만의 버마 소녀들이 태국의 윤락시장에 팔려 나간다고 한다. 그들은 윤락산업의 맨 밑바닥에서 (태국 소녀들보다 밑바닥에서) 더 심한 폭력을 경험하고 있다. 이들의 80~90%가 HIV 감염자이며, 감염이 확인되면 이들은 태국-버마 국경이나 태국-중국 국경 지대로 덤프트럭에 실려 버려져 거기서 죽는다고 한다. 이들 중 일부가 자기의 집에까지 찾아가지만, AIDS에 대한 공포로 가족들은 그들이 죽을 때까지 집에 들이지 않는다고 한다. Yayori는 경제 세계화의 과정에서 중국 남부, 캄보디아 그리고 라오스에서도 성 매매가 증가하고 있다고 보고한다. 아시아의 가난한 국가들이 그들의 경제적 문을 여는 순간 가장 먼저 그 나라의 가난한 여성들과 소녀들이 국제 성 매매 시장에 의해 희생당하고 있는 것이다.

로부터 위로 재분배하고, 가난의 여성화를 심화시키면서 여성에 대한 가부장적 억압을 강화하는 기이한 지구촌 사회를 만들어 가고 있다. 신자유주의 세계화 30년을 결산한 결과, 그것이 한 가지 확실히 공헌한 것은 소수의 엘리트들을 믿기지 않을 정도의 부자로 만든 것이다. 이렇듯 세계화는 부의 집중, 가난의 확산, 그리고 지구의 파괴를 의미함에도 불구하고, 아직도 세계화를 지지하는 사람들은 '부의 밀물이 흘러내려 모든 배를 띄울 것'이라는 주장을 되풀이하고 있다. 아마도 이들에게는 그 누구의 이야기보다도 미 중앙정보국(CIA)의 한 보고서를 읽게 해 주어야 할 것이다.

세계 경제에 차오르는 밀물은 많은 경제적 승자들을 만들어 낼 것이지만, 모든 배를 물 위에 띄우지는 않을 것이다. …세계화는 국내외에서 많은 갈등을 불러일으킬 것이며, 이미 존재하고 있는 승자와 패자 사이의 간격을 더욱 넓힐 것이다. …세계화에 뒤쳐졌다고 느끼는 나라와 집단들은 심화되는 경제적 침체와 정치적 불안정 그리고 문화적 소외에 직면하게 될 것이다. 그들은 정치적·인종적·이념적, 그리고 종교적 극단주의를 조장할 것인데, 여기에는 종종 폭력이 수반된다.[40]

---

40) *CIA, Global Trends 2015*에서.

5. 세계화의 역사

마이클 하트(Michael Hardt)와 안토니오 네그리(Antonio Negri)는, 많은 논쟁을 불러일으킨 그들의 저서『제국(*Empire*)』에서, 이제 제국주의의 시대는 끝났고, 세계를 제1, 제2, 제3 세계로 나누는 방식도 의미가 없어졌으며, 이제 새로운 형태의 전 지구적 통치권, 즉 '제국'이 탄생했는데, 이 '제국'은 어떤 국민국가가 제국주의적 정복을 수행한 결과로 탄생한 것이 아니기 때문에 역사의 밖 혹은 역사의 끝에 존재하는 권력이라고 주장하였다.[41] 한마디로 그들은 세계 자본주의 체제를 '중심 없는 제국'으로 묘사하고 있는 것이다. 하지만 그들의 주장이 과연 9·11 사태와 그 이후 벌어진 미국의 대 테러 전쟁을 보고도 계속 타당성을 주장할 수 있을까?

세계화를 지지하는 사람들은, "맥도날드 햄버거가 들어간 나라끼리는 서로 전쟁을 하지 않는다."라고 말한다. 세계화란 순수한 경제적 과정이기 때문에 그에 따라 경제 개방과 교류를 꾸준히 추진하다 보면 자연스럽게 인류의 평화가 찾아온다는 주장이다. 그러나 《뉴욕타임스》의 칼럼니스트인 토머스 프리드만(Thomas Friedman)은, "맥도날드(햄버거 회사)는 맥도넬 더글라스(전투기 회사) 없이는 번창할 수 없다."고 꼬집었다. "역사의 종언"이라는 말로 유명해진 프란시스 후쿠야마 역시, "세계화는 강력한 정부 권력, 특히 미국 정부에 의해 만들어진 결과"임을 인정한다.[42] 시장의 '보이지 않는 손(invisible hand)'은 '보이지 않는 주먹(hidden fist)', 즉 군사력 없이는 작동하지 않는 것이

---

41) Michael Hardt and Antonio Negri, *Empire*(Cambridge, Mass: Harvard University Press, 2000)를 참조하라.

42) www.ml.com/forum/global2.htm에서 인용.

다. 그렇게 볼 때 세계화는, 나이난 코쉬(Ninan Koshy)가 지적하듯이 군사화와 동전의 양면이다.[43]

요컨대 세계화는 비정치적 혹은 '순수한' 경제 과정이 아니다. 국경을 넘어선 '자유' 시장의 확대 역시 자연적인 역사적 진화의 산물이 아니다. 진실은 그 반대다. 세계화는 강력한 정치 · 군사적 힘, 특히 미국의 힘에 의해 추진되고 있다. 칼 폴라니(Karl Polanyi)의 말대로, 자율적인 자본주의 시장경제가 자연적인 것이며, 역사적 필요에 의해 스스로 자라났고, 또 언제 어디서나 순수한 형태로 나타난다는 생각은 순진한 허상에 불과하다.[44] 존 그레이(John Gray)의 말대로, 시장은 국가 권력의 부재의 결과 만들어진 것이 아니라 오히려 국가 권력의 적극적인 창조물이다.[45] 시장은 결코 정치의 영역 밖에 존재하는 어떤 추상적 실체가 아니다.[46] 리처드 스티븐슨(Richard Stevenson)이 지적하듯이, 오늘날의 세계화는 "자유무역, 유연한 노동 시장, 그리고 국제 금융시장의 힘에 대한 존중이라는 미국식 독트린"을 의미한다.[47] 1997년의 아시

---

43) 세계화는 한편으로 경제적 불의와 불평등과 불안을 증가시킴으로써 전쟁과 분쟁의 조건을 창출한다. 다른 한편으로는 WTO와 같은 조직은 무기산업에 대한 대규모의 정부 보조를 허용함으로써 전쟁 무기의 생산을 조장한다. Ninan Koshy, "The War on Terror: Making the World Safer for Globalization", in *DAGA Info*(2002. 3. 28), p. 130.

44) Karl Polanyi, *The Great Transformation: The Political and Economic Origins of Our Time*(Boston: Beacon Press, 1957)을 보라. 폴라니는 원래 '자유 시장'은 영국의 지주들에 의해, '가난한 자에 대한 부자의 혁명'이라 불리는 강압적인 엔클로저(enclosure) 운동에 의해 창출된 것임을 밝히고 있다.

45) John Gray, *False Dawn: The Delusion of Global Capitalism*(New York: The New Press, 1988)을 보라.

46) Rebecca T. Peters, *In Search of the Good Life: A Feminist Critical Theo-ethical Reading of the Globalization Debates*(Doctoral Dissertation at Union Theological Seminary, New York City, 2001)을 보라.

47) Richard W. Stevenson, "African Genesis: Flirting With Free Market", *The New York Times*(2002. 6. 2).

아 경제위기가 아시아에서 일본식 경제 모델에 대한 미국식 모델의 승리를 의미했던 것을 상기하면 도움이 된다.[48] 미국은 현재 '자신의 형상대로' 세계를 재창조하고 있다. 싫든 좋든, 미국의 헤게모니는 지구촌 경제를 조건짓는 근본적 실재이며, 세계화란 상당한 정도 '미국화'와 동의어이다. 문제는 이 미국화, 즉 미국식 경제로의 단일화가 이 세계의 다양성을 무시한 균질화(homogenization)를 의미하며 그것은 결코 인류의 건강과 삶에 바람직하지 않다는 점이다.[49] 하트와 네그리는 제국주의의 역사적이며 국민국가적인 성격을 무시했다. 세계화 시대에도 국민국가는 여전히 필수적 경제 단위이며, 초국적 자본은 국민국가의 군사력을 동원해 전 지구적 팽창을 도모하고 있다고 보는 것이 더 사실에 가까울 것이다.

지오반니 아리기(Giovanni Arrighi)에 의하면 자본주의의 역사는 '세계 헤게모니(world hegemony)' 상속의 역사로 볼 수 있는데, 우리는

---

48) 월든 벨로가 지적하듯이, 아시아에서의 일본식 모델은 미국식에 비해 '아시아적'이었다. 자유무역을 통한 경제 통합을 지향하는 미국식과 달리 일본식 통합 모델은 투자를 통한 것이었으며 이 과정에서 아시아 정부들이 각자의 투자법을 손질할 것을 요구하지도 않았다. 일본식은 타국이 관세를 낮출 것을 요구하지도, 타국이 자국 기업에 대한 보조를 중단할 것을 요구하지도, 그리고 일본 상품이 타국 시장에 무제한적으로 수입될 것을 요구하지도 않았다는 것이다. 이런 점에서 그는 과거 일본식 모델이 매우 '아시아적'인 것이었다고 말한다. walden Bello, "The Asia-Pacific Region: Present Realities and Alternative Future," in *CTC Bulletin*, Vol. XII, No. 2-Vol. XIII, No. 1 & 2, July 1994-Sept. 1995, p. 68.
49) 경제의 균질화는 환경과 인류의 건강에 좋지 않다. 1840년대에 아일랜드를 덮쳤던 감자 기근이 그 좋은 예이다. 당시 아일랜드는 감자를 유일한 주작물로 재배했는데 처음에는 이것이 가난한 농부들의 배를 든든히 채워 주었다. 하지만 감자 단일경작 농업은 치명적인 감자병이 덮쳐 흉작을 기록했을 때 전 국민의 기근과 대량 이민 사태를 초래하였다. 아일랜드의 감자 기근 사태는 시장경제의 최대화라는 원칙으로 도입된 경제적 단일경작 제도가 얼마나 환경과 인간에게 치명적인지를 잘 말해 준다. 비록 당시에는 그 사건이 이렇게 설명되지는 못했다 하더라도 말이다.

현재 이 세계 헤게모니의 상속 혹은 '조직적 자본 축적의 주기' 가운데 네 번째의 단계를 살고 있다.[50] 이 단계는 주주의 이익을 최우선시하는 미국식 금융 체제에 의해 주도되고 있는 세계화이다.[51] 이렇게 역사를 거시적으로 볼 때, 현 단계의 세계화는 인류의 역사에서 별로 새로운 일이 아님을 새삼 깨닫게 된다. 물론, 오늘날의 세계화는 지정학적으로 지구의 거의 모든 부분까지 확산되었으며 또한 인류의 삶 거의 모든 영역에 지대한 영향을 미치고 있다는 점에서 차이가 있다. 하지만 세계화는 인류의 역사에서 완전히 새로운 현상이라고 볼 수 없다. 세계화는 1492년 콜럼버스가 아메리카를 처음 '발견' 한 이후 이미 시작되었다고 할 수 있다. 첫번째의 세계화는 중상주의 무역에 의해 만들어진, 말하자면 '농업과 음식의 세계화' 이다. 1500~1800년 사이에 성행했던

---

50) 그에 의하면, 세계 헤게모니는 제노바-스페인, 네덜란드, 영국, 그리고 미국의 순으로 이어져 왔다. 제노바-스페인 헤게모니는 16세기의 약탈적 제국주의를 의미한다. 네덜델란드 헤게모니는 17-18세기에 이루어진 정교한 중상주의적 삼각 무역 체제를 말한다. 영국 헤게모니는, 19세기 서양 식민주의가 꽃을 피울 때까지 영국의 지배하에 있었던 자유주의적 국제 체제를 말한다.

51) 마저리 켈리는 『자본의 권리는 하늘이 내렸나?』라는 책에서, 사유재산을 가진 사람들, 즉 주주의 이익만을 극대화하는 미국식 자본주의는 시장의 원리나 민주주의와 거리가 먼 '경제 귀족주의' 일 뿐이라고 강하게 비판하였다. 주주의 이익을 극대화하는 것이 목적인 미국식 자본주의에서 주주가 실제 기업에 기여하는 바는 거의 없다고 저자는 말한다. 주식을 산 돈이 회사에 투자되는 것은 가끔 있는 신주 매각때뿐이다. 미 연방준비은행의 자료에 따르면, 최근 몇 년간 미국 주식시장에서 신주매각에 들어간 돈은 100달러 중 1달러뿐, 나머지 99달러는 투기에 쓰였다고 한다. 미국식 자본주의에서 비용으로 계산되는 것은 자재비뿐 아니라 종업원의 임금과 환경을 보존하기 위한 비용 모두가 포함된다. 때문에 인류의 공동자산인 환경을 지킬수록, 회사를 위해 땀 흘리는 종업원에게 임금을 많이 줄수록 회사는 잘 안 되고, 환경을 파괴하고 대량 해고를 해도 투기꾼을 위해 주가만 오르면 그 회사는 '잘 나가는 것' 이 된다. 중세 귀족들은 사냥을 즐기기 위해 곡식이 자라는 농민들의 논밭은 쑥대밭으로 만들었다고 한다. 금융 엘리트로 구성된 현대판 귀족은 종업원 대량 해고를 저지르며 인수합병을 즐긴다. 기여한 바도, 책임도 없이 창출된 부에 대한 권리만 누리는 것이다. 기여하는 바도 없으면서 특권을 누리는 사람이 귀족이듯, 주주만을 위해 존재하는 미국식 자본주의는 경제 귀족주의라고 저자는 강하게 질타한다.

노예무역은 '강제 노동의 세계화' 라 할 수 있다(노예제도와 인종차별주의는 이때 생긴 부수적 산물이다). 근대적 세계화는 영국의 산업혁명으로 시작되었는데, 이는 18세기 말 증기기관, 철강, 동력 직기, 그리고 철도 등의 발명으로 촉발되었고, 19세기 말까지 이어진 발전기, 내연기관, 자동차, 전화, 비행기 등의 발명으로 더욱 신속히 확산되었다. 이를 통해 '산업생산의 세계화' 가 일어났고, 그 결과 1870년에서 1913년까지 세계 경제는 지금보다 훨씬 더 긴밀한 경제적 통합을 이루고 있었다. 앞서 말했듯이, 지금 우리가 경험하고 있는 세계화는 1970년대 초에 자본의 자유로운 국제적 이동에 제약을 가하고 있던 브레튼우즈 체제가 붕괴하면서 시작된 '금융자본의 세계화' 이다. 이렇듯 세계화는, 각 단계마다 그 주체와 이념은 조금씩 달랐어도, 500년 이상 지속된 낡은 서구의 패러다임이다. 그리고 '500년간의 세계화' 과정을 통틀어 나타나는 한 가지 공통점은, 서구가 자신이 이해하는 '진보' 의 개념 아래 인류를 하나로 통합하려는 시도였다. 서구는 그것을 '미개 사회를 개화시키는 사명' 으로 이해했다.[52] 세계화는 500년 서구 식민주의의 역사에 뿌리내리고 있다.[53]

---

52) Dalip Swamy, "An Alternative to Globalization", in *Voices from the Third World*, Vol. XX No. 2, December 1997, p. 129.

53) 영국 왕실의 대변인인 Cecil Rhodes경은 '식민주의' 가 무엇인지 아주 간략하게 잘 정의하였다. 식민주의란, 그에 의하면, '원료' 와 '값싼 노동력' 과 '잉여 상품의 쓰레기장' 이 있는 '신천지' 를 추구하는 것이다.

6. 세계화의 이념

그렇다면 현재의 경제 세계화를 뒷받침하고 있는 사상적 기반은 무엇인가? 그것은 신학적으로 어떤 문제가 있는가?[54] 2001년도 노벨 경제학상 수상자인 조세프 스티글리츠(Joseph E. Stiglitz)는 자신이 클린턴 행정부 시절 백악관과 세계은행에서 일할 때, 워싱턴에서의 중요한 정책적 결정들이 종종 "엉터리 경제학과 어떤 이데올로기의 기이한 결합(a curious blend of ideology and bad economics)"에 의해 내려지는 것을 목도했다고 말한다. 그는 이 '어떤 이데올로기'가 미국 금융계의 협소한 이익에 복무하고, 국제통화기금(IMF)의 정책을 뒷받침하며, '워싱턴 컨센서스'라고도 불리는 '신자유주의(neoliberalism)' 혹은 '시장 근본주의(market fundamentalism)' 이데올로기라고 말한다.[55] 현 단계 세계화를 뒷받침하고 있는 이념은 바로 이 '신자유주의적 시장근본주의(neoliberal market fundamentalism)'이다. 시장 근본주의란 한마디로 시장에 모든 권한을 다 주라는 주장이다.[56]

---

54) 이하 세계화의 이념에 대한 분석은 필자의 졸고, "경제 세계화와 하이에크의 신자유주의에 대한 신학적 비판",《신학사상》(2003 겨울호)를 요약한 것이다.

55) Joseph E. Stiglitz, *Globalization and Its Discontents*(New York: W.W. Norton & Company, 2002), pp. x, xiii, 15, 36, 73, 134.

56) 오늘날의 시장(the market)은 단순한 물물교환의 장소가 아니다. 그리고 더 이상 사회의 통제하에 있지도 않다. 오히려 시장은 사회 위에 '초월'해 있다. 세계화 시대는 '시장의 다스림'을 그 특징으로 하는 시대이다. 오늘날 시장은 "바다의 물고기와 하늘의 새와 땅에 움직이는 모든 생물"(창 1:28b)을 다스린다. 세계화 시대의 가장 중요한 특징은 민족 국가와 인간과 문화와 자연이 모두 시장에 복속되었다는 사실이다. 사실 세계화 시대 핵심적인 문제는 시장의 '다스림'의 정당성(legitimacy) 문제이다. 금융자본이 지배하고 있는 시장은 그 열매를 볼 때 실패했다. 시장은 사회정의를 증진시키지도 않았고 사회적 약자를 돌보지도 않았다. 사실 시장은 돈이 어디로 투자되어야 하는지를 결정하는 최고의 기제로도 기능하지 않았다. 설상가상으로 시장은 자신의 책임을 사회로 전가하는 비윤리적인 모습도 보였다. 우리는 시장의 식민지가 된 이 세상(a world colonized by

　신자유주의는, 간략히 말해, 1970년대 이후 케인스주의와 사회주의 경제 체제에 대한 반발로 19세기의 고전적 자유주의를 소생시키고 부흥시키려는 현대 경제사상 운동을 가리킨다.[57] 신자유주의의 핵심적 경제 이론은, 고전적 자유주의와 마찬가지로, 시장은 정부의 시장에 대한 개입이 최소화되었을 때 근대 민족국가가 제공하는 것보다 훨씬 더 효율적인 서비스를 제공한다는 것이다.[58] 물론 신자유주의 내에는 서로 경쟁하는 다양한 학파들이 존재한다.[59] 하지만 그들은 공통적으로 정부가 조세나 시장개입에서 최소한의 역할만 담당할 것을 주장한다.

market)에서 가난이 '진화'하는 것을 보았고, 지구상의 모든 종(種)의 생명과 건강이 심각하게 위협받는 것을 보았으며, 우리의 후손들이 사용해야 할 자원들이 게걸스럽게 먹어치워지는 것을 보았다. 역사의 기록은 이미 분명하게 말하고 있다. 그럼에도 불구하고 '시장은, 가만히 놔두면, 최적의 자원배분을 보장할 것'이라는 잘못된 믿음이 지금도 성행하고 있다. 조지 소로스조차 그것을 개탄하며 그러한 믿음을 '시장 근본주의(market fundamentalism)'라 불렀다. 시장에 대한 이러한 눈먼 믿음은 좀처럼 사라지지 않는다. 반대로 시장은 전 인류에게 행복을 가져다 줄 유토피아라는, 신자유주의 철학이 이 시대 정통 경제사상으로 자리 잡고 있다. 그것이 신자유주의 철학이다.

57) 케인스가 사망하기 이전에 심혈을 기울여 만든 전후 브레튼우즈 체제가 1971년 붕괴하자 서방세계는 다시 케인스주의 이전의 세계관으로 회귀하기 시작하는데, 밀턴 프리드만(Milton Friedman)은 이 흐름을 근대 자본주의 경제사에서 아담 스미스의 '자유방임(laissez-faire)' 물결과 페이비언주의자들의 '복지국가' 물결에 뒤이은 제3의 '자유시장 소생'의 물결이라고 분석한다.

58) 19세기 고전적 자유주의란 구체적으로 17세기부터 19세기까지, 혹은 존 로크(1632-1704)부터 존 스튜어트 밀(1806-1873)에 이르기까지, 약 2백 년 동안 유럽에서 일어났던 경제사상 운동을 말한다. 고전적 자유주의는 (1) 국가나 사회보다 우선하는 개인의 권리, (2) 자유시장하에서 사적재산을 보유할 권리, 그리고 (3) 이러한 권리를 보호하는 것 이상의 권한을 부여하지 않는 제한된 권력의 입헌정부, 이 세 가지의 신조를 믿었다.

59) 신자유주의는 단일한 운동이 아니다. 그 안에는 대개 5개의 학파가 존재하는데, (1) 오스트리아 학파 (1871-현재) : 창시자인 Carl Menger(1840-1921)를 비롯하여 Friedrich von Wiser (1851-1926), Ludwig von Mises(1881-1973), 그리고 F. A. Hayek(1899-1992) 등이 이 학파의 저명한 학자들이다. (2) 시카고 학파(1927-현재) : 1976년 노벨 경제학상을 받은 Milton Friedman(1912-)이 대표적이다. (3) 공공선택 학파(1959-현재) : 1986년 노벨 경제학상 수상자인 James Buchanan(1919-)이 대표적 학자이다, 이외에 (4) Ayn Rand(1905-1982)와 객관주의 학파, 그리고 (5) Robert Nozick(1938-) 학파 등이 있다.

그런데 신자유주의는 단순한 자유시장경제 '이론' 을 넘어선다. 오늘날 신자유주의란 '시장은 결코 실패하지 않는다' 는, 시장에 대한 일종의 '종교적 신앙' 을 의미한다. 말하자면, 사람이 시장을 위해 지어졌지 시장이 사람을 위해 지어지지 않았다는 하나의 종교적 믿음이 바로 신자유주의인 것이다. 신자유주의 경제사상은 앵글로색슨 세계의 두 보수적인 지도자인 마거릿 대처(Margaret Thatcher)와 로널드 레이건(Ronald Reagan)이 1979년 동시에 집권에 성공하여 자유시장경제 정책을 전면적으로 밀고 나가면서부터 이 시대의 '정통' 경제 사상으로 부상하였다. 그리고 1989년 베를린 장벽이 붕괴된 이후 이러한 시장의 전 지구적 '다스림(dominion)' 은 거스를 수 없는 시대적 대세라는 신화가 만들어지게 되었다.[60] 신자유주의는 고전적 자유주의 이론에 사회적 정의와 평등을 전면적으로 부정하는 보수적 사회윤리를 결합한 것이다. 경제 신자유주의가 오늘날 '신우파(New Rights)' 로 대변되는 미국의 정치적 신보수주의(neoconservatism), 이른바 '네오콘' 과 완전히 밀착해 있는 것은 결코 우연이 아니다.[61]

신자유주의라고 하는 시장 근본주의 종교의 교리와 신학을 보다 깊

---

60) 대처는 이 신화를 'TINA(There Is No Alternative, "더 이상 대안은 없다")' 라고 표현했다.

61) 워싱턴 D.C.에는 포토맥 강을 사이에 두고 백악관과 가까운 곳에 위치한 미국기업연구소(American Enterprise Institute, AEI)라는 싱크탱크와 버지니아 쪽의 국방부는 눈에 보이지 않는 벨트, 이른바 '네오콘 벨트' 로 연결되어 있다. 딕 체니 부통령의 부인 린 체니가 연구원으로 있는 이 AEI에는 하이에크의 지대한 영향을 받은 미국 신보수주의 경제신학자 마이클 노박도 연구원으로 있다. 2002년 1월 부시 대통령의 연두교서에 북한과 이라크, 이란을 '악의 축 '이라는 용어를 집어넣은 데이비드 프럼도 최근 백악관에서 이 AEI로 자리를 옮겼다. 이 AEI의 고문으로 있는 어빙 크리스톨은 국방 부장관 폴 울포위츠와 함께 네오콘의 사상적 교조라는 시카고대학의 유대계 정치사상가 레오 슈트라우스의 제자들이다. 이렇듯 백악관과 국가안보회의(NSC), 국방부와 국무부, AEI 등의 싱크탱크, 그리고 *National Review, Contemporary, Weekly Standard, New Republic, National Interest,*

이 검토하기 위해서 필자는 '신자유주의의 아버지'라 불리는, 1974년 노벨 경제학상 수상자 프리드리히 아우구스트 폰 하이에크(Friedrich August von Hayek)의 사회철학을 간략히 소개하겠다.[62] 하이에크의 경제 사상, 특히 '시장은 자생적 질서(spontaneous order)'라는 그의 독특한 이론은 오늘날 전 세계 곳곳에서 시행되고 있는 가혹한 신자유주의적 시장근본주의 정책들의 이념적 버팀목으로 사용되고 있다.[63] 하이에크는 평생을 '급진적 자유주의 사회'의 철학적 토대를 놓으려 한 사람이다. 그리고 그가 말한 급진적 자유주의 사회란 '사회정의'라는 원칙과 '이웃사랑'이라는 기독교윤리가 노골적으로 거부된 사회였

---

*Public Interest*와 같은 언론계와 존스홉킨스 대학의 프랜시스 후쿠야마 등 학계가 서로 긴밀히 연결되어 있는 것이다(이상 미국의 신보수주의 벨트에 대해서는 《중앙일보》 2003년 10월 25일자 보도를 참조하라).

62) F. A. 하이에크는 1899년 오스트리아의 빈에서 출생하여 1992년에 죽었다. '아담 스미스 이후 가장 위대한 자본주의 철학자'라고 불린 하이에크는 마르크스에 대한 철저한 반대자였다. 그는 단순한 이론적 경제학자가 아니었다. 고전적 자유시장 이론을 정치적 신보수주의의 비전과 이념으로 변모시킨 심오한 사상가였다. 하이에크는 세상을 등진 상아탑의 학자가 아니었다. 그는 사상의 힘을 통해 세계의 변혁이 가능하다고 믿은 열정적 선동가였으며, 실제로 '자유의 투사'들을 조직하고 훈련시키기 위해 1947년 서방 세계의 저명한 자유주의 사상가들을 모아 '몽 페를랭 협회(Mont Pelerin Society)'를 조직하기도 했다. 하이에크는 전 세계 보수적인 정치인들과 경제학자들에게 지대한 영향을 미쳤다. 앵글로색슨 세계의 대표적인 보수 정치 지도자 윈스턴 처칠, 배리 골드워터, 로널드 레이건, 마거릿 대처 모두가 하이에크의 지대한 영향을 받았다. 하이에크는 제2세계와 제3세계에도 커다란 영향을 끼쳤다. 그는 남미에서 '피노체트 장군의 정신적 스승'이라고 추앙 받았고, '남미 자유주의자들의 정신적 횃불'이라고도 불렸다. 하이에크의 사상은 베를린 장벽의 붕괴 이후 동구 사회주의가 자본주의 경제로 이행하면서 시행한 가혹한 경제 정책들을 정당화하는 근거로 인용되기도 했다.

63) 브뤼셀에서 열린 한 종교인들의 모임에서 당시 국제통화기금(IMF)의 책임자였던 미셸 캉드쉬는, 시장은 자생적이고 스스로를 다스리며 자신을 조절할 줄 아는 것이기에 그 구성원들이 추구하는 목표를 이룰 수 있는 최상의 기회를 제공하며, 따라서 시장은 인류의 유토피아에 대한 가장 훌륭한 경험적 사실이라고 말했다. 시장에 대한 그의 이와 같이 깊은 믿음은 하이에크에게서 비롯된 것이다.

다.[64] 도대체 어떤 사회철학이 그로 하여금 이런 극단적인 불평등 사회를 꿈꾸도록 만들었는가? [65]

첫째, 하이에크의 사상은 인간의 이성이 결코 전능하지 않다는 것을 끈질기게 주장한 반이성주의(anti-rationalism)를 그 골간으로 한다. 하이에크는 이성의 '비판적' 역할은 부인하지 않았지만 이성의 '건설적(constructive)' 역할은 강력히 부정했다. 사회질서란 인간의 행위가 만들어 내는 산물이긴 하지만 인간이 설계하는 것은 아니기 때문에 인간

---

64) 만약 우리가 하이에크의 사상을 한마디로 요약할 수 있다면, 그것은 "개인의 자유(individual liberty)는 결코 사회적 정의와 양립할 수 없다."이다. 하이에크는 사회정의란 오직 '신기루' '미신' '사교' 그리고 '자유문명에 대한 중대한 위험' 일 뿐이라고 생각했다. 그래서 "만일 내게 그럴 힘이 있다면, 내가 이 세상에서 할 수 있는 가장 큰 봉사는 다시는 사람들이 (사회정의라는) 그 거짓 주문을 못 쓰도록 단단히 창피를 주는 일이다."라고 그는 말하곤 했다. 하이에크의 자유주의적 유토피아에서 사회정의란 아예 성립할 수 없는 개념이다. 왜냐 하면 인간의 질서는 '비인격적(impersonal)' 인 시장이 만드는 질서요, 그런 질서 안에서는 사회적 불평등이 아무의 책임도 아니기 때문이다. 하이에크에 의하면 사회정의는 오직 계획경제(command economy)에만 해당된다. 따라서 그것을 자유경제 체제에 적용하는 것은 '범주 착오(category mistake)' 이며, 가진 자에 대한 질투의 산물이라고 볼 수밖에 없다. 때문에 사회정의는 사회적 약자들에 대한 선의의 표현이 아니라 "책임 있는 지식인이라면 사용하기를 부끄러워해야 할 민중선동 혹은 싸구려 저널리즘" 에 불과하다. 하이에크는 매우 직설적이다. 급속한 경제발전은 사회적 불평등 때문에 가능했으며, 만약 사회적 불평등이 없었다면 인류는 오늘날과 같은 규모의 경제에 이르지도 또 그것을 유지하지도 못했을 것이고, 빈곤은 부의 재분배가 아니라 오로지 급속한 경제발전에 의해서만 해결될 수 있다고 그는 서슴없이 말한다. 이 선상에서 그는 또 성서의 '이웃사랑' 윤리가 현대 자본주의 사회에는 적용될 수 없는 부족적(tribal), 원시적(primitive) 윤리라고 맹공을 퍼붓는다. 하이에크에 의하면, 인류는 이미 "얼굴과 얼굴을 맞대고 살던" 그래서 "공동의 목적의식으로 얽혀있던 부족사회" 로부터 "규칙으로 묶인 열린사회"로 이행했다. 따라서 이웃을 사랑하라는 기독교의 윤리는 "부족사회의 윤리를 열린사회에 강요하려는 억지" 에 불과하다.

65) 하이에크의 극단적 신자유주의는 영미식 신자유주의의 기초가 되었다. 이는 70년대 이후 세계화의 물결에 대한 대안으로 유럽 자본주의가 들고 나온 '규제적 분권화(그 핵심내용은 '유연화' 를 수용하되 이를 '사회적 안전망' 과 결합시키는 것이다)' 와 사뭇 내용을 달리하는 것이다.

이 자신의 사회를 변혁할 수 있다는 생각은 '치명적 자만(fatal conceit)' 에 불과하다고 그는 공격했다.

하이에크 사회철학의 근간을 이루는 두 번째 핵심 사상은 그의 철저한 사회적·문화적 진화주의(societal/cultural evolutionism)이다. 하이에크 사상의 핵심적 주장인 '자생적 질서(spontaneous order)', 곧 '경쟁적 시장에 의해 창조되는 자생적 인간의 질서'는 바로 이것과 긴밀히 연결되어 있다. 하이에크에 의하면, 모든 인간의 질서는 철두철미 사회적 진화의 결과로 만들어진 자생적 질서이다. 아무도 그것을 설계하지 않았다. 그렇기 때문에 아무도 그것이 어디로 갈지, 또 어디로 가야 하는지 말할 수 없다. 하지만 질서를 만들고 명령하는 사람이 없어도 인간사회는 사회적 진화 덕분에 혼란이 아니라 오히려 더 훌륭한 질서를 만들어 나간다. 때문에 사회질서를 계획하거나 변혁하려는 시도는 오직 역효과만 초래할 뿐이라는 것이다. 하이에크의 사상에서 인간은 문명과 사회와 문화의 창조자가 아니라 생물학적·문화적 진화의 산물일 뿐이다.

마지막으로 하이에크 사회철학의 근간을 이루는 세 번째의 핵심 요소는 '초월의 세계'에 대한 철저한 부정이다. 하이에크는 시장의 힘에 의해 자생적으로 만들어지고 있는 이 감각의 세계 밖에 또 다른 세계가 존재하지 않는다고 말했다. 즉 인간의 경험과, 이해관계와, 감각의 질서에 조금도 때 묻지 않은, 어떤 순수한 외부적 혹은 초월적 관점은 인식론적으로 불가능하다고 믿었던 것이다. 하이에크에 의하면, 모든 의미의 세계는 내면의 정신세계로 귀속되며, 때문에 인간의 감각과 경험을 통해 인지할 수 있는 '이' 세계와 동떨어진 '저' 세계는 존재하지 않는다는 것이다. 한마디로 하이에크는 '궁극적인 것(the ultimate)' 혹은 '초월의 세계(the beyond)'에 대한 철저한 철학적 회의론자였다. 그는

모든 초월적 세계를 부정한 철저한 자연주의자(naturalist)였던 것이다.[66]

요약하면, 하이에크는 근대 서구사회가 사회주의와 '강요된' 복지체제(forced welfare)로 나아가는 흐름에 대항하여 하나의 '급진적 자유주의' 사상을 발전시켰는데, 그 사상의 핵심은 역사 안에서 인간의 의식적·창조적 역할을 부정하는 철저한 '반이성주의'와, 시장을 자생적 질서로 이해하는 사회적·문화적 '진화주의'와, 나아가 초월의 영역을 부인하는 철저한 '자연주의'이다. 하이에크는 하늘 높은 보좌 위에 앉아 이 세상을 통치하는 초월적 신의 존재를 거부했고, 그렇다고 그 자리를 신격화된 인간 이성으로 대체하지도 않았다. 대신 그는 시장의 힘에 의해 자생적으로 만들어진다는 사회적 진화에 우리가 우리의 운명을 전적으로 맡겨야 한다고 가르쳤다. 사실 하이에크에게 있어서 시장이란 자연 세계의 바람과 물처럼 성스러운 것이어서, 인간이 통제할 수도 그리고 통제하려 해서도 안 되는 어떤 신비한 존재였다. 하이에크의 신자유주의는 일종의 '시장 노장사상(老莊思想)'이라 일컬을 수 있는 것이다.

---

66) 당연히 초월의 세계에 대한 그의 부정적 인식은 그의 신 이해에 지대한 영향을 미쳤다. 하이에크는 공개적인 불가지론자(agnostic)였다. 과연 신이 존재하는지 존재하지 않는지 그는 알 수 없다 했다. 하지만 하이에크는 신에 관한 한 가지 분명한 견해가 있었다. 그것은 신에 관한 "모든 의인직(anthropomorphic), 인격저(personal), 혹은 물활론적(animistic) 해석", 즉 신을 "인간처럼 행동하는 존재"로 이해하는 모든 해석에 대한 거부이다. 그렇다면 도대체 종교인들이 말하는 신은 누구인가? "아마도 그것은 인간의 사회적 삶을 지탱해 온 도덕률과 전통적 가치에 대한 의인화"에 불과할 것이며, 따라서 그런 존재는 "이 세계 밖에 존재하는 것이 아니라 이 세계의 특성 중의 하나"일 뿐이라고 하이에크는 말했다. 그러니까 하이에크의 하나님은 (만약 존재한다면) 우리의 감각적·물질적 세계 밖에 존재하는 어떤 실재가 아니라, 이 세계 안에 완벽히 내재하는 한 특성이다. 종교인들이 그것을 의인화하여 신이라고 불렀을 뿐이다.

하지만 우리는 하이에크의 신자유주의 사상에 세 가지 이유에서 동의할 수 없다.

첫째, 시장이 사회적 진화에 의해 자생적으로 만들어진 질서라는 하이에크의 주장이 사실이 아니다. 앞서 언급했지만, 자본주의 시장경제가 자연적인 생성물이라는 생각은 허구적인 상상에 불과하며, 역사적으로 자유시장은 중앙집권적이고 강력한 국가의 개입과 통제에 의해 창출되었다. 자유시장은, 신자유주의 경제철학이 가정하듯이 결코 사회 진화의 선물이 아니라, 거꾸로 단호한 정치적 의지와 사회공학(social engineering)에 의해 인위적으로 창출된 것이다.

둘째, 우리가 하이에크의 사상을 받아들이기 어려운 이유는 그것이 윤리적 규범(norm)과 당위성(oughtness)을 상실한 극도의 사회적 보수주의이기 때문이다. 하이에크의 진화론적 사회윤리는, 이미 사회적으로 우세한 것을 자연적인 것으로 받아들이려는 강한 경향성을 띠고 있다. 사회정의와 이웃사랑 윤리가 바로 이런 식으로 부정되었다.

셋째, 우리가 하이에크의 사상에 동의할 수 없는 신학적 이유는, 인간 이성의 오용과 남용에 대한 그의 적절한 비판에도 불구하고, 그의 사상이 '하늘의 가능성(heavenly possibilities)'에 스스로 닫힌 극도의 자연주의 사상이기 때문이다. 하이에크의 사상에서 사회질서는 비인격적(impersonal) 시장의 힘에 의해 만들어진 자생적 질서이기 때문에, 그 질서 바깥에서 그것의 의미를 묻고 비판할 수 있는 초월의 영역을 아예 필요로 하지 않는다.[67] 하이에크는 이렇게 '이미 주어진 것' 이외

---

67) 설상가상으로 하이에크는 '내재적 비판(immanent criticism)'이라는 원칙을 내세우며 인간 사회에 대한 모든 열려진 가능성을 원천적으로 차단하였다. 내재적 비판의 원칙이란 "한 사회질서에 대한 비판과 개선의 노력은 반드시 주어진 가치의 틀 안에서만 수행되어야 한다."는 원칙이다.

의 것에 스스로를 닫아 버렸다. 그러니까 신학적으로 말하면, 하이에크에게는 '이미 주어진 것'이 반드시 절대적일 필요는 없다는 믿음, 즉 '기독교적 이상주의(Christian idealism)'가 결여되어 있는 것이다. 루벰 알베스(Rubem A. Alves)는 기독교적 이상주의란, "완벽한 사회의 가능성에 대한 믿음(a belief in the possibility of a perfect society)"이 아니라 "지금의 이 불완전한 질서가 반드시 절대적일 필요는 없다는 믿음(the belief in the non-necessity of this imperfect order)"이라고 정의했다. 바로 이러한 믿음이 없기에 하이에크의 신자유주의 사상에는 역사를 해석하고 비판하는 초월적인 힘, 혹은 "갱신과 희망의 초월적 원리", 즉 "우리의 조건과 관습을 넘어서 하늘의 가능성을 열어 주시는 하나님"이 없는 것이다. 아무리 살펴보아도 하이에크가 꿈꾼 자유주의적 유토피아의 세계에는 '하늘에 계신 하나님'이 없다. 이 세계로 '침범'해 들어오는 하나님의 나라도 없다. 오직 스스로 자신을 성취해 간다는 시장의 무한한 진화사슬밖에는 없는 것이다. 따라서 필자는, 천상의 가능성에 스스로를 걸어 잠근 하이에크의 신자유주의 사상은 '거룩함과 초월의 상실'을 그 특징으로 하는 '자폐적 세속주의(self-enclosed secularism)'라고 규정한다. 하이에크의 신자유주의 사상은 '역사는 스스로를 해석하며 스스로를 구원한다'는 '자연주의적 이상주의(naturalistic utopianism)' 사상이며, 이는 역사의 갱신과 희망의 원천으로서의 초월의 세계 혹은 궁극적 실재를 믿는 모든 종교가 수용하기 어려운 '자기폐쇄적 세속주의'인 것이다.

우리는 우리의 일상 한 가운데에서, 절망과 고통으로 점철된 우리의 역사의 한 복판에서, 감히 생각할 수 없는 것들을 생각하고 형언하기 어려운 것들을 말하며, 또 실현될 수 없는 것들을 꿈꾼다. 믿음 안에서 우리는 이미 우리 가운데 와 있는 '머나먼 저편(the beyond)'을, 그리

고 우리의 세속 한 복판에 자리 잡고 있는 거룩함(the sacred)을, 나아
가 우리의 비극 그 중심으로 치고 들어오는 '또 다른 세계(another
world)'를 미리 맛보며 산다. 성서는 바로 이런 두 개의 세계, 즉 우리
의 일상의 세계와 '또 다른 세계,' 그 둘 사이의 신비한 관계에 대한 이
야기이다.[68] 예수님은 이 '또 다른 세계' 곧 하늘나라가 "가까이 왔으"
며(막 1:15b) 이미 "너희 가운데 있느니라"(눅 17:21b)고 선포하셨다.
예수님의 복음은 바로 이 새 하늘과 새 땅에 자신과 역사를 열기는 거
부하는 모든 완고한 자기 폐쇄적 세속주의에 대한 '거대한 부정(Big
No)'이다. 하이에크의 신자유주의는 이 세계에 대한 종말론적 부정
(eschatological No)의 힘을 상실했다. 그의 사상 안에서 기존의 세계에
대한 순응만이 강조되고 이 세상에 대한 비판과 갱신이 원천적으로 차
단되어 있다. 역사 안에 더 이상 대안은 없다는 하이에크의 신자유주의
사상은 '새 하늘과 새 땅'을 믿는 기독교의 신앙적 관점에서 결코 받아
들이기 어려운 사상이다.

---

68) Marcus J. Borg, *Jesus in Contemporary Scholarship*(Harrisburg, Pennsylvania: Trinity
　　Press International, 1994), pp. 128-129. 마커스 보그(Marcus J. Borg)가 밝히고 있는 것처
　　럼, 성서의 핵심 전통은 '원시전통(primordial tradition)' 인데, 그 전통 안에 살던 사람들
　　은 눈에는 보이지 않지만 실제적인, 아니 눈에 보이는 것보다 더 현실적인, 그리고 눈에
　　보이는 이 세계의 원천이자 비판으로서의 '또 다른 세계' 혹은 '영적인 세계'를 생생하
　　게 경험하며 살았다. 예수는 바로 이 또 하나의 세계, 즉 '하늘' 을 직접적으로 경험하시던
　　'영적 인물(Spirit person)' 이었으며, 따라서 예수가 선포한 '하나님의 나라' 는 이 세계에
　　대한 '하늘' 을 의미했던 것이다.

7. 대안은 있는가?

하지만 대안은 있는가? 1989년 베를린 장벽 붕괴의 충격으로 시작된 1990년대는 이른바 '지구촌 자유시장(a global free market)' 시대를 향한 거침없는 질주의 시대였다. 그 과정에서 자유시장경제의 세계화라는 거스를 수 없는 역사적 대세라는 일종의 신화가 만들어졌다.[69] '철의 여인' 대처는 이를 '티나(TINA, There Is No Alternative)' 라고 표현했다. 그러나 데이비드 코르텐(David C. Korten)이 말하다시피, 지금 우리는 우리의 의지를 넘어선 어떤 필연적인 역사적 대세에 사로잡혀 있으며 따라서 우리가 할 일은 오직 적응뿐이라는 주장은 허구적 상상에 불과하다.[70] 신자유주의 경제 체제와 그것의 세계화에 대한 대안적 비전과 정책들은 이 '대안은 없다' 는 잘못된 신화 혹은 '지적 테러리즘(intellectual terrorism)' [71]을 극복하는 것에서 시작되어야 한다. 실제로 해 보지도 않고 대안은 없다, 대안은 불가능하다고 생각하는 것은 패배주의와 다름없다. 신자유주의 세계화를 반대하는 사람들은 '티나' 가 아니라 '타타(TATA, There Are Thousands of Alternatives, "수

---

69) 실로, 매리 존 마난잔(Mary John Mananzan)이 말하다시피, 세계화가 가져온 가장 부정적인 영향의 하나는 무한 자유경쟁 시장 외에는 대안이 없다는 신화의 확산과 이로 인한 패배주의의 만연이다.

70) David Korten, *When Corporations Rule the World*, p. 262. 세계화는 이 세계를 기업의 이익이라는 렌즈로 보는 사람들의 '의식적인 선택' 에 의해 추진되는 것이며, 따라서 기업의 이익이 아니라 인간의 이익이라는 렌즈로 세상을 보는 사람들에게는 반드시 대안이 있으며 또 우리는 대안을 선택할 권리와 힘이 있다고 코르텐은 말한다.

71) Maude Barlow, "Globalization and the Dismantling of Canadian Democracy, Values, and Society."; David C. Korten, *The Post-Corporate World: Life After Capitalism*(A Copublication of Kumarian Press, Inc., and Berrett-Hoehler Publishers, Inc., 1999), p. 241에서 인용.

천 개의 대안이 있다")' 라고 말한다.[72) 그렇다면 우리에게는 어떤 근본적이면서도(radical) 현실적인(realistic) 대안들이 있는가?

울리히 두흐로의 지적대로, 대규모의 일시적 사회변혁(a wholesale transformation of society)이 가능하지도 또 바람직하지도 않은 오늘날, 우리는 기존의 민주적 통로와 공간을 통해 신자유주의 경제 체제에 대한 저항을 계속하는 한편, 그와 동시에 기존의 경제 시스템 자체를 근원적으로 대체할 수 있는 문명사적 대안을 스스로 창출하고 실천해 나가야 한다고 믿는다.[73) 말하자면, 한손으로는 싸우면서 다른 한손으로는 우리의 텃밭을 스스로 가꾸어 나가야 하는 것이다. 기존의 시스템에 대한 저항 혹은 '상대적 길들이기(relative taming)' 는 지금 세계 곳곳을 활보하면서 무고한 사람들의 생명과 사회적 안전망을 무너뜨리고 있는 초국적 금융자본의 자유에 '긴급 브레이크(emergency brake)' 를

---

72) 북미자유무역협정(NAFTA)이 공식 발효된 1994년 1월 1일 0시, 멕시코의 치아파스주 라칸돈 정글에서는 원주민으로 이루어진 자파티스타(Zapatista) 민족해방군이 '신자유주의에 대한 4차 대전' 을 선포하고 최초의 반세계화 투쟁을 시작하였다. 혹자는 이를 '21세기 최초의 혁명' 이라고 부르기도 했다. 또한 1999년 11월에는 미국의 시애틀에서 열린 세계무역기구(WTO) 제3차 각료회의가 5만명의 시위대에 의해 결렬되면서 '새로운 길거리 권력(A New Power in the Streets)' 이라는 이름의 시민세력이 탄생하기도 했다(《뉴욕타임스》는 현재 지구상에는 미국이라는 초강대국과 '새로운 길거리 권력' 이라는 두 개의 슈퍼 파워가 존재한다고 보도한 적이 있다). 세계 시민사회운동 단체들은 이러한 '길거리 전투' 와 병행해 2001년부터는 브라질의 포르투 알레그레에서 세계경제포럼(World Economic Forum)에 대항하는 세계사회포럼(World Social Forum)을 열어 대안세계의 정책과 비전을 가다듬어 가고 있다.

73) 두크로는 이러한 전략을 '동시전략(double strategy)' 라고 말하는데, 이는 기존 시스템에 대한 '상대적 길들이기(relative taming)' 와 동시에 기존 시스템에 대한 '거부 및 작은 규모의 대안들(rejection and small-scale alternatives)' 을 실천해 가는 것이라고 말한다. Ulrich Duchrow, *Alternatives to Global Capitalism: Drawn from Biblical History Designed for Political Action*(Utrecht, The Netherlands: International Books with Kairos Europa, 1995), p. 229 이하를 참조하라.

거는 일로부터 시작되어야 한다. 고삐 풀린 금융자본의 파괴 행위를 제어하기 위한 즉각적인 협력과 행동이 국제적인 차원에서 신속히 이루어져야 하는 것이다. 이는 초국적 금융자본의 투기적 흐름이라는 바퀴에 일종의 '모래 한 줌 뿌리기'를 하는 것에 비유할 수 있는데, 이를 위한 구체적인 방안으로 모든 국제 금융거래에 토빈세(Tobin Tax)를 적용하는 것을 생각해 볼 수 있을 것이다.[74] 동시에 제3세계 국가들은 자국의 자본시장을 개방하는 데 좀 더 신중해야 한다. 그 이유는 자본의 자유로운 이동을 보장하는 시스템이 모두에게 유익한 것이 아니기 때문이다.[75] 지구촌 경제에 절실하게 필요한 것은 투기에 기초하지 않은 금융 체제이며, 과거에 그랬던 것처럼, 지역 경제의 이익에 복무하는 그런 금융 체제인 것이다.[76]

한편 우리는 시장에 대한 국가의 개입을 강조하는 케인스주의로의 복귀가 신자유주의 경제 체제의 세계화에 대한 유일한 대안이라는 생

---

74) 제임스 토빈은 국경은 넘어선 모든 금융거래에 1%의 거래세를 부과하자고 제안하였다. James Tobin, "A Proposal for International Monetary Reform", in *The Eastern Economic Journal* 3-4, July/October, 1978을 참조하라. 실제로 필자가 뉴욕 맨해튼의 월가(Wall Street)를 방문하여 몇몇 금융인들과 인터뷰를 가졌을 때 그들은 하나같이 토빈세와 같은 정책이 실시된다면 국제적 금융 거래가 상당히 위축될 것이라 토로한 적이 있다. 물론 토빈세 제안은 미국의 반대로 이루어지지 못하고 있다.

75) Alan S. Blinder, "Eight Steps to a New Financial Order", in *Foreign Affairs*, Sept.-Oct., 1999.

76) 물론 '지역경제(local economy)'의 이름으로 국제적 금융의 흐름을 통제하려는 모든 노력이 다 진보적이지는 않다는 덕 헨우드의 비판은 유효한 것이다. 그는 국제적 자본과 투쟁하면서 '한편으로는 자력적이고 민족적이며 자립적인 경제를 보존하고, 다른 한편으로는 자국 노동자들의 사회적 권리를 보호'하려는 정책이 바로 히틀러의 정책이었음을 상기시킨다. 그는 자본의 국제화 그 자체가 악은 아니라는 점을 지적한다. Doug Henwood, *Wall Street: How It Works and for Whom*(New York: Verso, 1998), pp. 302-303을 참조하라.

각에서 벗어나야 한다. 신자유주의가 세계 곳곳에서 위력을 발휘함에 따라 오늘날 많은 '진보적' 경제학자들이 초국적 금융자본의 전횡을 통제하기 위한 국가의 시장 개입을 강조하며 케인스주의 경제로 돌아갈 것을 촉구하고 있다. 분명, 경제와 정치의 분리가 신자유주의의 핵심적 주장의 하나이기 때문에 이러한 생각은 정당한 것이다.[77] 그럼에도 불구하고 우리는 우리의 관심을 금융자본의 통제에만 국한해서는 안 되며, 마치 국가의 시장에 대한 통제권을 회복하는 것이 만병통치약인 것처럼 생각해서도 안 될 것이다. 멕시코의 한 대통령이 "오 불쌍한 멕시코, 그대는 하나님으로부터 너무 멀고 미국과는 너무 가깝구나."라고 탄식했던 것처럼, 오늘날 제3세계의 많은 '개혁적' 관료들은 그렇게 충실히 자기 국가의 이익을 대변하고 있는 않는 듯하다.[78] 이런 상황에서 민족 국가의 재건이 신자유주의 경제 체제에 대한 유일한 대안인 것처럼 논의되어서는 안 된다. 월든 벨로(Walden Bello)의 지적대로, 우리는 과거의 국가주도형 자본주의 경제로 되돌아갈 수는 없는데 그 이유는, 우리가 이미 몸으로 경험했지만, 그것이 심각한 부의 불평등 분배와 환경 파괴라는 문제를 일으켰기 때문이다.[79] 하지만 케인스주의는 다음의 두 가지 이유 때문에 우리에게 근본적인 대안이 되지 못한다. 즉, 투자가 곧 고용을 의미한다는 케인스주의의 가정은 더 이상 유효하지 않으며,

---

77) 이 연장선에서 달립 스와미는 제3세계 시민운동이 민족국가를 재건하는 일에 매진해야 한다고 주장한다. Dalip Swamy, "An Alternative to Globalization," in *Voices from the Third World*, Vol. XX, No. 2., Decmber 1997, p. 133.

78) 이른바 개혁적 관료들의 다수가 하버드, 예일, 스탠퍼드와 같이 미국 정부와 금융계의 후원을 받고 있는 신자유주의 경제학의 학교들에서 공부했다는 사실은 결코 사소한 일이 아니다.

79) Walden Bello, *Dark Victory: The United States, Structural Adjustment and Global Poverty*(Pluto Press with Food First and Transnational Institute, 1994), p. 112.

또한 무한한 경제성장이 가능하다고 믿는 케인스주의의 근본적 전제 역시 생태학적으로 더 이상 수용될 수 없는 관점이기 때문이다.[80]

그렇다면 신자유주의 경제 체제에 대한 근원적인 대안은, 무한한 경제성장이 가능하며 경제적 발전이 곧 빈곤으로부터의 탈출이라는 기존의 경제적 신앙과 전제를 극복하는 것부터 시작되어야 한다. 고전적 자유주의든, 신자유주의든, 케인스주의든, 마르크스주의든, 비록 그들이 시장과 국가와 자본주의에 관해 서로 적대적인 견해를 가지고 있다 할지라도, 그들은 끝없는 '물질적 진보'를 정당화한다는 점에서 근본적으로 하나다.[81] 지금까지 경제적 '발전(development)'은 가난한 사람들을 해방하는 프로젝트라고 여겨져 왔다. 하지만 래리 라스무센(Larry L. Rasmussen)이 지적하듯이, 발전은 가난을 제거하지 않으며, 역사는 '따라잡기 발전(catching-up development)'이 가능하지 않다는 것을 우리에게 보여 준다.[82] 사실 헬레나 노르베리-호지(Helena Norberg-

---

80) 나아가 케인스주의 경제학은 경제적 지식을 한 사회의 특권적 위치에 있는 중개인 혹은 엘리트 지식으로 전제한다는 점에서 온정주의적(paternalistic) 경제학이라고 고메즈 카마초는 비판한다. Gomez F. Camacho, "The Market: The History and Anthropology of a Socio-Economic Institution," in *Outside the Market No Salvation?* eds. Dietmar Mieth and Marciano Vidal(Maryknoll, New York: Orbis Books, 1997), p. 5.

81) 과거 소비에트 공산주의와 서구 자본주의의 대결은 근본적으로 서구 이데올로기 '한 식구 내의 분쟁'이었다고 볼 수 있다. 둘 다 '공장 굴뚝'을 근대화의 모델로 하는 쌍생의 이데올로기인 것이다. 마르크스-레닌주의와 자유시장주의는 특히 둘 다 자연에 대해 프로메테우스적인 자세를 가졌다는 점에서 공통점이 있다. 존 그레이는, 이들이 인류의 문화적 다양성을 무시하고 인류를 어떤 단일한 보편적 문명으로 통합하려 했던 서구 계몽주의 프로젝트의 변이체들에 불과하다고 지적한다. John Gray, *False Dawn*, pp. 102, 215.

82) 세계 경제를 사다리에 비유하는 경향이 있다. 그래서 사다리 높은 곳에는 선진국들이 이미 올라가 있고 나머지 나라들은 그 뒤를 좇아 열심히 오르고 있다고 생각하게 된다. 이러한 생각 속에서 개발도상국들도 언젠가는 세계 경제 사다리의 윗자리에 오를 수 있을 것이라는 믿음이 전제되어 있다. 하지만 과거 세계은행의 총재였던 로버트 맥나마라(Robert McNamara)는, "설사 가난한 나라의 경제성장률이 두 배가 된다 하더라도, 오직 일곱 개의 나라가 1백년 후에 부자 나라와의 차이를 좁힐 수 있을 것이며, 1천 년이 지나야 그 중 아홉 개 나라만이 미국의 수준에 도달할 것"이라고 말했다.

Hodge)가 지적하는 것처럼, 서구가 말하는 '발전'이라는 개념은 이 지구상의 모든 사람들이 똑같은 것을 필요로 하고, 똑같은 음식을 먹어야 하며, 똑같이 생긴 집에서 살고, 또 똑같은 옷을 입어야 한다는 잘못된 문화적 전제 위에 세워진 것이다. 뿐만 아니라 지금까지 무한한 경제발전이 가능한 것처럼 인식되어 온 이유는 경제를 자연에서 고립된 것처럼 그리고 인간의 경제 안에 자연이 한 하부 구조로 포함되어 있는 것처럼 생각해 왔기 때문이다. 하지만 '생태경제학의 수석 사제(dean of ecological economics)'로 불리는 헤르만 데일리(Herman E. Daly)가 강력히 주장하다시피, 경제란 그 물리적인 차원에서, '유한하고, 성장하지 않으며, 물질적으로 닫힌 지구의 에코시스템 아래 존재하는 열린 한 하부 구조(an open subsystem of the earth's ecosystem, which is finite, nongrowing, and materially closed)'로 재인식되어야 한다.[83] 간디가 남긴 말처럼, 우리의 "지구는 모든 사람들의 필요(need)를 만족시키기에 충분하지만 모든 사람들의 욕심(greed)을 만족시키기에 충분하지 못하다." 그렇기 때문에 가난의 문제 해결은, 데일리가 주장하듯이 이미 실패한 것으로 드러났고 또한 환경적으로도 지탱하기 어려운 것으로 판명된 '양적 성장(quantitative growth)'에 의해서가 아니라, 분배 정의의 실현과 인구 증가의 억제와 같은 사회적 관계의 개혁, 즉 '질적 발전(qualitative development)'에 의해서 해결되어야 한다.[84] 경

---

83) Herman E. Daly, "Sustainable Growth? No Thank You," in *The Case Against the Global Economy and For a Turn Toward the Local*(San Francisco: Sierra Club Books, 1996), p. 193. 헨더슨 역시 "경제는 거대 지구 시스템의 하부 시스템으로 재위치 지워져야 한다."고 말한다. Hazel Henderson, *Beyond Globalization*, p. 22.

84) 데일리는 '성장(growth, 규모의 양적 증대)'과 '발전(development, 보다 높은 단계로의 질적 진화)'을 분리하면서 '성장 없는 발전(development without growth)'이 곧 '지속 가능한 발전(sustainable development)'이라고 정의한다. 그렇기 때문에 성장이라는 말 앞

제의 목표는 '무한한 빵(infinite bread)' 이 아니라 '충분한 빵(enough bread)' 이 되어야 한다. 경제의 슬로건 역시 '더 많은 것이 낫다(more is better)' 에서 '충분한 것이 가장 좋은 것이다(enough is best)' 로 바뀌어야 한다. 이것은 '일용할 양식(daily bread, lo cotodiano)' 을 구하라고 가르치신 예수의 정신과도 일맥상통하는 것이다.

이렇게 볼 때 신자유주의 경제 체제의 근원적 대안은 경제의 '지역화(localization)' 에서 찾아야 한다. 이 말은 지금의 팽창지향적인 단일 지구촌 경제 모델을 버리고 세계 경제를 '작은 규모(small scale)' 의 지역 경제로 재편하고 다원화하며 그들 간의 평등하고 호혜적인 상호협력관계를 창출하는 것을 의미한다. 물리적으로 큰 시장이 더욱 효율적이며 따라서 번영의 중대에 더욱 효과적이라고 주장하는 사람들이 많다. 하지만 일찍이 슈마허(E.F. Schumacher)는 이러한 생각을 '거대망상증(giantism)' 이라고 비판했으며, 언제나 자연환경에 덜 유해한 작은 규모의 경제로 재편하는 것이 인류의 미래에 사활적인 과제라고 역설한 바 있다.[85] 대규모 시장경제는 언제나 자원 집약적이며, 경제의 규모가 커질수록 비용은 당연히 증가한다.[86] 요점은 자연 자원이 유한하기

에 설사 '지속 가능한' 혹은 '녹색의' 라는 형용사를 붙인다고 해서 성장이 합리화될 수는 없다고 그는 주장한다. 이런 식의 태도는 오히려 사태를 더욱 악화시킬 것이라고 그는 경고하는데, 그것은 이미 인간 경제의 물리적 규모(physical scale)가 지구환경이 지탱하기 어려운 크기까지 자라났기 때문이다. Daly, "Sustainable Growth? No Thank You," pp. 193-195.

85) E. F. Schumacher, *Small Is Beautiful: Economics as if People Mattered*(New York: Harper & Row, 1973), pp. 36, 67. 작은 규모의 경제활동은 그것이 자연의 자생적 회복력에 가하는 손상이 적기 때문에, 그 수에 상관없이 언제나 큰 규모의 경제보다 자연환경에 덜 유해하다.

86) 지구상의 모든 도시들은 극도로 자원 집약적이다. 예를 들어 도시에서 소비되는 식품은 그것의 수송을 위한 화석연료의 소모와 공해의 발생을 수반하기 때문이다. 당연히 작은 규모의 시장은 이러한 에너지를 소비하지 않아도 되기 때문에 환경친화적인 것이다.

때문에 인간의 경제활동 규모도 반드시 그 한계 안에 제한되어야 한다는 점이다.[87] 물론 이것은 모든 종류의 교역을 즉각적으로 중단할 것을 요구하지 않는다. 예를 들어 우리는 커피나 목화 등의 국제무역에 전적으로 의존하고 있는 제3세계 가난한 국가들에게 하루아침에 모든 교역을 중단하라고 요구할 수는 없다. 요지는 인간의 기초적인 필요(need)가 가능한 한 지역경제의 차원에서 충족되어야 하며 교역은 불가피할 때에만 이루어져야 한다는 점이다. 여기서 반대하고 있는 것은 인간의 기초적인 필요를 충족시키는 데 필요하지 않은 원거리 무역(long-distance trade)이다.[88] 하지만 이것이 정말로 가능한 이야기인가? 이미 너무 많은 사람들이 도농 간, 국가 간 교역에 의존하는 도시문명 속에 살고 있지 아니한가? 하지만 노르베리-호지는 "인류가 모두 도시로 옮겨 가기에는 우리의 수가 너무 많다."고 단언한다.[89] 실제 오늘날 인류

---

87) 경제의 규모(scale)는 자연의 조절 능력과 재생산 능력과 조화를 이루어야 한다. 사실 지금까지 경제학에서 무시된 경제의 '규모'에 대한 관심은 무한한 경제 성장이 가능하다는 전제를 파기한다. Lukas Vischer, "How Sustainable Is the Present Project of World Trade?" p. 42. 미국 원주민 신학자 조지 팅커(George E. Tinker)가 말하듯이 인간은 '한계 안에 사는 지혜', 즉 '창조 세계와의 조화와 균형을 유지하기 위해 인간의 필요에 제한을 가해야 한다는 깊은 영적 각성'을 배워야 한다. 이것은 곧 인간에게 '모든 것이 가능하지 않다'는 것을 배워야 한다는 것을 의미한다. 현재와 같은 대규모의 인간 경제는 인류 역사에서 고작 500여 년밖에 되지 않은 것이며 따라서 우리는 인류 역사의 대부분을 차지하는 작은 규모의 지역 자립경제로 되돌아가야 한다고 팅커는 주장한다. George E. Tinker, "Liberation and Sustainability: Prolegomena to an American Indian Theology", in *Ecojustice Quarterly*, Vol. 15, No. 1, Winter 1994-1995, pp. 17-18.

88) 슈마허는, 산업화 이전 시대의 무역은 생계에 필수적인 품목을 위한 교역이 아니라 보석이나 사치품 그리고 향신료나 불행히도 노예와 같은 것들의 교역이었음을 지적한다. 두크로 역시 인류의 역사에서 원거리 무역은 사람들의 기초적인 필요를 충족시키기 위한 교역이 아니라 사치품이나 전쟁 물자를 조달하기 위한 거래였음을 지적한다. 간디는 삶에 필요한 물품을 먼 곳에서가 아니라 자신의 지역에서 스스로 공급해야 한다고 말했고 이를 '스와데시(swadeshi)'라 불렀다.

89) Helena Norberg-Hodge, *Ancient Futures: Learning from Ladakh*(San Francisco: Sierra Club Books, 1991), p. 396.

의 대부분은 제3세계에 그리고 농촌의 땅 위에 살고 있다. 우리가 현재의 팽창적인 세계 단일 경제 모델을 포기해야 하는 이유는 사람들을 도시로 보내기에는 너무 많은 사람들이 제3세계의 농촌에 살고 있기 때문이다. 신자유주의 세계화의 근원적인 대안은 '비세계화(de-globalization)' '비집중화(de-centralization)' 혹은 '지역화(localization)' 이다. 친환경적인 작은 규모의 지역경제들이 거대한 국제시장의 폭력으로부터 보호되어야 한다.[90] 우리는 원래 우리의 땅과 함께 숨쉬며 살았던 세계를 회복해야 하는 것이다. 신자유주의 경제체제 세계화의 방향 수정은 "지구적 종속에서 지역적 상호의존으로(from global dependence to local interdependence)"[91]가 그 슬로건이 될 수 있겠다.

그리고 이러한 친환경적인 소규모 지역경제들 간의 상호의존적인 지구촌 경제를 실현하기 위해서는 세계무역기구(WTO)가 해체되어야 하고, 국제질서는 약소국가들에게 보다 더 높은 생존과 번영 가능성을 제공하는 '덜 짜여지고 더 다원적인 세계(a less structured, and more pluralistic world)' 로 재편되어야 한다. 월든 벨로가 끊임없이 제기해

---

90) 물론 이것은 '보호주의(protectionism)' 를 의미한다. 과거에 보호주의와 '지역주의(localism)' 는 지식인들 사이에서 반진보를 의미하는 '더러운 언어' 로 간주되어 왔다. 그 이유는 과거의 지역수의가 종종 인종차별주의와 지역연고주의와 같은 창조적 상상력의 빈곤과 같은 것이었기 때문이다. 하지만 이것은 절반의 진리에 불과하다. 현재의 제1 세계 선진국 국가들이 어떻게 선진국이 되었는지를 상기해 보라. 노암 촘스키가 지적하는 대로, 영국으로부터 시작하여 오늘날 세계 최강국인 미국과 아시아의 신흥공업국에 이르기까지 그들은 "기존의 자유시장 독트린에 대한 과감한 배반"으로 경제적 발전을 이룰 수 있었다. 사실 미국이야말로 "근대 보호주의의 모체이자 요새" 이다. 우리는 이제 새로운 형태의 지역주의를 필요로 한다고 할 수 있다. 새로운 지역주의는 한편으로는 각 지역경제의 온전성을 보호하면서도 다른 한편으로는 인류의 문화적 다양성에 기초한 국제적 협력과 지원을 마다하지 않는 열린 지역주의가 될 것이다.

91) Norberg-Hodge, "Shifting Direction: From Global Dependence to Local Interdependence", p. 393.

왔다시피, 세계무역기구가 인류의 공영을 위해 필요하다는 말은 '우리 시대 가장 큰 거짓말의 하나' 이다.[92] 도리어 과거 느슨했던 '관세와 무역에 관한 일반협정(GATT)' 체제하에서 제3세계가 발전을 시도할 수 있었고 그 소수의 성공 사례가 바로 한국을 포함한 아시아의 신흥공업국들(NICs)이었던 것이다. 현재처럼 꽉 조여진 WTO 체제하에서는 과거와 같은 방식으로 개발도상국가들이 경제적 성장을 이루는 길 자체가 제도적으로 봉쇄되어 있다.[93] WTO는 철폐되어야 한다. 하지만 그것이 또 다른 거대 국제기관으로의 대체를 의미해서는 안 된다. UN의 역할이 강화되어야 하겠지만, 어떤 '세계정부(world government)' 의 창설은 좋은 대안이 아니라고 본다. 벨로의 지적대로 서로 간에 다양한 견제와 균형을 기할 수 있는 "보다 더 유동적이고, 덜 체계적이며, 더욱 다원주의적 세계(a more fluid, less structured, more pluralistic world with multiple checks and balances)"가 지구의 남반구로 하여금 그들의 역사적 리듬과 전략에 기초한 발전을 이룰 수 있는 공간을 제공하기

---

92) 미국이 과거보다 느슨하고 융통성이 있었던 GATT 체제를 폐지하고 1995년에 막강한 권한을 지닌 WTO 체제를 탄생시킨 이유가 세계 모든 나라들의 이익을 위해서가 아니라 미국의 이익을 위한 것이었음은 두말할 필요도 없다.

93) 벨로는, 선진국과 신흥공업국들이 성공을 거둘 수 있었던 핵심적 이유는 그들이 상대적으로 쉽게 첨단 산업기술에 접근할 수 있었기 때문이라고 말한다. 예를 들어 과거에 미국은, 독일과 마찬가지로, 영국의 산업적 혁신기술을 거의 돈을 내지 않고 베껴다 사용함으로써 선진국에 진입할 수 있었다. 일본은 미국의 혁신적 기술을 같은 방식으로 빌려옴으로써 경제적 도약을 이룰 수 있었다. 한국 역시 미국과 일본의 기술을 같은 방식으로 사용하여 급속한 경제성장을 이룰 수 있었다. 하지만 현재의 WTO와 우루과이라운드(UR) 체제, 그리고 TRIM(Agreement on Trade-Related Investment Measures, 무역관련투자방식에 관한협약) 혹은 TRIPs(Agreement on Trade-Related Intellectual Property Rights, 무역관련지적재산권에관한협약) 체제하에서는 과거 아시아의 신흥공업국들이 걸었던 것과 같은 신속하고 효과적으로 산업화의 길이 원천적으로 봉쇄되어 있다 할 수 있다. 한마디로 WTO는 과거 GATT 체제와는 달리 제3세계의 국가들이 성장할 공간을 제공하지 않는다.

때문이다.[94]

세계 경제의 '지역화'와 함께 신자유주의 경제 체제에 대한 근원적인 대안은 화석연료에 기초한 현재의 에너지 문명을 극복하는 것에서 찾아져야 한다. 미 국방부의 한 비밀보고서는, 지금의 전 지구적인 기후 변화로 10여 년 후에는 지구 전체가 국지적으로 극심한 기상이변과 기후변동을 맞이하게 될 것이며, 이는 곧 전 지구적인 식량 및 에너지 수급의 혼란을 초래하여 국제적 분쟁을 격화시킬 것이고, 여기서 살아남고 이기기 위해 몇몇 국가들이 추가로 핵무장을 하게 될 것이라고 예측하였다(이 국가들 중에는 한국도 포함되어 있다). 실로 지금 벌어지고 있는 여러 전쟁들은 본질상 석유를 둘러싼 열강의 경쟁이기도 하다.[95] 우리가 세계화와 동전의 양면으로 진행되고 있는 군사화로 인해 세계 도처에서 벌어지고 있는 전쟁과 폭력의 문화에서 근본적으로 탈출하려면 우리는 특정 지역에 묻혀 있는 석유자원이 아니라 이 세상 누구에게나 하나님께서 골고루 내리시는 태양빛과 지구의 70%를 이루고 있는 물에 의존하는 에너지 문명으로 근본적인 패러다임 전환을 이루어야 한다.[96] 하지만 이것이 실제로 가능할까?

---

94) Walden Bello, "Why Reform of the WTO is the Wrong Agenda", in *DAGA Info*, Jan. 20, 2000, p. 8.

95) 미국의 이라크 전쟁도 그 본질은 석유 때문이다. 그래서 중동의 석유는 '축복이자 저주'라는 말이 나올 정도이다. 평범한 돌섬에 불과한 釣魚島(중국명 댜오위다오) 혹은 尖閣(일본명 센카쿠)을 둘러싼 분쟁도 1970년데 이 섬 주변 대륙붕에 석유와 친연가스가 매징돼 있다는 사실이 알려진 이후에 벌어진 일이다. 이외 중국과 대만과 베트남 사이의 南沙(스프래틀리) 군도를 둘러싼 분쟁 등 지구상에 석유를 둘러싼 분쟁은 수도 없이 많다.

96) 지구상에 1년 동안 들어오는 태양에너지의 양은 인류 전체가 1년간 사용하는 에너지의 1만 5천 배나 된다고 한다. 이 고갈되지 않고, 깨끗하고, 안전한 에너지를 이용하기 위해 태양광발전, 태양열발전, 풍력발전, 수력발전, 바이오매스 발전, 조력발전 등을 위한 기술이 이미 개발되어 사용되고 있다. 특히 풍력발전은 덴마크에서 전체 전기생산의 25%, 독일에서 5%를 차지하고 있으며, 전 지구적으로도 해마다 약 40%씩 증가하고 있다. 한국은

필자는 지금으로부터 5년 전 쿠바를 방문한 적이 있다.[97] 당시 쿠바
는 구 소련과 동유럽 사회주의의 붕괴로 인한 모든 물자 공급의 중단과
자본주의 시장경제의 세계화 및 미국의 경제봉쇄 강화라는 이중적 충
격 때문에 절체절명의 위기상황에 처해 있었다.[98] 그런데 국제사회가
쿠바인들의 집단 아사 사태를 염려할 정도인 극도의 위기상황에서 쿠
바 정부는 1991년 9월 '평화 시의 국가비상사태'를 선포하고 생존을
위한 문명사적 대전환을 시도한다.[99] 그때 탄생한 것이 '도시를 경작하

현재 식량의 80%, 에너지의 98%를 외국에서 수입하고 있다. 우리에게도 고갈되지 않는
에너지, 기후변화를 일으키지 않는 에너지, 그리고 안전하고 깨끗한 에너지는 생존이 걸
린 긴박한 문제인 것이다. 방송통신대학의 이필렬 교수(에너지대안센터 대표)가 지적하
듯이, 우리는 대안적 에너지 문명을 이룩하여 원자력과 화석연료의 질곡, 초국적 에너지
기업의 질곡, 신자유주의 세계화의 덫, 기후재앙의 위험으로부터 벗어나야 한다(《이대대
학원신문》 2004년 3월 3일자 1면을 참조하라.

97) 이때 필자가 직접 보고 들은 것을 기록한 "'Somos La Esperanza!' 우리가 희망입니다,"
《시대와 민중신학》 제6호, 제3시대그리스도교연구소, 2000년을 참조하라.

98) 한때 '라틴아메리카 1위, 세계 11위'(1989년 UNDP의 생활수준 지표) 부국이었던 쿠바
가 당시 한순간에 붕괴할 수 있는 경제적 위기를 맞게 된 원인은, 설탕과 커피와 오렌지
라는 환금작물을 동구권에 수출하고 대신 식료품을 수입하는 대외의존적 국제분업 체계
에 편입되어 있었기 때문이었다. 국내 식량 자급률이 40% 정도밖에 되지 않던 쿠바는 당
시의 위기로 수입 물자의 80% 이상을 공급받지 못하는 지경에까지 이르렀다. 사실 쿠바
의 재정은 소련으로부터 지원받는 막대한 원조금과 보조금으로 유지되고 있었는데, 소련
은 전략적 고려로 쿠바의 사탕수수를 국제가격의 5.4배에 사들이고 매년 50억 달러의 원
조를 쿠바에 쏟아 부었다. 하지만 소련이 붕괴하자 이런 원조 시스템은 무너졌고 사탕수
수 가격은 폭락했으며 유류 공급도 끊겼다. 그 결과 화학비료 연간 1백만 톤과 화학농약
연간 2만 톤 그리고 석유를 원료로 하는 화학 합성물질이 절대적으로 부족하게 되었다.
더욱 심각한 것을 식료품과 의약품 공급의 중단이었다.

99) 당시 카스트로는 시장과 경쟁원리를 끌어들여 사회주의와 자본주의가 병행하는 '이중경
제(dual economy)'로의 이행을 모색하였다. 그런데 이런 쿠바의 경제실험은 경쟁의 원리를
도입하되 자유방임과 같은 규제완화를 실시하는 것이 아니라, 의료와 교육은 무상으로 제
공하고 기초 생활물자는 배급으로 염가에 의존한다는 기존의 원칙을 지키는 것이었다. 즉
사회주의의 장점인 사회안전망을 유지한 채 '인간적 얼굴'의 구조 개혁을 추진한 것이다.

는 것', 즉 '도시농업' 이었다.[100] 놀랍게도, '어쩔 수 없이' 시작된 이 도시 유기농업은 기존의 대규모의 단작(單作)으로 피폐화되었던 땅의 생명력을 회복시켜 주었고, 1959년 혁명 이후 빈곤 퇴치를 위해 육식과 수입 밀 위주로 재편됐던 식단을 채식으로 바꾸는 부수적인 효과도 가져다주었다. 석유가 모자라 중국에서 한꺼번에 들여온 1백만여 대의 자전거는 과거 고물 헝가리제 버스가 쏟아내던 매연을 일거에 청정공기로 바꿔놓았다. 수입을 할 수 없게 된 의약품을 대신해서 도시의 채소농장 곳곳에서는 허브가 자라났으며, 태양전지와 바이오가스와 같은 자연에너지가 시민 생활의 질을 향상시키고 있다. 놀랍게도 현재 인구 220만 명이 모여 사는 쿠바의 수도 아바나는 10년 전 최악의 식량위기를 딛고 21세기 생태도시의 새 모델로 떠올랐다.[101] 쿠바는 최악의 경제위기를 지구촌에서 가장 성공한 자급자족 환경도시로 변화시키면서 세계적으로 자타가 공인하는 '유기농업의 메카'로 불리게 되었다. 위기는 기회였다.[102] 생태주의자나 환경경제학자라면 머릿속으로 그려

---

100) 주위가 택지로 둘러싸여 뿔뿔이 흩어진 도시의 토지 조각들을 이용한 농업을 '도시농업'이라고 한다. 최근 일본의 농림수산부에서 일하는 요시다 타로가 쿠바를 방문하여 『생태도시 아바나의 탄생』[안철환 역(도서출판 들녘)]이라는 책으로 그 동안의 쿠바의 자구 노력을 상세히 소개하였다. 이하 쿠바의 도시농업에 대한 소개는 그의 책 곳곳에서 인용한 것이다.

101) 쿠바의 수도 아바나는 아메리카 대륙에서도 1514년에 건설이 시작된 가장 오랜 역사를 지닌 도시다. 1607년에 쿠바의 수도가 되었는데, 이는 뉴욕과 워싱턴보다도 훨씬 오래된 것이다.

102) 쿠바의 도시농업은 시내 한복판이라도 빈 땅이면 어디서든 농산물을 재배하고 그것도 모두 농약이나 화학비료 없이 유기농으로 생산한다. 그 결과 지금 아바나 시 전체에는 가정 텃밭, 개인농사, 기업농장, 협동조합농장, 자급농장(autoconsumos)등 8천 곳이 넘는 도시농장과 텃밭이 있고 이를 3만 명 이상의 시민이 경작하고 있다. 이 도시농지가 도시 전체 면적의 40%를 차지하는데, 거기서 220만 전 시민에게 공급할 정도의 채소가 생산된다. 현재 쿠바의 식량자급률은 유기농업 운동 시작 이전의 43%(1990년)보다 훨씬 높은 95%(2002년)를 달성했다. 같은 시기 똑같은 경제적 어려움을 겪은 북한에서 2백여만 명의 인구가 기아로 쓰러진 데 비해 쿠바에서는 굶어 죽은 사람이 한 명도 발생하지 않았다.

볼 법한 이상적인 미래상이 쿠바에서는 현실로 펼쳐지고 있다.

　사실 소수의 농민이 다수의 도시주민을 먹여 살리는 근대도시는 지난 150여 년 경제성장과 개발의 핵심적 아이디어였다. 하지만 이것은 더 많은 농약과 에너지와 쓰레기를 의미했다. 쿠바의 수도 아바나는 '지속 가능한 도시'라는 한 대안을 제안했다. 이 모델은 풍요롭지는 않지만 외부의 물자유입과 지원 없이도 스스로 생산하고 소비하고 처리하는 자족적 시스템이다. 이런 자급자족 모델은 농촌이 도시를 먹여 살리는 근대적 발전 도식을 깨뜨렸다는 점에서 하나의 커다란 탈근대적 혁명이다. 아마도 '21세기 인류의 생존법'이 이 안에 담겨 있는지도 모른다.[103] 한국의 전국귀농운동본부 김성훈 교수가 말하다시피, 지구와 인류가 화학적이고 자원 낭비형 농업의 한계에 직면해 있는 이때, 쿠바 유기농업의 성공이야말로 '인류 미래의 밝은 희망'이다. 20세기가 억압과 수탈과 전쟁의 시기였다면 21세기는 인권과 생명과 평화의 시대여야 하고, 이것을 이루기 위한 농업적 생활양식은 친환경 유기농업이라고 김성훈은 강조한다. 필자가 쿠바의 성공 가운데 특별히 주목하는 것은 불필요한 장거리 수송에 따른 석유 소비를 줄이고 도시 생태계의 환경을 개선하여 농산물 가격의 안정을 이루었다는 사실이다. 쿠바는

---

103) 우리가 사는 인구 1천만의 '기생도시' 서울은 땅이 곧 돈인데 그 안에서 텃밭 채소를 만나기는 갈수록 어려워진다. 하지만 귀농운동과 같은 실험은 이미 시작되었다. 지속 가능한 친환경 유기농업은 환경을 보존할 뿐만 아니라 삶의 질을 한 단계 높이며 나아가 농촌 사회의 활성화를 동시에 이룩한다. 이 운동의 중심에는 언제나 가족농(family farming)이 있고 지역사회 공동체가 있다. 이제까지의 대형기업농(corporate farms) 또는 국영농장 중심의 농 운동들이 이미 지구 곳곳에서 일어나고 있다. 미국과 캐나다의 '지역사회 지원 농업(Community-Support Agriculture)' 운동과 '지역사회 식품 안보(Community Food Security)' 운동 등이 그 대표적인 사례이며, 일본의 '지산지소(地産地消)' 운동과 한국의 신토불이(身土不二) 혹은 도농불이(都農不二) 운동 역시 이 범주에 속한다. 이런 도농 간 '신토불이 연대'는 한국 교회가 크게 기여할 수 있는 영역이기도 하다.

탈석유문명의 한 살아있는 대안으로 거듭난 것이다. 석유와 같은 지하 자원은 언젠가 반드시 고갈된다. 이 점을 생각하면 아바나가 경험한 위기는 석유문명에 바탕을 둔 이 세계의 모든 도시가 궁극적으로 직면하게 될 사태의 예고편이라 할 수 있다. 쿠바는 특수한 정치상황 때문에 그 미래를 조금 일찍 경험한 것뿐이다.

신자유주의 세계화에 맞서는 '대안적 세계화' 의 방향을 놓고 국내 진보적인 경제학자들과 시민사회 운동이 두 노선으로 갈려 있음에도 불구하고,[104] 신자유주의 경제 체제에 대한 대안은 우리의 먹는 일부터 시작할 수 있다. 모든 사람이 똑같은 음식을 똑같이 빨리 먹는 '맥도날드 식문화' 는 천편일률적인 글로벌 라이프스타일을 만들어 가고 있으며, 세계 곳곳에서 이에 대한 대안으로 슬로푸드(Slow Food) 운동이 일어나고 있다.[105] 이러한 운동은 지구환경을 살리기 위한 대안으로 '저

---

104) 현재 시민사회운동에 참여하는 국내 진보적인 경제학자들은 국민대 조원희 교수를 중심으로 한 '대안연대회의' 와 고려대 김균 교수를 중심으로 한 '참여연대' 로 양분되어 있다고 할 수 있다. 원래 이 두 흐름은 1990년대 초반부터 참여연대 안에서 함께 활동했으나 2001년에 대안연대회의가 떨어져 나감으로써 두 가지 서로 다른 길을 걷게 되었다. 현재 참여연대는 개발 독재의 유산을 털어내기 위해 자유주의적 세례가 필요하다고 주장하지만, 대안연대회의는 신자유주의의 물결이 거센 상황에서 자유주의의 도입은 곧 신자유주의에 휩쓸리는 결과를 낳고 만다고 비판한다. 즉, 소액주주운동 등 참여연대가 펼치고 있는 경제개혁운동은 자칫 국제금융시장의 '자율성' 에 모든 것을 내맡기자는 방임형 운동이 될 수 있으며, 이는 결과적으로 국내 기업이 투기적 외국자본에 넘어가는 것을 방치할 수 있게 된다고 비판하는 것이다. 대신 대안연대회의는 재벌 총수에게 경영부실의 책임을 묻고 기업의 사회적 책임을 강력하게 요구해야 한다고 주장한다. 이 때문에 이들은 '신재벌개혁론자' 들로 불리기도 하며 따라서 재벌을 옹호한다는 역비판을 받기도 한다. 김균 교수에 따르면, 금융자본보다 실물경제가 중요하다거나 경영권 안정을 이뤄야 한다는 등의 지향점에서는 두 단체가 근본적으로 다르지 않다. 이 대안연대회의와 참여연대 사이의 '비판적 협력관계' 에 관해서는 《동아일보》 2003년 11월 24일 A18면을 참조하라.
105) 이 슬로푸드 운동의 메카는 이탈리아의 브라 마을이라고 한다. 이에 관한 기사는 《조선일보》 2004년 1월 1일자 A27면을 참조하라.

소비 사회'로의 이행이 필요하다고 역설하는 월드워치연구소(World Watch Institute)의 주장과도 깊은 연관성을 가지고 있다 할 수 있다.[106] 또한 지역경제의 활성화와 빈곤층 구제라는 '두 마리 토끼'를 한꺼번에 잡을 수 있는 대안화폐 운동도 확산해 나갈 수 있겠다. 1983년 캐나다의 컴퓨터 프로그래머인 마이클 린튼이 처음 시작한 이 운동은 우리나라에서는 1996년에 '녹색평론'이 이를 처음 소개한 이후 '미래를 내다보는 사람들의 모임(미내사)'의 '미래화폐(fm)' 운동을 효시로 현재대전의 '한밭 레츠(한밭 LETS, Local Exchange & Trading System 혹은 지역교환거래체계)' 등 전국에 30개 정도의 지역/대안화폐 운동으로 확산되어 있다.[107] 이 운동이 아직 중산층 중심에서 벗어나지 못하고 있다는 한계에도 불구하고 대안화폐 운동은 지역 공동체를 살리고 지구 환경위기를 극복하는 한 대안으로 실험되고 개선되어 가고 있다. 이런 운동에 교인들 간의 상호부조가 이미 보편화되고 있는 교회가 적극적으로 참여하면 큰 진전을 이루어낼 수 있을 것이다.

---

106) 월드워치연구소는 올해의 『지구환경보고서 2004』[오수길 역(도요새)]에서 인류가 무엇을 얼마나 왜 소비하며, 그러한 소비가 인간과 지구에 대해 어떤 형향을 미치고 있는지를 분석한 다음, 그 대안으로 '저소비 사회'가 가능하며 또 필수적이라고 제시한다.

107) 2000년 2월 정식으로 창립된 한밭 레츠는 우리나라에서 가장 널리 유통되는 대안화폐인데 현재 약 480여 명이 회원으로 가입해 있다고 한다. 화폐 단위는 '두루(1두루는 1원과 맞먹음)'이며, 회원 가맹점 간의 거래는 30% 이상 이 두루를 쓰도록 되어 있다고 하는데, 회원들은 이 두루를 장애인공동체에 후원금으로 내놓기도 하고 친구 결혼이나 친구 자녀 돌잔치의 부조로도 쓴다고 한다. 대부분의 지역화폐가 창안자에게 집중되면 그 창안자가 그만두거나 자리를 옮기는 즉시 사라져 버리는 폐단을 극복하기 위해 한밭 레츠 사무실은 '두루지기'라고 불리는 주부 자원봉사자들을 두어 제도적 영속의 길을 모색하고 있다고 한다. 한밭 레츠는 앞으로 저소득층을 위한 영구임대 아파트가 자리 잡고 있는 한 지역을 분리해 보다 조직적인 실직자와 빈곤층 부조에 나설 계획이며 한 대학을 단위로 한 지역 화폐운동도 기획하고 있다. 이 운동에 관한 보다 자세한 내용은 《한국일보》 2003년 11월 29일 A23면을 참조하라.

8. 나가는 말

윌리엄 그라이더는, 세계화의 가장 심오한 사회적 의미는 이제 인류가 더 이상 자신의 정체성(identity)을 자유롭게 선택할 수 없게 된 것이라고 말한다.[108] 그에 의하면, '준비됐든 안 됐든(ready or not)', 전 인류는 교역과 자본의 힘에 의해 하나의 거대시장으로 통합되고 있다. 물론 사람들은 이 사실을 애써 외면하려 한다. 하지만 이제 더 이상 숨을 곳은 없다. 최소한도 산업화된 국가에 산다면 말이다. 물론 아직도 지구상의 많은 사람들이 이 새로운 시스템의 변방에 있지만, 전 지구적 상호연결성은 이미 거스를 수 없는 역사적 대세이다. 따라서 그라이더는, '좋든 싫든(like it or not)', 이제 과거 식민주의 시대로부터 물려받은 낡은 사상적 패러다임을 벗어버리고 새로운 정체성을 만들어 가라고 주문한다. 세계화라고 하는 '지구적 혁명'이 만들어 내고 있는 모든 긍정적 가능성들을 적극적으로 수용하여 새로운 자아를 만들어 나가라는 것이다. 하지만 쿠바의 아바나는 그라이더의 진단이 꼭 옳지는 않다는 점을 일깨워 주고 있다. 쿠바는 변방에서 지구 문명의 새로운 정체성을 만들어 가고 있다. '하나의 세계' 혹은 '세계시민(global citizen)'이 되고픈 열망은 인류 역사에서, 특히 서양의 역사에서 강하게 이어져 왔다.[109] 하지만 '모두가 신뢰할 수 있고 또 아무도 배제하지

---

108) One World, *Ready or Not*, p. 333.

109) 소크라테스는, "나는 아테네 시민도 그리스 시민도 아니다. 단지 세계 시민일 뿐이다."라고 말했다. 세네카는, "나는 이 우주의 어느 한 구석을 위해 태어나지 않았다. 전 세계가 나의 국가이다."라고 말했다. 아리스토텔레스는 좀 더 솔직하다. "나의 조국은 어디인가? 내가 가장 잘 나가는 곳, 바로 그곳이다." 그런데 최근에 소크라테스, 세네카, 그리고 아리스토텔레스의 이와 같은 세계시민 정신을 다시 한 번 잘 일깨워 준 것은 미국 영화 "Men in Black"에 나오는 한 유명한 대사이다. "나에게는 싸워 지켜야 할 나라가 없다. 왜냐 하면 내 나라는 이 지구이며 나는 세계 시민이기 때문이다." (독수리 5형제?)

않는' 진정한 '하나의 세계(One World)'는 지금과 같이 초국적 자본
이 주도하는 세계화에 의해 만들어지지도 않고 또 그래서도 안 된다.
세계화는 획일적인 지구촌 경제가 아니라, 각 지역 다양한 생태환경의
건강과 활력에 인류의 행복(well-being)이 달려 있다는 것을 깨닫는 사
람들의 민주적인 참여와 권리에 기초한 것이어야 하는 것이다.[110]

　　신자유주의 경제 체제의 세계화는 지구상의 모든 국가와 국민과 문
화와 환경을 '시장의 지배(dominion of the market)' 아래 재편하는 과
정이다. 서문에서 간략히 살펴보았지만 인류는 '시장을 도구로 가지고
있던 사회(society with market)'로부터 '시장이 중심이 되는 사회
(market society)'로 이행해 왔다. 물론 시장은 거대한 창조적 에너지의
원천이다. 이윤 추구의 동기가 각 사람과 기업들로 하여금 무언가를 새
로운 것을 발명하고 그것을 대량으로 생산하게끔 인도한다. 하지만 우
리는 이러한 시장의 메커니즘이 너무도 큰 파괴와 고통을 수반하는 과
정임을 인식한다. 남미의 해방신학자 레오나르도 보프(Leonardo Boff)
가 말한 것처럼, 시장은 근대사회의 핵심적 기관이기 때문에 그것에 반
대할 필요는 없지만, 그렇다고 인류의 대다수에게 고통과 죽음을 가져
다주는 특정한 시장 체제를 우리가 무비판적으로 받아들일 수는 없는
것이다.[111] 신자유주의 경제의 세계화 과정에서 '전능자'로 부상한 시
장은 이제 본연의 위치로 돌아가야 한다. 시장의 역할은 최소화되어야
하며 원래 그랬던 것처럼 사회와 공동체의 지배하에 들어가야 한다.[112]

---

110) Schroyer, *A World That Works*, p. 235.

111) Boff, "Liberation Theology and Globalization", *Inter Press Service*(IPS)의 인터뷰 글 중
　　에서. www. volny. cz/hristiapeace/info/wn001a. thm. 에서 인용.

112) 벨로는 오늘날 신자유주의 세계화의 대안을 우리가 '사회민주주의' '민주자본주의' 혹
　　은 '민중중심적 발전' 으로 부르든 그것들은 중요한 것이 아니라고 한다. 중요한 것은 생
　　산과 분배의 기구인 시장을 공동체에 다시 복속시키는 것이다. Bello, *Dark Victory*, pp.
　　112-113을 보라.

그것을 '사회민주주의'라고 부르든 '민주자본주의'라고 부르든 중요한 것은 생산과 분배의 메커니즘인 시장이 인간 공동체의 공동의 이익을 위해 일해야 한다는 것이다. 하이에크는 자신이 '자생적 질서(spontaneous order)'라고 말한 시장이 그가 그토록 비판하려 했던 민족국가의 전체주의와 똑같이 '시장 전체주의(market totalitarianism)'가 될 수 있음을 예견하지 못했다. 그는 시장이 자유의 화신이라고 여겼지 시장 역시 '타락할 수 있는' 사회적 기관이라는 것을 인식하지 못했던 것이다.

경제의 가장 기본적인 목표는 인간의 기본적인 필요를 충족시키는 것이다. 그렇다면 시장의 기능과 목표 역시 이와 동일해야 한다. 시장의 자유 그 자체가 경제의 목적이 되어서는 안 된다는 말이다. 시장은 인간의 이익에 봉사하는 수단이며 도구여야 한다. 시장이 사람을 위해 지어졌지 사람이 시장을 위해 지어진 것이 아니기 때문이다. 경제의 최우선 순위는 민중의 기본적 생존권을 보장하는 것이고 시장은 이를 위한 충실한 도구일 때에 그 의미가 있다. 물질적 재화는 생명을 유지하는 수단으로 간주되어야 한다. 교역과 투자는 그 자체가 목적이 아니라 평등과 좋은 직업과 깨끗한 환경과 건강한 공동체를 만드는 수단으로 인식되어야 한다. 경제는 아리스토텔레스가 말한 대로 '오이코노미아(oikonomia)', 즉 돈의 축적이 목적인 경제가 아니라 인간 생명의 필요한 것들을 충족시키는 것이 우선이 되는 경제가 되어야 한다. 그리고 사실 이것이 바로 우리가 말하는 경제(經濟), 즉 경세제민(經世濟民, '세상을 경영하고 민중을 구하는 것')의 약자인 것이다. 바로 이런 경제가 "생명을 얻게 하고 더 풍성히 얻게 하러"(요 10:10) 이 땅에 오신 예수 그리스도의 가르침과 일치한다고 필자는 믿는다.

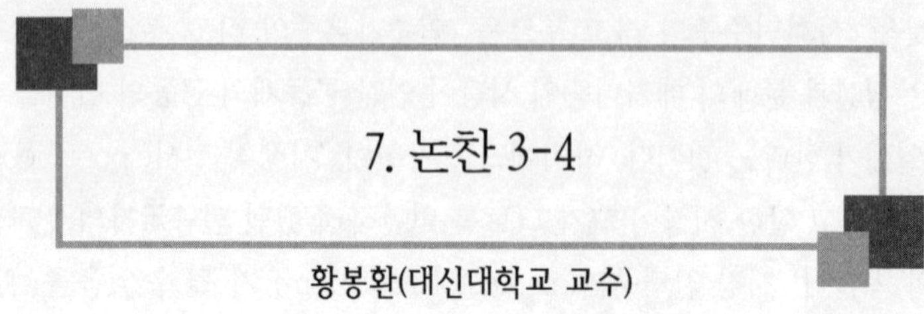

7. 논찬 3-4

황봉환(대신대학교 교수)

논찬 3

1. 논문에 대한 접근

강원돈 교수의 논문은 카를 마르크스(K. Marx)의 노동가치론이 어떻게 형성되었는가, 그의 노동가치론이 어떠한 근거에 의해 평가되었는가, 그리고 노동을 통한 잉여가치는 기업과 국가 차원에서 어떻게 분배되어야 하는가를 분명하게 답변하고 있다. 또한 교수는 마르크스의 노동가치론을 기독교적 관점에서 비판하고 그 비판의 내용이 주는 기독교윤리학적 의미가 무엇인가를 밝혔다. 강원돈 교수의 이러한 접근과 분석은 신학자들에게 적지 않은 도전을 주는 공헌이라고 평가한다. 이 분야의 폭넓은 이해가 필요한 논평자에게 큰 유익을 주었다는 점에 대하여 깊은 감사를 드린다.

2. 논문의 중심 논지에 대한 전개

강원돈 교수의 논문은 여섯 단락으로 나뉘어 구성되어 있다. 먼저 논문의 중심 논지를 간략하게 검토해 보고자 한다.

첫째로, 강원돈 교수는 논문의 서론에서 마르크스의 노동가치론 비판의 필요성과 기독교윤리학의 할 일이 무엇인가를 밝히고, 세 가지 논의의 방향을 제시하면서 논문을 전개해 나간다. 강 교수는 기독교윤리학 관점에서 마르크스의 정치경제학을 비판하고 재검토하는 작업이 필요함을 지적했다. 그 이유는 마르크스의 "정치경제학 비판은 자본의 축적과 팽창의 논리를 분석하고 대안을 제시하는 하나의 패러다임이기" 때문이며, 또한 자본주의 시장경제가 존속하는 한 "비판적 현실 인식과 실천적 대안 모색에 기여할 수 있다"고 보았기 때문이다. 이러한 마르크스의 비판은 자본주의 경제의 구조하에서 발생하는 여러 가지 현실의 문제점들을 바르게 인식하고, 평가하여 그 대안을 모색하는 일에 기여할 수 있다는 것이다. 자본주의 경제체제하에서 일어나는 이러한 문제점들을 바르게 인식하고 그 대안을 모색하는 작업이 바로 기독교윤리학이 해야 할 과제임을 강 교수는 제시했다.

둘째로, 강 교수는 마르크스 이전의 노동가치론이 어떠한 이론적 배경을 가지고 발전되어 왔는가를 간략하게 설명했다. 마르크스 이전의 노동가치론은 존 로크의 노동소유권 이론에서 싹이 텄다는 점을 밝혔다. 개인이 무엇인가를 소유하려면 먼저 무엇인가를 획득해야 하고, 그것을 자신의 것으로 소유하기 위해서는 일을 해야 하며, 그리고 그 일을 통해서 얻은 것을 자신의 소유로 삼아야 한다는 것이다. 이러한 로크의 견해가 부르주아적 노동가치론의 기본 특징을 이루게 되었다는 것이다. 아담 스미스는 노동이 "모든 재화의 가치를 측정하는" 척도가 되며, 노동의 양을 기준으로 상품의 교환가치를 결정한다는 것이다. 데이비드 리카도는 이러한 노동가치론을 한 단계 더 발전시켰다. 리카도는 노동은 "가치생산적"일 뿐만 아니라 "상품"이기도 하다는 것이다. 그는 또한 노동가치론은 가치 있는 상품 생산을 위해 지불한 노동의 양에 의해 결정되어야 한다는 점을 지적했다.

셋째로, 강 교수는 부르주아적 노동가치론이 마르크스에 의해 어떻게 수정되고 비판되었는가를 검토했다. 강 교수는 이 단락에서 마르크스의 이론을 두 측면에서 긍정적으로 평가했다. 한편으로 마르크스는 "가치창조에 대한 부르주아 경제학자들의 분석에 모순이" 있음을 밝혔다. 마르크스는 그의 이론을 통해 부르주아적 "노동가치론 분석의 불충분성을 보완했지만" 그렇다고 노동가치론의 기본원칙들을 완전히 정립했다고는 말할 수 없다. 노동가치론에 대한 비판에서 마르크스가 주목한 것은 "추상적 노동" 즉, "사회적으로 필요한 노동"이다. 이 노동 개념 위에서 그는 "노동력과 노동"을 구분했다. 특별히 생산과정에서 노동력의 가치척도는 노동시간에 의해 결정된다는 것이다. 이것을 마르크스는 "노동력의 교환가치"로 본 것이다. 노동자에게는 노동시간이 임금과 동일하며, 생산과정에서 노동력을 통해 형성된 가치는 자본가의 소유가 된다는 것이다. 그런데 "노동력의 교환가치와 사용가치" 뿐만 아니라 "가치의 양도" 동일하지는 않다는 것이다. 생산 과정에서 이 둘의 "가치차이"는 곧 "잉여가치"이며, "잉여가치"는 이윤의 형태로 자본가에게 귀속되고 축적된다는 것이다.

다른 한편으로는 "부르주아적 노동가치론이 자연을 망각하고 있음을" 밝힌 것이다. 마르크스는 자본가들이 잉여가치에 관심을 가지고 서로 투쟁함으로 "자본의 유기적 구성을 증가시키고 경제위기와 혁명을 불러일으킨다"고 보았다. 그리고 더 많은 가치 생산을 증가시키기 위해 자연의 생태학적 위기를 초래한다는 것이다. 마르크스에 따르면 가치 생산 과정의 확대는 많은 자연자원을 집어삼키고 많은 쓰레기를 배출한다는 것이다. 결과적으로 마르크스의 입장에서 볼 때 "자본의 축적과 팽창의 논리는 한편으로는 사회학적 가난을 불러일으키고 다른 한편으로는 생태계 위기를" 가져오게 만든다는 것이다.

넷째로, 강 교수는 마르크스가 제시한 자본의 축적과 팽창의 원리가 가져다주는 사회적 그리고 생태학적 문제점에 대한 대안적 방향을 두 가지 면에서 논했다. 한편으로는 기업 차원에서 잉여가치의 분배이며, 다른 한편으로는 국민경제 차원에서 잉여가치의 분배이다. 기업 차원에서 잉여가치의 일부는 기업의 생산적 활동을 위하여 쓰여야 하고, 나머지 일부는 사회 공동체 형성을 위해 쓰여야 한다는 것이다.[1]

강 교수는 국민경제 차원에서 잉여가치는 기업의 총소득에서 총비용(자본비용과 노동비용)을 공제한 몫을 잉여가치로 계산하는 것이 합당하다고 보았다. 그리고 "국민경제 차원에서 잉여가치는 오직 국민경제의 재생산 과정에서 투자와 소비의 균형을 유지하는 소득분배 원칙"에 따라 배분되어야 한다는 점을 지적했다.[2]

그러나 강 교수는 시장경제의 현실적인 관점에서 볼 때 자본의 이해관계(투자)와 노동의 이해관계(소비)의 균형을 이루는 것이 단순하지

---

1) 마르크스는 잉여가치가 기업의 생산활동을 위해 투자되어야 할 항목을 세부적으로 언급했다. ① 사용된 생산수단을 보완하기 위한 기금, ② 생산확대를 위한 추가 투자, ③ 자연재해나 고장을 제거하기 위한 기금, ④ 일반적인 행정 비용, ⑤ 학교나 보건시설 충족을 위한 기금, ⑥ 노동력이 없는 사람들을 위한 기금 등이다.

2) 강 교수는 국민경제 차원에서 잉여가치가 투자 측면에서는 재생산(단순재생산, 확대재생산, 축소재생산)을 위해 지출되어야 하며, 소비 측면에서는 "미래의 교육소비, 주택소비, 내구재 소비, 퇴직 후 소비 등 비생산적 활동을 위한 소비"를 위해 지출되어야 한다는 점을 지적했다.

않다는 점을 지적했다. 이러한 두 이해관계가 상대방의 일방적 희생을 강요한다면 균형을 이룬다는 것을 불가능하다. 그러나 이 두 이해관계를 잘 조정하여 투자와 소비의 거시균형을 유지한다면 잉여가치의 분배를 두고 자본가와 노동자 사이에 발생하는 문제점들을 해결해 갈 수 있다는 것이다. 강 교수는 이러한 문제의 해결책을 거시적 관점에서 세 가지로 제안했다. 첫째, 자본가와 노동자 사이에서 발생하는 잉여가치에 대한 갈등은 "소비와 확대의 투자 증대를 균형" 있게 조율하고, 국가의 지도 아래서 자본가와 노동자들 사이에서 결의한 합의점을 통해 국민경제의 적절한 성장률을 제시해야 한다는 것이다. 둘째, 국가는 민간경제 부분에서 잉여가치의 일부분을 세금 형태로 받아들여 시장 소득이 없는 사람들의 생계비를 지원하고, 많은 노동력을 창출하는 공공서비스를 확대해야 한다는 것이다. 셋째, 국민경제 차원의 잉여가치를 경제발전을 위한 투자뿐만 아니라 생태계의 안정적인 보전을 위해 지출되어야 한다는 것이다.

마지막으로 강 교수는 마르크스의 노동가치론 비판은 기독교윤리학적 관점에서 볼 때 몇 가지 중요한 의미를 갖고 있음을 논했다. 강 교수는 마르크스의 비판에 대한 긍정적인 면과 부정적인 면을 동시에 지적하면서 논문의 끝을 맺고 있다. 평가의 긍정적 측면은 노동 문제에 대한 마르크스의 비판을 통해 신학적이고 윤리학적인 판단의 원칙들을 설정할 수 있다는 것이다. 부정적 측면은 마르크스가 부르주아적 노동가치론을 비판했지만 국민의 공동복지와 생태계의 안정적 보존을 위한 국가 차원에서 새로운 운영 원리를 제시하지 못했다는 점을 지적한 것이다. 결론적으로 강 교수는 기업과 국민경제 차원에서 발생하는 잉여가치의 분배에 대해서는 기업이나 국가 차원에서 새로운 제도 구축과 대책 마련의 필요성과 자본으로 생산과 유통과 금융을 지배하는

'지구경제' 의 위험성을 지적하면서 국민경제와 지역경제의 발전을 위해서 수출과 내수의 균형을 이루는 경제 운영의 틀이 새롭게 짜여지기를 바라면서 글을 맺고 있다.

3. 발전을 위한 평가와 토의

강원돈 교수의 논문의 핵심은 3장과 4장에서 논의되어 있다. 마르크스의 주장은 부르주아적 자본의 축적과 팽창의 논리 하에서는 결과적으로 사회적 가난과 생태계의 위기를 초래한다는 것이다. 강 교수는 이러한 과제의 핵심이 잉여가치의 분배에 있다고 보았으며, 그 분배는 기업 차원과 국민경제 차원에서 이루어져야 한다고 평가했다. 그러면서도 잉여가치의 분배를 둘러싼 자본과 노동의 갈등과 이로 인하여 발생하는 여러 가지 문제점들에 대한 해결 방안을 몇 가지로 제안한 것은 경제적 관점에서 기여한 바가 크다고 평가한다. 그러나 마르크스의 노동가치론 비판에 대한 기독교윤리학적 평가에 있어서 신학적 관점과 윤리적 판단의 원칙들을 설정할 수 있다는 방향만 제시한 것이 아쉬움으로 남는 부분이다. 강 교수는 머리말에서 논의하는 문제에 대해 기독교인들이 실천하도록 이론적인 뒷받침을 하며, 윤리적 대안을 모색하는 작업이 기독교윤리가 해야 할 과제임을 밝힌 바 있다. 그렇다면 마르크스가 제시한 부르주아 노동가치론 비판에 대한 자본주의적 답변은 무엇인가? 부르주아적 노동가치론이 궁극적으로 사회적 가난과 생태계의 파괴만 초래하는가? 기독교윤리학적 관점에서 마르크스의 비판에 대한 긍정성과 부정성은 무엇인가? 기독교는 그의 비판을 무조건 수용해야 하는가? 자본주의 경제체제하에서는 국민의 공동 복지와 생태계의 안정적 보존을 위한 대안은 없는가? 이러한 질문들과 함께 구체적 대안을 제시해 주지 못한 점이 아쉬움으로 남는다.

강 교수는 마르크스의 비판을 평가하면서 자본주의적 노동가치론이 결과적으로 사회적 가난과 생태계에 위기를 가져오게 한다는 점을 지적했다. 그러나 사회적 가난과 생태계의 위기는 잘못된 자본주의 노동가치론으로 인해 발생하는 것만은 결코 아니다. 사회적 가난과 생태계의 파괴를 가져오게 하는 데는 여러 가지 원인이 있다. 이 점을 기독교윤리학적 측면에서 제시해야 한다. 마르크스가 노동가치론을 비판한 것은 노동을 가치 창조의 수단으로만 보았기 때문이다. 그리고 노동을 통한 수익자산은 노동자 개인만을 위한 것이 아니라 가족과 타인을 위해 사용되어야 하며, 자원에 대한 공동 청지기 정신으로 서로 협력하는 사회를 만드는 일에 사용되어야 한다는 기독교적 관점을 이해하지 못했기 때문이다.

강 교수는 이 과제의 해결책이 균형 있는 잉여가치 분배에 있음을 지적했다. 마르크스의 주장에서 보듯이 소유와 분배의 불균형을 없애고 경제적 평등을 실현시키고자 한 동기는 이상적이다. 그러나 현실적으로 소유와 분배의 평등을 실현시킨다는 것은 불가능하다. 성경은 창조 이후로 어느 사회나 국가이든 경제적으로 가난한 자들과 부한 자들이 공존한다는 것을 말하고 있다. 그렇다고 경제적 불균형을 방관하자는 것은 아니다. 기독교윤리는 기독교인들이 경제적 불균형을 최소화하고 가난한 이웃을 배려하고 돕는 사회적 책임을 가지고 있음을 지적해야 한다. 논평자는 경제학에 대한 전문적인 지식을 갖고 있지 못한 관계로 문제점들에 대한 윤리학적 대안을 제공하지 못한 점을 죄송하게 생각한다. 그리고 강 교수의 논문을 통해 노동가치론 영역에 대한 지평을 넓히고 생각할 수 있는 기회를 갖게 된 것을 큰 영광으로 생각한다.

이번 논문 발표회를 통해 기독교윤리학자들이 현실에서 우리가 당면한 문제들을 파악하고, 문제 해결을 위한 윤리적 대안을 제시하여 국가와 개인의 생활에 공헌하는 학문적 발전을 기대한다. 끝으로 귀한 논문을 발표해 주신 강원돈 교수님께 깊은 감사를 드리며 논평에 대신하고자 한다.

논찬 4

1. 들어가면서

장윤재 교수는 "신자유주의 경제 체제와 기독교윤리"라는 주제의 논문에서 '신자유주의 세계화에 대한 신학적 성찰과 윤리적 대안 모색'에 초점을 두고 논문을 전개해 나간다. 장 교수는 이 논문에서 첫째, 신자유주의 경제 세계화의 역사, 본질 그리고 이념을 분석하고, 둘째, 그것의 신학적 의미를 성찰하며, 셋째, 윤리적 대안을 모색하는 연구의 목적을 밝혔다. 장윤재 교수의 논문은 신학계에서 접근하기가 쉽지 않은 분야이다. 이러한 분야에 새로운 학문적 지평을 넓혀 갈 수 있도록 귀한 논문을 발표해 주신 것에 대해 깊은 감사를 드린다.

2. 논문에 대한 개관

장윤재 교수의 논문은 세 가지 주제(theme)하에 일곱 단락으로 구성되어 있다. 이 논문을 축약하여 개관해 본다.

1) 장 교수는 '신자유주의 경제 세계화'의 본질, 역사 그리고 이념에 대해 논하면서 '신자유주의 세계화'의 바른 뜻[定意]을 밝히고 있다. 세계 경제의 역사적 발전 과정을 두 단계(첫번째 단계는 제2차 세계 대전 이후부터 1970년대 초반까지, 두 번째 단계는 브레튼우즈 체제가 붕괴한 이후부터 현재까지)로 볼 때 '신자유주의 경제 체제'는 두 번째

시기에 놓여있다는 것이다. 신자유주의 경제 세계화의 핵심적 특징은 사적으로 통제되는 금융자본이 빠른 속도로, 예상할 수 없는 방향으로, 그리고 대규모로 국경을 넘나드는 현상이다. 따라서 '신자유주의 경제 세계화'는 "사적 금융자본의 경제적·정치적 승리를 의미한다"고 정의(定意)했다. 장 교수는 '신자유주의 경제 세계화'의 특징을 '초국적 금융자본'으로 보고 세부적인 특징을 일곱 가지로 논했다.[1] 그러고 나서 '초국적 금융자본'을 핵심으로 하는 세계화가 인류의 삶에 미치는 영향력을 지적했다.

2) 장 교수는 세계화의 역사에 대하여 논하면서 세계화는 전 지구적 통치를 의미하는 '제국(Empire)'으로 정의했다. 그리고 세계화의 중심 축은 미국이다. 따라서 '세계화'란 '미국화'와 동의어임을 밝혔다(p. 12). 장 교수는 1장에서 세계 경제의 역사적 과정을 두 단계로 보았다. 그러나 여기서(4장)는 세계화를 인류 역사에서 완전히 새로운 것으로 볼 수 없다는 점을 지적하면서 역사의 과정을 네 단계로 구분하여 설명했다.[2] 결과적으로 세계화 과정에서 나타난 공통점은 서구 사회가 자신들이 이해하는 진보의 개념 아래 인류를 하나로 통합하려는 시도였

---

1) 일곱 가지 설명은 다음과 같다. 첫째, 사적으로 통제되는 금융자본은 '공공의 책임성(public accountability)'이 없다. 둘째, 사적 금융자본은 투자가 아니라 투기를 본업으로 한다. 셋째, 초국적 금융자본은 현실 세계와 연관성을 상실하였다. 넷째, 금융 시스템은 부채를 창출함으로써 돈을 창출한다. 다섯째, 금융자본의 세계화는 정치적 민주주의에도 심각한 위협이 되고 있다. 여섯째, 초국적 금융자본은 제1세계 선진국 사람들도 빈곤하게 만든다. 일곱째, 국제 금융시장은 불안정하며, 궁극적으로는 인간의 통제 밖에 있다.
2) 첫번째 세계화는 1492년 콜럼버스가 아메리카를 처음 발견한 이후 중상주의무역에 의해 만들어진 '농업과 음식의 세계화'이다. 두 번째는 1500~1800년 사이에 성행했던 '강제노동(노예무역)'의 세계화이다. 세 번째는 산업혁명과 함께 시작된 '근대적 세계화'이다. 네 번째는 1970년 이후부터 시작된 '금융자본의 세계화'이다.

으며, 서구 사회는 진보의 개념을 '미개 사회를 개화시키는 사명' 으로 이해하고 있다.

3) 장 교수는 세계화를 뒷받침하고 있는 사상적 기반이 무엇이며, 그 것은 신학적으로 어떤 문제가 있는가에 대하여 논한다. 장 교수는 경제적 세계화를 뒷받침하고 있는 사상적 기반을 '신자유주의(neoliberalism)' 혹은 '시장근본주의(market fundamentalism)' 이데올로기로 본다. 이러한 '신자유주의' 사상의 이념적 버팀목이 폰 하이에크(Friedrich A. von Hayek)의 사회철학임을 지적했다. 하이에크의 사회철학 사상의 핵심은 역사 안에서 인간의 의식적 · 창조적 역할을 부정하는 철저한 '반이성주의' 와, 시장을 자생적 질서로 이해하는 사회적 · 문화적 '진화주의' 그리고 초월의 영역을 부인하는 철저한 '자연주의' 이다(p. 16). 그러나 장 교수는 하이에크의 신자유주의 사상에 동의할 수 없는 이유 세 가지를 밝혔다. 그 이유들은 첫째, "시장이 사회적 진화에 의해 자생적으로 만들어진 질서라는 하이에크의 주장은 사실이" 아니기 때문이다. 둘째, 그의 사상은 "윤리적 규범(norm)과 당위성(oughtness)을 상실한 극도의 사회적 보수주의이기 때문이다." 셋째, "그의 사상이 '하늘의 가능성(heavenly possibilities)' 에 스스로 닫힌 극도의 자연주의 사상이기 때문이다." 그러므로 장 교수는 하이에크의 "신자유주의 사상은 '거룩함과 초월의 상실' 을 그 특징으로 하는 '자폐적 세속주의(self-enclosed secularism)' 라고 규정한다."

4) 장 교수는 그의 논문 제6장에서 신자유주의 경제 체계와 그것의 세계화에 대한 대안적 비전과 정책들이 없다고 하는 주장을 부정하면서 기독교적 대안의 가능성을 두 가지 측면, 즉 부정적 측면과 근원적

측면에서 제시했다.

먼저 부정적 측면의 대안으로서는 첫째, "기존의 민주적 통로와 공간을 통해 신자유주의 경제 체제에 대한 저항을 계속"해야 하며, "초국적 금융자본의 자유에 '긴급 브레이크(emergency brake)'를" 걸어야 한다는 것이다. 둘째, 대안의 "구체적인 방안으로 모든 국제 금융거래에 토빈세(Tobin Tex)를" 적용해야 한다는 것이다. 셋째, 금융 자본시장에 국가가 개입하여 금융자본을 통제하려는 케인스주의적 방법이 유일한 대안이라는 생각에서 벗어나야 한다는 것이다. 장 교수는 이러한 부정적 측면의 이유는 경제적 세계화가 "심각한 부의 불평등 분배와 환경 파괴라는 문제를 일으켰기 때문이라"고 논했다.

근원적 측면의 대안으로서는 첫째, 무한한 경제성장과 발전이 "빈곤으로부터의 탈출이라는 기존의 경제 신앙과 전제를 극복"하고, 경제의 양적 성장(quantitative growth)만 강조할 것이 아니라 "분배정의의 실현과 인구증가의 억제와 같은 사회적 개혁"을 통해 질적 발전(qualitative development)을 가져오도록 해야 한다. 둘째, 초국적 경제 체제와는 달리 경제의 지역화(localization)를 실현해야 한다. 이는 "팽창 지향적인 단일 지구촌 경제 모델을 버리고 세계 경제를 '작은 규모(small scale)'의 지역경제로 재편하고 다원화"해야 한다는 것이다. 결과적으로 신자유주의 경제체제 세계화는 "지구적 종속에서 지역적 상호의존으로(from global dependence to local interdependence)" 방향을 수정해야 한나는 것이나. 셋째, 소규모 시억경세들 간의 상호의존적인 지구촌 경제를 실현하기 위해서 세계무역기구(WTO)를 해체하고, 약소국가들에게 보다 높은 생존과 번영 가능성을 제공하는 다원적 세계(pluralistic world)로 재편되어야 한다는 것이다. 넷째, 한정되어 있는 자연자원의 화석연료에 기초한 현재의 에너지 문명을 대체 에너지로 전환시켜야 한다는 것이다. 발전과 생산은 자연자원을 고갈시킬 뿐만 아니라 극심한 기상이변과 기후변동을 가져오게 한다는 이유에서이다. 다섯째, 인류의 음식문화를 패스트푸드(Fast Food)에서 슬로푸드(Slow Food)로 바꾸는 운동을 전개해야 한다. 이것은 지구환경을 살리기 위한 '저소비 사회' 로의 운동이다. 마지막으로 지역경제 활성화와 빈곤층 구제를 위한 '대안화폐 운동' 의 확산이다. 이 운동은 지역 공동체를 살리고 지구환경위기를 극복하자는 대안으로 실시되고 있는 운동이다.

3. 나가면서

장 교수는 논문의 결론에서 신자유주의 경제 체제의 세계화는 모든 국가와 국민의 경제문화와 환경을 초국적 '시장의 지배(dominion of the market)' 아래 재편하는 과정으로 보았다. 그러나 '진정한 하나의 세계(One World)' 는 지금같이 초국적 자본이 주도하는 세계화에 의해 만들어져서는 안 된다는 점을 지적했다. 앞으로 지구촌의 경제는 다양한 생태환경의 건강과 활력과 인류의 행복이 달려 있는 경제의 지역화를 실현하고, "생산과 분배의 메커니즘" 인 시장(market)이 공동체의 공동이익을 위해서 일하는 '사회적 기관' 으로 거듭나야 한다는 것이다. "시장의 자유 그 자체가 경제의 목적이 되어서는" 안 되며, 인간의 이익에 봉사하는 수단과 도구가 되어야 한다는 점을 지적하면서 논문을 끝맺고 있다.

4. 발전을 위한 평가와 토의

장윤재 교수의 논문은 참으로 탁월하고 도전적이다. 경제적 신자유주의의 역사적 발전 과정과 사상적 이념에 대하여 많은 지식을 얻게 했다. 특별히 어려운 경제 이론을 누구나 이해할 수 있는 아주 쉬운 말로 표현하고 논리적으로 전개한 것은 높이 평가되어야 한다. 현재 신자유주의 경제 체제의 세계화에 지배를 받고 있는 상황에서 폭넓은 평가와 토의를 통해 각 나라와 민족에게 균형 있는 경제 발전을 이루는 일에 공헌하기를 바라면서 토의의 장을 열어본다.

1) 장 교수는 신자유주의 세계화의 특징을 논하면서 "국제 금융자본"에 초점을 맞추고 있다. 그렇다면 "국제 금융자본"이 경제적 신자유주의를 대표할 수 있는가 하는 질문을 불러일으킨다. 그리고 장 교수는 금융자본의 세계화의 본질을 설명하면서 그 초점을 맘모니즘(Mammonism)에 두고 있다. 맘몬(Mammon)이 소수의 경제 전문인들에 의해 움직여지면서 다수를 빈곤에 처하게 만든다는 점을 지적했다. 논평자의 견해로는 이 점을 기독교윤리적 대안으로 평가하고 그 부당성을 성경의 가르침에 따라 답변하는 것이 더욱 바람직하다고 생각한다. 세상은 맘몬(Mammon)을 신(god)으로 섬못할 것이니…. 그러나 장 교수가 지적한 것처럼 성경은 "하나님(God)과 재물(Mammon)을 겸하여 섬기지 못할 것이니…"(마 6:24)라고 말하고 있다.

2) 장 교수는 신자유주의 경제의 세계화가 인류의 삶에 어떤 영향력을 미치고 있는가에 대해 논하면서 세계화의 부정적인 측면만 이야기하고 있다. 그렇다면 오늘날 경제적 발전과 번영을 가져오게 한 경제

세계화는 인류에게 부정적인 영향만 미쳤는가? 긍정적인 영향은 전혀 끼치지 못했는가? 부정성과 긍정성의 양면을 심도 있게 분석하고 평가하는 일이 더 바람직하지 않았을까 생각한다. 장 교수는 "세계화는 지구의 자원을 고갈시키는 주범"이라고 했다. 그렇다면 긍정적으로 자연을 고갈시키거나 해치지 않고 자연을 이용하는 대체에너지 개발을 더 적극적으로 연구하고 발전시켜 나가야 한다는 점을 지적하는 것이 더 큰 설득력을 얻을 수 있을 것이다.

3) 장 교수는 서론에서 세계화의 과정을 두 단계로 구분하여 논했다. 그러나 제4장(p. 13)에서는 세계화를 인류 역사에 새로운 현상으로 볼 수 없다는 점을 지적하면서 그 역사의 과정을 네 단계로 새롭게 제시했다. 세계화의 역사적 과정을 네 단계로 새롭게 제시한 것은 장 교수의 역사적 통찰력에 기인한 학문적 조명으로 높게 평가한다. 장 교수는 이 세계화를 "서구가 자신이 이해하는 '진보' 개념 아래 인류를 하나로 통합하려는 시도였으며, 500년 서구의 식민지주의에 뿌리를 내리고 있는 것"으로 판단했다. 이 점도 장 교수가 제시한 새로운 역사적 시각이다. 그러나 논평자의 견해로는 경제적 세계화로 인하여 오히려 약소국가나 미개발 국가들이 경제적 도약을 경험했고, 경제력과 정치력과 그리고 군사력을 등에 업고 서구의 식민주의 통치로부터 해방된 국가들도 있다고 본다.

4) 장 교수는 제5장(세계화의 이념)에서 경제 세계화를 뒷받침하고 있는 사상적 기반에 대하여 논하면서 "그것은 신학적으로 어떤 문제가 있는가?"를 다루고 있다. 여기서 세계화의 사상적 이데올로기(ideology)를 하나의 종교로 보고, 그 종교에 대한 사상적 이념을 기독

교 신학과 비교하여 평가하려는 장 교수의 시도 역시 훌륭한 점으로 평
가한다. 그러나 논평자의 견해로는 '경제적 세계화의 사상적 기반을
신학과 기독교윤리학의 관점에서 어떻게 평가할 수 있는가?' 라는 질
문으로 접근해야 함이 타당하다고 평가한다. 신자유주의 세계화의 이
념을 종교로 보며, 사상 이념을 교리로 볼 수 있는가 하는 점이다. 또한
신자유주의 세계화에서 신학을 유추할 수 있는가 하는 점이다. 신학
(theos logia)이란 하나님의 말씀에 관한 교리 혹은 연구라는 뜻이다.
그렇다면 신학은 성경 없이도 성립될 수 있는가? 따라서 경제적 세계
화를 신학적으로 평가하려고 접근하는 것은 좀 더 신중한 검토가 필요
하다고 본다.

 5) 논평자는 강원돈 교수와 장윤재 교수의 논문을 통해 하나의 공통
점을 발견했다. 이것은 '마르크스 노동가치론' 이나 '자유주의 세계
화' 에서 해결해야 하는 공통분모인 것 같다. 이 사상과 이념은 공히 부
의 불평등 분배와 지구의 환경 파괴를 가져오게 만든다는 것이다. 이
점에 대한 기독교윤리적 대안을 장 교수는 구체적으로 제안했다. 그러
나 부의 불평등 분배에 대해서는 완전한 해결책이 없다고 본다. 주님이
재림하실 때까지 강자와 약자, 부자와 가난한 자는 항상 존재할 것이
다. 이것이 성경의 가르침이다. 그러면서도 성경은 이 문제에 대한 기
독교적 대안을 제시하고 있다. 그것이 가난한 이웃에 하나님 사랑의 실
천이다. 구약에서 하나님은 가난한 자, 나그네, 과부, 고아들에 대한 지
대한 관심을 보이셨다. 신약에서 예수님 역시 죄인들, 세리들, 과부들,
어린이들, 창기들, 가난한 자들에게 큰 관심을 보이셨다. 주님께서 보
이신 사랑과 관심으로 우리 이웃들(우리 민족과 타국인을 포함한)을
보살펴야 한다. 이것이 사랑의 실천이요 기독교윤리의 실천인 것이다.

개인적으로 장 교수의 논문을 읽으면서 느끼는 바가 크다. 하나님의 사랑을 받고 구원의 은총 안에 살고 있는 그리스도인으로서 어떻게 하든, 이 지구상에 경제적 빈부의 격차가 좁혀지고 가진 것을 함께 나누며, 남을 도우며, 그들과 함께 행복해하는 사회 공동체를 지향하는 아름다운 마음에 감동을 받는다. 장 교수의 글이 기독교 경제윤리에 둔감한 사람들에게 큰 영향을 끼치고 도전을 주어 이 땅에 바른 하나님의 나라가 건설되는 일에 큰 일익을 담당하기를 기대하며 논평을 마치고자 한다.

8. 한국 사회의 분배 문제에 관한 기독교윤리적 성찰

이혁배(숭실대 교수)

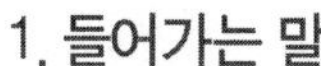

1. 들어가는 말

1997년 말 외환위기를 경험했던 한국 경제는 6년이란 세월이 흐른 지금 외형적으로 뚜렷한 회복세를 보이고 있다. 외환위기 직전에 39억 달러에 불과하였던 외환보유액은 2003년 말 1,500억 달러를 넘어섰고 달러 당 1,700원을 초과했던 환율은 현재 1,200원대 아래로 떨어졌다. 또한 1998년 - 6.7%로 주저앉았던 경제성장률은 2001년부터 2003년까지 3~6% 정도를 유지하고 있고 1998년 초 한때 8.6%까지 올라갔던 실업률은 같은 기간 동안 3%대에 머무르고 있다.

그런데 이런 긍정적 경제 지표들만 가지고 한국 사회의 경제위기 극복 과정이 성공적이었다고 단정한다면 이는 속단이 아닐 수 없다. 우리 정부가 그간 경제위기를 극복하기 위해 실시하였던 경제정책적 조치들은 효과의 신속성만큼이나 많은 부작용을 초래하고 있다. 그 가운데 결정적인 문제점으로 지적되는 것은 역시 중산층의 붕괴로 인한 빈부

격차의 심화 현상이다.[1]

2003년 《조선일보》와 〈한국갤럽〉이 공동으로 조사한 바에 따르면, 우리 사회 구성원들의 대부분이 빈부 격차를 심각한 사회 문제로 생각하고 있는 것으로 나타났다.[2] "현재 우리나라의 빈부 격차 문제가 얼마나 심각하다고 보는가?"라는 질문에 '매우 심각하다' 고 답변한 응답자의 비율은 70%로 나타났고 '약간 심각하다' 고 본 응답자의 비율은 19.3%로 집계되었다. 한편 '별로 심각하지 않다' 는 반응을 보인 이들과 '전혀 심각하지 않다' 고 대답한 이들은 각각 전체 응답자의 5.6%와 0.3%를 기록하였다. 이런 통계적 사실은 한국 사회 구성원들의 10명 중 9명에 해당하는 89.3%가 빈부 격차를 커다란 사회병리현상으로 인식하고 있다는 것을 의미한다.

우리 사회에서 이렇게 빈부 간의 차이가 확대되고 있는 것은 재화의 분배가 지나치게 불균등하게 이루어지기 때문이다. 물론 어느 정도의 불균등한 분배상태는 불가피하다. 왜냐 하면 사람마다 타고난 재능과 배경이 상이하기 때문이다. 이런 이유에서 과도하지 않은 분배의 불균형은 기독교윤리적 입장에서 용인될 수 있다. 그러나 분배가 지나친 정도로 불균등하게 이루어진 경우는 그렇지 않다.

분배의 극심한 불균형은 사회 구성원들 사이의 사회경제적 관계가 비인간화되었음을 의미한다. 따라서 양극화된 분배 상황은 기독교윤리적인 관점에서 어떤 방식으로든 정당화될 수 없다. 기독교윤리의 핵심적인 준거는 예수의 이웃사랑 명령이다. 그런데 예수의 이런 명령은 과도하게 불균등한 한국의 분배 상황과 명백하게 상충된다. 여기서 우

---

1) 이필상, "신자유주의 극복과 사회통합", 《철학과 현실》 제57호(2003년 여름), pp. 37-38.
2) 《조선일보》 (2003. 9. 3).

리는 한국 사회의 분배 문제에 대해 기독교윤리적으로 접근해야 할 당위성을 확인하게 된다.

이와 같은 맥락에서 본 발제문은 우리 사회의 분배 문제에 대해 기독교윤리적으로 성찰하는 것을 그 목적으로 한다. 이런 목적을 달성하기 위해 본 발제문은 다음과 같은 순서로 논의를 진행하려고 한다. 먼저 실제의 분배 상황이나 분배 구조를 분석하기 위해 요구되는 몇 가지 기본 개념들에 관해 설명할 것이다(제2장). 그런 다음 우리 사회에서 재화의 분배가 얼마나 불균등하게 이루어지는가를 명확히 파악하기 위해 분배 구조의 실상을 사회과학적으로 분석할 것이다(제3장). 이어서 기독교윤리적 관점에서 분배 정책의 목표를 설정할 것이다(제4장). 그러고 나서 현재의 분배 상황을 이런 목표에 접근시키기 위해 요구되는 분배 정책적 과제들을 제시할 것이다(제5장). 마지막으로 우리 사회의 분배 문제를 해결하기 위해 기독교가 수행해야 할 과제들을 간략하게 지적할 것이다(제6장).

2. 분배 문제에 관한 기본적인 개념 설명

전통적으로 기독교윤리에서는 분배 문제와 관련해서 재산이라는 개념이 사용되지만 경제학을 비롯한 사회과학에서는 그렇지 않다. 사회과학자들은 재산이란 용어 대신에 부 혹은 자산이라는 개념을 사용한다. 부나 자산은 특정한 시점에 경제 주체가 보유하고 있는 고정적인 재화를 뜻한다.[3] 고정적 재화로서의 부는 크게 두 가지 형태, 곧 실물자

---

3) G. Enderle, "Einkommen", G.Enderle, K.Homman u.a.(Hg.), *Lexikon der Wirtschaftsethik* (Freiburg im Breisgau: Verlag Herder, 1993), p. 225.

산과 금융자산으로 나뉠 수 있다.[4]

실물자산은 다시 소비적 자산과 생산적 자산으로 구분된다. 소비적 자산은 일정한 기간 동안 가계에서 소비되는 부를 의미하는데 반해 생산적 자산은 영리 추구를 목적으로 재화나 서비스를 생산하는 데 사용되는 부를 지칭한다. 가전제품, 자가용, 주거하고 있는 주택 등이 소비적 자산에 속한다면 생산기계, 공장설비, 영리활동을 위해 사용되는 토지나 건물 등은 생산적 자산에 속한다고 할 수 있다. 한편 금융자산이란 직접적으로 화폐로 표현되거나 환산될 수 있는 부를 의미하는데 현금, 은행예금, 회사채, 주식 등이 여기에 속한다.

부와 대비되는 재화의 형태는 소득이다. 소득이란 일정 기간 동안 경제 주체에게로 흘러 들어가는 유동적인 재화를 가리킨다.[5] 소득의 종류에는 여러 가지가 있을 수 있으나 중요한 소득의 형태로는 노동소득과 부와 관련된 소득을 들 수 있다. 노동소득은 노동에 대한 대가로 얻는 소득인데 반해, 부와 관련된 소득은 자산으로부터 발생하는 소득을 의미한다. 부에서 나오는 소득은 다시 자본이득과 재산소득으로 나뉜다.[6] 자본이득은 토지나 주식의 매매차익과 같이 자산의 가치가 상승함으로써 생겨나는 소득이라면, 재산소득은 이자나 임대료와 같이 자산을 빌려주고 그 대가로 얻는 소득이라고 할 수 있다.

재화의 형태가 부와 소득으로 나뉘듯이 재화의 분배도 부의 분배와 소득의 분배로 양분된다. 분배란 사회 구성원들이 경제활동을 통해 얻

---

4) C. Fohl, M. Wegner und L. Kowalski, *Kreislaufanalytische Untersuchung der Vermoensbildung in der Bundesrepublik und der Beeinflu≠arkeit ihrer Verteilung* (Tuingen: J. C. B. Mohr, 1964), pp. 3-4.

5) G. Enderle, "Einkommen", p. 225.

6) 안국신, "우리나라 금융과 분배정의", 《철학과 현실》 제12호(1992년 봄), p. 91.

은 재화들을 서로 나누어 소유하는 것을 의미하는데, 부의 분배는 이 가운데 고정적인 재화를, 소득의 분배는 유동적인 재화를 나누어 가지는 것을 지칭한다.

부를 소유하고 있는 사람은 노동소득 이외에 자산에 따르는 자본이득이나 재산소득을 얻을 수 있다. 그러나 자산을 가지고 있지 못한 사람은 단지 노동소득만을 벌 수 있을 뿐이다. 사회 전체적으로 볼 때 부의 규모가 크고 부의 분배가 불균등할수록 그만큼 부에서 나오는 소득의 규모도 커지고 부와 관련된 소득의 분배가 불평등하게 된다. 또한 부의 분배가 전체소득의 분배에 미칠 수 있는 영향력도 확대된다. 이럴 경우 노동소득의 분배가 뚜렷하게 향상된다고 하더라도 부와 관련된 소득의 불평등으로 인해 전체 소득의 분배는 향상되지 않거나 심지어는 악화될 수 있다.[7]

3. 한국 사회의 분배 구조

한국 사회의 소득 분배는 1997년 말 외환위기 이전까지는 비교적 균등하게 이루어진 편이었다. 이 시기에 특히 노동소득에 있어서는 1987년부터 적극적으로 전개된 노동운동에 힘입어 불평등이 뚜렷하게 감소하는 경향을 나타내었다.[8] 예를 들어 학력별 임금 격차의 경우 1980년대에 2배 이상 차이가 나던 것이 1990년대에 들어서면서 1.5배로 줄어들고 있었다.[9] 그러나 부의 분배는 그렇지 않았다.

---

7) 이혁배, "기독교 재산윤리의 성립 요건-게르하르트 브라이덴슈타인(Gerhard Breidenstein)의 입장을 중심으로", 《종교연구》 제21집(2000년 가을), pp. 183-184.
8) 이정우, "근로소득과 분배적 정의", 《철학과 현실》 제12호(1992년 봄), pp. 44-48.
9) 서진영 편, 『세계화 시대의 사회통합』(서울: 나남출판, 1998), p. 105.

1980년대 말부터 1990년대 초에 있었던 엄청난 부동산투기로 인해
부의 분배는 극심한 불균등 상태를 보이게 되었다. 1989년 토지공개념
연구위원회가 집계한 통계 자료에 따르면 서울과 부산 그리고 대구의
경우 토지 소유의 지니계수는 각각 0.911, 0.946, 0.944로 나타났다.[10]
지니계수가 0이면 완전 균등한 분배 상태를 나타내고 1이면 완전 불균
등한 분배 상황을 가리킨다는 사실을 감안할 때, 이런 대도시의 지니계
수는 토지 소유가 극소수 계층에 집중되어 있었음을 단적으로 보여 주
고 있다.

토지의 분배가 이렇듯 극심하게 불균등하다는 것은 토지로부터 발생
하는 소득의 분배도 그러하다는 사실을 의미한다. 실제로 1989년 지가
상승을 통한 불로소득의 규모는 전체 GNP의 2.3배에 달하였는데 이런
엄청난 소득액이 소수의 토지 소유자에게 귀속되었다.[11] 그런데 이런
부로부터 발생한 소득이 상당한 정도로 불평등하게 분배되었음에도
앞에서 언급한 바와 같이 노동 소득의 분배 구조가 향상됨으로써 외환
위기 이전까지 전체 소득의 분배는 어느 정도 균등한 상태를 유지할 수
있었다.

그러나 경제위기 이후 분배 상황은 달라지기 시작했다. 우선 강도 높
은 기업 구조조정으로 실업자와 비정규직 노동자가 양산되었고 그로
인해 노동소득의 분배는 상당한 정도로 악화되고 있다. 외환위기 직후
인 1998년에 실업률은 7.0%, 이듬해 1999년에는 6.3%로 집계되었다.
이어 2000년, 2001년, 2002년, 2003년의 실업률은 각각 4.1%, 3.8%,
3.1%, 3.4%를 기록하였다.[12] 그런데 이런 수치상의 고용개선을 실질적

---

10) 김태동 · 이근식, 『땅 - 투기의 대상인가 삶의 터전인가』(서울: 비봉출판사, 1989), p. 43.
11) 김태동, "토지 문제와 경제력 집중", 변형윤 외, 『경제민주화의 길』(서울: 비봉출판사,
   1992), p. 137.
12) 김만수, 『실업사회』(서울: 도서출판 갈무리, 2004), p. 23.

인 것으로 이해해서는 곤란하다. 왜냐 하면 적지 않은 사회 구성원들이 취업의사와 능력은 있으나 일자리 구하는 것을 포기한 이른바 실망실업자(discouraged workers)로서 경제활동인구에서 이탈하였기 때문이다.[13]

외환위기 이후 그 수가 급격하게 증가한 실망 실업자들로 인해 현재 통계청이 발표하는 공식적인 지표 실업률과 사회 구성원들이 실제로 경험하는 체감 실업률 사이에는 상당한 괴리가 존재하고 있는 것으로 나타났다. 2000년과 2001년의 경우 실망실업자들을 포함한 체감 실업률은 각각 6.9%와 5.9%로 집계되었다.[14] 이는 지표 실업률을 각각 2.8%와 2.1% 초과한 수치이다. 이렇게 보면 현재 3%대로 집계되고 있는 공식적 실업률은 실제의 실업 상태를 과소평가하고 있는 수치로 이해되어야 한다.

실질적인 실업률의 증가와 더불어 비정규직 노동자의 양산 또한 노동소득의 분배 구조를 왜곡시키고 있다. 일용직과 임시직으로 구성된 비정규직 노동자의 비율은 1996년 43.3%이던 것이 2000년에는 52.4%까지 증가한 것으로 집계되었다.[15] 주지하는 바와 같이 이런 비정규직 노동자에 대한 처우는 상당히 열악하다. 2001년 비정규직 근로자의 월 평균 급여는 91만6천 원으로 정규직 노동자 급여의 절반 수준을 기록하였다. 또한 2002년 8월 현재 비성규직의 경우 최저임금에 미치지 못하는 급여를 받는 근로자의 비율은 10%를 넘어서고 있다.[16]

---

13) 이정우, "경제위기 이후의 분배정책 방향", 이정우 외, 『소득 분배와 사회복지』(서울: 여강출판사, 2002), p. 51.

14) 김경원 · 권순우 외, 『외환위기 5년, 한국 경제 어떻게 변했나』(서울: 삼성경제연구소, 2003), p. 60.

15) 박순일, "경제위기 이후의 사회복지정책의 평가와 효율화 방안", 이정우 외, 『소득 분배와 사회복지』(서울: 여강출판사, 2002), p. 163.

16) 《조선일보》 (2003. 9. 8).

이렇게 실업자와 비정규직 노동자의 수가 늘어나는 가운데 학력별, 지역별 그리고 기업 규모별 임금 격차도 확대되고 있어 노동소득의 분배를 더욱 불균등하게 만들고 있다. 외환위기 이후 고졸 노동자와 대졸 노동자 사이에 임금 격차가 벌어지고 있는 것으로 나타났다. 또한 서울에 직장을 둔 노동자들의 임금 수준에 비해 지방 기업에 근무하는 노동자들의 임금 수준이 상대적으로 후퇴하고 있고 대기업 근로자와 중소기업 근로자 간의 임금 격차도 점차 확대되는 추세를 보이고 있다.[17]

한편 경제위기 직후의 초고금리와 2001년부터 시작된 주택투기로 인해 부의 분배도 극심하게 불균등해지고 있다. 외환위기가 발발한 이듬해인 1998년 우리 정부는 국제통화기금(IMF)의 권고를 받아들여 긴축적인 금융 정책을 실시하였다. 그 결과 20%대의 사상 유례가 없는 높은 금리가 계속되었다.[18] 이런 고금리의 혜택을 전유한 계층은 물론 고소득층이다. 이들 계층은 고금리 상황 아래서 많은 이자소득을 올린 덕분에 저축액을 상당한 정도로 증가시킬 수 있었다. 한국은행의 한 보고서에 따르면 1998년 도시근로자 가운데 최상위 20% 계층의 저축액은 전년 대비 13.0% 증가한 것으로 나타났다. 반면 차하위 20% 계층과 최하위 20% 계층의 경우는 각각 16.1%와 426.8% 감소한 것으로 집계되었다.[19]

2003년 행정자치부가 발표한 통계 자료에 따르면 우리 사회의 주택 소유 편중이 상당히 심각한 것으로 나타났다. 전체 가구의 절반이 넘는 841만여 가구가 주택을 보유하고 있지 않은데 반해, 두 채 이상의 주택

---

17) 이정우, "경제위기 이후의 분배 정책의 방향", p. 27.
18) *Ibid.*, p. 24.
19) 한상진, "중산층사회의 건설의 조건과 방향", 도정일 외, 『새천년의 한국인, 한국 사회』 (서울: 나남출판, 2000), pp. 330-331.

을 소유하고 있는 가구는 전체 가구의 16.5%인 276만여 가구인 것으로
집계되었다. 또한 전국적으로 다주택 보유 가구의 경우 한 가구당 평균
2.95채씩 갖고 있는 것으로 조사되었다. 특히 강남 지역에 거주하고 있
는 다주택 보유 가구의 경우는 한 가구당 평균 3.67채씩이나 소유하고
있는 것으로 드러났다.[20]

　아파트를 비롯한 주택들이 불균등하게 분배됨에 따라 주택으로부터
파생되는 소득의 분배 또한 불균등해지고 있다. 2003년 말 현재 전국
의 아파트 가격은 13.9%나 상승하였다. 이로 인해 2002년 말 718조
9212억 원이던 전국 아파트 시가 총액은 2003년 말 820조 6962억 원으
로 101조 7750억 원이 증가했다. 이런 증가분은 2003년 국가 예산액에
거의 맞먹는 금액에 해당한다.[21] 이런 엄청난 이익이 소수의 다주택 소
유자에게 귀착되었다는 사실에서 우리는 부로부터 발생하는 소득의
격차가 상당한 정도로 확대되고 있음을 어렵지 않게 감지할 수 있다.

　주택 투기를 잠재우기 위해 2003년 노무현 정부는 10 · 29 부동산 대
책을 발표하였다. 이 대책 덕분에 올 들어 주택 가격은 안정세를 보이
고 있으나 주택시장에 투입된 자금들이 토지시장으로 대거 이동하면
서 토지 투기가 극성을 부리고 있다. 특히 올해 4월에 있을 총선을 앞
두고 정부가 각종 개발계획을 서둘러 발표하고 토지 규제를 대폭적으
로 완화한 것도 토지 투기를 부추기고 있다. 한 통계 자료에 의하면 수
도권 주변의 지가는 2003년 말을 전후해 30% 정도 상승한 것으로 집계
되었다. 또한 고속철도 중간역이 들어서는 천안 · 아산 지역의 땅값은
같은 기간 최고 50%까지 오른 것으로 나타났다.[22]

---

20) 《중앙일보》(2003. 11. 25).
21) 《중앙일보》(2003. 12. 30).
22) 《중앙일보》(2004. 2. 2).

이런 사실들을 고려해 보면 1997년 외환위기 이후의 소득분배 상황과 그 이전의 소득분배 상황과는 차이가 있음이 명확해진다. 경제위기 이후 금융자산과 실물자산에서 파생되는 소득의 격차가 확대됨은 물론 노동소득의 분배까지도 불균등해지면서 전체 소득의 분배가 빠른 속도로 악화되어 가고 있다. 최근의 한 통계 조사에 의하면 우리 사회 전체 가구의 소득불평등도를 가리키는 지니계수는 1996년 0.389에서 2001년 0.427로 크게 상승한 것으로 나타났다.[23]

그런데 이보다 더 큰 문제는 현재의 분배 상황이 앞으로 개선되리라는 전망이 불투명하다는 사실에 있다. 정보산업의 발달로 인해 정보 격차(digital divide)가 증대하고 있다는 점, 연봉제가 확산되고 있다는 점, 경제의 세계화로 인해 경쟁의 정도가 심화되고 있다는 점, 고령화사회로 급속하게 이행되고 있다는 점, 독신과 이혼의 증가로 인해 여성가구주가 확대되고 있다는 점 등이 원인으로 작용해 우리 사회의 분배 구조는 지금보다 더 크게 왜곡될 가능성이 높아지고 있다. 최근 일군의 사회과학자들이 이런 경향성에 주목하면서 한국 사회가 중산층이 몰락한 '모래시계형 사회' 나 '20대 80의 사회' 로 이행하고 있다는 주장을 내세우고 있는 것이다.[24]

---

23) 김진욱, "한국의 소득불평등 변화와 요인 분석", 이정우 외, 『소득 분배와 사회복지』(서울: 여강출판사, 2002), pp. 131-132.
24) 김호기, 『한국의 현대성과 사회변동』(서울: 나남출판, 1999), pp. 246-247.

4. 기독교윤리적 관점에서 본 분배 정책의 목표

기독교윤리적 관점에서 분배 정책에 접근한다고 할 때 우리가 무엇보다도 먼저 고려해야 할 사항은 분배 정책의 목표이다. 왜냐 하면 이런 목표로부터 분배 정책의 방향이나 수단들이 도출될 수 있기 때문이다. 서두에서 언급한 바와 같이 기독교윤리의 핵심은 "네 이웃을 네 몸과 같이 사랑하라"(마 22:39)는 예수님의 명령에 있다. 예수님에게 있어 이웃사랑은 곤경에 처해 있는 다른 사람을 도와주고, 그의 권리를 찾아 주고, 그에 대해 책임을 지고, 그와 함께 괴로워하는 것을 의미한다. 따라서 오늘의 언어 표현을 사용해 보면 예수의 이웃사랑은 '연대성(Solidaritat)'으로 번역될 수 있다.[25]

연대성은 크게 협의의 연대성과 광의의 연대성으로 나뉠 수 있다. 좁은 의미의 연대성이란 자신의 권리를 관철시키려고 하는 개인이나 집단에게 도움을 주는 태도를 뜻한다.[26] 반면 넓은 의미의 연대성은 어떤 개인이나 집단에 대해 특정한 사회 구성원들이 원조하는 행위 방식일 뿐만 아니라 모든 사회 구성원들로 하여금 이런 행동양식을 갖도록 유도하고 촉진하는 사회 제도나 사회질서의 원칙까지도 지칭하게 된다. 이렇게 연대성을 넓은 의미로 이해하게 될 때 그것은 분배 정책과 연결될 수 있다.

기독교윤리적 입장에서 볼 때 분배 정책의 궁극 목적은 이런 연대성의 구현에 있다. 그런데 여기서 주의해야 할 사항은 연대성이 자기책임

---

25) H. G. Ulrich, "Solidaritat", in G. Enderle, K. Homann u.a.(Hg.), *Lexikon der Wirtschaftsethik*(Freiburg im Breisgau: Verlag Herder, 1993), p. 961.

26) K. Bayertz, "Begriff und Problem der Solidaritat" in K. Bayertz (Hg.), *Solidaritat: Begriff und Problem*(Frankfurt am Main: Suhrkamp Verlag, 1998), p. 49.

성을 전제하고 있다는 점이다.[27] 자기책임성이 전제되지 않은 연대성은 개인이나 집단의 독립성을 약화시키면서 동시에 의존성을 강화시킬 수 있다. 이럴 경우 개인 혹은 집단의 창발성과 자기개발 의욕을 충분히 살릴 수 없게 된다. 그리고 이런 개인이나 집단이 많아지게 되면 사회 전체의 활력과 성장잠재력은 떨어지게 마련이다.

기독교 경제윤리에서 내세우는 연대성은 사회 구성원들이 사회-경제적 곤경에 빠져 있는 개인과 집단을 후원하되 그들의 자율성과 책임성을 손상시키지 않는다. 이런 자기책임적 연대성에 따르면 사회 구성원들은 자신이 연대하려고 하는 사람과 집단이 스스로 감당할 수 없는 과업들에 한해서만 개입해야 한다. 따라서 자기책임적 연대성은 단순한 형태의 연대성이 강조될 때 발생할 수 있는 개인이나 집단의 도덕적 해이를 예방할 수 있다.

자기책임적 연대성을 그 목표로 삼는 분배 정책은 개인이나 집단의 인센티브를 살릴 수 있기 때문에 경제적 효율성을 촉진할 수 있고, 만일 주변 여건상 그럴 수 없는 경우에 적어도 기존의 경제적 효율성을 저해하지는 않는다. 그리고 이런 분배 정책은 경제적 효율성의 증진을 통해 이루어지는 경제성장을 긍정적으로 평가한다. 따라서 자기책임적 연대성을 추구하는 분배 정책 아래서는 성장과 분배를 분리하고 대립시키는 이분법적 도식은 그 타당성을 잃게 된다.

그런데 이런 자기책임적 연대성이란 목표는 자칫 현실의 경제 세계에서는 공허한 것으로 되기 쉽다. 따라서 우리는 이 목표를 상위목표로 승격시키는 동시에 그것을 현실 경제에 적용하기 위해서 몇 가지의 하위목표들로 보다 구체화할 필요가 있다. 자기책임적 연대성으로부터

---

27) H. G. Ulrich, "Solidaritat", p. 960.

도출되는 분배 정책의 하위목표들에는 여러 가지가 있을 수 있으나 그 중요한 것들로는 다음과 같은 것이 제시될 수 있다.[28]

첫째, 부가 소수 계층에로 집중되지 않도록 한다. 둘째, 노력 없이 얻어진 불로소득은 가능한 한 억제한다. 셋째, 일할 능력이 없거나 부족한 사람들에게 최저생계비를 지원해 준다. 넷째, 가계들이 안고 있는 특별한 경제적 부담들을 경감시켜 준다. 다섯째, 부를 취득할 수 있는 기회를 보다 균등하게 한다. 여섯째, 사회 구성원들로 하여금 가능한 한 높은 수준의 노동소득을 얻도록 한다. 일곱째, 동일한 성과에 대해서 동등한 소득을 얻게 하고 동일하지 않은 성과에 대해서는 소득에 차등을 두도록 한다. 여덟째, 일할 능력과 의지는 있으나 일자리가 없는 사람들의 처지를 고려해 준다.

5. 한국 분배 정책의 과제

현재 한국 사회의 분배 상황을 위와 같은 분배 정책의 하위목표들에 접근시키기 위해 요구되는 분배 정책의 과제들에는 어떤 것이 있을 수 있는가? 필자의 소견으로는 이런 분배 정책적 과제들은 크게 다섯 가지로 분류할 수 있다고 생각된다. 곧 조세 제도의 정비, 복지 제도의 확충, 재산 형성 정책의 강화, 교육 제도의 개선 그리고 일자리의 창출이 그것이다. 조세 제도의 정비는 분배 정책의 첫번째 및 두 번째 하위목표와 관련이 있는데 반해 복지 제도의 확충은 세 번째, 네 번째 그리고

---

28) H. Lampert, "Verteilungspolitik", O. Issing (Hg.), *Allgemeine Wirtschaftspolitik* (Munchen: Verlag Franz Vahlen, 1993), pp. 113, 118.

여덟 번째 하위목표와 관계된다. 또한 재산 형성 정책의 강화는 다섯 번째 하위목표와 연관이 있는 반면 교육 제도의 개선은 여섯 번째 하위목표와 관련된다. 마지막으로 일자리의 창출은 일곱 번째 및 여덟 번째 하위목표와 관계가 있다.

1) 조세 제도의 정비

우리 사회의 경우 부로부터 발생하는 소득은 고소득층에 의해 전유되고 있기 때문에 저소득층은 이런 소득 형태에 접근이 거의 불가능한 형편이다. 또한 경제 전반에 걸쳐 투기가 일반화되고 구조화되어 있다. 이런 특성으로 인해 우리 사회의 분배 구조는 자산과 관련된 소득에 대해 과세를 강화하지 않는 한 결코 향상될 수 없다. 따라서 정부는 부와 관련된 소득, 특히 부동산거래와 주식거래에서 발생하는 자본이득에 관해 보다 철저히 과세할 필요가 있다.

제3장에서 언급한 바와 같이 현 정부의 10·29 부동산 대책으로 주택가격은 어느 정도 안정되고 있으나 주택시장에 투입된 자금들이 토지시장으로 이동하면서 토지 투기가 극성을 부리고 있다. 이런 사회경제적 상황에서 주택과 관련된 세금들을 강화한 것과 같이 토지 관련 세제도 강화하여 토지에 대한 투기 바람을 원천적으로 차단해야 할 것이다. 이를 위해 오래 전에 시행하려다 거의 폐기 상태에 놓여 있는 토지공개념을 적극적으로 적용할 필요가 있다.

물론 우리 사회의 일각에서는 이런 토지공개념의 적용을 두고 사유재산권의 보호와 시장원리의 관철을 이유로 해서 반대의 목소리를 높이는 세력이 존재하는 것도 사실이다. 그러나 현실 세계에서 사유재산에 대한 정부의 개입이 이루어지지 않는 사회는 존재하지 않는다. 더욱

이 우리 사회에서와 같이 부동산투기를 통해 계층간의 소득 격차가 극심하게 벌어지고 있고 사회 구성원들의 상당 부분이 높은 주거비로 고통을 겪고 있는 경우 정부는 토지공개념에 입각해서 부동산시장에 대해 강력하게 개입할 필요가 있다.[29]

한편 현행 조세 체계에서는 자본이득이 발생할 수 있는 자산 중에서 부동산을 중심으로 면서 상장주식의 양도차익에 대해 과세할 수 있는 방안을 장기적으로 모색해야 할 것이다.[30]

조세 제도의 정비와 관련해서 마지막으로 지적될 필요가 있는 사항은 간접세의 비중을 낮추어야 한다는 점이다. 우리 사회의 경우 다른 선진사회들과 비교해 볼 때 간접세의 비중이 지나치게 높은 것으로 나타나고 있다. 통계에 의하면 2001년 미국과 일본의 경우 간접세 비중은 각각 22.8%와 24.5%를 차지한 것으로 집계되었다. 반면 같은 해 우리나라의 간접세 비중은 49.6%를 기록하였다.[31]

납세자의 소득 정도에 따라 세 부담을 차등화하는 직접세와는 달리 간접세는 소득수준과 상관없이 모든 납세자에게 같은 세율을 적용함으로써 분배 구조를 불균등하게 만드는 데 기여한다. 이런 측면에서 우리 사회의 경우 다른 선진사회들에서보다 간접세가 차지하는 비중이 지나치게 높다는 것은 분배 정의의 실현이라는 조세 제도의 근본 취지를 무색하게 하는 일이 아닐 수 없다. 그러므로 앞으로 우리의 조세 제도는 직접세의 비중을 높이고 간접세의 비중을 낮추는 방향으로 개선되어야 할 것이다.

---

29) 김왕배, "계층의 불평등과 형평의 원리", 《창작과 비평》 제122호(2003년 겨울), p. 102.
30) 전영준, "소득분배 구조 개선을 위한 조세정책", 『나라경제』(2000. 3), p. 87.
31) 곽해선, 『한국경제 지도』(서울: 동아일보사, 2003), p. 85.

2) 복지 제도의 확충

복지 제도는 조세 제도와 더불어 분배 구조를 개선하는 핵심적인 수단이다. 선진사회의 경우 복지 제도가 조세 제도보다 분배 상황을 향상시키는 데 더 효과적인 것으로 나타나고 있다.[32] 이런 측면에서 복지 제도를 개선하는 일은 분배 구조를 보다 정의롭게 형성하는 데 있어 관건이 되는 과업이라고 할 수 있다. 이러한 특성을 지닌 복지 제도의 대표적인 형태로는 공공부조와 사회보험을 들 수 있다. 공공부조가 주로 빈곤 계층을 겨냥하는 데 반해 사회보험은 중산층을 그 주된 대상으로 한다.

공공부조란 사회 구성원들이 겪고 있는 소득상실이나 소득부재에 대처하기 위해 국가가 그들의 최저생활을 보장하는 제도이다. 우리 사회의 경우 공공부조의 중추적인 제도는 국민기초생활보장 제도이다. 2000년 10월부터 시행된 이 제도는 과거의 생활보호 제도를 훨씬 능가하는 공공부조 제도로 평가받고 있다. 기초생활보장 제도는 시혜성에서 벗어나 권리성을 강조하고 있다는 점, 인구학적 기준을 철폐하고 빈곤의 정도와 부양 의무자의 존재 여부를 적용대상을 선정하는 기준으로 삼고 있다는 점, 급여 수준의 적절성을 확보하여 최저생계비 이상이 되도록 개선한 점, 근로 연계를 통해 근로 유인책을 마련하고 있다는 점 등으로 인해 긍정적인 평가를 받고 있다.[33]

그런데 이런 장점들에도 불구하고 기초생활보장 제도는 몇 가지 문제점들을 지니고 있는데 그 가운데 핵심적인 것으로는 다음의 두 가지를 들 수 있다. 우선 이 제도는 최저생계비를 계측함에 있어 다양한 변

---

32) 박능후, "소득 분배 구조 개선을 위한 복지 정책", 『나라경제』(2000년 3월), p. 89.
33) 김진수, "공공부조의 제도 및 재정 변화와 발전 과제" 이정우 외, 『소득 분배와 사회복지』(서울: 여강출판사, 2003), p. 239.

수를 고려하지 못하고 있다. 현재 기초생활보장 제도가 제시하는 최저
생계비 수준은 중소도시에 사는 33세와 36세의 부부 그리고 5세와 7세
의 아동으로 구성된 4인 가구를 기준으로 해서 산정되고 있다.[34] 이런
기준 산정의 획일성은 이 제도로 하여금 도시별, 가구별 특성을 적절하
게 반영할 수 없게 만들고 있다.

그 다음으로 이 제도는 최저생계비를 간신히 넘는 정도의 소득을 가
진 차상위계층을 포괄하지 못하는 문제점을 가지고 있다. 여기서 차상
위계층이란 월 소득이 기초생활보장 수급자의 최저생계비보다 20% 많
은 준(準) 극빈층을 말하는데 그 수는 2003년 8월 현재 320만 명에 달
하고 있다.[35] 일단 기초생활보장 제도의 수혜자로 분류되면 생계비와
의료비에서부터 집수리비까지 20여 가지의 혜택을 받을 수 있다. 반면
이 제도에 편입되지 못한 차상위계층은 경로연금, 아동양육비 등의 혜
택만 받을 뿐 정작 중요한 생계급여, 의료급여, 보육료지원 등으로부터
완전히 벗어나 있다.[36] 이렇게 차상위계층은 기초생활보장 제도의 수
혜자들보다 월 소득이 20만 원 정도 더 많다는 이유로 소득보장 제도의
사각 지대에 방치되고 있다.

이들 차상위계층에게 가장 절실한 복지혜택은 의료비 지원이다.
2003년을 기준으로 기초생활보장의 수급자에게 연간 2조 3천억 원에
달하는 의료비가 지원된 반면 차상위계층에는 한 푼의 의료지원비도
책정되지 않았다.[37] 그 결과 적지 않은 차상위 빈곤 가구들이 질병 치료
를 포기하고 있는 것으로 나타났다. 한 통계자료에 따르면 2001년의

---

34) 최경구, p. 83.
35) 《중앙일보》(2003. 8. 18).
36) 《한겨레》(2003. 8. 4).
37) 《중앙일보》(2003. 8. 18).

경우 경제적인 이유로 질병 치료를 중단한 차상위 빈곤 가구들은 전체 차상위 빈곤 가구의 26.6%에 이르고 있는 것으로 집계되었다.[38]

이런 문제점들을 극복하기 위해서는 최저생계비의 기준을 산정함에 있어 도시별·지역별 특수성을 고려하고 나아가 그 기준 자체를 상향 조정함으로써 국민기초생활보장 제도가 명실상부하게 열악한 생활 조건에서 생활하고 있는 보다 많은 빈곤 가구들의 경제적 생활을 보장할 수 있어야 할 것이다. 특히 건강보험료를 내지 못해 병원 진료를 받지 못하는 차상위계층들에게 기초생활보장 제도를 통해 주어지는 의료 급여에 버금가는 의료 혜택을 제공해 줄 필요가 있을 것이다.

한편 사회보험은 수혜자 비기여를 원칙으로 삼는 공공부조와는 달리 수혜자 기여를 원칙으로 하는 복지형태인데, 우리 사회의 경우 건강보험, 연금보험, 산재보험 그리고 고용보험이 이에 해당된다. 1977년 처음 도입된 건강보험은 12년이 지난 1989년에 가서야 그 적용범위가 전 국민으로 확장되었다. 전국민건강보험의 시행으로 기초적인 의료 문제를 상당한 정도로 해결할 수 있게 되었다. 또한 2000년에는 직장의료보험조합과 지역의료보험조합이 국민건강보험공단으로 통합되었는데 이로써 관리의 효율성도 확보할 수 있게 되었다.

이런 성과에도 불구하고 건강보험은 몇 가지 문제점들을 노정하고 있는데 그 가운데 핵심적인 것은 역시 건강보험의 재정적자이다. 의료보험조합의 통합과 의약분업의 시행 이후 보험급여비가 급속히 증가하여 현재 건강보험의 재정적자는 심각한 수준에 이르고 있다. 1997년 건강보험의 연간 적자는 3,820억 원이었는데 2001년에는 이보다 여섯 배 이상 증가한 2조 4088억 원을 기록하였다.[39]

---

38) 박순일, "경제위기 이후의 사회복지정책의 평가와 효율화", p.179.

이와 같이 건강보험의 재정적자가 확대되고 있는 것은 물론 조합 통합과 의약분업으로 인해 지출이 일시적으로 급증했다는 데 그 일차적인 원인이 있다. 그러나 보다 근원적인 원인은 현행 진료비 지불 체계의 불합리성에 존재한다. 현재 우리나라의 경우 행위별수가제를 채택하고 있는데 이 제도하에서는 의료인이나 의료기관의 진료비에 대한 통제가 충분히 이루어질 수 없다. 왜냐 하면 이 제도는 의료인 혹은 의료 기관으로 하여금 가능한 한 더 많은 의료 서비스를 제공하도록 유인함으로써 진료 양과 의료 비용을 과도하게 증가시킬 수 있기 때문이다.[40]

이런 상황에서 의료비를 억제하는 것이 건강보험 재정을 건전화하는 데 관건이 된다고 할 수 있다. 이를 위해서 의료서비스의 1차 진료기능을 강화해야 할 것이다. 그리고 진료비 지불 체계를 현행 행위별수가제에서 진료의 가격과 양을 통제하는 총액예산제로 전환해야 할 것이다. 당장 총액예산제를 전면적으로 도입하기는 어려울 것이므로 한 지역에서 시범적으로 실시한 후 단계적으로 확대해 나가는 것이 현실적인 방도일 것이다.[41]

연금보험은 1988년 처음 도입된 이래 적용범위를 지속적으로 확대해 나갔다. 그 결과 1999년에는 적용대상이 전국민으로까지 확장되었다. 전국민연금 시대가 열리면서 그 동안 노후보장의 사가 지대에 있던 도시지역 자영업자, 영세사업장 근로자, 임시ㆍ일용직 근로자도 연금 혜택을 받을 수 있게 되었다. 이로써 연금보험은 사회복지적 이념에 더욱 충실해지고 사회통합에 보다 적극적으로 기여할 수 있게 되었다.

---

39) 이준영, "한국 의료보장의 현황과 과제", 『21세기 한국인의 삶의 질』, 안두순 편(서울: 숲과나무, 2003), p. 273.
40) *Ibid.*, p. 258.
41) *Ibid.*, pp. 274, 281.

이런 기여에도 불구하고 연금보험은 몇 가지 문제점을 드러내고 있다. 이런 문제점들 가운데 핵심적인 것은 역시 연금보험의 재정적자라고 할 수 있다. 우리나라의 경우 연금보험은 평균소득자가 40년 가입을 기준으로 자신이 낸 보험료의 두 배 이상을 받도록 설계되어 있다. 그런데 이러한 현행 체계를 유지할 경우 20대 이하 세대가 퇴직 후 연금을 받기 위해서는 보험료를 지금의 9%에서 30%로 올려야 할 것으로 전망되고 있다.[42] 만일 이와 같이 높은 수준의 보험료를 부담하지 않을 경우 평생 동안 보험료를 지불했음에도 은퇴 후에 연금을 받지 못하는 사태가 벌어지게 될 것이다.

연금보험의 부실재정 문제를 해결하기 위해서는 저부담-고급여 체계로 되어 있는 현재의 재정 구조를 적정부담-적정급여 체계로 전환해야 할 것이다.[43] 사회복지 전문가들의 견해에 따르면 연금보험의 재정을 건전화하기 위해서는 급여 수준을 현재의 60%에서 50%로 낮추고 보험료를 지금의 9%에서 16%로 높여야 한다고 한다. 그런데 사회구성원들의 정서나 경제 여력상 보험료의 수준을 이와 같이 대폭적으로 높일 수 없다면 보험급여를 40%로 내리고 보험료를 12%로 올리는 방안을 채택할 필요가 있다는 현실적인 주장도 나오고 있다.[44]

산재보험은 다른 사회보험들보다 훨씬 이른 시기인 1964년에 도입되었지만 오랜 기간 동안 그 적용 대상의 범위는 상당한 정도로 제한되어 있었다. 그런 가운데 시민사회의 강력한 요구와 김대중 정부의 생산적 복지 정책에 힘입어 도입된 지 36년 만인 2000년부터 1인 이상의 사업장 전체로 확대될 수 있었다. 그러나 이런 외형적인 발전에도 불구하

---

42) 《중앙일보》(2003. 12. 8).
43) 최경구, " '생산적 복지' 의 현황과 전망", p. 87.
44) 《중앙일보》(2003. 12. 8).

고 산재보험은 다른 사회보험들에 비해 사회보장적 성격이 가장 약한 제도로 평가받고 있다.

산재보험의 문제점으로는 구체적으로 다음과 같은 것들이 제시되고 있다.[45] 우선 산재의 인정 체계가 경직되어 있다는 것이 문제로 지적될 수 있다. 어떤 재해가 산재로 인정되기 위해서는 그 원인이 근로자에게서 발생되지 않았음이 입증되어야 한다는 점에서 현행 산재보험은 노동자보다는 사용자에게 유리하게 형성되어 있다. 또한 선보장-후판정 체계가 아닌 선판정-후보장 체계에 근거한다는 사실에서도 산재보험의 반노동자적 성격이 드러나고 있다. 마지막으로 산재보험의 적용 대상이 확대되었음에도 불구하고 전체 취업자의 절반 이상이 보험혜택에서 제외되고 있다는 것도 문제가 아닐 수 없다. 2000년의 경우 산재보험의 적용률은 43.2%에 불과한 것으로 나타났다.

이런 문제점들을 해결하기 위해서는 산재 인정의 근거가 원인주의에서 결과주의로 바뀌고 선판정-후보장 체계에서 선보장-후판정 체계로 전환되어야 할 것이다. 또한 산재보험의 적용 대상도 대폭적으로 확대되어야 할 것이다. 이를 위해 현재 산재보험의 적용에서 제외되고 있는 5인 미만의 농림어업 및 수렵업의 종사자, 총공사대금 2천만 원 미만의 건설공사의 근로자, 캐디나 보험설계사와 같은 특수고용관계 종사자 등도 적용대상으로 포괄될 필요가 있다.

1995년에 도입된 고용보험은 1997년까지 상시근로자 30인 이상의 사업장에만 적용되었다. 그런데 1997년 말 외환위기 이후 경기침체와 기업 구조조정으로 실업률이 급등하게 되었다. 이런 상황에서 고용보험의 제한적인 적용 범위로는 고실업 문제에 능동적으로 대응할 수 없다

---

45) 최경구, " '생산적 복지' 의 현황과 전망", p. 88.

는 시민사회의 비판에 따라 적용 대상을 급속하게 확대하였다. 그 결과 1998년 10월에는 근로자를 고용하는 모든 사업장에 적용되게 되었다.[46]

그런데 문제는 이런 형식상의 적용 확대가 곧바로 실질적인 보험수급권의 확산으로 연결되지 못하고 있다는 점이다. 사업장의 도산, 이전, 폐업, 보험료 부담 회피 등으로 인해 고용보험의 적용 대상자임에도 불구하고 고용보험에 가입되지 않은 노동자들이 상당수에 달하고 있다. 1999년 말 현재 고용보험 적용 대상 근로자의 65.5%만이 피보험자인 것으로 드러났다.[47]

또한 현행 고용보험 제도 내에는 보험의 적용 대상에서조차 제외된 근로자들이 적지 않다는 사실도 문제점으로 지적되고 있다. 예를 들어 1개월 미만 동안 고용되어 있는 일용근로자, 주 18시간 미만의 시간제 근로자, 공무원, 사립학교 교직원 등은 고용보험의 적용에서 배제되어 있다. 이런 이유들로 인해 고용보험의 가입률은 상당히 저조한 상태를 보이고 있다. 1999년 말 현재 전체 임금 근로자 가운데 47.9%만이 고용보험에 가입된 것으로 집계되었다.[48]

고용보험 적용 대상의 확대가 실질적인 보험 수급권의 확산으로 이어지기 위해서는 적용대상의 관리 시스템을 효율화하는 방안을 마련해야 할 것이다. 특히 이런 방안 마련과 관련해서 현행 사업체별 관리 시스템에서 개인별 관리 시스템으로 전환하는 문제를 진지하게 검토해야 할 것이다.[49] 또한 현재 고용보험의 적용 대상에서 제외되고 있는

---

46) 류진석, "고용보험 제도의 성과와 과제", 『한국 사회복지의 현황과 쟁점』, 한국사회과학연구소 사회복지연구실 편(서울: 인간과 복지, 2000), pp. 184-185.
47) 최경구, " '생산적 복지' 의 현황과 전망", p. 88.
48) 류진석, "고용보험 제도의 성과와 과제", p. 188.
49) *Ibid.*, p. 216.

근로자들이 대부분 실업으로 인한 경제적 충격에 가장 취약한 저소득 계층이란 사실을 고려하면서 이들에게까지 고용보험의 적용을 확대할 필요가 있을 것이다.

3) 재산형성 정책의 강화

현대사회에서 복지 제도가 사회 구성원들의 경제적 생활을 안정화시키는 데 결정적으로 기여할 수 있음에는 이론의 여지가 없다. 그럼에도 복지 제도만 가지고 이들의 경제적 삶을 충분하게 안정시킬 수는 없다. 따라서 복지 제도는 재산형성 정책에 의해 보완될 필요가 있다. 정부의 재산형성 정책을 통해 보다 넓은 사회 계층에 재산형성이 이루어진 경우 그것은 개인들의 경제적 생활을 추가적으로 안정화시키는 기능을 수행할 수 있다.

복지 제도가 비교적 완벽하게 구비되어 있는 선진산업사회의 경우라고 하더라도 재산 형성이 발휘하고 있는 추가적인 생활안정화 효과는 결코 부정될 수 없다. 마찬가지로 앞으로 우리 사회가 현재의 선진국 수준의 복지 제도가 구축하게 된다면 그 경우에도 이러한 재산의 부가적 안정화 기능은 무시될 수 없을 것이다. 실제로 복지 제도는 재산 형성과 비교해 볼 때 몇 가지 약점들을 가지고 있는데 이 가운데 결정적인 것을 지적해 보면 다음과 같다.[50]

우선 복지 제도는 그 급여의 정도나 규모를 항상 변화하는 경제적 조건, 사회적 상황 그리고 인구 증가 추세에 맞추어야 하기 때문에 생활

---

50) A. Losinger, *Gerechte Vermogensverteilung: Das Modell Oswald von Nell-Breunings* (Paderborn: Verlag Ferdinand Schoningh, 1994), p. 62.

보장에 있어 중요한 항상성을 확보하기 힘들다는 문제점을 가지고 있다. 또한 복지 제도는 집단적으로 조직되어 있기 때문에 일반적이고 상대적으로 예측 가능한 생의 곤경에 대해서는 그 대처 능력을 발휘할 수 있지만 표준화될 수 없는 삶의 어려움에 있어서는 전적으로 무력할 수밖에 없는 한계를 지닌다.

재산 형성은 복지 제도가 기능하지 않거나 제한적으로만 기능할 경우 위기에 처한 개인들에게 생활의 안정성을 제공할 수 있는 가능성을 가지고 있다. 따라서 정부는 사회 구성원들의 재산 형성을 촉진시킬 수 있는 정책적 수단들을 구사할 필요가 있다. 이런 재산 형성 정책의 수단들 가운데 중요한 것을 고른다면 그것은 모기지론(mortgage loan) 제도와 종원업지주제일 것이다.

모기지론 제도는 장기 주택대출 제도로서 주택을 담보로 해서 주택 저당 채권을 발행하여 10년 이상의 장기 주택 자금을 대출해 주는 제도를 가리킨다.[51] 모기지론은 올 3월부터 실시되고 있는데 이 제도의 시행으로 주택 수요자들은 집을 산 뒤 장기간에 걸쳐 대출금을 분할해서 상환할 수 있으므로 큰 목돈 없이도 주택 자산을 마련할 수 있는 길이 열리게 되었다.

모기지론 제도가 재산 형성 정책의 주요한 수단으로 간주되는 것은 기존의 주택 담보 대출에 비해 더 많은 금액을 더 좋은 조건으로 돈을 빌릴 수 있기 때문이다.[52] 우선 모기지론의 대출 한도는 집값의 70% 범위 내에서 최대 2억 원까지 가능하다. 반면 현재 시중은행의 대출 비율은 대체로 집값의 40% 수준에 머무르고 있다. 또한 모기지론의 경우

---

51) 《중앙일보》(2004. 1. 26).
52) *Ibid.*

상환 기간이 10~20년 이상이라는 점과 대출금리가 고정금리라는 점에서 은행권의 주택 담보 대출보다 조건이 유리하다고 할 수 있다.

이런 장점들로 인해 모기지론 제도는 서민들과 중산층의 재산 형성을 보다 용이하게 해 줄 수 있는 정책 수단이라고 평가될 수 있다. 따라서 이 제도가 조기에 정착할 수 있도록 정부는 다양한 차원에서의 지원을 아끼지 말아야 할 것이다. 특히 모기지론 상환액에 대해 주어지는 소득공제의 폭을 지금보다 더 확대하고 지원 대상에서 제외되는 고가 주택의 기준을 현재의 6억 원에서 보다 하향 조정함으로써 서민 계층의 주택 자산 마련이라는 본래의 취지를 충실히 살려 나가야 할 것이다.

이런 모기지론 제도를 조기에 정착시킴과 아울러 종업원지주제를 확충시켜 나가야 할 것이다. 현재 우리나라 대부분의 상장기업들에는 종업원지주제, 곧 우리사주제가 도입되어 있다. 서구 사회에서 이 제도는 노동자들의 자본참여를 통해 그들의 근속기간, 사기, 생산성을 제고시키는 긍정적인 정책 방안으로 평가받고 있다. 그러나 우리 사회에서 종업원지주제는 서구사회에서와는 달리 단기차익을 노린 투기수단으로 전락하고 있다. 더욱이 근자에 들어 주식시장이 침체되면서 이 제도는 애물단지로 취급받고 있는 실정이다.

그럼에도 종업원지주제는 분배 정책적 측면에서 볼 때 재벌의 주식 소유 집중을 완화시키고 근로자 가구의 금융자산을 형성해 줄 수 있는 장점을 지니고 있다. 따라서 종업원지주제는 지속적으로 확대하고 발전시킬 필요가 있다. 특별히 현재 진행되고 있는 국영기업의 민영화 과정에서 종업원지주제의 도입을 긍정적으로 검토하여 현실화함으로써 주식 소유의 집중화 현상을 사전에 방지하는 것도 분배 구조의 향상에 도움을 줄 수 있을 것이다.[53]

---

53) 이정우, "경제위기 이후의 분배 정책 방향", pp. 47-48.

4) 교육 제도의 개선

　한국 사회에서 학력, 곧 교육의 정도는 임금 수준을 좌우하는 가장
결정적인 척도 가운데 하나이다. 따라서 우리 사회에 있어 모든 계층의
자녀들에게 교육 기회를 가능한 한 균등하게 제공하는 것은 중요한 분
배 정책적 수단이 아닐 수 없다.[54] 그런데 문제는 우리 사회의 경우 사
교육이 공교육보다 더 큰 비중을 차지하고 있기 때문에 공교육의 기회
가 계층 간에 공평하게 제공된다고 하더라도 전체 교육의 기회는 결코
균등할 수 없다는 사실에 있다.

　교육 영역에서 사교육이 공교육보다 더 큰 비중을 차지하게 될 때 부
모의 소득은 2세들의 교육적 성취에 영향을 미치는 지배적인 변수가
된다. 빈약한 공교육에만 의존해 있는 가난한 가정의 자녀들이 유능한
학원 강사 밑에서 공부한 부유한 가정의 자녀들에 비해 일류대학 진학
률이 떨어지는 것은 지극히 당연한 일이다. 그런데 부모의 소득이 자녀
의 교육 수준을 결정하고, 다시 이런 교육 수준이 자녀의 미래소득을
좌우하는 우리의 교육 현실은 기존의 계층 구조를 공고화시키는 문제
점을 안고 있다. 이런 문제점으로 인해 현재의 교육 제도가 계층 간의
불평등을 완화하는 본래적 기능을 수행하지 못하고, 오히려 계층 간의
불균등을 온존시키고 강화하는 기제로 작용하고 있다는 평가를 받고
있는 것이다.[55]

　교육 제도에 대한 이러한 부정적인 평가를 불식시키기 위해서는 무
엇보다도 공교육을 정상화할 방안을 마련해야 할 것이다. 이런 방안과

---

54) 서진영 편, 『세계화 시대의 사회통합』, pp. 112-113.
55) 최장집, 『민주화 이후의 민주주의 - 한국 민주주의의 보수적 기원과 위기』(서울: 도서출
　　판 후마니타스, 2002), pp. 25-27.

관련해서 고등학교에 수업평가제를 도입하는 것을 긍정적으로 검토할 필요가 있을 것이다. 현재와 같이 대학의 서열화가 존재하는 한 사교육 기관은 번창할 수밖에 없다. 이런 상항에서 공교육이 사교육에 대항하는 유일한 길은 경쟁의 원리를 채용하는 것이다. 현재 거의 모든 대학에서는 강의평가제를 실시하고 있다. 고등학교에서도 이런 평가 방법을 도입해 교사들의 수업 능력을 증진시켜 사교육 기관에 대한 경쟁력을 확보하는 것이 중요하리라고 판단된다.

한편 학교 교육 제도를 개선함과 아울러 노동자들의 교육 및 훈련 제도도 보다 강화할 필요가 있다.[56] 소득분배 구조를 향상시킬 수 있는 가장 직접적인 방법은 사회 구성원들로 하여금 가능한 한 높은 수준의 노동소득을 얻도록 하는 것이다. 그런데 이런 노동소득의 상승은 오늘날과 같이 산업 구조가 정보산업 중심으로 급격하게 재편되는 상황에서는 근로자들이 새로운 고용환경 변화에 얼마나 효과적으로 적응하느냐에 달려 있다.

이렇게 보면 변화되는 경제적 환경에 노동자들이 빠르게 적응하도록 그들의 재교육 시스템을 지금보다 더욱 체계화하는 일은 균등한 분배 구조를 수립하는 데 있어 필수적인 사항이 아닐 수 없다. 노동자들에 관한 교육 및 훈련의 강화는 생산성 향상을 가져옴으로써 통해 그들의 근로소득을 증대할 수 있는 여지를 확대시킨다. 더 나아가 외환위기 이후 점차 벌어지고 있는 학력 간 임금 격차와 직종 간 임금 격차를 축소시킴으로써 분배 구조의 개선에도 적지 않게 기여할 수 있을 것이다.

---

56) 김적교, 『경제정책론 - 한국 경제의 정책 과제와 방향』(서울: 박영사, 2001), p. 430.

5) 일자리의 창출

일자리 창출이 가장 효과적인 소득분배 방안이라는 사실에는 이론의 여지가 없을 것이다. 그럼에도 우리의 경제 현실을 보면 정부와 기업 모두 일자리 창출에 진력하지 않고 있음을 알 수 있다. 정부와 기업의 이런 소극적인 태도로 인해 2003년 한 해 동안 우리 사회의 일자리는 3만 개나 줄어든 것으로 나타났다.[57] 이런 상황에서 노무현 정부가 2004년 올 한 해 정책의 최우선 과제를 고용 창출에 두었다는 것은 환영할 만할 일이다.

그런데 새로운 일자리를 만들어 내는 것은 말처럼 그리 쉬운 일은 아니다. 정보화시대로 넘어 가면서 1960년대부터 1980년대까지와 같은 10%대의 고도성장은 더 이상 가능하지 않다. 실제로 2001년과 2002년에 경제성장률은 각각 3.0%와 6.3%에 머물렀다.[58] 또한 설령 고도성장이 가능하다고 하더라도 산업화시대에서와 같은 대량고용은 더 이상 불가능하다. 왜냐 하면 성장의 고용흡수력[59]이 점차 낮아지고 있기 때문이다.

성장의 고용흡수력은 1970년대 이후 연평균 0.34를 기록하였는데 2003년의 경우에는 마이너스로 떨어진 것으로 나타났다.[60] 이렇게 성장의 고용흡수력이 낮아지고 있는 것은 최근 들어 정보통신산업과 서비스산업은 수출 증가로 인해 성장세를 보이는 데 반해 고용유발효과가 큰 제조업은 침체에서 벗어나지 못하고 있기 때문이다. 이로 인해

---

57) 《중앙일보》(2004. 1. 16).
58) 김경원 · 권순우 외, 『외환위기 5년, 한국경제 어떻게 변했나』, pp. 23-25.
59) 성장의 고용흡수력이란 취업자 증가율을 경제성장률로 나눈 수치를 가리킨다.
60) 안국신, "분배를 위한 성장으로", 《월간 NEXT》(2004. 3), p. 10.

우리 사회도 서구사회와 마찬가지로 '고용 낮은 성장의 단계' 진입하고 있는 것이다.

이런 상황에서 고용의 핵심 주체인 기업이 마음껏 사업을 할 수 있는 여건을 조성할 필요가 있다. 친기업적인 여건 조성을 통해 많은 외국 기업들을 국내에 유인하고 국내 기업의 해외 이전을 사전에 방지하는 것이 일자리 창출의 관건적 사항임에는 분명하다. 이런 기업우호적인 환경을 마련하기 위해서 정부는 일자리를 창출하는 기업들에게 세제나 금융의 측면에서 적극적인 혜택을 제공할 필요가 있을 것이다.

또한 정부는 사회적 일자리의 창출에도 관심을 기울여야 할 것이다. 사회복지서비스 분야에 공용된 인력은 미국과 스웨덴의 경우 각각 전체 산업 취업자의 11.1%와 18.4%로 나타난 반면 우리나라의 경우는 전체 취업자의 2.2%에 불과한 것으로 집계되었다.[61] 이런 상황에서 사회복지서비스 분야와 같은 공공 부문에 일자리를 창출하는 것은 사회 구성원들에게 보다 많은 공공서비스를 제공함은 물론 일자리를 확대하는 데 적지 않게 기여할 수 있다. 더욱이 기업들이 '고용 낮은 성장'의 산업 구조를 조성할 수밖에 없는 현실을 고려해 보면 공공 분야에서의 일자리 창출이 가지고 있는 사회적 의미는 결코 과소평가될 수 없을 것이다. 따라서 정부는 우리 사회에도 '고성장-저실업 시대'가 종언되었다는 사실을 직시하고 공공 부문에서 보다 많은 일자리를 만들어 내는 데 진력해야 할 것이다.

기업 쪽에서는 고용 창출이 최선의 사회 공헌이라는 사실을 인식하고 국내 투자에 전향적인 자세를 가져야 할 것이다. 이런 측면에서 요즘 우리 기업들이 채택하고 있는 기업윤리헌장에 '국내에서의 적극적

---

61) 이태수, "'고용 창출 복지'로 성장과 선순환을", 《월간 NEXT》(2004. 3), p. 25.

인 고용 창출'이란 조항을 첨가할 필요가 있을 것이다. 또한 기업은 독일이나 네덜란드에서 전개하고 있는 '일자리 나누기(work sharing)'를 보다 긍정적으로 검토해야 할 것이다.[62] 평등과 공동체적 협동을 특징으로 하는 우리의 기업문화에서는 감량경영이나 해고와 같은 미국식의 구조조정보다는 종업원 모두가 고통을 분담하는 일자리 나누기가 더 많은 설득력을 가질 수 있을 것이다.

한편 고용 문제와 관련해서 일자리의 양뿐만 아니라 그 질의 측면도 보다 진지하게 고려할 필요가 있을 것이다. 제3장에서 언급한 바와 같이 우리 사회의 경우 비정규직 노동자의 수가 급속히 증가하면서 현재 그 비율이 50%를 넘어서고 있다. 대부분의 비정규직 노동자들은 정규직 노동자들과 동일한 시간 및 동일한 내용의 노동을 하고 있으면서 임금, 퇴직금, 사회보험료 지급 등에 있어 커다란 차별을 받고 있다.

이런 문제점을 해결하기 위해서는 일자리의 수를 늘리는 것뿐만 아니라 일자리의 질을 유지하는 사안도 비중 있게 다루어야 할 것이다. 비정규직 근로자들에 대한 이런 차별들을 완화하기 위해서는 현재 시행되고 있는 「남녀고용평등법」을 개정하여, 여성 노동자에 대한 차별 문제뿐만 아니라 비정규직 노동자에 대한 차별 문제까지도 다루는 보다 포괄적인 「고용평등법」으로 확대 제정할 필요가 있을 것이다.[63]

---

62) 이정우, "경제위기 이후의 분배 정책의 방향", p. 51.
63) *Ibid.*, p. 54.

6. 나오는 말

경제학적 관점에서 볼 때 분배의 영역은 시장이 실패하는 지점이다. 경제 주체들 간의 경쟁을 통해서 유지되는 시장경제는 그 자체의 힘만으로는 경제적 재화의 편중적 분배를 초래할 수밖에 없다. 그러므로 정부는 분배 정책을 통해 시장에 개입하는 것이다. 정부가 이렇게 분배 정책을 통해 시장에 관여하는 이유는 사회 구성원들 간의 경제적 불공평성을 해소함으로써 시장경제에 윤리적 토대를 제공하기 위함이다. 이런 의미에서 시장경제의 윤리성은 정부의 분배 정책에서 확보된다고 할 수 있다.

분배 정책이 이런 사회윤리적 의미를 지녔음에도 불구하고 앞에서 확인된 바와 같이 현재 우리 정부의 분배 정책은 제대로 수행되지 못하고 있다. 그 결과 현재 우리 사회의 분배 구조가 보여 주는 불균등의 정도는 국제적으로 볼 때 심각한 수준에 이르고 있는 것으로 나타났다. 경제협력개발기구(OECD)에 가입한 30개 국가들을 대상으로 조사한 자료에 따르면 우리나라는 멕시코와 미국에 이어 세 번째로 소득 분배가 불평등한 것으로 드러났다.[64] 일반적으로 경제 규모가 커질수록 계층간 소득 격차가 확대되는 것으로 알려져 있는데 불균등 수준에서 우리나라는 이미 유럽의 선진국들을 앞서고 있는 것이다.

이렇게 분배가 과도하게 불평등해지면 계층 간의 갈등이 증폭되는 것은 당연하다. 그리고 이로 인해 사회적 통합이 근본적으로 훼손될 수 있음은 물론이다. 그런데 우리는 이 대목에서 다음과 같은 사실에 주의를 기울일 필요가 있다. 곧 다른 사회들과 비교해 볼 때 우리 사회의 경

---

64) 《경향신문》(2004. 1. 20).

우 구성원들이 실제의 소득 격차보다 계층 간의 위화감을 과장해서 인식하는 경향이 있다는 사실이 그것이다.

우리 사회에서는 경쟁의 치열성, 경쟁 과정의 불공정성, 불로소득의 만연 등으로 인해 사회 구성원들이 느끼는 분리감이나 박탈감은 실제의 사회적 불평등보다 더 크게 나타나고 있다.[65] 이런 특성으로 인해 분배 상황이 이전보다 더 불균등해질 경우 계층 간의 갈등은 통제되기 어려운 지경에까지 이를 수 있다. 여기서 분배 구조의 악화를 저지하고 부와 소득을 보다 정의롭게 분배하는 일은 우리 사회가 해결해야 할 긴급하고 중요한 사회적 과제라는 사실이 다시 한 번 확인되고 있는 것이다.

최근 통계청이 발표한 '2003년 사회통계조사'의 결과에 따르면 응답자의 대부분은 현재 생활에 만족하지 못하고 앞으로도 생활이 나아지지 않을 것이라고 전망하고 있는 것으로 나타났다.[66] '생활이 만족스럽다'고 응답한 비율은 20%인데 반해 '만족스럽지 않다'와 '보통이다'라고 답한 비율은 각각 28%와 51.3%로 집계되었다. 특히 자신의 소득에 만족하고 있다고 답한 사람은 10%에 불과한 것으로 나타났다. 또한 앞으로 열심히 노력하면 경제사회적 지위가 높아질 것이라고 응답한 사람은 33%에 그쳤다. 이는 1994년의 조사 결과인 45.8%보다 크게 떨어진 수치이다.

이런 통계조사 결과는 우리 사회에서 분배가 제대로 이루어지지 않고 있음은 물론 계층의 수직적 이동도 점차 불가능해지고 있어 한번 빈곤 계층으로 떨어지면 거기서 벗어날 가능성이 거의 없어지고 있다는 사실을 확인시켜 주고 있다. 이런 사실에서 우리는 빈곤의 대물림을 통

---

65) 송복, 『한국 사회의 갈등 구조』(서울: 경문사, 1997), pp. 140-144.
66) 《중앙일보》(2004. 2. 13).

해 현재의 경제적 격차가 점차 고착화되고 구조화되고 있음을 어렵지 않게 감지할 수 있다.

이러한 사회경제적 상황에서 한국 신학계는 분배 문제를 자신의 중심 의제로 끌어들여야 할 것이다. 또한 분배의 양극화로 인해 생겨날 수 있는 계층 간의 갈등을 신학적으로 숙고하는 사회경제적 신학이 활발하게 전개될 필요가 있다. 나아가 한국 교계는 NGO와 연대하여 모든 사회 구성원들에게 균등한 기회를 제공할 수 있는 제도를 마련하고 경쟁에서 밀려난 사회적 약자들을 위해 사회 안전망을 구축하는 일에 진력해야 할 것이다. 특별히 개별 교회 내에 고용되어 있는 이들 사이의 분배 문제와 교회들 간의 빈부 격차의 문제를 보다 진지하게 고려해야 할 것이다.

한편 한국 교회는 자신의 복지활동을 보다 강화해야 할 것이다. 정부의 능력만으로 기존의 복지 제도가 보유하고 있는 보장성과 효율성을 제고하는 것에는 분명한 한계가 있다. 따라서 복지 제도의 보장성과 효율성을 높이기 위해서는 공공 부문과 민간 부문의 역할 분담이 필수적으로 요구된다. 실제로 세계의 많은 나라들은 복지 제공을 공공 부문이 전담하는 '복지국가'에서 참여 주체가 다양화되는 '복지사회'로 빠르게 전환되고 있다.[67] 이런 세계적 추세에 발맞추어 교회도 정부의 복지활동을 보완해 줄 수 있는 민간 부문의 중추적 복지 기구로 자리 잡아가야 할 것이다.

마지막으로 우리 사회의 소득분배가 악화되고 있는 핵심적 원인이 실업에 있는 만큼 교회는 정부 및 NGO와 협력하여 일자리를 창출하는 방안을 마련하는 데 자신의 내부적 역량을 집중시킬 필요가 있을 것이

---

67) 안종범, "맞춤형 복지로 효율성 높여야", 《월간 NEXT》(2004. 3), p. 18.

다. 특히 교회도 기업과 마찬가지로 근로자를 고용하는 기관인 만큼 일자리 공급자로서의 자신 위상을 보다 분명히 인식하여야 할 것이다. 이런 인식을 토대로 하여 한국 교회는 개별 교회들 내에서, 그리고 그들이 운영하고 있는 기관들 내에서 보다 많은 일자리가 창출되도록 노력해야 할 것이다.

9. 대안 경제 체제를 향하여

박득훈(《뉴스앤조이》 편집인)

1. 머리말

1960년대 해방신학이 태동될 무렵에 '시대의 징조'라는 표현이 널리 사용되었다. 이는 자본주의적 세계 경제 체제하에서 시달려 온 남미의 가난한 자들 사이에서 일어나고 있는 해방운동을 지칭하는 것이었다. 그 해방운동 안에서 초월적인 하나님의 구원이 일어나고 있다고 믿었기 때문이다. 그러나 1992년 영국의 신학자 존 아서튼은 '시대의 징조'라는 말을 전혀 다른 뜻으로 해석하기 시작했다. 1989년 이후 동구 사회주의 국가들이 몰락해 가는 과정에서 하나같이 서방사회의 자유시장경제 체제를 수용하는 사건을 의미하는 것으로 이해한 것이다. 그는 그 현실을 사회신학의 결정적 지평으로 삼아 기독교사상을 펼쳐 나갔다.[1]

그리고 또 10여 년의 세월이 흘렀다. 그 동안 세계화의 물결을 타고

---

1) John Atherton, *Christianity and the Market: Christian Social Thought for Our Times* (London: SPCK, 1992), pp. 3-26.

자유방임적 자본주의 시장경제를 신봉하는 신자유주의가 온 지구를 강타해 왔다. 최근 《뉴욕타임스》의 칼럼니스트인 토머스 프리드먼이 '중국을 위한 기도문' 을 작성해 세계 각국 주요 지도자들에게 잠들기 전 기도해 줄 것을 요청해 화제가 되었다. 핵심 내용은 중국의 지도자 후진타오에게 "과열된 중국 경제를 진정시키되 경기침체를 불러일으키지 않는 지혜를 주셔서, 중국이 미친 듯하던 수입을 중단하고 미친 듯 수출을 시작하는 일이 없게 해 주옵소서"라는 것과 "부디 중국의 지도자들이 120세까지 살게 해 주시고 사는 날 동안 매년 9%의 경제성장률을 누리게 해 주십시오"라는 것이었다.[2] 과장된 면이 없지 않지만 이는 중국 경제가 미국을 비롯한 세계 경제와 얼마나 밀접한 관계를 갖고 있는가를 잘 보여 주는 대목이다. 그만큼 이제 한 나라의 경제를 세계라는 지평을 떠나서 생각할 수 없는 시대가 된 것이다.

이런 현실 속에서 세계화와 신자유주의 경제 체제는 불가항력적이요 불가역적인 것이라는 숙명적인 사고가 전 지구적으로 만연되어 가고 있다. 이미 1970~1980년대에 세계 경제에 비교적 성공적으로 진입해 경제 총량적인 면에서 눈부신 발전을 경험한 한국에서 세계화와 신자유주의 경제 모델은 거의 절대적인 것으로 받아들여지고 있는 실정이다.

그러나 그리스도인들은 이러한 시대의 대세에 무비판적으로 끌려 다녀서는 안 된다. 어느 시대이든지 하나님의 선하신 뜻을 잘 분별하여 실천해 나가야 할 사명이 있기 때문이다(롬 12:2). 이 사명을 잘 수행하려면 우선 대안 경제 체제 모색을 가로막고 있는 장벽들을 뛰어 넘어가야 한다. 그리고 기존의 경제 체제들에 대한 비판적 성찰을 통해 대안

---

2) Thomas L. Friedman, *Let Us Pray*, *The New York Times*, internet edition(2004. 5. 2). http://www.nytimes.com/2004/05/02/opinion/02FRIE.html을 보면 된다.

을 그리면서 실천의 길을 떠나야 한다. 물론 이 과정에서 이론적 성찰과 사회 실천은 서로 역동적으로 관련을 맺어야 한다.

대안 경제 체제에 대한 모색은 실로 매우 방대한 과제임에 틀림없다. 그러나 감히 브룬너에게서 용기를 얻는다. "그 누가 모든 분야에서 안전하고 전문적인 지식을 확보할 수 있으리라는 희망을 가질 수 있겠는가. …그렇지만 마음과 영의 세계에는 단순히 모험적으로 해 봐야 할 일들이 있다. 세상은 학자들이 연구한 바들에 대하여 결론을 내리고 만장일치로 올바른 것을 주장할 수 있을 때까지 기다릴 수 없다."[3]

2. 넘어야 할 장벽들

신자유주의적 자본주의 경제 체제를 극복해 나가기 위해선 많은 장벽을 뛰어 넘어야만 한다. 그 장벽을 견고하게 만들어 주고 있는 것은 매우 설득력이 있어 보이는 신화들이다.

1) 하이에크의 신화

하이에크는 비록 자기 자신을 신자유주의자라고 말하지는 않았지만 명실 공히 신자유주의 경제학과 사회철학의 기초를 놓은 탁월한 학자임에 틀림없다. 그는 매우 논리적으로 신자유주의, 즉 자유방임적 자본주의 시장경제 체제를 옹호하였다. 신자유주의를 공격하는 데 자주 사용되는 '사회정의' 라는 개념이 실체가 전혀 없는 신기루라고 맹렬하

---

3) Emil Brunner, *Justice and Social Order*(London: Lutterworth, 1945), pp. 7-8.

게 비판하였다.[4] 많은 이들이 하이에크를 의지해서 신자유주의의 대안 추구를 어리석은 시도라고 주장한다. 그러나 하이에크의 주장에는 신화적 요소가 많이 있음을 분명히 알아야 한다.

(1) 신자유주의는 진화의 산물(?)

하이에크는 신자유주의를 거역하고 의도적으로 대안을 추구하는 것은 경제 체제의 자연스러운 진화 과정에 대한 몰이해에 근거한 어리석고 오만한 행동이라고 주장한다. 신자유주의 경제 체제는 인간 이성에 의해 의도적으로 고안된 것도 아니며 정치적 힘에 의해서 추구된 것이 아니다. 단지 어떤 특정 규칙과 그에 근거한 제도를 채택한 집단들이 성공하는 것을 보고 다른 집단도 합류하는 과정을 통해 신자유주의 체제가 보편화되었다. 이런 규칙과 제도의 진화 과정을 통해 이성도 함께 진화한 것이다. 그러므로 신자유주의를 거부하는 것은 마치 만유인력의 법칙을 부정하는 것처럼 어리석고 오만한 행동이다.

그러나 존 그레이가 칼 폴라니의 설명에 의거하여 잘 보여 준 것처럼[5] 19세기 중엽 영국에서 전개된 자유시장은 '신우파가 널리 퍼뜨린 신화적 역사와는 반대로, 그것은 계획되지 않은 진화의 긴 과정으로부터 출현한 것이 아니었다. 자유시장은 권력과 정치 행위가 만들어낸 산물이었다.'[6] 그렇기 때문에 신자유주의적 자유시장 체제는 시민의 판단과 정

---

4) F. A. Hayek, *Law, Legislation and Liberty. Vol. 2: The Mirage of Social Justice* (London, Routledge & Kegan Paul, 1976). 하이에크의 사회(경제)정의론에 대한 자세한 비판을 위해서는 박득훈, '경제정의는 신기루인가?: 하이에크의 경제정의론의 비판적 연구', 신원하 편저, 『기독교윤리와 사회정의』(서울: 한들출판사, 2000), pp. 97-129를 참조하라.

5) 존 그레이, 『거짓된 새벽: 전 지구적 자본주의의 환상』 김영진 역(서울: 도서출판 창, 1999), pp. 23-35.

6) *Ibid.*, p. 23. 그레이는 심지어 "자유시장은 사회 개조와 확고한 정치 의지의 최종 산물이

치적 결단에 의거하여 얼마든지 수정되거나 거부될 수 있는 것이다. 심지어 세계 최대의 금융자본가인 조지 소로스도 금융시장과 관련된 가장 근본적인 문제의 원인은 바로 금융시장을 하나의 기계처럼 바라보는 세계관이라고 진단하였다.[7] 자유시장은 밖에서 누구도 건드릴 수 없는 기계가 아니다. 인간이 집단적으로 스스로 선택한, 좀 더 정확히 말하자면 주도 세력의 다양한 권력과 정치적 영향력이 만들어 낸 것에 불과하다. 그러므로 자유시장이 제대로 작동하지 않는다면 다시 시민들이 정치적 결단을 통해 책임 있게 고치거나 버리거나 할 수 있는 것이다.

하나님은 인간에게 창조적으로 경제 체제를 좀 더 건강하고 정의롭게 끊임없이 발전시켜 나가야 할 능력과 사명을 주셨다. 물론 하나님은 이스라엘을 애굽에서 해방시키시고 가나안에 정착하는 과정을 통해 정의로운 경제 제도에 대하여서도 계시해 주셨다. 그러나 그것조차도 영원히 고정된 것은 아니었다. 하나님의 구속 역사가 발전되고 세계 역사가 진행되면서 하나님 백성들은 그 제도를 창조적으로 발전시켜나가야 할 자유와 사명을 부여받았다. 그래서 크리스토퍼 라이트는 이스라엘의 땅을 중심으로 한 경제 제도를 교회에 적용할 때는 유형학적(typological)으로 이해해야 하며 일반 사회에 적용할 때는 범례적(paradigmatic)으로 이해할 것을 제안했다.[8]

그리스도인은 하나님 나라의 정의를 이 땅에서 펼쳐 나가야 할 사명

다. 자유시장은 민주적 제도가 결여되어 있었던 조건에서, 그리고 그러한 조건에서만 19세기의 잉글랜드에서 실현될 수 있었던 것이다."라고 확신 있게 주장하는데 역사적으로 정확한 분석이다(*Ibid.*, p. 36).

7) Bob Goudzward, *Globalization and the Kingdom of God*(Grands Rapids, Baker Books, 2001), p. 24.

8) Christopher J. H. Wright, *Living as the People of God: The Relevance of Old Testament ethics* (Leiceste: IVP, 1983), pp. 88-102.

을 부여받았다(마 6:33). 여기에는 정의로운 경제 제도 건설도 포함됨에 틀림없다. 예수님은 예루살렘 성전 체제로 대변되는 당시의 정치 경제 체제에 대하여 도전하셨다. 가난하고 약한 자를 억압하고 탈취하는 체제였기 때문이다. 그리스도인이 예수님의 발자취를 따라야 한다면 마땅히 정의로운 경제 제도를 구현하기 위해 지속적이고 창조적인 노력을 기울여야 할 것이다.

최근 《한겨레신문》이 여론조사 전문 기관인 '리서치플러스'에 맡겨 실시한 전화 여론조사 결과는 경제 정의를 추구하려는 그리스도인들에게 매우 고무적이다. 우리 사회가 나아가야 할 바람직한 방향에 대한 질문에 대해 44.8%가 '북유럽식 사회민주주의', 39.2%가 '미국식 자유민주주의'라고 답하였다.[9] 한편 "우리나라가 어떤 나라가 되는 게 바람직하다고 생각하나?"라는 좀 더 구체적 질문에 대하여는 압도적으로 '사회복지가 잘 갖춰진 사회'(78.4%)를 꼽았다. '경제적·물질적으로 풍요로운 사회'는 4분의 1 수준인 20.8%에 머물렀다. 즉 보다 많은 국민들이 '복지 제도가 잘 갖춰져 있고, 그에 필요한 재원을 국가가 주로 부담하며, 해고 및 대기업·활동을 정부가 규제하고, 돈을 많이 버는 사람과 부자가 세금을 많이 내어 힘없는 사람이 보호받는 사회'를 갈망하고 있다는 것이다.[10] 보다 정의로운 대안적 사회에 대한 국민들의 이러한 열망을 정치적으로 집결시켜 실현시켜 나가야 할 사명이 그리스도인들에게 있다.

---

9) 특별기획팀, '"북유럽식 사회민주주의" 45%: 한겨레 16돌 여론조사. 우리 사회가 나아가 할 방향', 《한겨레》인터넷판(2004. 5. 16).
　　http://www.hani.co.kr/section-005000000/2004/05/005000000200405161756469.html을 보라.
10) 특별기획팀, "물질적 풍요보다 사회복지 우선: 여론조사, '이런 나라에서 살고 싶다'", 《한겨레》인터넷판(2004. 5. 16).
　　http://www.hani.co.kr/section-005000000/2004/05/005000000200405161906776.html을 보라.

(2) 신자유주의는 자유의 수호자?

하이에크는 신자유주의 체제를 거부하고 대안 체제를 추구하는 것은 자유를 거부하는 것이라고 주장한다. 특히 상당수의 국민과 그리스도 인들이 자유민주주의와 자유시장경제를 거의 맹목적으로 신봉하는 한국 사회에서 이런 주장은 매우 설득력이 있어 보인다. 그러나 이는 자유에 대한 매우 단편적이고 왜곡된 이해에 근거한 것이기 때문에 극복되어야 한다. 신자유주의가 보장해 주는 자유란 소극적 자유(negative liberty), 즉 '타자의 자의적인 의지에 의해서 강압당하지 않는 상태'를 말한다.[11] 또한 하이에크에 의하면 이러한 자유는 '내가 자신의 주인인지 그리고 자신의 선택을 따를 수 있는지의 여부'의 문제로서 '내가 선택할 수 있는 가능성들이 얼마나 많은지의 여부와는 완전히 다른 문제'다.[12] 여기서 선택 가능성의 폭을 결정하는 중요한 것은 자신이 보유한 경제적 힘과 직결된다.

그러나 하이에크 자신이 인정한 것처럼 소극적 자유의 가치가 인간으로 하여금 자율적이며 책임 있는 삶을 살아갈 수 있도록 하는 데 의미가 있다면 그런 삶을 살아갈 수 있도록 실제로 받쳐 줄 수 있는 경제력이 없다는 것은 심각한 문제가 아닐 수 없다. 그래서 레이몬드 플란트도 "만일 내가 실제로 하기 원하는 바가 내게 열려 있는 가능성들과 별로 겹치지 않는 사회에서 살고 있다면 대단한 자유를 누리고 있는 것처럼 말하는 것은 매우 이상스러운 일이다."라고 말했다.[13] 그러므로 인간이 자율적이고 책임 있는 삶을 실제로 살 수 있으려면 경제력을 바

---

11) Hayek, *The Constitution of Liberty*(London and Henley: Routledge & Kegan Paul, 1976,) p. 11.

12) Hayek, *Constitution*, p. 17.

13) Raymond Plant, *Modern Political Thought*(Oxford: Basil Blackwell, 1991), p. 239.

탕으로 해서 삶의 목적한 바를 실현할 수 있는 일정 정도의 능력, 즉 적극적 자유(positive liberty)가 필요하다.

모든 시민들에게 이러한 자유를 보장해 주는 사회를 추구하기 위하여 신자유주의 체제를 거부하고 새로운 대안을 모색한다면 그것은 자유에 반하는 것이 아니고 진정한 자유를 추구하는 것이다. 더구나 그리스도인에게 있어서 이것은 당위가 아닐 수 없다. 50년마다 자기 땅의 사용권을 회복할 수 있도록 해 주는 희년을 선포할 때 하나님은 "전국 거민에게 자유를 공포하라"고 하셨다(레 25:10). 하나님이 이스라엘 백성에게 회복시켜 주시기 원하는 자유는 종의 신분에서 벗어나는 것뿐 아니라 자기 땅을 사용할 수 있는 능력, 즉 적극적 자유임을 분명히 하신 것이다. 예수님도 은혜의 해, 즉 희년을 선포하여서 포로 되고 눌린 자들에게 자유를 회복시켜 주는 것이 메시아로서의 사명임을 분명히 하셨다(눅 4:18).

(3) 신자유주의는 가난한 계층의 해방자(?)

하이에크는 신자유주의 체제야말로 인류 역사상 존재해 왔던 어떤 경제 체제보다 효율적이기 때문에 결과적으로 가장 가난한 사람들에게 최상의 복지를 제공해 주는 체제라고 주장한다.[14] 이를 설명하기 위해 장기적으로 보면 성장만이 빈곤과 불평등의 문제를 해결한다는 성장결정론(growth determinism), 밀물이 들어오면 모든 배가 뜬다는 수위론(水位論), 그릇에 물이 가득 차면 낮은 곳까지 흘러넘친다는 누수 효과(trickle-down effect) 등의 담론을 내세운다.[15] 마이클 노박도 민주

---

14) Hayek, *Mirage*, p. 131.

15) 고세훈, 『국가와 복지: 세계화 시대 복지 한국의 모색』(서울: 아연출판부, 2003), pp. 47-48.

 경제 문제와 기독교윤리

적 자본주의 체제야말로 가난한 자를 해방시켜 주는 제도라고 확신 있게 주장한다.[16)]

물론 경제 총량의 측면에서만 본다면 신자유주의 경제 체제의 상대적 우월성에 대한 주장은 역사적으로 검증이 되었다고 봐도 될 것이다. 그러나 그런 경제 총량의 극대화가 결과적으로 가장 가난한 사람들에게도 상대적으로 가장 훌륭한 복지를 제공한다고 말하는 것은 과장 내지는 왜곡된 주장일 경우가 매우 많다. 우선 이러한 경향성과 추세를 일관되게 뒷받침해 주는 경험적 연구가 부재한 상태다.[17)] 오히려 1980 ~1990년대 미국과 영국을 위시한 서구에서 기승을 부렸던 신자유주의 정권 대부분이 1990년대 후반에 온건좌파에게 패배한 사실이 그들의 주장의 신빙성에 큰 물음표를 던지게 한다.

예컨대 신자유주의 정책을 강력하게 추진했던 영국의 대처 정권은 경제적 불평등을 크게 심화시켰다. 권위 있는 『소득과 부에 관한 론트리 보고서(*Rowntree Report*)』에 의하면 1977년에서 1990년의 기간 동안 영국 사회의 경제적 불평등은 한 국가를 제외하고 다른 어떤 국가보다 빨리 증가했다. 그 한 국가마저도 뚜렷한 평등주의적 유산을 물려받은 상황에서 다른 국가보다 훨씬 더 급진적인 신자유주의 정책을 펼쳤던 뉴질랜드였다. 1979년 이후에는 가장 낮은 소득 집단에게 소위 경제성장에 의한 누수 효과가 발생하지 않았기 때문이다. 1977년 이래 전체 평균소득의 절반에 못 미치는 인구 비율은 3배 이상 증가한 반면

---

16) Michael Novak, *The Spirit of Democratic Capitalism*(London: The IEA Health and Welfare Unit, 1982/1991), p. 420. 물론 노박은 스웨덴의 경제 체제까지도 민주적 자본주의 범주에 집어넣으려고 한다는 점에서 이론적으론 신자유주의자라고 말하기 어려운 측면이 없지 않지만, 실질적으로 그가 이상형으로 제시하는 경제 제도는 미국형 시장경제이기 때문에 신자유주의자라고 봐도 무방할 것이다.

17) 고세훈, 『국가와 복지: 세계화 시대 복지 한국의 모색』(서울: 아연출판부, 2003), p. 48.

1984~1985년 가장 부유한 상위 20% 계층이 차지하는 과세 후 소득의 점유율은 43%로 전후(戰後) 가장 높았다.

미국의 형편도 나을 것이 없다. 놀랍게도 1995년 미국 전체 남성 사무직 및 생산직 노동자들의 시간당 임금은 1973년에 비해 11%나 줄었다. 1973년에서 1994년 사이에 전 국민의 1인당 국민소득은 33%가 오른 반면에 전 노동 인구의 4분의 3에 해당하는 노동자들의 평균 총액 임금은 오히려 19%나 떨어졌다. 특히 4백만 명 이상에 이르는 하층의 임금 노동자들은 20년 전에 비해 임금이 25%나 줄었다. 그런가 하면 1979년과 1995년 사이에 4,300만 명이 실직하였다. 이 중 1,600만 명은 장기실업자로 전락했고 다시 취업한 나머지 2,700만 명 중에 3분의 2는 파트타이머나 일용직 호출 노동자가 되었다. 이들은 소위 '노동 빈민'을 형성하고 있다.[18]

반면에 부유층의 수입은 1980년 이래 두 배나 늘었고 약 1만 명의 최부유층은 미국 내 전체 사유재산의 3분의 1을 소유하고 있다. 대기업의 고위·경영자들은 사무직 직원보다 평균 120배의 월급을 받는다. IBM 회사는 1991년에서 1995년 사이에 과감히 12만여 명을 정리해고해서 회사를 다시 살린 것으로 귀감이 되어 왔다. 사실 3분의 1의 인건비를 절감하여 IBM 회사의 주가와 배당금은 신기록을 세울 수 있었다. 그리하여 이를 추진하였던 5명의 중역들은 연봉 이외에 특별 보너스로 약 50억 원 이상을 받았다. 이러한 고수입은 따지고 보면 중·하층의 실업과 불완전 고용을 담보로 한 것이다.[19] 그러니 2003년 10월 13일 한국개발연구원(KDI)이 내놓은 '소득분배 국제 비교를 통한 복지정책

---

18) 강수돌, 『작은 풍요』(서울: 이후, 1999/2000), pp. 161-162.
19) *Ibid.*, pp. 163-164.

의 방향' 보고서에 따르면 2000년 미국의 상대빈곤율(중위 소득의 40%이하 가구 비율)이 10.8%로 경제협력개발기구(OECD) 회원국 가운데 멕시코(98년 16.3%)와 한국(2000년 11.5%)에 이어 3위를 차지한 것은 당연한 노릇이다.[20]

한국의 경우에도 신자유주의 정책을 한국 사회에 거의 그대로 적용한 김영삼, 김대중 정권을 거치면서 중산층이 무너지고 서민층의 삶은 더 각박해진 반면 최고 부유층의 삶은 훨씬 풍요해졌다. 《한겨레 신문》이 2001년 12월 2일 통계청 자료를 분석한 결과, 1997년 말 외환위기를 겪은 지 4년이 지나면서 도시근로자 가구 전체의 실질소득은 평균 2.65% 증가한 것으로 나타났다. 그러나 소득 수준에 따라 도시근로자를 10등급으로 나누었을 때 소득하위 10% 계층은 5.10%, 10~20% 계층은 4.25%, 20~30% 계층은 3.50%가 줄었다. 가장 큰 타격을 받은 계층은 40~50% 계층으로서 실질소득이 9.65%나 줄었다. 그러면 어떻게 실질소득이 평균적으로 2.65%가 늘었을까? 최상위 계층 10%는 실질소득이 무려 14.02%나 늘었기 때문이다. 여기서 평균치가 얼마나 현실에 대해 잘못된 인상을 줄 수 있는가를 발견하게 된다.[21]

또한 통계청이 2004년 2월 23일 발표한 '2003년 도시근로자 가계지수 동향'에 의하면 500만 도시근로자 중 최하위 계층 10%(약 50만 가구)의 월평균 소득은 78만 1889원으로, 전년 83만 2175원에 비해 6%(5만 286원) 감소했다. 그러나 같은 기간 도시근로자 월 평균소득은 279

---

20) 유경준, "소득분배 국제 비교를 통한 복지정책의 방향", KDI정책포럼 제167호(2003-05), 2003년 10월 13일. KDI 홈페이지(http://www.kdi.re.kr)를 통해 볼 수 있다.
21) 정남구, "IMF 전보다 실질소득 줄어", 《한겨레》 인터넷판(2001. 12. 2). http://www.hani.co.kr/section-004000000/2001/12/004000000200112021923008.html을 보라.

만 2000원에서 293만 9000원으로 5.3% 증가했다.[22] 최하위 10%를 제외한 다른 계층에선 소득이 모두 증가한 결과이다. 한편 2004년 3월 7일 한국전력공사에 따르면, 3개월 이상 요금을 내지 못해 단전 조치된 가구 수는 2003년 한 해 동안 전국적으로 63만 4000가구로 2002년의 48만 7000여 가구보다 30% 이상 늘어났다. 전기 공급 가구 대비 단전 가구 수를 나타내는 단전율로 보면 2002년 2.95%에서 2003년 3.78%로 0.83%포인트 늘어났다. 특히 2003년 하반기부터 단전 조치 유예를 받은 서민층 35만 가구를 감안하면 사실상 단전 대상 가구는 100만 가구에 육박하는 셈이다.[23] 결식아동은 전국적으로 30만 명에 이르는 것으로 최근 보도되었다.[24]

이렇게 신자유주의 경제 체제가 가난한 자를 해방시켜 주는 체제라는 주장은 실증적 근거가 희박하다. 시간이 흐를수록 계층 간 빈부의 차를 심화시키는 제도는 마땅히 정의의 이름으로 도전받아야 한다. 현대 정치철학의 거두인 존 롤즈는 사회적으로 가장 열악한 계층의 복지 극대화만이 불평등을 정당화할 수 있다는 차등 원칙을 중요한 정의 원칙 중의 하나로 삼았다.[25] 성경적 정의론 역시 사회적 약자의 권익 보호를 그 핵심으로 삼는다.[26] 그러므로 그리스도인은 확신을 가지고 가난한 자에게 가장 유리한 제도가 바로 신자유주의라는 하이에크의 신화

---

22) 윤영신, "도시 빈곤층 더 가난해졌다. 작년 최하위 50만 가구 소득 IMF 후 첫 감소", 《조선일보》 인터넷 판(2004년 2월 23일).

23) 윤정호·신동훈, "전기료 못 내 '불 꺼진 집' 63萬 빈곤층 斷電 급증… '유예 가구' 포함하면 100萬", 《조선일보》 인터넷판(2004. 3. 7).

24) KBS 9시 뉴스(2004. 5. 5).

25) J. Rawls, *A Theory of Justice* (Oxford: Oxford University Press, 1971/199); *Political Liberalism*(Cambridge: Columbia University Press, 1993).

26) 신 10:18, 19; 시 146:7-9; 잠 31:4-9; 사 1:17; 렘 5:28, 22:3; 눅 4:18-19; 고후 8:14. Deuk-Hoon Park, *Christian Praxis and Economic Justice*(Berne, Peter Lang, 1999), pp. 192-204.

를 벗겨내고 대안을 찾아 나서야 하는 것이다. 여기서 우리는 신자유주의자들이 제시하는 또 하나의 신화를 대면하게 된다.

2) '대안은 없다' 는 신화

신자유주의를 방어하는 가장 강력한 무기 중에 하나는 '대안은 없다' 는 것이다. 소위 TINA(There is no alternative) 요인이다. 명민하고 합리적인 자본주의 경제학자들은 대부분 경제적 불평등의 심화, 경기 변동의 불안정성, 환경에 대한 위협 등 신자유주의 경제 제도가 안고 있는 문제점들을 인정한다. 그럼에도 다른 대안이 없는 상태에서 신자유주의는 그야 말로 '가장 적게 해를 끼치는 제도' 라고 옹호한다.

본질적으로 신자유주의에 반대하는 사람들이 신자유주의에 대한 대안이 없다고 인정한다면 이는 신자유주의를 추동하는 자본가 그룹과 이를 밀어 주고 있는 미국, 그리고 미국의 손발 노릇을 하고 있는 국제 기구들(IMF, WTO 등)의 힘에 대한 현실적 판단에 근거한 것이라고 볼 수 있다. 이런 맥락에서 신자유주의적 자본주의 세계화에 대하여 맹렬한 비판을 해온 독일 신학자 두크로도 현 시점에서 "어떤 나라도 세계 시장에서 벗어나 있거나 부분적으로 자율적 의미에서 현실적 대안이 형성될 수 있는 공간은 존재하지 않는다."고 인정하였다.[27] 자유시장을 신봉하는 전 지구적 자본주의의 장래에 대하여 매우 비관적인 전망을 내놓은 존 그레이도 미국이 대안을 수용하지 않는 한 비집고 들어갈 틈은 전혀 없다고 못 박아 말했다. 그나마 그레이가 제시하는 대안마저

---

27) 울리히 두크로, 『자본주의 세계 경제의 대안: 생명을 위협하는 자본주의적 경제를 극복하기 위한 성서의 정치경제학』 손규태 역(서울: 한울, 1998), p. 262.

전 지구적 자본주의와는 본질적으로 다른 그 무엇이 아니라 자본주의의 틀 안에서 개별 국가의 문화적 역사적 다양성을 인정하고 사회적 필요를 일정정도 충족시켜 주는 체제를 말한다. 그레이는 유럽의 전통적인 의미에서의 사회시장경제 혹은 사회민주주의는 이제 불가역적으로 쇠퇴했다고 진단한다.[28]

그렇지만 신자유주의자들의 대안이 없다는 주장에는 신화적 요소가 들어 있다. 아래에서 살펴보겠지만, 순수하게 경제적 차원에서 보자면 현재의 신자유주의보다 경제성장이나 분배의 총체적 균형 면에서 더 효과적으로 작동할 수 있는 대안 제도를 만들어 가는 것은 충분히 가능하기 때문이다. 문제는 대안이 떠오름으로 말미암아 손해를 볼 가능성이 있는 기존사회의 최상위 그룹과 그 연대 세력에게 정치적인 의지가 없는 것뿐이다. 그들에게 대안이 없다는 것은 사실과 논리에 근거한 객관적 주장이라기보다는 대안을 원치 않는다는 정치적 선택이요 결단의 문제이다. 이는 이데올로기적 공세에 지나지 않는다. 그래서 고세훈 교수는 "세계화 시대란 '권력으로서의 세계화 담론'이 '현실로서의 세계화'를 추월하는 실상(實相)의 그림자에 불과할지 모른다."고 우려하면서 신자유주의 담론이 실천되기도 전에 혹은 실천과 무관하게 이념과 정치적 공세에서 승리하고 있다고 진단하고 있다.[29]

대안은 없다는 담론의 이데올로기적 성격은 우선 대안을 모색하는 자들에게 완성된 이론을 요구하는 데서 분명하게 드러난다. 자본주의는 봉건주의의 대안으로 떠올라 승리한 제도이다. 그러나 자본주의의 싹이 터서 줄기가 자라는 과정에 있을 당시 그 이론적 바탕은 이미 오

---

28) 그레이, 위의 책에 전반적으로 흐르고 있는 논조이다.
29) 고세훈, 『국가와 복지: 세계화 시대 복지 한국의 모색』(서울: 아연출판부, 2003), pp. 49-59.

랫동안 지속되어 온 봉건주의에 비하면 매우 빈약하고 허술할 수밖에 없었다. 아담 스미스가 『국부론』을 저술해 자유시장경제의 이론적 기반을 확실하게 잡았을 때(1776년)는 이미 정치·사회적으로 자본주의가 기선을 제압하고 있을 때였다. 신자유주의자들이 자신의 뿌리에 대한 역사적 지식을 갖고 있다면 현재 신자유주의에 대항하여 새로운 대안을 모색하는 이들에게 이미 고도로 발달된 신자유주의 경제학에 비견할 만한 이론적 모델을 제시하라고 주장하는 것이 얼마나 모순되며 부정직한 행동인가를 인정할 수밖에 없을 것이다. 이론적 발전은 실천적 노력과 더불어 발전해 갈 수밖에 없기 때문이다.

대안은 없다는 담론의 두 번째 이데올로기적 성격은 대안에 대한 진지하고 정직한 대화를 거부하고 사회적으로 실험해 볼 수 있는 기회를 전혀 주지 않은 채 대안은 불가능하다고 절대적으로 단정하는 데 있다. 물론 체제 변화와 같은 중대한 문제를 놓고 실험을 해 본다는 것은 위험부담이 있는 것이 사실이다. 모험이 실패하는 경우 지불해야 할 사회적 비용도 있을 수 있다. 하지만 역사와 사회의 진정한 발전은 일정 정도의 모험이 없이는 불가능하다. 그러므로 한편으론 실패할 가능성, 실패로 발생될 수 있는 사회적 비용을 진지하게 성찰하고 다른 한편으론 신자유주의 체제하에서 오랫동안 누적되어 왔으면서도 은폐·위장되어 온 사회적 비용을 정직하게 인정하고 둘을 냉정하게 비교해 봐야 한다. 한 걸음 더 나아가 지금까지 사회적 비용을 가장 힘겹게 감당해 온 사회 계층에게 과연 공정한 사회적 실험의 기회를 주었는지도 반성해 봐야 한다. 이런 과정을 거친다면 신자유주의를 넘어서 더 훌륭한 대안을 만들어 낼 수 있는 역사적 가능성은 충분히 존재하고 있다.

그러나 이런 성찰과 결단의 과정을 일체 생략한 채 무조건 대안 모색을 이상주의로 몰아붙여 버린다면 그것은 진정한 의미에서 현실주의가 아니라 현실주의를 가장한 수구적 공세이며 불순한 반(反)이상주의일 뿐이다. 이 점에서 힌크러머트의 주장은 상당한 설득력을 갖는다.

"유토피아는 세계를 구축해 감에 있어 실현 가능한 것의 한계점과 부딪힘으로 그 이상을 넘어갈 수 없게 된다. 반 유토피아는 …새로운 사회를 포함해서 새것이라면 무엇이든지 그 구축을 반대한다. …유토피아는 끊임없이 실현 가능한 것을 뛰어 넘어가려는 경향을 갖는다. 바로 그 경향 때문에 유토피아는 구현 가능한 것으로 끊임없이 돌아올 수밖에는 없는 것이다."[30] 이런 자세가 올바른 현실주의라고 말할 수 있을 것이다. 그러한 삶의 자세야말로 그리스도인들이 그리스도와 복음으로부터 요구받고 있는 것임에 틀림없다.

대안은 없다는 담론이 안고 있는 세 번째 이데올로기적 성격은, 신자유주의 모델만이 당파성이 전혀 없는 순수경제학에 기초한 것이라고 가장함으로써 다른 대안에 대한 우월성을 주장하는 것이다. 그러나 허경회가 『새로운 밀레니엄은 없다』라는 저서에서 잘 밝힌 것처럼 경제학의 성격상 소위 순수경제학 혹은 탈윤리적 경제학은 애초부터 존재할 수 없다.[31] 그럼에도 실증과학으로 잘 시작한 경제학은 시간이 흐르면서 과학적 실증주의에 빠져 '있어야 할 것'에 대한 가치 판단이나 그에 기초한 현실 참여에 무관심한 가운데 오직 '있는 것'으로서의 사실

---

30) Franz J. Hinkelammert, *The Ideological Weapons of Death : A Theological Critique of Capitalism*(New York: Orbis Book, 1986), p. 225; Duncan B. Forrester, "Ethics and Community by Enrique Dussel"(Review), *Studies in Christian Ethis*, vol. 3. No. 1 (1990), pp. 129-131. 포레스터는 뒷셀의 유토피아적 요소의 허점을 지적하면서도, "현실주의 윤리와 유토피안 윤리는 서로를 필요로 한다."고 지적한다. 그 이유로 루벤 알브르를 인용한다: "유토피아를 상상하지 않을 때, 윤리는 이미 주어진 질서 내에서 문제를 해결하는 것으로 국한되고 만다."(출처 불명)

31) 허경회, 『새로운 밀레니엄은 없다』(서울: 오롬, 1999), pp. 111-135.

탐구에만 몰두하고자 한 것이다. 이것이 본질적으로 불가능한 과제인 이유는 경제학의 연구대상인 경제활동을 하는 인간 자체가 단순히 '인식적 주체'가 아니라 '인간적 주체'이기 때문이다. 다시 말해 인간은 자신을 '재료로 해서 역사가 만들어 가는 그 무엇일 뿐 아니라 동시에 그 스스로가 역사를 재료로 만들어 가는 그 어떤 무엇'이기 때문이다.[32]

결국 순수란 단어로 포장된 경제학이 실제로 하는 일이란 사실인즉 지배적 사회 체제로 발돋움한 자유주의 체제를 은밀하게 수호하는 것이다. 순수경제학이 순순히 인정하는 자유시장경제의 문제점들, 즉 경제적 불평등의 심화, 경기변동의 불안정성, 환경의 파괴 등이 가져다주는 고통을 누가 결국 가장 많이 짊어지는가? 사회적 약자들이다. 그렇다면 그러한 체제를 이론적으로 설명하고 정당화하며 다른 대안의 가능성을 이데올로기적으로 거부한다면 순수경제학이 갖고 있는 당파성은 분명하게 드러나게 된다.

한편 신자유주의 경제학자들은 경제학이 성격상 결국 인간과 사회의 목표와 관련된 윤리적 가치 판단과 결부될 수밖에 없다는 것을 인정하면서도 경제학 자체는 가치 판단의 영역은 다룰 수 없으며 이미 결정된 목표에 가장 효율적으로 도달할 수 있는 길을 밝히는 형식적 합리성의 영역을 다룰 뿐이라고 주장한다. 그러나 그것 자체만으로도 윤리적으로 중립적이지 않다. 경제학의 과제가 형식적 혹은 방편적 합리성이라고 규정하는 자체가 이미 윤리적 판단이기 때문이다. 형식적 합리성은 경제활동의 총체적 효율성에 최고의 가치를 부여하고 분배 문제는 부차적인 것으로 취급하기 때문이다. 이 역시 사회적 약자에겐 매우 불리

---

32) *Ibid.*, pp. 100-101.

한 가치 판단이다. 이 모든 것은 인간은 호모 에쿠노미쿠스, 즉 적어도 공적 경제 영역에서는 오로지 방편적 이성과 화폐적 계산으로만 살아가는 존재라는 가치 판단에 기초한 것이다. 윤리적 중립을 표방하는 경제학은 결국 "문명 구조 차원에서는 효용주의적이고 경제 조정 차원에서는 자유주의적이며 경제 규범 차원에서는 이윤 복음주의적인 가치 체계를 절대화하고 있는 개인주의 윤리에 안주"하는 경제학이다.[33]

기독교가 그리스도인들에게 요구하는 정의는 사회적으로 부당하게 억압당하고 탈취당하는 가난한 사람들의 권익을 회복시켜 주는 것이다. 하나님 나라의 정의를 추구해야 할 그리스도인들은 '대안은 없다'는 신화의 이데올로기적 공세를 뚫고 사회적 약자를 보호 주는 대안적 경제 모델은 만들어 가기 위해 치열한 노력을 기울여야 한다.

3) 자본주의 시장경제만이 기독교적이라는 신화

자본주의 시장경제의 대안 모색을 그리스도인들이 반가워하지 않는 또 하나의 중요한 이유는 자본주의 시장경제만이 기독교적이라는 확신 때문이다. 그러나 이는 또 하나의 신화이다. 그리스도인들이 자본주의 시장경제만이 기독교적이라고 믿는 데는 대체로 두 가지 이유가 있다.

(1) 자본주의 정신의 기초는 개신교 윤리(?)

그리스도인들에게 쉽게 통용되는 것이 마르크스 베버 신화이다. 즉 마르크스 베버가 『개신교 윤리와 자본주의 정신』을 통해 자본주의 정

---

33) *Ibid.*, p. 135.

신이 개신교 윤리에서 전래했음을 역사적으로 밝혀 냄으로써 자본주의는 기독교를 모태로 해서 비로소 발흥했다는 점을 사회과학적으로 증명해 냈다는 것이다.[34] 그러나 이는 마르크스 베버의 연구에 대한 왜곡이다.

베버는 마르크스가 자본주의의 등장을 유물론적으로 이해하는 것을 반박할 의도는 없었다. 다만 자본주의가 성립되는 데는 새로운 정신이 꼭 필요한 요소 중에 하나였음을 강조하고자 했다.[35] 그리고 자본주의의 정신과 개신교 윤리 사이에 '결합하기 쉬운 유사점(elective affinity)' 이 존재한다는 것을 밝히고자 했다.[36] 베버는 둘 사이에 기계적 인과관계가 성립된다는 것을 입증하려는 의도가 없다는 것을 분명히 밝히고 있다.

> 자본주의 정신은 …종교개혁의 어떤 영향의 결과가 아니면 형성될 수 없었다거나, 경제 체제로서의 자본주의는 종교 개혁이 창조해 냈다는 식의 어리석고 공론(空論)적인 명제를 주장하려는 의도는 없다. …그와는 달리 과연 종교적인 힘이 그 (자본주의) 정신이 질적으로 형성되고 양적으로 세상에 팽창되어 가는 데 과연 역할을 하였는지, 그리고 그랬다면 그 역할이 어는 정도인지, 더 나아가서는 자본주의 문화의 어떤 구체적인 양상이 그 종교적인 힘으로부터 유래됐다고 볼 수 있는가를 규명하고 싶은 것뿐이다.[37]

---

34) Max Weber, *The Protestant Ethic and the Spirit of Capitalism*(London: Unwin Hyman, 1930/89).

35) Max Weber, *Economy and Society: An Outline of Interpretative Sociology*(New York: Bedminster Press, 1968), p. 91; "문화와 역사의 생성 요인을 일방적인 유물론의 입장에서 해석하던 것을 일방적인 유심론의 입장에서 해석하는 것으로 대치하려는 것이 우리의 목표가 아니다." David Lee and Haword Newby, *The Problem of Sociology*(London: Unwin Hyman, 1983/89), p. 183에서 인용함.

36) Lee and Newby, *The Problem*, p. 184.

37) Max Weber, *The Protestant*, p. 91(인용문 중 '(자본주의)' 는 필자가 첨부한 것임).

즉, 마르크스 베버는 개신교(사실은 17세기 영국 청교도) 윤리가 자본주의 발전을 위해 필요했던 정신이 형성되고 확산되는 데 일정 정도 역할을 한 것을 입증하려고 했던 것이지 근본적인 원천이었다고 주장하고 싶었던 것은 아니었다. 영국의 기독인 경제사학자인 리처드 토니가 잘 밝힌 것처럼 "자본주의 정신은 사실 역사만큼 오래 된 것으로서 흔히 말해지듯 청교도 신조의 결과가 아니다."[38] 다만 후기 청교도 신조 안에는 자본주의 정신을 북돋우며 강화시키는 역할을 하는 강장제가 담겨 있었던 것이다. 한편 토니는 "강렬한 개인주의나 엄격한 기독교 사회주의 둘 다 칼빈의 교리로부터 도출될 수 있다."는 점을 분명히 했다.[39] 그렇기 때문에 토니는 자본주의가 생성되어 가는 과정 속에서 초기 종교개혁자들의 가르침 중, 사회주의적 요소인 엄격한 경제적 제재(制裁)와 훈련의 요소는 상실되고, 개인주의적 요소인 경제적인 미덕 즉 근면, 절제 등만이 강조되게 된 점을 안타까워했다.[40] 종교개혁 역사를 제대로 이해한 그리스도인들은 자본주의와 개신교를 형제처럼 일치시키려는 과오를 더 이상 범해서는 안 된다. 그리스도인들은 시대적 상황에 따라 균형을 회복하기 위해서 얼마든지 사회주의적 지향성을 가질 수 있기 때문이다.

(2) 좌파의 바탕은 무신론?

그리스도인들이 자본주의를 선호하는 또 다른 중요한 이유 중에 하나는 자본주의의 대응 축인 사회주의 혹은 좌파 이념의 근본 바탕이 무

---

38) Richard H. Tawney, *Religion and the Rise of Capitalism*(Harmondsworth: Penguin Books, 1922/90), p. 225.
39) *Ibid.*, p. 121.
40) *Ibid.*, pp. 227-251.

신론이라는 확신 때문이다. 이런 판단에는 카를 마르크스가 유물론적 역사관을 제시하고 종교를 "인민의 아편" "억압받는 사람의 신음" "심장을 잃은 세계의 감상" 그리고 "영혼을 잃은 상태의 영혼"이라고 맹렬하게 비판했다는 사실과 한국전쟁란을 전후해서 기독교인들이 공산당원들에게 당한 핍박이 그 근거로 작용하고 있다고 봐야 할 것이다.

그러나 이 모든 사안을 곰곰이 생각해 보면 상당 부분 오해와 편견이 작용하고 있다는 점을 발견하게 된다. 유물론적 역사관은 물론 역사 발전의 과정을 하나님을 제외한 채 소위 생산 양식과 생산력의 조화와 갈등이라는 관점에서 설명하려고 했다는 점에서 기독교인들이 충분히 문제 삼을 소지가 있는 것이 사실이다. 그러나 좌파의 사회 비판과 대안 제시가 절대적으로 유물론적 역사관을 바탕으로 해야만 되는 것은 아니다. 한 걸음 더 나아가 하나님을 부정하고 살아가는 세계 역사의 발전 과정은 상당 부분 유물론적 역사관으로 설명되는 부분이 있고, 하나님은 구속 역사를 진행해 가시는 과정에서 그런 부분까지도 안고 가시면서 신비롭게 자신의 뜻을 펼쳐 가신다고 이해해도 큰 무리는 아니라고 생각한다.

마르크스가 역사 이해에서 하나님을 제외한 것은 사회 속에 존재해 온 종교가 삶의 진상을 왜곡하고 허상을 만들어 냄으로써 억압 체제를 정당화하는 구실을 했다고 판단했기 때문이다. 그의 눈에 비쳐진 종교는 억압당하고 있는 인민의 고통을 실질적으로 해결해 주는 대신 종교적 환각작용을 일으켜 잊어버리게 하는 아편 역할을 하고 있었던 것이다. 역사적인 유대교와 기독교가 진정한 하나님을 잃어버리고 우상을 섬길 때 실제로 이런 역할을 했다는 점을 솔직히 인정해야 한다. 선지자들과 예수님의 유대교 비판이 그 분명한 증거이다.

그래서 영국의 복음주의 신학자인 앤드류 커크는 마르크스, 니체 그리고 프로이트를 분석하면서 매우 도전적인 결론을 내렸다. 그들은 물론 예언자들과는 다른 정황에서 활동했고 다른 목적과 동기를 가지고 있었지만 예레미야처럼 '뽑으며 파괴하며 파멸하며 넘어뜨리며 건설하며 심는' 사명을 감당했다는 것이다. 이어서 커크는 그들의 종교 비판과 선지자들의 우상숭배 비판이 서로 맞닿아 있다는 점을 강조한다. "종교가 왜곡되고 조작된 하나님 상(像)을 반영한다면 우리는 무신론자가 되어야 한다."며 그런 상황 하에선 오히려 "어떤 점에서 무신론자가 종교 애호가보다 진정한 하나님에게 가까울 수도 있지 않는가?"라고 반문하고 있다.[41]

하나님은 때로 기독교가 타락할 때 마르크스 같은 무신론자를 통해서도 그 정체를 드러내고 부끄럽게도 하신다. 그리스도인은 무신론자들의 종교 비판을 무조건 배격하기보다는 오히려 그들의 비판의 정당성을 잘 가려내서 하나님께 돌아감으로 다시는 마르크스 같은 무신론자들이 탄생할 필요가 없도록 해야 한다.

한편 그리스도인들은 한국전쟁 전후에 공산당으로부터 당한 핍박을 상대화할 수 있어야 한다. 물론 그 고통을 직접 당해 보지 않은 세대가 이런 말을 하는 것은 설득력이 약할 수 있다. 그렇지만 전쟁 세대는 눈을 좀 더 크게 떠서 한국 역사와 세계 역사를 바라볼 필요가 있다. 북한 대중들도 한국군과 미군으로부터 받은 아픈 상처가 있다는 점을 이해해야 한다. 서구 역사를 보면 좌파 이념과 기독교가 오랫동안 우호적 관계를 맺어 왔다는 점도 고려해야 한다. 더 나아가 기독교 복음의 핵심이 화해와 용서 그리고 평화라는 점을 생각할 때 과거의 아픔을 딛고

---

41) J. Andrew Kirk, *Loosing the Chains: Religion as opium and liberation*(London: Hodder & Stoughton, 1992), pp. 32-50.

일어나 중오심과 적대감을 극복해 갈 필요가 있다.

또한 자본주의 국가가 종교의 자유를 존중한다는 점에서 그리스도인들이 자본주의에 대하여 마냥 우호적 태도를 갖는 것도 깊이 생각해 볼 필요가 있다. 폴 마샬이 잘 지적한 것처럼, 자본주의를 지지하는 자유주의자들이 말하는 종교의 자유는 어디까지나 영혼의 구원과 관련되어 있는 것이다.[42] 그 자유는 공적이고 정치적인 영역까지 확대되지 않는다. 이러한 종교적 자유의 허상을 보면서 하우어와스는 "왜 종교의 자유가 교묘한 유혹인가?"라는 질문을 던진다.[43] 자본주의는 경제적인 영역에서 하나님보다는 맘몬을 섬길 것을 때로는 은근히 유혹하고 때로는 위협한다. 이 유혹과 위협에 넘어가면 모든 신앙적 언어는 사실 껍데기만 남게 된다. 자본주의 사회의 종교성에 대한 허경회의 진단은 매우 정확하다. "신은 죽었다. 그러나 돈의 신, 맘몬은 예외이다. 우리들 현대인에게 그는 유일하게 현재(顯在)하는 신이다. 우리들은 '이성 잃은 경제 이성'으로 유일하게 현재하는 신, 맘몬의 영광을 이 땅에 재현하는 거룩한 맘몬의 성도(聖徒)들이다."[44] 그러므로 예레미야의 외침이 그리스도인의 귀에 항상 쟁쟁 울려야 한다(렘 22:13-16).

> 불의로 그 집을 세우며 불공평으로 그 다락방을 지으며 그 이웃
> 을 고용하고 그 고가를 주지 아니하는 자에게 화 있을진저 그가 이
> 르기를 내가 나를 위하여 광대한 집과 광활한 다락방을 지으리라
> 하고 자기를 위하여 창을 만들고 그것에 백향목으로 입히고 붉은

---

42) 폴 마샬, 『정의로운 정치: 기독교 정치 사상과 현실 정치』 진웅희 역(서울: IVP, 1997), pp. 176-191.

43) Stanley Hauerwas, *After Christendom?: How the Church is to behave if freedom, justice, and a Christian nation are bad ideas*(Nashville: Abingdon Press, 1991), p. 92.

44) 허경회, 『새로운 밀레니엄은 없다』(서울: 오롬, 1999), p. 360.

빛으로 칠하도다 네가 백향목으로 집짓기를 경쟁하므로 왕이 될
수 있겠느냐 네 아비가 먹으며 마시지 아니하였으며 공평과 의리
를 행치 아니하였느냐 그때에 그가 형통하였었느니라 그는 가난한
자와 궁핍한 자를 신원하고 형통하였나니 이것이 나를 앎이 아니
냐 여호와의 말이니라

이렇게 신자유주의적 자본주의 경제 체제를 둘러싼 신화의 옷을 벗
겼다. 이제 우리는 좀더 확신 있게 대안경제체제의 틀을 짜는 노력을
해야 할 것이다.

3. 대안경제체제의 기본적 틀

현재 신자유주의적 자본주의가 전 지구를 휩쓸고 있는 가운데 대안
을 만들어 가려면 어떤 전략을 써야 할 것인가? 이것은 결코 쉬운 대답
이 아니다. 그러나 고세훈 교수가 잘 말했듯이 "희망은 또한 어쩔 수
없는 당위이다." 그가 이어서 노얼 톰슨을 인용하며 밝혔듯이 "우리의
지성은 비관을 가리킬지라도 우리의 의지는 낙관을 소리쳐야 한다."[45]
두크로는 이런 신념으로 자본주의 세계 경제에 대항하여 대안을 만들
어 갈 수 있는 그리스도인들의 이중 전술을 제시하고 있다.[46] 하나는 묵
시문학적 희망의 전망에서 행동했던 메시아적 공동체들처럼 소단위의
거부 운동과 대안들을 만들어 가며 국제적으로 연계해 나가는 것이다.

---

45) 고세훈,『국가와 복지: 세계화 시대 복지 한국의 모색』(서울: 아연출판부, 2003), p. 20.
46) 두크로,『자본주의 세계 경제의 대안: 생명을 위협하는 자본주의적 경제를 극복하기 위
한 성서의 정치경제학』손규태 역(서울: 한울, 1998), pp. 245-263.

또 다른 하나는 예언자 운동의 전통을 이어받아, 비판과 권리라는 민주주의적 제도들의 여력을 이용해 정치경제적 체제의 상대적 통제를 시도하는 것이다. 두크로는 비교적 세밀하게 이 두 전략의 구체적 실천 방안들을 제시하고 있다. 그리스도인이 처한 사회의 경제 형편과 역사적 정황에 따라 적절하게 응용할 수 있는 부분들이 많다고 생각한다.

그러나 두크로의 시도에 한 가지 결여되어 있는 것이 있다면 대안경제체제의 기본적 틀을 그려 보는 것이다. 물론 이는 신자유주의적 자본주의에 의해 완전히 포위되어 있는 상황에서 구름 잡는 이야기처럼 들릴지 모른다. 그러나 이 점에서 아르헨티나의 위대한 혁명가였던 체 게바라의 짧은 명언은 지금 상황에도 유효하다고 본다. "우리 모두 리얼리스트가 되자. 그러나 가슴속에 불가능한 꿈을 가지자." 또한 그는 스페인 시인인 마차도(Machado)의 생각을 자신의 것으로 삼았다. "길이 없다 하여도 계속 앞으로 나아가면 스스로 길을 만들어 갈 수 있을 것이다."[47] 그리스도의 십자가와 부활을 진실로 믿는다면, 궁극적으로 정의의 승리를 믿는다면 우리는 능히 이런 길을 걸어갈 수 있을 것이다. 바울 역시 그런 길을 걸었기에 인류의 역사를 새롭게 만들어 가는 데 결정적 역할을 할 수 있었다(행 28: 16-31).

대안경제체제의 기본적 틀을 제안하려면 그 동안 시도되었거나 제시되었던 다양한 모델들에 대한 분석과 평가 그리고 정치철학적 · 신학적 성찰이 당연히 전제되어야 할 것이다. 그러나 여기선 지면의 제약과 필자의 능력을 고려하여 그 전체 과정은 생략하고 내안적 모델을 구상하는 데 중요한 판단 기준이 되는 정의의 원칙만 소개한다. 각 항은 우선권의 순서에 의해 배열된 것이다. 즉, 하위의 우선권을 가진 원칙을 실현

---

47) 장 코르미에, 『체 게바라 평전』 김미선 역(서울: 실천문학사, 2000), p. 544.

하기 위해 상위의 우선권을 가진 원칙을 희생할 수 없는 것을 말한다.

　1) 시민의 기본적 필요에 대한 모든 구성원의 권리는 존중되어야
한다.

　2) 민주적 참여를 확보하기 위해 평등한 기본권과 자유를 충분히
보장하는 제도를 확립해야 한다.

　3) 사회적 지위와 직책을 얻는 데 균등한 기회를 가질 수 있는 권
리가 보장되어야 한다. 그와 아울러 본인이 속해 있는 기관 내의 경
제적 결정 과정에 참여할 수 있는 균등한 권리가 보장되어야 한다.

　4) 사회의 모든 조직체의 구조가 공공 협력을 유도해 낼 수 있는
방향으로 형성되어야 한다.

　5) 사회적, 경제적 불균등은 다음의 조건하에서만 정당화 될 수
있다. 첫째, 그 불균등이 가장 불리한 입장에 있는 계층에게 최대의
유익을 줄 수 있어야 한다. 둘째, 정당한 저축의 원칙과 양립할 수
있어야 한다. 셋째, 가장 불리한 입장에 있는 계층의 자기 존중을
심각히 해칠 수 있는 수준을 넘어가서는 안 된다.[48]

　또한 대안경제체제를 제안하는 데 있어서 기독교 신앙이 제시하는
이상적 비전과 사회 현실의 역사적 한계 사이에서 나름대로 고민하며
적절한 균형을 맞추어서 최대한 실현 가능한 모델을 제시하려고 노력
했다는 점을 밝혀 두고자 한다. 물론 그럼에도 신자유주의 세계화에 의

------

48) 우선순위와 관련해서는 앞서 언급한 존 롤즈의 논리와 상통함을 밝혀 둔다. 4)항의 '공
　공협력 이론'은 Jonathan Boswell, *Community and The Economy : The Theory of Public
　Co-operation*(London: Routledge, 1990)에서 도움을 받은 것이다. 이 원칙이 도출된 과정
　에 대한 자세한 설명을 위해선 Park, *Christian Praxis*, pp. 85-129를, 그 신학적 근거로는
　같은 책 pp. 191-206을, 그리고 사회과학적 측면에서 여기서 제시되는 모델을 도출해 내
　는 과정에 대한 좀 더 자세한 논의를 참고하려면 같은 책 pp. 133-143을 참조하라.

해 포위당하고 있는 한국 사회에서 어떻게 여기서 제시되고 있는 대안적 모델에 대한 정치적 지지를 얻어 낼 것인가는 여전히 숙제로 남겨 두고자 한다.

모든 경제 체제의 가장 기본적 틀에는 두 가지가 있다. 하나는 생산 관계이고 다른 하나는 생산 조정이다.[49] 논의 과정에서 이 두 요소가 어떻게 조화를 이루며 상응할 수 있는지 그리고 이 경제 체제가 과연 입헌민주주의와 서로 공존할 수 있는 것인지에 대하여 간략하게 다룰 것이다.[50]

1) 생산 관계의 대안적 모델

생산 관계란 생산에 참여하는 자본과 노동 사이에 형성되는 관계를 의미한다. 이 관계를 어떻게 설정하느냐에 따라 경제 체제의 성격은 크게 달라질 수밖에 없다. 아직도 경제 체제를 생각하면서 자본과 노동의 이분법 그리고 그 갈등 관계에 주목하는 것은 시대착오적이라고 생각하는 이들이 적지 않다. 물론 고도로 산업화되고 정보화된 사회에서 사회 계층은 분화되고 매우 다양해졌을 뿐 아니라 노동과 자본이 실제로 중첩되는 부분이 있는 것도 사실이다. 하지만 지금도 첨예한 노사분규가 일어나고 그것이 경제 전체에 영향을 미치기 때문에 중요한 정치적 쟁점으로 발전하는 한국 사회의 현실을 직시해야 한다. 여전히 경제 영

---

49) 대안경제체제의 기본적 틀을 짜는 데 있어서 토지 문제, 복지 문제를 어떻게 다룰 것인가 도 중요하다. 그러나 우리의 논의에서 제외할 것이다. 다만 여기서 제안되는 기본적 틀은 토지공개념을 바탕으로 한 강력한 토지세제 도입 그리고 복지국가와 잘 어울릴 수 있다 는 점만을 밝혀 두고자 한다.

50) 아래 내용은 Park, *Christian Praxis*, pp. 143-153을 주로 번역한 것임을 밝혀 둔다.

역은 크게 봐서 자본과 노동의 역학 관계 속에서 움직여 갈 뿐 아니라 그 관계를 어떻게 설정하고 조정하느냐에 따라 경제 체제의 모습은 크게 달라질 수밖에 없는 것이 오늘의 경제 현실이다.

기존의 자본주의적 생산 관계에 내포되어 있는 노동자에 대한 자본의 착취를 예리하게 포착한 사회주의자들은 자주 생산 수단의 국유화를 주장하곤 했다. 보통 중앙 계획까지 주장하진 않았지만 말이다. 그러나 국유화 실험을 자세히 관찰한 사회주의적 성향의 사상가들은 다른 해결 방안을 모색하기 시작했다.[51] 그들은 소위 '노동자 조합회사'에 관련된 이들인데 자유시장을 가장 중요한 자원배분장치로 받아들였다. 즉, 자본가의 착취와 횡포를 상당 부분 제거한 보다 인간적인 시장경제를 겨냥한 것이다. 이 회사들은 노동자 자신들에 의해 경영된다는 점과 노동자가 임금을 받는 것이 아니라 일정 정도 이윤 분배에 참여한다는 점에서 자본주의 회사와는 다르다. 한편 노동자의 소유권 형태 그리고 비회원의 역할을 어떻게 규정하느냐에 따라 다양한 형태를 띠게 된다.[52] 가장 잘 알려지고 가장 대표적 성격을 가진 노동자조합회사는 아마도 구(舊) 유고슬라비아에서 실험되었던 회사일 것이다. 아놀드가 이 회사의 특징을 잘 정리했다.

① 회사는 자영(自營)된다. 즉 노동자들이 생산 수단의 소유권과
경영권을 행사한다.

---

51) 국유화가 가져온 부정적 결과에 대한 간략한 논의를 보려면, D. Winter, 'Market Socialism and the Reform of the Capitalist Economy', in J. Le Grand & S. Estrin eds. *Market Socialism*(Oxford, Clarendon Press, 1989), pp. 146-147을 참조하라.
52) 다양한 형태의 노동자조합회사에 대한 설명을 보려면, S. Estrin, 'Workers Cooperatives; Their Merits and their Limitations', in Le Grand & Estrin eds. *Market*, pp. 172-174를 참조하라.

② 이 회사에서는 모든 노동자가 그리고 오직 노동자만이 생산 수단과 관련된 소득권을 행사한다. 간단히 말하자면 노동자들은 이윤을 취득하고 어떤 노동자도 임금을 위해서 일하지 않는다. 이 제도에서 이윤이란 매출과 비노동 부분의 비용 사이의 차액이다. 그 이윤에서 국가는 공공재 제공, 빈곤층을 위한 복지 제공 그리고 새로운 투자를 위한 재원 마련을 위해 세금을 매긴다.

③ 이 회사의 노동자는 회사의 생산품을 시장 가격에 따라 팔 수 있는 집단적 권리를 가진다. 이에 대해 국가는 불규칙하게 간여할 수 있다.

④ 생산 수단을 통제하는 사람들(즉, 노동자)은 생산 수단에 대하여 완전하고 자유로운 소유권을 행사하지는 못한다. 완전하고 자유로운 소유권이란 다른 무엇보다도 팔거나 정리하거나 파괴할 권리를 말한다. 이 회사 노동자는 이런 권리가 없다.

⑤ 모든 신규 투자는 민주적 국가가 계획 기구와 국유 은행을 통해 통제한다(단, 소득 중 남은 재정으로 투자하는 경우는 예외가 될 수 있다). 국가는 다양한 방법으로 경제에 관여할 수 있다. 예컨대 세금 정책과 노골적인 보조금 같은 것을 들 수 있다.[53]

아래에서 제시될 대안적 생산 관계는 사실상 바로 이러한 형태의 노동자조합회사의 경제적 성과에 대한 비판적 검토의 산물이다. 착취 현실과 관련해서 어떤 형태의 노동자조합회사든지 여타 자본주의 형태의 회사들보다 일반적으로 세 가지 장점을 갖고 있다.[54] 첫째, 사실상 노동이 자본을 고용함으로 자본가의 손에 생산 수단에 대한 통제권과

---

53) N. S. Arnold, *Marx's Radical Critique of Capitalist Society*(New York: Oxford University Press, 1990), pp. 282-283.
54) Estrin, "Workers' Cooperative" pp. 169-172.

소유권이 집중될 때 필연적으로 발생할 수밖에 없는 착취 현상을 대부분 방지할 수 있다. 즉, 임금에 피해를 끼치며 자본에 높은 수익을 보장해 주는 것을 막을 수 있다. 그렇게 되면 둘째, 비록 회사의 이윤율의 높낮이에 따라 노동자들 사이에 불평등이 존재하게 되겠지만 이러한 불평등은 국가적 수준에서 소규모의 소유 집단이 노동 전체에 의해서 대체됨에 따라 상당 부분 완화될 수 있다. 더 나아가 회사 내 임금 분배는 자본주의 회사의 경우보다 훨씬 더 평등한 방향으로 나아가게 될 것이다. 이렇게 되면 노동자들이 훨씬 더 쉽게 공평한 기회 균등 및 자존감(自尊感)을 지켜 줄 수 있는 사회적 기반에 대한 권리를 획득하게 될 수 있을 것이다.[55] 셋째, 회사 내에서 일인 일 투표제로 집약될 수 있는 경제적 민주주의가 발전됨으로써 정치적 민주주의를 더 강화할 수 있게 될 것이다. 노동 현장에서 상호 보조와 협동의 자세를 더 견고하게 만들어 갈 수 있기 때문이다. 노동자의 참여가 증가하고 노동자의 소외가 감소하게 되면 자연히 회사의 생산 능률도 상당히 개선될 수 있을 것이다.

그러나 과거의 실험과 현재의 연구물들을 보면 이러한 노동자조합회사들 안에는 본질적인 취약점이 있다.[56] 첫째, 시장의 신호에 따라 신속하게 반응하지 못하기 때문에 자본주의 회사들보다 자원 배치의 효율성 면에서 일반적으로 뒤떨어진다. 시장이 경기가 상승 국면에 접어들었다고 신호를 보낼 때 수요 증가에 대처하기 위해 좀 더 많은 회원 노

---

55) 이 두 가지는 필자가 앞서 제시한 중요한 경제정의 원칙 중에 속한다.

56) Estrin, "Worker's Cooperative", pp. 175-183. 그는 이와 관련해서 다른 중요한 저술들을 언급하고 있다; J. Vanek, The General *Theory of Labour-managed Market Economies* (Ithaca: Cornell University Press, 1970); J. P. Bonin and L. Putterman, *Economics of Cooperation and the Labour-managed Economy*(London: Horwood, 1987).

동자들을 모집하는 것을 꺼리게 된다. 기존 노동자들의 수입을 증가시키고 싶은 마음에 생산성 증가를 위해 자본을 좀 더 투입하려고 할 것이기 때문이다. 그러나 이러한 과정은 상대적으로 천천히 진행될 수밖에 없게 되어 있다. 이 문제는 결국 다른 노동자조합회사가 생겨남으로 해결될 수 있을 것이다. 그러나 이것 역시 자본주의 회사의 경우보다 훨씬 많은 시간을 요하게 될 것이다. 경제가 하강 국면에 접어들 때는 파산 선고나 회사 폐쇄를 상당히 꺼릴 것이다. 저임금과 열악한 노동 조건을 장기간 동안 감수하면서라도 회사를 존속시키고 싶어할 것이기 때문이다. 단기적으로 보면 이런 대응이 일정 정도의 사회적 유익을 가져올 수 있겠지만 장기적으로 볼 때 경제가 이러한 자원 배분의 비효율성을 얼마나 견뎌 낼 수 있을지 의심스럽다.

두 번째 문제는, 동일한 조건하에서라면 자본주의 회사들보다 투자에 대한 동기부여가 약할 것이다. 특히 조합회사 회원들이 직접 출자하고 집단적으로 소유하는 경우 더욱 그러할 것이다. 회원들은 회사에 투자된 원금에 대한 권리가 없을 것이기 때문이다. 이런 경우 외부에서 재정을 빌려오는 것도 용이하지 않을 것이다. 잠재적 채권자들 역시 회사가 직접 프로젝트에 투자할 용의가 없는 것을 보면서 당연히 주저할 것이기 때문이다. 마지막으로, 쇠퇴위기에 직면하게 된다. 회원들은 시장의 경쟁 가격에 비해 상대적으로 낮은 소득 수준에 지속적으로 머물러 있게 될 가능성이 많고 그런 상황에서 회사는 결국 소멸되고 말 것이다. 회사기 성공한다고 해도 경세활동의 상승세를 배겨내기가 어려울 것이다. 일반 시장에서 현행 시장가(市場價)에 따라 노동자들을 고용하게 됨에 따라 조합회사로서의 정체성을 유지하기가 어렵게 될 것이다. 이 경우 위에서 언급한 것처럼 회원 노동자 모집을 꺼림으로 말미암아 일반 시장에서 고용한 노동자들의 소득이 회원 노동자들의 소득보다 보통 낮을 것이기 때문이다.

이러한 문제들에 대하여 다양한 조치가 제시되어 왔다.[57] 그 중에 에스트린이 최상의 해결책을 제시하고 있다고 본다. 그 해결책은 경제정의의 원칙을 훼손하지 않고 착취의 위험을 불러일으키지 않기 때문이다.[58] 무반응, 저투자 그리고 소멸에 기인하는 자원 배분의 비효율성 문제는 모든 형태의 조합회사에 불가피한 것이 아니라고 그는 주장한다. 우선 조합회사가 자본주의 회사로 변질되는 것을 막기 위해서 자본주의식으로 고용된 노동을 아예 법으로 금지할 수 있다고 제안한다. 그렇지 않으면 좀 더 세련된 해결책을 도입할 수 있다. 전체 노동력의 50% 까지 노동자를 고용할 수 있게 하되 회원과 비회원이 같이 이윤 분배에 동참하며 비회원이 원하면 언제든지 회원이 될 수 있게 하는 것이다.

그러나 여전히 곤란한 문제가 남아 있다. 현재의 생산자 조합회사 대부분이 취하고 있는 집단적 소유 체제가 바로 그것이다. 바로 이 체제가 무반응과 저투자의 주원인이다. 자본주의의 적대적 환경 속에서 이러한 집단적 소유 체제는 확실히 매력이 있다. 마치 사회주의 유토피아의 섬처럼 보인다. 그러나 전체 경제의 시각에서 보면 자본가가 이기적 노동자 소유자들에 의해 대체되었을 뿐 노동자들의 자본주의에 지나지 않기 때문이다.[59] 하여 에스트린은 이렇게 주장한다.

> 사회주의적 환경을 만들어 가기 위하여 집단적 소유권 개념이
> 좀 더 확장되어야 한다. 이는 노동자들이 사용하는 기계들에 대한

---

57) P. Abell, 'An Equitarian Market Socialism', in Le Grand & Estrin eds., *Market*, pp. 95-99.
58) Estrin, "Workers Cooperative", pp. 183-192.
59) *Ibid.*, p. 185.

그들 자신의 직접적 소유권 내지는 통제권을 배제하는 것을 말한다. 시장사회주의하에서의 조합회사들의 소유권은 사회적이어야 한다. …[60]

그러면 사회적 소유권은 도대체 무엇을 의미하는가? 첫째, 구(舊) 유고슬라비아 모델처럼 금융자본의 소유권을 생산 통제로부터 구별시키되 그 모델과는 달리 금융자본의 소유권을 국가나 국유 은행이 갖는 것이 아니라 금융자본을 노동자 조합회사에 시장경쟁가격으로 대여하는 일종의 지주회사가 갖도록 하는 것이다. 노동자는 피고용인의 대표자를 선출하여 노동자회의와 경영위원회를 운영하게 함으로써 민주적 방식으로 회사의 생산 활동을 통제하고 사업주가 누리는 기능 중 한 가지를 갖는다. 이는 사업에 든 모든 비용을 제하고 남은 잉여, 즉 이윤에 대한 권리를 말한다.

그러나 회사를 소유해서는 안 된다. 자본을 특화된 대여기관 즉 지주회사로부터 차용해 시장가에 따라 이자를 지불함으로써 자본을 여타의 투입재와 똑같이 취급한다. 이러한 분리는 저투자 문제를 해결할 수 있을 것이다. 조합회사 회원은 더 이상 원금 손실에 대한 염려를 하지 않을 것이고 자금을 차용하는 비용보다 수익이 더 작지 않을 것이라고 예상되는 한 투자를 증가하려는 동기를 갖게 될 것이기 때문이다. 그러나 이러한 조치 하나만으로는 조합회사가 시장신호에 둔감하게 반응함으로 생기는 자원 배분의 비효율성의 문제를 해결하기에 충분하지 않다. 사회적 소유권의 두 번째 의미가 중요한 이유가 바로 여기에 있다.

즉, 위에서 언급한 지주회사에 기업의 존폐를 결정할 수 있는 권한을

---

60) *Ibid.*

부여하는 것이다. 대신 잉여의 잔여분을 취득하는 기업주의 권한은 없어야 한다. 이러한 조치의 목표는 생산 활동에의 진퇴 문제를 신속하게 감시함으로써 자원 배분의 효율성을 확보하는 데 있다. 그래서 에스트린은 이 과업, 즉 사회자본의 운영을 수행할 수 있는 지주회사들을 세워 서로 경쟁하도록 할 것을 제안한다. 사회자산 시장에서 경쟁이 잘 이루어질 수 있도록 하는 것은 결정적으로 중요한 일이다. 이를 위해서는 지주회사들이 우선 상당히 많이 있어야 하고 각 영역, 지역 그리고 경제 전반에 걸쳐서 사회자본에 대한 과도한 시장 점유가 불공정하게 어느 특정 지주회사에 집중되지 않도록 철저히 법적으로 규제해야 한다. 그러면 지주회사들은 자본을 소유한 이들로부터 좀 더 많은 사회자본을 확보하고 좀 더 많은 노동자 자영회사들에게 그 자본을 대여하여 이자를 취득함으로써 이익을 극대화하려고 할 것이다.[61]

이 지주회사들은 두 가지 면에서 자원 배분의 효율성을 증가시키게 될 것이다. 첫째, 좀 더 신속하게 자금을 좋은 잠재력을 가진 기존의 자영회사들에게 공급하거나 더 좋은 조건을 제시하여 부채를 타 지주회사에서 자신의 지주회사로 전환케 함으로써 자원 배분의 효율성을 제고시키게 된다. 더 나아가 지주회사 자신들이 다양한 연구와 생산력 혁신 그리고 시장조사를 통해 이윤 창출의 기회가 있다고 판단될 때 새 회사를 만들어 생산이 시작되는 대로 그 회사를 지주회사가 모집한 전

---

61) 우리는 마르크스주의적 사회주의자들과는 달리 자본의 소유자들에게 시장의 자유경쟁에 의해 결정되는 이자를 허용한다. 이자는 생산 활동이 시작될 수 있도록 자본을 빌려 줌으로, 현재의 재화에 대한 통제력의 형태로 표현된 '시간'을 제공해 준 것에 대한 대가로 볼 수 있다. 그리스도인의 입장에서 보면 '시간'은 하나님의 것이기 때문에 자본가가 이자를 받는 것은 엄격히 말해서 합당치 않다고 볼 수 있다. 그러나 우리가 몸담고 있는 사회는 다원주의 사회인 것을 감안할 때, 이 정도의 보상을 허락하는 것은 효율성과 정의를 적절히 보완한 최선책이라고 판단한다.

(全) 종업원들이 민주적으로 통제하도록 맡길 수 있다.

둘째, 노동자 자영회사가 차용한 사회자본에 대한 이자를 지불하지 못하게 되거나 노동자에 대한 지불이 중앙에서 결정한 최저수준 이하로 떨어지게 될 때, 사회자본을 생산성이 낮은 회사에서 회수함으로써 자원 배분의 효율성을 성취할 수 있게 된다. 이때 지주회사의 결정은 해당회사 노동자 위원회의 민주적 결정에 반할 수 있어야 한다. 반면에 문제를 겪고 있는 자영회사는 채무를 더 낮은 이자율을 제시하는 지주회사로 전환할 수 있는 권한이 있어야 한다. 이러한 상황은 경쟁적인 자본시장에서 흔히 일어날 수 있기 때문이다. 혹은 파산 직전에 지주회사가 새로운 경영진과 자본을 배치시킴으로 기업주의 기능을 인수할 수 있다. 단, 이런 상태는 회사가 다시 일어서게 될 때까지로 제한해야 하며 종업원들은 최대한 그대로 유지되어야 한다.

전체 경제에서 지주회사가 차지하는 중요한 역할을 고려할 때 이 지주회사들의 소유권과 통제 방식을 어떻게 설정하느냐는 도덕적으로 매우 중요한 문제이다. 이와 관련해 아벨이 적절한 모델을 제시했다고 생각한다. 사회적으로 소유된 생산적 자산을 평등하게 이용하도록 할 것인지 아니면 그 자산을 사적으로 소유하게 하되 균등하게 분배할 것인지의 문제는 정의의 문제라기보다는 주로 효율성의 문제이다.[62] 이러한 판단에 근거해서 에스트린이 제시한 것처럼 지주회사의 공적 소유를 제외시키기로 한다. "이런 조직에 요구되는 경쟁적 기업주의 기능이 국가의 관료 기구에 의해서 적절히 수행될 수 있을 것이라고 상상하기가 어렵기 때문이다."[63] 에스트린이 생산을 담당하는 노동자조합

---

62) Abell, "An Equitarian", p. 91.
63) Estrin, "Worker's Cooperative", p. 190.

회사와는 달리 지주회사의 경우 채권 형태의 소유권보다는 주식 형태의 소유권을 선호한 것은 잘한 일이다. 전체 경제의 효율성이 지주회사가 얼마만큼 활력과 추진력을 갖추고 있으며, 때로는 위험부담을 감수하며 기업가 정신이 투철한가에 달려 있음을 감안할 때 이러한 선택은 지혜로운 것이다. 한편 금융자본 개별 소유자의 협상력을 축소시키기 위해서는 자영 기업들 자신이 지주회사의 주주로 참여하는 것이 실현 가능하며 바람직할 것이다. 소유권과 통제권이 돌고 돌게 되기 때문이다. 더 나아가 사적인 개인들, 노동자들, 정부가 주주가 되어서 경영위원회에 대표를 보내 참여할 수 있을 것이다.

그러나 여기서 제시된 모델에 대한 도덕적 의혹이 아직도 남아 있다면 그를 일소하기 위해 이러한 생산 관계가 사실상 자본주의 형태와 어떻게 다른지를 보여 줄 필요가 있다. 첫째, 지주회사의 사적 소유가 전제하는 바가 있다. 즉, 아벨이 제시한 것처럼[64] 자본과 인적 자원을 정당하게 사용할 수 있는 권한이 보호되어야 한다. 이는 사회적 최소소득(social minimum)을 보장해 주는 것보다 훨씬 더 급진적인 분배책이 있어야 가능하다. 예컨대 상대적으로 능력이 부족한 사람들에게 교육 자원을 더 많이 공급하고 '성인 연령에 도달할 때 모든 사람에게 일괄적으로 일정량의 자본을 지급하는 것이다.'[65]

둘째, 노동에 대한 자본의 협상력이 이 모델에서는 극적으로 축소되기 때문에 과연 이러한 생산 관계에서도 착취가 발생한다고 말하기가 매우 어려울 것이다. 노동이 고정된 임금으로 고용되는 것이 아니라 도리어 자본이 시장 이자율에 따라 노동에 의해 고용되는 것이기 때문이

---

64) Abell, "An Equitarian", pp. 79-81.
65) J. Le Grand, Markets, "Welfare and Equality", in Le Grand & Estrin eds., *Market*, p. 210.

다. 이러한 환경에서는 지주회사의 주주들을 본질적으로 자본가라고
규정할 수 있을지 의문이 간다. 이러한 생산 관계의 대안적 모델에서는
소득과 재산의 불평등 폭은 확실하게 감소될 것이다. 셋째, 생산 과정
의 자영(自營)은 그들의 노동이 더 이상 자본주의 경제에서처럼 생산
물과 노동활동으로부터 심각하게 소외 받는 일이 없도록 보장해 줄 수
있을 것이다.

　물론 위에서 언급한 것처럼 노동자들이 자신의 의지에 반하여 직장
을 잃을 수 있는 가능성이 있다는 것을 시인한다. 또한 효율성과 소극
적 자유를 치명적으로 상실하지 않고는, 어떤 형태의 소외로부터도 전
적으로 자유로운 완전한 생산의 모델을 고안해 낼 수 없다는 실상도 인
정한다. 그러나 이러한 반대들에도 불구하고 우리 모델이 자본주의 모
델보다 훨씬 더 좋은 대안이라는 점이 약화되지 않는다고 생각한다. 직
장을 잃는다고 하더라도 위에서 본 바와 같이 노동자들 자신들에게 훨
씬 공평하고 우호적인 조건하에서 그런 일이 일어나게 될 것이기 때문
이다. 이런 상황은 자본주의 생산 관계하에서는 상상도 할 수 없는 일
이다.

　이상을 고려할 때 우리의 대안적 생산 관계 모델은 한편으로는 경제
의 효율성을 등한시하지 않고 다른 한편으론 앞서 언급한 경제 정의 원
칙들, 즉 기회 균등, 회사 내 민주주의, 사회적 약자에게 보다 큰 유익
이 되지 않는 한 경제적 불균등의 최소화 그리고 자기존중의 가치 보장
을 치례로 중시하는 원칙들을 신자유주의적 자본주의는 말할 것도 없
고 서구의 복지 국가보다 더 잘 만족시킬 수 있다고 본다. 더 나아가 이
러한 경제 정의 원칙들이 성경적 경제 정의를 우리 시대의 정황에 맞게
적절히 반영한 것인만큼 그리스도인들이 환영할 수 있는 것이라고 생
각한다. 이제 대안경제체제의 기본적 틀을 짜기 위해서 생산 관계 모델

에 상응하는 생산조정 모델을 제시할 차례다.

2) 생산 조정의 대안적 모델

생산 관계는 개별 기업을 중심으로 한 다소 미시적 틀이라면 생산 조정은 생산과 분배 그리고 소비라고 하는 경제활동 과정 전체를 조정하는 보다 거시적 틀이라고 볼 수 있다. 여기에서는 경제활동에 있어서 국가와 시장 그리고 소비자 혹은 시민의 역할, 그리고 서로의 관계를 어떻게 규정하느냐가 관건이 된다.

경제가 자원 배분의 기능을 자유시장에 의존하는 한 소외로부터 완전히 벗어날 수 없다는 마르크스주의자들의 견해에 동의한다.[66] 마르크스주의자들은 소외로부터 완전히 자유로운 노동과 장인(匠人)으로서의 노동, 즉 사용을 위한 생산이라는 원칙을 철저히 따르는 노동이라는 이상을 가지고 있다. 그러나 이러한 이상은 시계를 다시 산업화 이전, 소규모 공동체적 삶의 시대로 돌리지 않는 한 실현될 수 없다. 복잡하고 산업화된 경제 안에서 상당한 수준의 효율성과 소극적 자유의 가치를 인정한다면 중요한 자원배분 기능을 자유시장에 맡겨야 한다. 적어도 시장신호는 흩어져 있는 경제적 지식을 효율적으로 사용하고 전달할 수 있도록 동기부여를 하고 건강한 경쟁을 북돋우는 역할을 하기 때문이다.[67] 이런 관점에서 생산 조정의 틀로 암시적 계획과 경제활동에서 공공 협력을 수월하게 하는 구조적 개혁을 제시하고자 한다. 이

---

66) 이 주제와 관련해 급진적인 마르크스주의자들의 입장 요약을 보려면 Arnold, *Marx's*, pp. 157-161을 참조하라.

67) D. Miller, "Why Markets?" in Le Grand & Estrin eds. *Market*, p. 28; S. Estrin and D. Winter, "Planning in a Market Socialist Economy," in Le Grand & Estrin eds. *Market*, pp. 106-107.

두 가지가 보완된다면 여기서 제시되는 대안경제체제가 기본적으로 시장경제의 틀을 완전히 벗어나지 않는다고 해도 신자유주의 시장경제와는 판이한 경제 체제가 될 것이다.

(1) 암시적 계획

암시적 계획의 주요 목표가 시장의 조정 기능을 보완하는 것임을 감안할 때 이와 관련해서 시장의 불완전함과 기능 장애에 대하여 좀 더 명확하게 이해할 필요가 있다.[68] 첫째, 시장은 비효율적이고 불공평한 독점 세력의 형성을 막지 못한다. 둘째, 시장은 생산자가 환경오염 같은 외적인 문제를 일으키는 생산 과정을 사용하는 것을 막는 데 무력하다. 셋째, 자본시장은 자원 배분에 있어서 종종 취약점을 드러낸다. 시장은 투자자에게 미래에 대한 충분하고 정확한 정보를 제공해 줄 수 없기 때문에 이로부터 발생하는 불확실성이 결국 저투자와 경제성장 속도의 둔화로 귀결될 수 있다. 반면에 너무 많은 투자자가 단순히 시장신호를 따라 특정 제품이나 분야에 몰리게 되면 자원이 불필요하게 낭비되게 된다. 넷째, 투자 결정이 오로지 시장신호에만 의존하게 된다면 공동체들과 지역 그리고 경제 전체의 산업 구조에 해를 끼치며 그 잘못된 결과들이 축적된다. 다섯째, 시장가격은 지나치게 출렁여 불안정성과 자원 낭비를 부추기는 경향성이 있다.

이러한 시장의 약점들을 보완하기 위한 암시적 계획은 구(舊) 소련에서 실험된 계획 경제와는 구별된다. 암시적 계획은 보스웰이 말한 공공 협력을 전제로 한다. 공공 협력이란 '경제적 결정을 하는 단위들이 자유롭게 상호간 그리고 외부 그룹이나 정부와 협력하면서 공익을 추구

---

68) Estrin and Winter, *Planning*, pp. 107-115로부터 도움을 받았다.

하는 것'을 말한다.[69] 공공 협력은 경제를 운영해 가는 데 있어서 국가나 시장이 무소불위(無所不爲)의 절대적인 힘을 갖고 있지 못하기 때문에 경제적 단위들이 공적인 문제들과 관련해서 상당 수준의 선택의 자유를 갖고 있다는 인식 위에 서 있다.[70] 시장과 국가의 지도가 선진 경제 제도의 빼놓을 수 없는 두 기둥이라면 공공 협력은 두 기둥을 연결시켜 주는 아치의 역할을 한다. 이 아치는 경제 전체가 일관성 있게 운영되며 윤리적인 면에서 바른 방향으로 진행될 수 있도록 도와주는 역할을 할 수 있다.[71]

그러므로 암시적 계획 모델에 있어서 정부는 시장의 실패를 해결하기 위하여 자원을 인위적으로 배분하거나 중앙에서 이루어진 결정을 밀어붙임으로써 경제활동을 통제하려고 하지 않는다. 암시적 계획이란 '계획을 구상하고 발전시켜 나가는 것과만 관련해서 서로 자문을 구하고 토론하는 민주적이면서 분산된 과정'이라는 특징을 지니고 있다.[72] 이 과정은 다양한 정보가 모아지고, 다양한 이익 집단이 경제적 조정 과정에서 일어나는 문제들 그리고 과잉이 불러일으키는 효과들에 대하여 서로 대화할 수 있는 포럼을 제공한다. 이 포럼에 참여한 개별 주체들은 서로 자문을 구하고 토론하는 과정에서 약속한 바를 실행에 옮길 것이 요구된다. 실제로 정부는 암시적 계획안에 담긴 합의 사항들이 실행될 수 있도록 만드는 수단들을 종종 사용해야 한다. 예컨대 보조금, 세금 감면 그리고 신용 제한 등을 들 수 있다. 그러나 이런 조치들 역시 계획자가 일방적으로 부과하는 식으로 진행돼서는 안 되며

---

69) Boswell, *Community*, p. 68.
70) *Ibid.*, p. 66.
71) *Ibid.*, p. 54.
72) *Ibid.*, p. 116.

다각적인 관계성 혹에서 이루어져야 한다.

이와 같이 암시적 계획은 시장에 의해 조정되는 과정에서 일어나기 쉬운 모험회피나 저투자 현상에 대응하는 데 중요한 기여를 함으로써 투자 자본을 배분하는 데 효율성을 강화시키는 역할을 할 것이 기대된다. 이러한 암시적 계획이 신빙성을 얻느냐의 여부는 정보를 제공하는 역량에 달려 있다고 볼 수 있다. 물론 경제적 불확실성을 모두 제거하는 것은 불가능하다는 것을 받아들여야 한다. 자연재해, 전쟁, 기근 그리고 1973년, 1979년에 있었던 오일쇼크처럼 국제무대에서 일어나는 예측 불허의 사건같이 원칙상 미리 알 수 없는 일들이 많이 있기 때문이다. 그러나 이렇게 불가피한 불확실성에도 불구하고 환경적 불확실성을 충분히 반영하는 암시적 계획을 만들어 낼 수 있다면 시장의 불확실성을 상당한 정도로 감소시킬 수 있을 것이다.[73]

암시적 계획의 또 다른 중요한 기능은 자원분배과정에 광범위한 사회적 참여가 이루어지게 하며 환경오염처럼 시장 밖으로 흘러 넘치는 부정적 효과들을 다시 시장 안으로 끌어들여 해결하며 시장 홀로 적절하게 다루기 어려운 다른 사회적 비용들을 처리해나가는 것이다. 이는 일종의 공적 포럼을 제공함으로써 관료, 기업경영자, 노동조합, 소비자, 지역대표, 외부전문가 그리고 특별이익집단의 대표들이 함께 모여 민주적 과정 즉 자유롭게 열려있는 대화를 통해 논쟁이 되고 있는 문제들에 대하여 합의에 이르도록 노력할 수 있게 한다. 이를 위해선 계획

---

73) 이 주제와 관련해서 좀 더 자세한 논의를 위해선 다음을 참조하라. S. Estrin and P. Holms, *French Planning in Theory and Practice*(London: George Allen and Unwin, 1983); A. Nove, *The Economics of Feasible Socialism*(London: George Allen and Unwin, 1983); M. Nuti, "Economic Planning in Market Economics; Scope, Instruments, Institutions," in P. Nolan and S. Paine eds., *Rethinking Socialist Economics* (Cambridge: Polity Press, 1986).

이 만들어지는 과정이 상당히 지방분권적으로 진행되어야 한다. 물론 이런 과정이 항상 부드럽고 성공적일 수만은 없다. 이해관계와 견해의 다양성이 존재하는 데에다 모든 과정이 민주적으로 진행되어야 하기 때문이다. 그러나 그렇다고 해서 이 과제를 포기해서는 안 되고 오히려 그렇기 때문에 상황을 개선하기 위하여 더욱 진지한 노력을 기울여야 할 것이다. 그 만큼 다루고자 하는 문제들이 심각하고 중요한 것들이기 때문이다. 암시적 계획이 성공적으로 작동하려면 참여자들이 공익에 대하여 진지한 관심을 표명하는 공공협력의 정신이 있어야 할 뿐 아니라 이러한 태도를 진작시키며 공공협력을 실천에 옮기는 것을 좀 더 수월하게 만들어 주는 구조확립이 필요하다.

(2) 요구되는 구조

암시적 계획이 효과적으로 실행될 수 있도록 유도하는 데 필요한 구조적 개혁은 다시 말하면 공공협력을 방해하는 장애물들을 제거하는 데 필요한 제도적 요구조건을 의미한다. 이는 위에서 언급한 정의원칙 제4항이 요구하는 바이기도 하다. 이와 관련해서 보스웰이 좋은 제안을 했다.[74] 물론 공동체성 혹은 형제우애의 정신을 대규모로 담아내는 공공협력이란 명령한다고 되는 것도 아니고 기계적으로 성취되는 것도 아니다. 보스웰이 제시하는 제도적 요구조건이 충족된다고 해서 공공협력이 자동적으로 이루어지고 암시적 계획이 효과적으로 실행되는 것은 아니다.

그러나 그렇다고 해서 그러한 노력이 가치가 없는 것은 아니다. 이는 마치 국민들이 정치에 무관심하고 투표에도 참여를 안 한다고 해서 정

---

74) Boswell, *Community*, pp. 95-140.

 경제 문제와 기독교윤리

치적 민주주의가 가능하도록 제도적 정비를 착실하게 추구해 나가는 것이 무의미하지 않은 것과 같은 이치이다. 더 나아가 이러한 구조정비는 경제적 책임, 청지기 정신, 수탁자(受託者) 정신 그리고 상호우애의 정신을 강조하는 '경제적 시민정신의 덕망'을 가르치는 시민교육과 병행된다면 그 가치가 더욱 빛나게 될 것이다.[75]

첫째로 요구되는 것은 각 부문별 조직들과[76] 공공부문에서 공공협력을 관장하는 부서에서 일하는 요원의 지속성을 유지하는 것이다. 이는 개인들 사이처럼 기관간의 협력도 지속적인 관계를 통해서 많은 유익을 얻을 수 있기 때문이다. 이런 지속적 관계가 형성되면 경제 전체에 시민적 책임감을 불어넣는 것이 한결 수월해질 수 있을 것이다.

둘째, 공공협력에 참여하는 부문별 조직을 대표하는 단체의 수가 지나치게 많거나, 너무 작아서는 안 된다. 너무 많으면 단체간 접촉이 적어질 수밖에 없고 상호간 이익이 되는 협약을 맺기가 어려워진다. 서로를 감시하기도 어려워진다. 너무 작으면 경제활동의 다양한 부문들을 포괄하지 못해서 진정한 의미에서 공익을 추구하기가 어려워진다. 정확히 숫자를 제시하는 것이 쉬운 일은 아니지만 보스웰은 1,000개 정도를 적절한 규모라고 제안한다. 그러나 가장 적절한 규모는 각 나라가 처한 형편에 따라 다를 수 있을 것이다. 이러한 구조를 만들어 가는 데는 정부가 나서서 설득하고 필요하면 간섭하는 것이 필요할 것이다.[77]

셋째, 각 기관의 투명성을 제고하고 경제활동 단체에 대한 사회적 감시를 강화해야 한다. '비밀주의는 윤리적으로 의심스러운 것이다'라

---

75) *Ibid.*, pp. 199, 201.
76) 부문별 조직이란 서로 다른 이해관계를 가진 조직을 말하는 것으로서 예컨대 지주회사, 은행, 여타 금융기관, 노동조합, 농업 대표 기구, 소비자 그룹, 장애자 그룹 등을 들 수 있다.
77) *Ibid.*, p. 108.

는 상식적 판단이 공공 협력에도 적용된다고 본다. 즉 '비밀스러운 환경' 이 개입된다면 공공 협력은 방해를 받게 될 것이다.[78] 경제적 조직 전반에 걸쳐 기본적인 투명성을 확보하는 것 역시 법이 아니고는 이루어지지 않을 것이다. 바로 이 지점에서 보스웰은 케인스의 논증에 주목하는 데 그것은 적절한 것이다.

> … '필요하다면 법 제정을 통해서라도 사업 현장과 관련된 대규모 자료를 모으고 배포하면' 불안정성을 감소시키고 효율성을 제고하고 공공 정책의 질을 향상시키게 될 것이다. 그러나 …이것은 '사적 독창력이나 기업 경영에 방해가 되지 않을 것이다.'[79]

소비자 그룹, 환경 단체, 여타 압력 그룹들, 그리고 학계와 종교계의 기구들이 사회적 감시를 하게 되면 경제적 조직들이 공공 협력에 잘 맞는 방향으로 움직이게 만들 수 있을 것이다.

넷째, 각 급의 토론회를 장려하여 각 기관들이 사회적으로 근접해지도록 노력해야 한다. 이 요구 조건 배후에 있는 명제는, '친근함은 경멸을 낳는다' 는 냉소적인 주장과는 달리 자신의 행동에 의해 영향을 받는 사람에게 가까워지면 그 사람을 위해 좋은 행동을 하고 싶은 마음이 일어난다는 입장이다.[80] 사회적 근접함을 가져올 최상의 기구적 형태는 공적으로 인정받는 대표적 조직체들이 함께 모이는 포럼일 것이다. 이 포럼은 개별 기관의 수준, 부문별 수준 그리고 전(全) 국가적 수

---

78) *Ibid.*, p. 110.

79) J. M. Keynes, *Essays in Persuasion*(London, 1926), p. 7; Boswell, *Community*, pp. 115-116에서 언급됨.

80) Boswell, *Community*, p. 124.

준에서 활동할 필요가 있다. 이 포럼의 목적은 ① 암시적 계획에 도움
이 되는 정보 교환, ② 기업 경영과 관련된 임박한 결정에 대한 자문,
③ 예측을 용이하게 하기 위한 경제 문제들에 대한 공동 연구, ④ 희소
자원과 관련한 이익 집단들의 다각적 협상 등을 들 수 있다. 이러한 포
럼을 통해서 경제 영역에까지 박애 혹은 공동체성 그리고 민주적 참여
를 확대시켜 나가는 훈련을 쌓아 갈 수 있는 기회를 얻게 될 것이다.

　지금까지 살펴본 대안경제체제의 기본적 틀이 지니고 있는 민주적이
고 지방 분산적인 성격에 비추어 볼 때, 정의 원칙 2항이 요구하는 입
헌 민주정치와 잘 조화를 이루리라는 것은 의심할 여지가 없다. 또한
여기서 제시된 대안경제체제는 시민들의 내적 혁명이나 물질적 자원
의 절대적 풍성함을 전제로 하지 않기 때문에 역사적으로 실현 가능한
제도임을 능히 짐작해 볼 수 있다. 물론 이상의 실현 가능 여부는 순전
히 이론적 상상으로 증명될 수는 없다. 오직 실천을 통해서만 이상의
한계를 발견할 수 있는 것이다. 우리는 대안경제체제의 기본적 틀을 제
시함에 있어, 이 체제야말로 모든 형태의 착취와 소외를 제거할 수 있
는 완전한 제도로 주장하지 않는다. 다만 롤즈가 제시하는 복지국가 자
본주의 체제보다 정의 원칙들을 더 잘 실현할 수 있다고 본다.

4. 맺음말

여기서 제시되고 있는 대안경제체제를 민주 공동체라고 부르기로 한
다. 왜냐 하면 공동체라는 단어를 사용함으로써 민주라는 용어의 소극
적 의미와 적극적 의미를 모두 담아내기 위함이다. 김대중 정권이 제시
한 '민주적 시장경제' 에서처럼[81] 민주를 소극적 의미로 사용하면 첫째,
원래 시장은 민주적이므로 시장이 잘 작동되도록 공정한 시장 질서 틀
을 확립해야 한다는 뜻이며, 둘째로 절차적 공정성을 말하는 것으로 이
는 개인의 소극적 자유가 보장되는 것을 말한다. 이렇게 소극적 의미로
만 사용되면 민주주의와 시장경제는 자유, 경쟁, 책임의 세 가지 원칙
을 공유함으로 상보적으로 병행 발전하는 속성만 강조되고 서로 상충
하는 면이 있다는 점이 간과하게 된다. 그러나 민주적이란 표현이 적극
적인 의미로 사용되면 그것은 시장경제의 자체 조정 능력이 불완전함
으로 민주적 통제가 필요하며 시장경제에 공동체적 요소를 도입하는
것을 말한다.[82] 여기서 제시되고 있는 대안경제체제는 경제정의 원칙
에 입각해서 이러한 시장에 대한 공동체적 개입을 허용하고 있다.

그러나 민주 공동체는 소규모 집단에서만 가능한 급진적 공동체와는
구별된다. 주요 생산 수단의 국유화와 중앙 계획 경제로 대변되는 과거
의 공산주의나 급진적 사회주의와도 다르다. 자유시장경제를 지나치
게 신봉하며 사회 전체의 공동체성을 외면하는 신자유주의와도 구별

---

81) 재정경제부 · 한국개발연구원 , 『국민과 함께 내일을 연다』(서울: 대한민국 정부, 1998)
　　를 참조하라.
82) 최장집, 「한국 정치 경제의 위기와 대안 모색: 민주적 시장경제를 중심으로」, 《사상》
　　(1998년 여름), p. 50; 김균 · 박순성, 「김대중 정부의 경제 정책과 신자유주의」, 이병천 ·
　　김균 편, 『위기, 그리고 대전환』, p. 370.

된다. 그런가 하면 자본주의 생산 관계의 골간을 그대로 유지하면서 자본주의의 폐해를 최소화시키려는 소위 사회민주주의 혹은 사회시장경제와도 거리가 있음을 알 수 있다. 또한 이는 신자유주의적 세계화를 저지하고 경제정의의 세계화를 목표로 세계적 연대를 기획하는 것을 의미한다.

지금 신자유주의 세계화가 불가역적으로 전 지구를 휩쓸고 있는 것처럼 보인다. 그러나 고세훈 교수가 진단한 것처럼 "적어도 아직까지는, 세계화는 결코 '거스를 수 없는' 대세이거나 선택이 아니며, 신자유주의자들의 논리는 경험으로 지지되지 않는 것이다."[83] 이제 우리 앞에 두 가지 가능성이 놓여 있다. 하나는 세계화의 진척을 저지하지 못하게 됨으로 그레이가 잘 전망한 것처럼 세계화는 감당키 어려운 사회적 비용을 창출해 내는 스스로의 자기모순 때문에 큰 재앙과 혼돈을 일으키며 자멸의 길을 가는 것이다. 다른 하나는 신자유주의가 끊임없이 생산해 내는 다양한 신화의 껍질을 벗겨 냄으로 패배주의를 극복하고 대안 체제를 만들어 가는 일에 진력함으로 재앙이 다가오기 전 새로운 세계를 열어 가는 것이다. 그리스도인은 당연히 후자의 길을 걸어가야 할 것이다. 모든 사람이 길이 없다고 할 때 그리스도인들은 하나님 나라의 미래와 그 전망을 가슴에 품고 살아감으로 스스로 길이 되어야 한다.

---

83) 고세훈, 『국가와 복지: 세계화 시대 복지 한국의 모색』(서울: 아연출판부, 2003), p. 49.

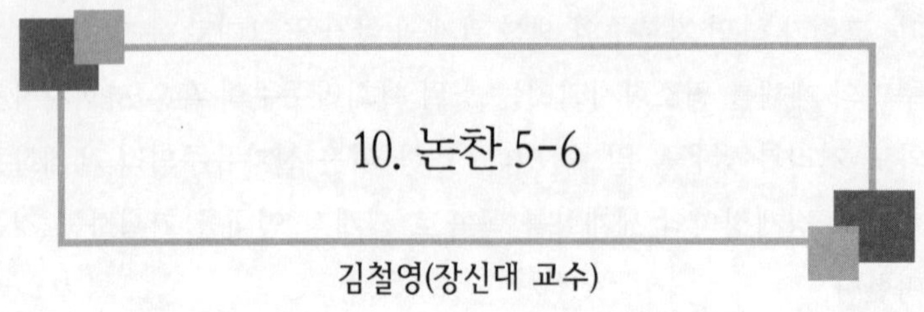

10. 논찬 5-6

김철영(장신대 교수)

논찬 5

우선 지면과 시간상 논찬을 개괄적 논의에 두고자 한다.

1. 이 교수는 본고에서 한국 사회의 분배 문제(경제 정의적 측면)를 실증경제학의 전문가적 수준에서 분석하고 있을 뿐만 아니라, 경제 분배 정책적 대안 또한 이 분야의 전문가들과 토론할 수 있는 '정보성'을 갖고 있다고 사료된다. 따라서 문제의 인식에 있어서 우리에게 좋은 기여를 해 준 것에 대해 감사하게 생각한다. 특히 작금의 경제 현실에 있어서 '실업률'과 '임금 격차' 그리고 '주택과 토지 투기 문제'는 한국의 경제 분배 정책 문제의 현안이 되고 있음은 이 분야의 전문가들이나 언론에서도 자주 지적되고 있는 문제들이다. 한국 '경제적' 실제 문제를 잘 분석하여 소개해 준 데 대해 감사드린다.

2. 논제의 경험적 접근 방식을 통해서 '실증경제학적' 측면과 '규범

또는 복지경제학적' 측면을 함께 분석 논의해 줌으로써 경제 분배 문제의 통전적 관점에서 문제의 규명과 이해에 도움을 주고 있을 뿐만 아니라 그 대안들의 제시도 적합성과 설득력을 지니는 것을 볼 수 있을 것이다(가령 5장 한국 분배 정책의 과제에 관한 언급 참고).

3. 논제의 논점을 좀 더 보강하는 측면과 또한 그 한계점을 지적하는 차원에서 다음 두 가지 관점을 언급해 볼 수 있을 것 같다.

1) 윤리학적 접근 방식에서 볼 때 개념적 및 논리적 한계이겠으나, 원론적으로 '경험적 윤리' 또는 '기술적 윤리(descriptive ethics)'는 특정한 경험이나 사회에 제한된 도덕적 선택이나 가치를 논할 수밖에 없다고 보기 때문에, 다시 말해서 실증주의적인 맥락에서 '적합성'의 문제를 어느 정도 해결하는 데는 도움이 될 수 있어도 '옳고' '그름'이나 가치의 선택 문제에 있어서 그 정당성과 해법의 논거가 취약해 보인다. 우리는 이것들이 자유를 전제하는 당위적 요구로써 윤리성을 동시에 함의하고 있다고 보기 때문이다. 가령 이 교수는 한국 분배 정책적 과제의 여러 정책간의 선택적 서열과 정책 내용상의 갈등을 간과하고 있다고 보인다. 그것은 대안의 모색 못지않게 (적어도) 윤리적 맥락에서는 논의를 빗겨 나갈 수 없는 문제이다.

2) 정책 대안들은 그 문제의 성격상 '사실적 의미'와 '가치적 의미'를 함의할 수밖에 없더라도 2장의 최소한 분배 문제에 관한 기본적 개념이나 4장의 기독교윤리적 관점에서 본 분배 정책의 목표 항복에서 좀 더 논제에 관한 '신학윤리적' 해명 작업(논제의 신학윤리적 담론 또는 기독교윤리적 담론)이 검토되었어야 한다고 본다.

논찬 6

1. 아마 독자들은 논찬자와 함께 박 박사의 "대안 경제 체제를 향하여"라는 논고를 읽으면서 단번에 이분이 이 문제에 관해서 전문적으로 연구해 온 분 중의 한 분임을 알아차렸을 것이다. 박 박사는 하이에크를 연구했고, 그의 자유주의와 신자유주의를 넘어서 보려는 박 박사의 대담하고 끈질긴 노력을 볼 수가 있다. 논찬자가 보기에 하이에크의 자유주의와 신자유주의의 경제학에 대한 비판을 논지로 하여 대안 경제 체제에 대한 그의 폭넓은 연구와 독서는 논지의 내용과 정보를 우리가 신뢰해도 좋을 것 같다. 다만 박 박사의 비판적 논지의 관점에서 우리가 어느 정도 이해할 수는 있겠으나 (1) 하이에크의 자유주의에 관한 논거, (2) 신자유주의의 경제론의 핵심 주장인 화폐금융론(가령 시카고학파의 토마스 L. 프리드만)이 갖는 자본주의와 시장 기능의 역할에 대한 정당한 평가, (3) '세계화'가 갖는 역기능에도 불구하고 순기능이 갖는 이점들에 대한 평가가 없어서 아쉽다.

2. 그 같은 의문과 정당한 평가에 관한 요구는 (1) 하이에크의 자유주의는 특히 그의 『자유헌정론(*The Constitution of Liberty*)』에서 19세기 J. S 밀의 『자유론(*On Liberty*)』이래 20세기 들어 자유주의의 가치와 원리를 포괄적으로 밝히고, 또 그 원리 원칙을 사회의 각 부분에 제도화하고 적용하는 데 있어서 '자유'의 가치를 함의하고 실현시키려고 시도하고 있다. 그런데 여기서 우리가 '자유'의 개념과 사상을 신학적 의미나 윤리적 의미나 사회경제적 의미에서 이해나 비판적 고찰 없이 그의 주장들이 박 박사가 표현하듯이 하나의 '신화'로 평가절하 또는 무

의미성으로 날려 버릴 수 있는 개념인지 의문을 갖게 되기 때문이다. 그리고 그의 후기 작품인 『법, 입법과 자유(*Law, Legislation and Liberty*)』 합본판 에필로그에서 하이에크는 그의 자유주의 논거와 관련하여 '사회생물학(social biology)' 적 관점에 오해되고 있는 점을 언급하면서, 동물 생태의 관찰을 일방적으로 인간의 행위의 설명에 적응하는 것에 대해서 따라갈 수 없음을 언급하면서 오히려 문화인류학(cultural anthropology)이나 문화진화론(cultural evolution)의 개념이 더 적절할 것 같다고 해명하고 있기 때문이다[F. A. Hayek, *Law, Legislation and Liberty*, A new statement of the liberal principles of justice and political economy, complete Edition in New One-Volume paperback(London: Routledge & Kegan Paul Ltd., 1982), pp. 153-176, 특히 pp. 153-154 참고].

3. 2장 대안 경제 체제의 기본 틀에 관한 박 박사의 제안은 이제까지 이와 관련된 논의와 제안에 있어서 또한 여러 논자들의 주장들을 잘 요약 정리하고 설명을 덧붙여 이해에 많은 도움을 주고 있다. 그러나 논제가 워낙 거대 담론의 성격을 띠고 있는데다 박 박사가 대안적 모델로 검토하고 있는 롤즈의 정의관은 기본적으로 칸트적 해석 특히 자율성(autonomy)에 대한 칸트의 관점에 의존하고 있음을 밝히고 있을 뿐만 아니라 J. S 밀을 비롯한 공리주의적 전통에도 서 있기 때문이다[*A Theory of Justice*(Oxford University Press, 1980), p. 267. 롤즈의 정의론을 설차적 정의로 파악하는 논찬자의 입장은 김철영, 『기독교 관점에서 본 정의와 공동체 생활』(장로회신학대학교 출판부, 2000), 제8장 절차주의적 정의(롤즈)를 참고]. 다시 말해 대안 경제 체제의 기본들의 구상에 있어서 우리는 '자유' 와 '평등' 혹은 정의의 관계에 관한 '가치론적' 혹은

‘도덕적’ 더 나아가 기독교윤리적으로나 신학적으로 검토하지 않으면 안 될 ‘개념적’ 및 ‘실제적’ 구성 작업이 다양하고 다차원적으로 21세기에도 계속해서 논의와 합의의 과정 속에 있는 담론이 되지 않을까 생각된다. 정의에 관한 박 박사의 관심사에 본 논찬자도 동의하면서 다시 한 번 좋은 논고에 감사드린다.

11. 남은 김인서의 사회사상

정종훈(연세대학교 연합신학대학원 교수)

1. 들어가는 말

사회사상이란 인간이 사회생활을 영위하면서 그 사회에 대해서 갖는 의식을 의미한다. 사회는 인간이 만들어 가는 외화의 차원과 구조적으로 정착되는 객관화의 차원 그리고 객관적으로 정착된 사회 구조가 이제는 인간에게 영향을 끼치는 내화의 차원으로 구성된다. 이러한 사회에 대해서 어떤 사람은 함몰되어서 자신의 사회를 전적으로 긍정하거나 문제의식 없이 삶으로써 현실 사회의 현상 유지에 기여하며 살고 있다. 또 어떤 사람은 일성 거리를 두고 부정하거나 비판함으로써 사회를 점진적으로 개혁하거나 급진적인 혁명에 동참하며 살고 있다. 이처럼 모든 사람들은 의식적이든 무의식적이든 자신의 사회에 대해 어떤 입장 내지는 태도를 갖고 살게 되는데, 우리는 그 입장 또는 태도를 포괄적으로 사회사상이라고 말할 수 있다.[1]

---

1) 비교. 平井俊彦/ 德永恂 편, 『사회사상사』, 고영대 역(서울: 사계절, 1985), pp. 11-24.

남은 김인서의 사회사상을 연구하는 것은 쉬운 일이 아니다. 그는 1919년 연통제 조직 활동을 제외하고는 사회운동가로서 그 시대의 사회 구조적인 문제를 해결하기 위해 실천적으로 투쟁하지도 않았으며, 사회사상가로서 당대 자신의 사회를 비판하면서 실질적인 대안을 이론적으로 제시하지도 않았기 때문이다. 그는 사회운동가도 사회이론가도 아니었고, 오히려 하나님의 사람이자 교회의 사람으로 철저히 머물고자 했던 분이다. 그러므로 사회학자의 시각으로 남은의 사회사상을 연구하려고 한다면 처음부터 포기할 수밖에 없다. 그러나 남은 김인서는 자기가 살고 있는 사회의 현실 상황과 교회의 현실 상황 그리고 국내외 주요한 사건들을 신앙의 눈으로 바라보며 자신의 입장을 서술하는 데 한시도 게을리 하지 않았기에 신앙인 김인서의 사회사상을 논할 가능성은 있다.

사실 인간은 자신의 사회와 분리되지 않으며, 때문에 한 인간의 생각이라는 것은 사회를 의식하든 의식하지 않든 사회에 대한 그 자신의 이해를 전제하고 있다. 한편 기독교 신앙은 삶의 자리와 무관한 신앙이 아니라 삶의 모든 자리에 신앙의 분량만큼 영향을 미치는 신앙이다. 남은 김인서의 경우에도 예외는 아니었다. 그러므로 우리가 남은이 직면하고 있던 사회가 어떤 사회였으며, 그 사회에 대해 남은 자신은 어떻게 이해하고 있었는지 그리고 기독교 신앙은 남은의 그러한 사회 이해에 어떤 영향을 주었는지 등을 총체적으로 살펴볼 수 있다면, 남은을 이해하는 데 중요한 실마리가 될 수 있다고 여겨진다.

필자는 이를 위해 그의 전집에 나타나는 그의 사회사상을 문헌실증적인 방법으로 추적하고자 한다. 그리고 그 추적도 평면적 무시간적 분석을 지양하고 입체적 연대기적 분석을 시도하고자 한다. 사회사상의 연구에서 역사적 상황을 전제하지 않는다면 그 연구의 결과는 곧바로 추상화될 위험이 있기 때문이다. 또한 필자는 그의 사회사상의 이면을 관통하고 있는 기독교 신앙의 입장이 무엇이었던가를 분석적인 방법으로 추적하고자 한다. 남은에게 있어서 기독교 신앙은 삶의 장식이 아니라 그의 삶을 이끌어 가는 동기이자 목표가 되고 있기 때문이다.[2] 그러나 필자는 필자가 미리 설정한 어떤 틀로 남은의 사회사상을 끼워 맞추어 분석하기보다는 남은 자신의 진술을 토대로 남은의 사회사상을 세워 보고자 함을 밝히는 바이다.

2. 역사와 씨름한 남은 김인서의 사회사상

남은의 사회사상을 연구하기 위해서는 먼저 남은의 시대를 구분하는 것이 중요하다. 남은의 70평생은 단선적이고 단색적인 시대가 아니라 외부적으로나 내면적으로 복잡다단하게 진행된 과정이었기 때문이다. 필자는 남은이 기독교 신앙에 입문한 시기로부터 연통제와 관련하여 4년간의 감옥 수감 생활을 하며 신앙의 질적 변화에 이른 시기까지를 사회사상의 제1기로, 복음 전도에만 헌신키로 작정하고 출옥한 시기로부터 일본 제국주의가 패망한 1945년까지를 사회사상의 제2기로, 그리고 일본 제국주의의 패망과 함께 민족이 해방된 날로부터 남은이 소천한 1964년까지를 제3기로 구분하여 연구하고자 한다. 제1기에서 제2기로

---

2) 비교. 高島善哉 외, 『사회사상사 개론』, 김수길 역(서울: 청사, 1983), pp. 13-17. 일반적으로 사회사상에 접근하는 방식은 크게 네 가지 유형으로 분류된다. 사회적 현실로부터 접근하는 방법, 개별 과학사(경제학사, 정치학사, 법학사, 사회학사 등)로부터 총체적으로 사회를 파악하는 방법, 철학적 세계관적 측면으로부터 접근하는 방법, 사회사상가의 이론이나 체계에 대한 비판으로부터 접근하는 방법이다. 필자는 사회사상 연구의 특정한 한 방법을 채택하지는 않았다.

의 구분은 남은의 신앙 변화에 기인한 내면적 변화에 근거하고, 제2기에서 제3기로의 구분은 일본제국주의의 패망으로 인한 외부적 변화에 근거하고 있다.

1) 제1기: 항일 민족주의자로서의 사회사상(1910년 ~ 1923년)

남은 김인서가 기독교 신앙에 입문한 시기는 우리 민족의 격변기이자 고난의 질곡기였다. 1910년에 한일합방이 있었고, 1919년 윌슨의 민족자결주의에 고무된 3.1운동이 있었으며, 3.1운동 실패의 결과 3.1운동 연루자들에 대한 색출과 무자비한 탄압 그리고 투쟁적인 민족독립운동이 있었다. 우리는 이 시기에 시대 상황과 씨름하며 기록한 남은 자신의 글을 발견할 수는 없다. 때문에 우리가 이 시기에 해당되는 남은의 사회사상을 객관적으로 연구하는 것은 쉬운 일이 아니다. 그러나 이 당시 남은은 민족 독립이라는 열망을 가지고 민족 독립운동의 반열에서 활동한 분명한 역사적 사실이 있고,[3] 후일 이 당시를 회고하며 반성적으로 쓴 글들이 남아 있기 때문에, 우리는 그의 구체적인 삶과 반성적인 회고의 글들을 통해서 이 시기 남은의 사회사상을 간접적으로 연구할 수는 있다.

남은은 1910년 여름 중학교 2학년 때 "죄의 값은 사망"이라는 이동휘 장군의 설교를 듣기 위해서 교회를 간 이래로 기독교인이 되었다(5.253).[4] 이때부터 남은은 학생이자 교사로서 학교와 교회에서 기독교인으로 살았지만, 당시 그는 사랑의 하나님과 구세주 예수를 알지는 못

---

3) 이현희, "臨政의 聯通制와 金麟瑞의 獨立運動", 『남은의 신학사상: 김인서 목사 기념 강좌 논문집』(서울: 한국기독교문화연구소, 2000), pp. 49-69.
4) 본문의 괄호 안은 『金麟瑞著作全集』 제1권에서 제6권까지의 해당되는 쪽을 의미한다.

했고, 공의의 하나님과 최고 성인으로서의 예수만을 알았다고 훗날 고백했다(1.121). 이 시기 남은은 인생 문제를 고뇌하며 톨스토이의 작품을 많이 읽었다고 하는데, 결국 톨스토이식의 인도주의에 머물러 있었다고 할 수 있다(5.254).

남은은 미션스쿨의 교사로서 일하던 25세 때 같은 학교에서 일하던 22세의 여교사와 결혼할 수 있는 상황이었으나 3 · 1운동이 일어나면서 나라 없는 백성이 결혼하면 무엇 하랴 생각하고서 결혼을 독립 뒤로 미루겠다고 할 만큼 민족에 대한 애정이 컸다. 그래서 남은과 그 여교사는 민족과 결혼하고 나라와 연애한다는 심정으로 함께 독립운동에 참여하다가 검속되어서 남은은 4년 동안, 여교사는 6개월 동안 징역을 살았다(6.341). 이처럼 남은은 인륜지대사라 할 수 있는 결혼보다 민족의 독립을 앞세울 정도의 민족주의자였다고 말할 수 있다. 독립운동 당시 남은은 조선의 독립을 긴급한 사항으로 보지는 않았지만 인재(人材)를 대신해서 죽는 것이 민족 장래에 유익한 일이라고 절감하며 독립운동에 투신하였는데, 청년 동지들에게 제안한 그의 말에서 우리는 민족을 위한 살신성인의 정신을 엿볼 수 있다.

> "이곳은 위험 지대이니 사(死)를 각오하지 않을 수 없고, 우리 중에는 살아남아서 일할 만한 인재는 후방(後方)에 감추고 나와 같은 소용이 적은 인물이 사선(死線)에 서는 것이 장래를 위하는 양책(良策)이라."(5.368)

감옥에 들어갔을 때 남은은 그리스도의 청년으로서 결혼 대신에 감옥에 들어온 것을 오히려 자랑스럽게 여겼고(5.255), 독립운동에 투신할 때의 각오 그대로 "연통제의 시작은 상해 임시정부의 지령으로 시

작하였지만 국내에서의 모든 책임은 자신에게 있다."고 강변함으로써
연통제와 관련된 동지들을 최대한 보호하였다(5.369f). 우리는 감옥에
서 일인 재판장이 남은에게 "왜 독립운동을 하였는가?" 질문하였을 때
"조선은 조선 사람의 조선이다. 조선 사람 나는 조선 사람의 조선을 위
하여 독립운동하지 않을 수 없소."(5.371)라고 의연하게 대답한 내용
을 통해서 그가 일본 제국주의에 대한 방어적 항일 민족주의로 무장되
어 있었음을 엿볼 수 있다. 또한 우리는 남은이 감옥에서 지어 다른 수
감자들과 애창한 "끼마다 먹는 밥은 콩조밥이요 밤마다 자는 잠은 새
우잠이라, 삼천리강산이 큰 감옥이요 2천만 동포는 남의 종일세."
(5.373)라는 노래에서 일제하에서의 부자유함과 민족에 대한 그의 애
절한 마음을 경험할 수 있다. 남은은 감옥생활을 처음 시작했을 때 자
신을 애국청년, 독립운동자, 의인열사로 자처하였고, 옥중의 일반 죄수
들을 멸시하였다고 했다(6.202). 나중에 남은은 이 당시의 자신을 기독
교의 이신득의의 신앙보다 자기 의(義)에 사로잡혔던 시기로 기억하고
있다(3.544). 우리는 이 시기의 남은은 민족에 대한 사랑과 열정으로
가득 차 있었고, 그의 최대 관심사는 오직 민족의 독립에 있었음을 알
수 있다. 그러므로 우리는 이 시기 남은의 사회사상을 항일 민족주의라
고 규정할 수 있다.

   그러나 출옥 후의 남은은 민족주의자로 머물 수 없는 하나님의 부르
심이 있었기에 인생의 새로운 전환기로 돌입하게 되었다(5.367).

> "내 어려서 島山 誠齊의 계통에서 민족주의 교육을 받았고 그것
> 을 위하여 교육자가 되었었고, 그것을 위하여 4년간 옥중에 있었
> 고, 그래서 내 가산은 탕진하였었노라. …옥중에서 주의 특몽(特
> 蒙)을 입지 않았으면 나는 여전히 민족주의 운동자였으리라. 그러
> 나 내게 임한 주의 소명이 전과 다름을 어찌 하리요. 내가 전과 같

은 민족운동자이라면 누구보다도 주의 교회에 해물(害物)이었으리라." (2.151)

그는 자신을 복음 전도자로서 인식하고 민족독립운동을 복음 전하는 것으로 대체하였던 것이다.

"나는 三一獄中에서 주님의 聖끔를 받을 때에 우리 민족 지도자들에게 받은 편협한 민족주의를 버리고 바울의 민족애를 배우기로 결심하였다. 내 청춘의 생명으로 사수하던 민족운동을 꺾어 버리고 일본 정권하에서라도 내 동포에게 복음 전하는 것으로 나의 독립운동을 삼았다." (2.400)

2) 제2기: 복음 전도자로서의 사회사상(1923년 ~ 1945년)

남은 김인서가 출옥한 시기는 일본이 한국에 대해 문화 정책을 쓰던 시기라서 노골적인 독립운동만 아니었다면 어느 정도의 자유로운 활동은 가능하였다. 그는 평양신학교를 다니면서 목회자적인 소양을 쌓았고, 바로 그 시점에 '하나님의 서기'를 자처하며《신앙생활》지를 창간하여 신학적 소양을 갖춘 평신도로서 문서 선교 사업을 시작하였다. 남은은 대내외적인 어려움에도 불구하고《신앙생활》지를 성실하게 출판함으로써 자신의 예언자적인 목소리를 낼 수 있었다. 이때부터 우리는 남은의 사회사상을 연구할 수 있는 문헌적인 자료를 직접 접하게 된다. 그러나 오래지 않아 일본은 약소 국가들에 대한 제국주의적인 침략의 의도를 감추지 않았고, 천황을 중심으로 한 군국주의 체제 속에서 우리 민족에 대해 창씨개명과 신사참배를 강요하였다. 이러한 현실 속에서 우리 민족은 독립에 대한 실낱 같은 소망을 상실하면서 일본에 점점 동화되어 갔다.

(1) 조선인, 조선사회의 이해

무엇보다 먼저 우리는 남은이 자신의 동시대 동사회에 살고 있는 조
선인을 어떻게 이해하고 있는지를 살펴볼 필요가 있다. 이 조선인에 대
한 이해는 조선 사회에 대한 이해로 이어지는 동시에 조선인들의 삶으
로 구성되는 조선 사회의 사회적인 과제가 무엇인가를 도출할 수 있는
계기가 되기 때문이다.

첫째로, 남은은 조선인의 죄악을 사신(邪神) 우상(偶像)과 음란 방탕,
타태(惰怠)와 겁나(怯懦), 허위(虛僞) 황언(荒言), 시기(猜忌) 음해(陰
害)와 작당(作黨) 분쟁(紛爭) 등으로 나열하면서, 조선인 최대의 죄악
을 불성실로 꼽고 있다(2.263f)[5].

> "우리의 시가(市街)에 나가서 안심하고 물건을 살 수 있는 상점
> 이 몇 곳이나 있는고! 은행가는 조선인과의 거래의 고정(苦情)을
> 말하고 있다. 신용을 잃어버린 조선의 시가(市街)는 무너질 수밖에
> 없다. 우리의 공인(工人)에게 일을 맡기고 안심할 수 있는 공인이
> 몇 사람이나 있는가? 속여 먹은 건물이 넘어지고 속여 먹은 물건이
> 부서질 때에 우리의 공업도 함께 무너지고 만다. 세계 시장의 신임
> 은 말할 여지도 없고, 우리끼리의 거래와 교환에 고통을 감(堪)하
> 기 어렵다. 조선의 전야에는 지주의 각박(刻薄)으로 말미암아 소작
> 인의 눈물이 떨어지지 아니한 밭고랑이 없고, 지주의 분(分)을 도
> 적하는 소작인의 발자국이 나지 아니한 전답이 없으니 이 마음 이
> 대로는 농촌운동도 도로(徒勞)이다. 우리는 자녀를 학교에 보내고
> 좋은 인격을 훈도하여 주리라고 안심할 수 있는 교사를 몇 사람이
> 나 가지었는가? 성실을 결한 백성에게 참 교육이 있을 수 없으니

---

5) 비교. 『金麟瑞著作全集』 제2권 p. 298 이하; 제4권, p. 69.

후생(後生)을 어찌 하리요. 조선 사회에서 인(人)과 인(人)이 대하여 붕우(朋友)면 붕우의 신의를 끝까지 지키는 일이 있는가? 약속한 일이면 그 약속을 이행하는가, 주의(主義)를 말하였으면 그 주의를 관철하는가? 성실이 없으면 우주도 유지할 수 없고 성실이 없이는 일초(一草) 일목(一木)도 생장할 수 없거든 성실이 없는 곳에 인도(人道)가 어찌 서며 인사(人事) 어찌 이루리요."

이처럼 남은에게 있어서 조선인은 불성실한 존재이며, 그래서 그는 신용 있고 성실한 백성이 되도록 하기 위한 대안으로 신앙을 제시하고 있다(2.158f).

둘째로, 남은에게 있어서 조선인은 수학적인 정확성보다는 그럭저럭의 불명확함에 익숙해 있는 민족으로 이해되고 있다(2.294f).

"모 외국인 학자가 조선인이 수학 두뇌가 있느냐 없느냐고까지 논란하는 것은 모욕이다. 모 선교사가 조선인은 그럭저럭 살아간다 하니 그럭저럭이란 무슨 보화이냐고 조롱하는 말도 우리의 비수학적 생활을 풍자한 것이다.…조선인이 수학적 두뇌 없는 바는 아니나 조선 학생의 반수가 수학을 싫어함은 사실이요 그럭저럭이 조선인 생활철학임도 사실이다. 그럭저럭이란 무정견(無定見) 요행, 횡수, 고식(姑息), 속임, 불확실, 불진실, 무성의 등 내용을 가진 생활철학이다."

그래서 남은은 조선인이 이러한 현실을 극복하도록 진리 되신 예수 그리스도를 알고, 그 안에 거하며, 그로 더불어 행할 것을 설교하였다(6.62-68).

셋째로, 남은은 "조선인의 인(仁) 또는 사랑이 참된 인도, 참된 사랑

도 아니고, 거저 먹고 되는 대로 살려는 타약(惰弱)"이기 때문에 하나
님의 "의(義)로써 건전하여지지 않으면 참된 인에 이룰 수 없다"고 보
고(2.322f), 궁극적으로 하나님의 의(義)를 구할 것을 제안하고 있다.

> "불완전한 지식이나마 그 이성이 지식을 구하는 것만치라도 그
> 양심이 의를 사모하면 입학 지원자가 학교 문이 터지도록 모이는
> 것처럼 구도자가 예배당 문이 터지도록 모여들 것이다. 금일 조선
> 인은 의의 갈구(渴求)가 없다. 교인 중에 의(義) 사모하기를 목마르
> 고 주림 같이 사모하는 자가 많지 못하다. 의를 사모하라. 인간 도
> 덕 이상 하나님의 의를 구하라. 그러면 예수를 찾을 수 있을 것이
> 다."(6.52)

넷째로, 남은은 조선인이 지적인 측면에서나 정적인 측면에서는 우
수한 편이나 의지적인 측면에서는 대단히 연약하다고 보고(4.92), 게으
른 조선인들은 개미에게서 근면함과 성실함을 배울 것을 권하고 있으
며(4.420), 명리(名利)나 재리(財利)를 위하여 우정도 없고 선배의 은덕
도 모르고 남의 은공도 버리는 조선인의 배은망덕함을 하나님 앞에서
두려워해야 할 것이라고 지적하고 있다(4.518).

끝으로, 남은은 조선인의 사회 구조적인 문제이자 교회 내적인 문제
를 당벌(黨閥) 의식으로 보고 있다. 그래서 그는 교회의 중직자는 어떤
당벌에 관계하거나 당적을 가질 수 없으며 이미 당벌에 관계하거나 당
적을 가진 자는 탈당할 것을 교회 헌법에 명시하도록 제안하였다. 그가
이처럼 강력했던 이유는 다음과 같다.

> "첫째, 조선인은 붕당(朋黨) 사화(士禍)의 5백년 악습이 있으니,
> 둘째 정계에 투신할 인물이 교계에 들어오는 것은 필지(必至)의 세

(勢)이니, 셋째 조선 교회는 정교의 엄연한 구별을 세우지 아니하
면 아니 될 특수한 사정이 있으니, 넷째 조선에서 민간 당벌을 유지
하려면 교회에 서거(棲據)하지 않을 수 없으니, 다섯째 기성 당벌
의 세력이 이미 교내에 부식되었고 기성 당벌 이외에 새 당벌이 생
길 것이니, 여섯째 당벌의 분쟁을 교회에 가져오니, 일곱째 교회 유
학생에게 경쟁으로 입당 권고를 행하여 장래 성직을 질 자가 당적
부터 먼저 지고 나오게 되는 형편이니, 이렇게 되면 교회는 당벌의
난투장이 되고 대세의 추이를 따라 혹 불측(不測)의 화(禍) 혹 료외
(料쌔)의 누(累)를 입게 될 것이다. 이보다도 교회가 정화되지 못하
면 성신의 역사가 행치 못하는 것이 더 큰 두려움이다."(2.177f)

남은의 이와 같은 제안은 칼 바르트의 기독교 정당에 대한 입장과 같은
맥락에 있으며,[6] 지연과 학연으로 교회 정치를 하려는 교회 내 정치꾼들
과 교회를 정치적 기반으로 삼아 보려는 정치 모리배들이 판을 치고 있는
오늘의 한국 교회에 대해서도 지극히 타당한 제안이라고 보인다.

이처럼 남은은 조선인의 부정적 측면을 나열하고, 그때마다 그 부정
성을 극복할 수 있는 유일한 대안으로서 기독교 신앙을 보았다. 기독교
신앙은 종교 고유의 영역이나 개인적인 영역으로 머물 수 없는 삶의 모
든 영역의 생명력이 되기 때문이다.

(2) 이데올로기의 비판

김옥에서 나온 이래로 남은은 어떤 이데올로기에도 종속되지 않고,

---

6) 비교. K. Barth, *Christengemeinde und Burgergemeinde*(Zurich, 1946), XXX. 남은 김인
  서의 이와 같은 제안은 《신앙생활》지 1935년 4월호에 정리되어 있는 것인데, 이 제안에
  담겨 있는 입장은 1946년 칼 바르트가 그의 저서 『그리스도인 공동체와 시민 공동체』에서
  기독교 정당의 문제점을 지적한 입장보다 이미 10여 년을 앞서고 있다.

오히려 기독교적인 세계관에 기초하여 당대를 풍미했던 사회주의와 민족주의 그리고 서구 자유민주주의까지 비판의 목소리를 아끼지 않았다.

남은은 유물론을 대변하고 피를 부르는 공산주의를 비판했다. 남은에게 있어서 공산주의의 유물주의 철학은 육체만 알고 있을 뿐 육체와 영혼 모두를 중시하며 구원에로 이끄는 기독교의 세계관과는 근본적으로 내용을 달리하는 것이었다(4.391). 또한 유물주의의 현대인들은 죄의 문제를 경제적 환경과 사회적 환경을 운운하며 인간의 문제가 아니라 환경의 문제로 전가하며, 심지어 인간의 동물성에 핑계대기 때문에 죄의 문제를 인간에게서 발견하는 남은은 공산주의를 인정하지 않았다(6.136). 남은은 공산주의자들이 많이 참석한 어느 강연에서 진화론을 주장하는 공산주의자들에게 "너희는 원숭이 새끼냐? 우리는 하나님의 아들이다."고 대답함으로써 공산주의자들의 별명을 '원숭이새끼'로 만들었고, 양식 있는 사람들을 공산주의와 격리되도록 하는 데 기여하기도 했다(5.264). 남은은 공산주의를 유무상통했던 원시 교회 생활과 비교하면서 공산주의는 유무상통의 공동 소비 형태가 아니라 공동 생산 형태라 하였고, 때문에 소비처이고 생산 기관이 아닌 교회는 공산주의일 수 없다고 교회와 공산주의의 차별성을 강조하였다(3.386). 한편 만주에서 선교하던 조선인 선교사들과 교인들에 대해서 공산주의자들은 박해와 살해를 주저하지 않았기 때문에, 그리고 개신교 전래 이래 최초의 순교자가 바로 공산당원들의 살해로 나왔기 때문에 남은은 공산주의를 더욱 반대하였다고 볼 수 있다(4.364). 따라서 남은은 러시아 제국을 멸망시키고 기독교를 반대해 온 공산주의는 러시아 제국이 멸망한 것처럼 기어이 멸망될 것이라고 예견하였다(1.534f). 우리는 남은이 공산주의를 비판한 동기나 근거가 바로 기독교적인 세계관에 있음을 알 수 있다. 남은 자신은 이를 복음주의의 세계관이라고 지칭하면서, 유물론의 공산주의를 비판하는 근거로 삼고 있다(1.58ff).

첫째로, "태초에 하나님이 천지를 창조하시다" 라는 성경 벽두의 계시는 하나님이 모든 세상을 창조하셨음을 신앙하는 것인데, 유물론자들은 우주를 목적이 없는 기계요 인간 역시 물질 형태의 기계로 보기 때문이다. 둘째로, "인자가 온 것은 뭇사람을 위하여 …목숨을 버려 속죄하여 주려 함이니라" 하는 예수 그리스도의 속죄의 선언은 하나님의 형상인 인간에 대한 사랑을 의미하는데, 유물론자들은 인간을 원숭이의 후예로 봄으로써 죄의 문제를 동물적인 본능으로 보기 때문이다. 셋째로, "아멘, 주 예수여 오시옵소서" 라는 성경의 마지막 말씀은 예수 그리스도의 재림을 신앙하는 것인데, 유물론자들은 물질이 인간을 지배한다고 보며 이 세상에 지상천국을 만들고자 하기 때문이다.

남은은 한때 그가 심취했던 민족주의도 비판했다. 그는 「복음주의와 민족주의」라는 논문에서 이 일을 명확하게 수행했다(2.169-172).

첫째로, 많은 사람들이 자신의 관심에서 예수를 개인주의자라, 세계주의자라, 사회주의자라 또는 민족주의자라고 하나, 예수께서 나사렛 가족과 이스라엘 동포 그리고 이방 사람들까지 사랑하신 것은 만국 만민의 구주로서의 자연한 발현이었지 어떤 '주의' 에 근거한 것이 아니었으며, 그러므로 예수는 민족주의자가 아니었다고 지적했다.

둘째로, 유대 사람인 바울에게는 유대국에 대한 의(義)가 있고 예수의 사람 바울에게는 천국에 대한 의(義)가 있는데, 유대국에 대한 의(義)도 갈멜 산처럼 크지만 천국에 대한 의(義)는 하늘같이 크기 때문에 천국에 대한 의(義)에 헌신하기로 한 바울은 작은 의(義)인 민족운동에는 간여할 수 없고, 예수께서도 교회에 대하여 문화운동이나 민족운동을 하라고 명하시지 않았다고 주장했다.

셋째로, 독일의 민족주의가 나치즘으로 나타나서 구약을 부인하고 하나님의 교회를 국가의 교회로 변질시켰고, 로마의 콘스탄틴 황제 이래로 위정자들이 교회를 정치적으로 악용한 경우가 역사적으로 허다했으며, 같은 기독교 국가인 독일과 프랑스가 민족주의의 미명 아래 사랑해야 할 기독교인임에도 서로 살상했음을 볼 때, 극단적인 민족주의는 복음에 위배된다고 강조했다.

넷째로, 태양은 유대인의 태양도 되고 조선인의 태양도 되는 것처럼 예수는 일만 민족의 태양이자 구주가 되기 때문에, 유대 민족주의자가 버린 예수를 조선에 임하도록 하기 위해, 그리고 유럽의 민족주의가 짓밟은 예수의 교훈이 조선에서 이루어지도록 하기 위해 전도에 힘쓸 것을 제안했다. 특히 남은은 조선 신문화가 기독교를 통해 수입될 때 개화 주창자들 가운데 일부는 기독교나 선교사를 배경으로 무슨 운동을 일으켜 보고자 했던 것을 직시하면서, 그것이 기독교 발전에 유리한 부분도 없지 않으나 위험스런 것이 더 큼을 간과하지 않았다(1.585). 그는 요한복음 6장 66-71절을 본문으로 "너희도 또한 가고자 하느냐?"라는 제목의 설교를 통해 기독교를 향해 민족의 독립과 경제 문제를 요구하는 조선인들에게 교회가 순응한다면, 이는 예수 그리스도에게 역행하는 것이라고 말하면서, 당대 30만 기독교 신도들에게 다음과 같이 엄숙하게 질문하였다(4.23-26).

"민족 사업을 위하여 예수를 따르느냐? 그러면 물러갈 날이 있을 것이다. 예수보다 민족을 더 사랑하는 자는 예수에게 합당치 아니하다. 사회 개량을 위하여서 예수를 따르는가? 그러면 물러갈 날이 있으리라. 교회보다 사회를 더 사랑하는 자도 주에게 합당치 아니하다."

그래서 남은은 교회를 민족주의의 수단으로 삼으려는 유혹에 대하여 초대 교회에서의 유대주의에 빗대면서 세상 이데올로기가 아니라 주님께만 오직 충성을 다할 것을 촉구했다.

> "유대인이 모세 율법을 지키지 아니하면 구원 얻지 못한다고 훼방하여도 죽도록 충성하라, 유대인이 예수 신앙자는 비민족주의자라고 훼방하여도 죽도록 충성하라, 교회를 요란(擾亂)하는 위자(僞者)들이 벌떼같이 일어나도 죽도록 충성하라.···자칭 민족주의라 하나 교회를 이용하려는 당파들은 실상은 유대인이 아니요 사단의 회이다."(4.188)

여기서 우리는 민족주의에 대한 남은의 반대가 무엇보다도 민족주의에 의해 교회와 복음의 진리가 왜곡되거나 악용되지 않도록 하는 데 있었다는 것을 알 수 있다.[7]

남은은 서구사회에서 꽃피고 있던 자유민주주의까지도 비판했다(2.338-343). 그는 1940년 6월 14일 프랑스의 수도 파리가 독일군에게 함락되는 것을 목도하면서 함락의 원인을 "지나친 자유사상과 과격한 민주주의의 소산"으로 보았다. 그는 아테네에서 발달하여 영국에서 운용되고 있는 민주주의가 감정적인 프랑스인들에 의해 과격화되어 난(亂)에 난(亂)을 거듭하고 피에 피를 더하였다고 지적하면서 자유주의의 장점도 있지만 그 폐해 또한 큼을 다음과 같이 지적했다.

---

7) 비교. 『金麟瑞著作全集』 제5권 p. 272. 해방 후에 남은은 "홍사단의 主旨에는 제일의 共鳴者이나 교회와 홍사단을 혼돈하여서는 안 된다."는 입장 때문에 홍사단이 강했던 宣川과 新義州의 교회 강단에는 해방 전에 한번도 서 보지를 못했다고 회고하기도 했다. 이 회고를 통해 우리는 남은의 민족주의의 반대가 방어적인 항일 민족주의에 있기보다는 제국주의의 침략적 민족주의에 있었음을 알 수 있다.

"자유민주주의에서 개인주의 향락주의가 나오고 사회주의 공산
주의가 잉태된다. 금번 유럽 전국(戰局)의 종국은 아직 단언하지
아니하거니와 그러나 민주주의 진영의 취약성은 상상 이상 폭로되
었다.…민주주의 온상에서 자라난 인민 전선의 고혹(蠱惑) 때문에
위정자는 통일된 지도 정신이 없이 정쟁(政爭)에 맥이 났고, 개인
이기주의 때문에 민(民)은 애국심이 사라졌고, 군은 투지를 상실하
였으며, 공산주의 때문에 노동자는 태업하고 향락주의 때문에 산
아율이 감퇴하고 체력은 소모되었다."

남은은 계속해서 조선의 문제는 서구의 과학을 배우기도 전에 자유
주의의 급류를 타 재래의 미풍(美風)까지 쓸어 버리고 패역한 삶에 빠
지는 것이라고 한탄하면서, "화있을진저 자유주의의 말류(末流)여!"라
고 외치기도 했다.

이제 우리는 남은이 공산주의를 비판한 것은 공산주의가 기독교적인
세계관과 근본적으로 달랐기 때문이고, 민족주의를 비판한 것은 민족
주의가 기독교와 교회를 이용하려 했기 때문이며, 자유민주주의를 비
판한 것은 자유민주주의가 자유를 사랑의 종노릇을 위해 쓰기보다 육
체의 기회로 삼으려 했기 때문이었다고 요약할 수 있을 것이다.

(3) 농촌운동, 문화운동, 각종 교회 사업

남은은 교회에서 전개하는 운동이나 사업들에 대해서도 그리 관대하
지 않았다. 오늘날에는 교회의 사회적 역할을 위해 사회 선교나 하나님
의 선교 영역에서 얼마든지 논의하고 수용할 수 있는 것들조차도 그는
적극적으로 비판하였다.

첫째로, 남은은 성경이 명하지도 않고 주께서 요구하지도 않은 운동
이나 사업을 교회가 할 수는 없다고 했다.

"문화운동이라 함은 그 위에 기독교란 관어(冠語)를 씌운다 할지
라도 범위를 알기 어려운 운동이니만치, 초대의 부흥운동에서는
그 유를 보지 못하던 시대적 운동이니만치, 교회 부흥으로는 문화
운동 운운이 성경 명문(明文)이나 주의 명언(明言)이 없는 운동이
니만치, 나는 그 소이연(所以然)을 알지 못한다."(2.23)

그는 기독(基督)자가 붙은 사업들이 대개는 하나님을 경배하는 것이
아니라 하나님을 이용하는 것이라서 반대했다.

"세속적 사업 위에 기독 2자만 씌워 가지고 왈(曰) 기독교가가운
동(基督教可可運動) 왈(曰) 기독교가가사업(基督教可可事業)이라
하여 제각각 하나님의 일들을 하고 있으며 제 주의 제 사상 제 밥그
릇 제 욕망 위에 기독 2자를 장식하여 놓고 하나님의 일들을 한다
고 칭한다. 이는 하나님을 경배하는 것이 아니라 하나님을 이용하
는 것이요 하나님의 보내신 자 그리스도를 신앙하는 것이 아니라
부리는 것이다."(2.63)[8]

바로 이러한 맥락에서 남은이 종교 교육이니 청년운동을 "미명하에
있는 공의의 원수"라고 지칭한 것은 이해할 만하다(3.457).
둘째로, 남은은 교회의 모든 구체적인 형식이 성령의 역사에 필요한
표현 형식이어야지 인위(人爲)적인 것일 수 없으며, 교회가 세상적인
사업에 진출할 때는 타락의 첫걸음이라고 했다(2.35f). 그는 교회기 국
가 사회 민족에 대해 간접적인 영향을 끼칠 수는 있다고 할지라도 국가
사회 민족의 직접적인 개조나 혁신을 목표한 집단은 아니라 보았기 때

---

8) 비교. 『金麟瑞著作全集』 제6권, pp. 106-107.

문에 사업으로 인해 소란한 조선 교회를 걱정했다.

> "조선 교회는 교회의 직접 비용만도 과중한 금일에 정치 방면 사
> 회 방면에서 실의(失意)한 영웅 제자(諸子)들이 교회에 몰려 들어
> 가지고 교회 간판 밑에서 제각각 사업한다고 교회만 소란하고 돈
> 단련만 더하여 간다."(2.107f)

그는 교회와 세상은 근본적으로 구별되며, 교회의 일이란 예수 그리
스도의 속죄하는 십자가를 믿고 성령을 힘입어 예배하며 성령을 힘입
어 성경을 가르치며 성령을 힘입어 전도하며 성령을 힘입어 사귀며 성
령을 힘입어 구제하는 것이라고 했다(2.256f).

사실이 이러한데 신앙 없이 사업을 앞세우는 것은 연목구어(緣木求
魚)의 맹목이자 소경이 소경을 인도하는 격이라고 했다(2.157).

셋째로, 남은은 조선의 교회가 시급히 할 일은 직접 전도이지 다른
여타의 운동이나 사업일 수 없으며, 전 교인의 물질과 전 신자의 정력
그리고 교회의 총역량을 직접 전도에 집중할 것을 제안했다(2.260). 또
한 그는 예수께서도 복음보다 떡을 요구하는 민중들의 요구를 거절하
시고 산으로 가셨음을 지적했다(4.23). 그래서 남은은 총회의 농촌부
폐지를 감히 제언하기도 했다(2.155-161).

> "자유로 농촌운동을 시(試)하여 보는 일이나 이상촌(理想村)을
> 건설하여 보는 것을 찬성한다. 그러나 교인이 할 일과 교회가 할 일
> 이 다르다. 교회 전체가 지도 원리에 모순 되는 농촌부와 지도 방법
> 이 없는 농촌운동 실행 능력이 없는 무실한 농촌부를 두는 것은 크
> 게 불가하다고 진언(進言)한다. …총회는 농촌부를 당연히 폐지하
> 여 주님의 부탁하신 전도에 전력함을 선포하기를 바란다."(160)

이때 남은이 말하는 전도는 오직 그리스도만을 전하는 것을 의미했다.

> "전도의 주체는 그리스도이다. 기독교주의, 기독교신학을 전하
> 는 것이 아니라 그리스도를 증거하는 것이 전도이다. 교세 확장을
> 도(圖)하고 교회 사업을 선전하는 것이 아니라 그리스도를 선전하
> 는 것이 전도이다."(4.190)

그래서 남은은 초대 교회가 첫째는 기도, 둘째는 전도, 셋째는 구제
라는 단순한 조직을 성령의 능력으로 꾸렸던 것처럼 조선의 교회들도
인위적인 운동이나 사업보다는 그저 단순한 조직을 유지할 것을 제안
했다(3.414).

넷째로, 남은은 어떤 사업을 할 때 그 사업이 필요불가결한 사업인지,
그 사업을 할 사람이 있는지, 그리고 사업할 사람이 본원(本願)과 역량
(力量)이 있는 책임자일 뿐만 아니라 거룩한 명령(聖命)이 있어 부동의
신앙심으로 전개할 수 있는지를 확인해야 한다고 했다(2.31). 그러므로
신앙의 책임자가 없는 사업에 대해 남은은 비판할 수밖에 없었다.

> "교육 사업의 책임자는 누구인가? 모 학자 모 교수인가? 저들은
> 교회학교를 사면하는 날에 기독교와는 상관없는 사람이 많지 않은
> 가? 근래에 많이 떠드는 농촌운동의 책임자는 누구인가? 도회지 중
> 앙의 궁전 같은 벽돌집 사무실 안락의자에서 기지개를 켜다가 정
> 기장 부근 촌에 나가서 일식(一夕) 강연 雙鷄하고 돌아오는 생원이
> 농부의 벗이라고 신뢰하는 촌사람은 아직 없으니 농촌운동의 책임
> 자도 누구인지 아직 모른다." (2.31)[9]

---

9) 인용문에서 교회학교는 교회나 선교사들이 운영하는 기독교학교 내지는 미션학교로 보아

그러므로 남은에게 있어서 운동이나 사업을 통한 봉사의 핵심에 신앙적 정체성이 확인되는 것은 전제 조건이었다.

> "동서양을 물론하고 봉사의 소리는 높다. 귀한 소리다. 그러나 서배(徐輩) 현대 봉사주의에 반대함은 그것이 보혈 속죄에 입각하지 않은 때문이다. 속죄함 받지 못한 죄인이 봉사란 미명을 가지고 교기구(敎機構)를 잡고 있으면 복음 교회는 망한다."(4.408)

결국 남은에게 있어서 운동이나 사업은 에서가 팥죽에 빠져 장자의 축복을 포기한 것처럼 복음보다 먹는 문제로 귀착하는 팥죽운동이었다(4.253). 물론 남은이 먹는 문제나 구제 자체를 무시했던 것은 아니다.

> "밥이 많으면 잘 믿는 것이 아니라 잘 믿어야 먹을 것이 있다. 농촌이 진흥(振興)하여야 교회가 흥(興)하는 것이 아니라 교회가 흥(興)하여야 농촌이 진흥(振興)하는 것이다."(5.192)

그러나 남은은 전체 인구 가운데서 기독교인이 겨우 30만밖에 되지 않았던 조선에서 교회의 시급하고도 우선적인 과제는 신앙 전파이지 운동이나 사업일 수 없으며, 신앙의 문제가 바로 정립되면 나머지는 부수적으로 해결될 수 있음을 분명히 하고자 했던 것이다.

(4) 하늘나라와 세계주의

남은이 이데올로기를 비판하고 교회의 운동과 사업을 비판하는 이면의 근거는 다름 아닌 하늘나라에 대한 소망과 사랑에 기인한 세계주의에 있다. 하늘나라에 비견될 수 있는 이 세상은 존재하지 않으며, 기독

야 한다. 오늘 우리가 지칭하는 교회학교는 남은 당시의 주일학교에 해당되기 때문이다.

교적인 사랑에서 배제될 수 있는 인간은 존재하지 않기 때문이다.

먼저 남은은 하늘나라가 푸른 하늘 어딘가에 있는 것으로 혼돈하지 않도록 하기 위해 영적 세계의 이름으로 하늘을 설명하고 있다(4.435). 남은에게 있어서 하늘나라는 주가 계신 곳이요, 슬픔도 아픔도 없는 곳이요, 인간의 눈물을 씻어 주고 인간의 아픔을 풀어 주는 곳이요, 영광과 권능이 충만하여 인간의 소망과 기쁨이 되는 곳이다(1.209). 빈자의 배고픔도 없고 고아의 애수도 없고 의인의 억울함을 신원하는 곳이요, 이단도 없고 짐승도 없고 돈도 없는 곳이며, 의와 의가 입 맞추고 사랑과 사랑이 춤추고 기쁨과 찬송과 감사와 기도와 영광이 넘치는 곳이다(1.189f). 또한 십자가에 못 박히신 주님이 다시 지으신 새 하늘과 새 땅이요, 영원 불락의 사랑의 성(城)으로 그 나라의 임금도 사랑이고 그 나라의 백성도 사랑 그 자체인 곳이다(1.196). 그러나 남은에게 이해되는 하늘나라는 미래적인 영역으로만 미루어지는 곳은 아니다. 의와 평안과 희열이 넘치는 인간의 마음에도, 땅 위의 천국이라 할 현재의 교회에도 하늘나라는 존재하기 때문이다(4.527). 남은은 자신을 세계의 일부분인 조선에 생존하는 세계의 시민이요 우주의 일부분인 조선에 사는 천국 시민이라고 규정함으로써 하늘나라의 현재성을 직시하고 있다(1.208). 이 하늘나라는 사랑 때문에 주어지고 사랑으로 꾸려지는 나라로서, '나'의 중심성을 '하나님' 중심성으로 바꾸었을 때 인지되는 곳이며, 이 하늘나라로 인해 비극적인 인생을 털털 털어 버리고 나그네 인생으로 살 수 있고, 적대적인 사람들도 서로 이웃이 될 수 있나(1.180). 남은은 하늘나라가 도래하는 대심판의 마지막 날이 언제인지를 알지 못하나, 소돔과 고모라에서 실행된 세기말적 심판을 이 세대에도 경험할 수 있다고 인정함으로써 종말론적인 삶을 살도록 촉구하였으며(1.235), 결국 하나님께서 사랑하는 아들의 사람들을 하늘나라로 이민시키고 악인들은 지옥으로 이민시킬 것을 확신하면서(4.198f), 마지막 날을 인내로써 끝까지 기다릴 것을 충고하였다(4.430)..

한편 남은에게 있어서 예수 그리스도에 대한 신앙과 하늘나라에 대한 소망 그리고 모두에 대한 사랑은 세계주의를 가능하게 했다.

> "예수로 말미암아 민족과 민족의 감정, 약자와 약자의 구한(仇恨)은 깨어졌다. 군인과 전도인이 형제 되고 유대와 로마는 악수하고 본민(本民)과 이방의 간격은 터지고 아세아와 구라파는 연하였다." (3.443)

그리고 남은은 예수 그리스도의 마음은 광대무변한 대세계이자 영원 안식의 낙원으로서 이 마음에 포용되지 못할 자가 없다고 봄으로써 세계주의를 확고히 했다.

> "예수의 마음에는 유대인도 로마인도 다 들어갈 수 있고 서양인도 들어갈 수 있고 성인과 열녀도 세리와 창기도 다 들어갈 수 있나니 예수의 마음에는 억억 만인이 다 용납할 수 있고 그리고도 남음이 있다." (4.524)

남은은 예수께서 광야에서 처음부터 정치운동을 거부하고 죽기까지 일관되게 정치운동을 거부한 이유는 모두를 포용하는 하늘나라 운동이 서로를 가르는 정치운동에 의해 침해당해서는 안 되기 때문이었다고 이해했다(4.159f). 또한 남은은 천국민의 최고 윤리로서 악한 자를 대적하지 말고 원수까지라도 사랑하라는 예수의 포용주의를 강조하면서(4.474-479), 인류의 진정한 평화는 바로 예수의 보편적인 사랑에 있음을 지적했다.

"인류의 평화는 국제조약으로 불가능사(不可能事)이지만 예수
의 피로 가능하다. 만국 만민의 구주 안에 인종차별이 없나니 사해
동포요 지성(至聖) 지선(至善)하신 예수 안에 원수가 없나니 남을
용서함에 불능이 없고, 자애(慈愛) 무량(無量)하신 예수 안에서 누
구를 사랑하지 못하리요. 사랑의 능력을 주시는 자 안에서 사랑에
능치 못할 것이 없다."(4.569)

남은은 하늘나라의 보편적인 부류로서 성인들이 소홀히 하기 쉬운
어린아이를 언급하면서 이 어린아이들이 살 만한 삶의 환경을 적극적
인 차원과 소극적인 차원 양 차원 모두 제시함으로써 이 세상에서 살아
가는 천국민의 구체적인 과제를 적극적으로 설정했다.

"그들이 입고 먹을 것은 물론 들어앉을 집도 잘 준비하고 그들이
뛰놀 운동장과 공부할 학교도 잘 만들어 놓고 영접하는 것이 인사
(人事)에 합당하다. 그들이 예배드릴 예배당을 잘 지어 놓고 그들
이 일할 일터를 예비하고 영접하는 것이 천도(天道)에 합당하다.…
그들이 오는 길에 돌멩이 같이 부딪치는 것을 놓거나 그 길을 험하
게 만들어서는 안 된다. 산을 벌거벗기고 전야(田野)를 황폐케 하
여 그들이 살 장래의 세상을 거칠게 만들어서는 아니 된다. 거짓과
악한 풍속이 가득한 세상, 더러움과 음란이 가득 찬 거리에 새사람
(어린아이들)을 맞아들이는 것은 곧 소자로 하여금 범죄케 하는 일
이요, 아이들 앞에서 거짓말과 못된 짓을 하는 것은 그로 하여금 범
죄케 하는 일이다. 지금에 게으른 무리는 곧 후래아(後來兒)의 양
식을 빼앗아 먹는 것이요 이 사회를 헐어버리는 무리는 다음 오는
아이들의 앞길에 함정을 파놓는 일이다."(6.45)[10]

---

10) 미래 세대의 살 권리에 대한 인식은 환경 문제의 대두와 함께 서구사회에서 1960년대

이처럼 하늘나라와 세계주의의 맥락에서 남은은 기독교인을 예수의 도에 입각한 평화주의자로서 일국의 시민이자 세계의 시민으로, 동시에 천국의 성민으로 이해했고(1.88), 때문에 남은은 하늘나라의 지평을 부정하거나 왜곡할 수 있는 이 세상의 이데올로기를 비판했으며, 어떤 운동이나 어떤 사업보다도 이 세상 사람들을 천국민으로 만드는 교회의 전도를 우선적인 과제로 삼을 수밖에 없었다고 보인다.

3) 제3기: 교회의 사람이자 국가 시민으로서의 사회사상(1945년 ~ 1964년)

1945년 8월 15일, 우리 민족은 일본 제국주의의 사슬로부터 드디어 해방되었다. 그 누가 이 날이 오리라고 확신했던가? 그러나 우리의 해방은 민족이 반분된 아픔과 함께 온전하지 못한 해방이었다. 이로 인해 이남과 이북에는 각각의 이념과 체제를 달리하는 두 정부가 수립되었고, 서로에 대한 갈등은 6·25 민족전쟁으로 폭발할 수밖에 없었다. 전쟁은 남과 북의 분단을 더욱 심화시킴으로써 이북에 있는 이남의 적 빨갱이들과 이남에 있는 이북의 적 미 제국주의의 앞잡이들을 냉전의 한가운데로 몰아넣었던 것이다.

(1) 일제하에 범한 죄고백의 문제

남은은 일본 제국주의하에서 신앙의 절개와 민족적 기개를 지켜 내고자 많은 노력을 하였음에도 불구하고, 일제 말에 가서는 《신앙생활》

이후에야 비로소 제기되었는데, 남은은 이미 《신앙생활》지 1940년 6월호에서 제기하는 통찰을 보이고 있다.

지를 보호하려는 명분 아래 기존의 태도를 부분적으로 굽혔던 것을
《신앙생활》지 자체가 보여 주고 있다. 그는 《신앙생활》지 1940년 2월
호 평양지편언에 "內鮮 監理敎의 合同"이란 기사를 통해 일제에 의한
종교계의 강제적인 합병을 당연시할 뿐만 아니라 나아가 미화했다.

> "작년 10월 겸창(鎌倉)에 개최된 제9회 일본 메도디스트교회 총
> 회에 조선감리교 대표 윤치호, 양주삼, 신흥우 三박사와 정춘수 감
> 독 외 三목사가 내선 감리교 합동 문제를 가지고 참석하여 합동조
> 약을 결정하였다. 일본 메도디스트 교인은 4만 1천이요, 조선감리
> 교인은 6만여요, 중국감리교인은 22만여인바 장래에는 모두 합동
> 할 포부라 한다. 在일본조선장로교회는 이미 일본 장로교회에 합
> 하였고 내선 성결교 합동도 불원에 실현될 것이니 내선일체는 기
> 독교에서 먼저 실현하는 것이다. 一步進하여 모든 교파도 합하여
> 하나 되는 것이 좋고 갱일보진(更一步進)하여 세계 모든 교회는 합
> 하여 하나 되어야 할 것이다." (1.403)

그는 1940년 《신앙생활》지 4월호에는 "문명의 창작자"라는 글을 게
재하여 문명을 창작할 수 있는 민족은 우수한 지도적 민족이고, 남이
발명한 문명을 배워 이용할 수 있는 민족은 문명인인데, 20세기 동양에
서 남의 문명을 배우기도 하고 새로운 문명을 창조할 수도 있는 나라는
오직 일본뿐이니 일본제국이 아세아의 부흥을 위해서는 맹주가 되어
야 할 사명이 있다고 주상했다(1.408). 그는 1940년 《신앙생활》지 11월
호에는 제29회 장로교 총회에 대한 소감문에서 총회원들의 철저한 시
국 인식과 양호한 애국 봉사를 치하하면서 일본 교회 축하 사절의 왕림
이 일선(日鮮) 교회의 융합 기운을 더하여 금상첨화였다고 서술했다
(1.119). 그는 1941년 《신앙생활》지 2월호에는 황기 2600년 봉축신도

대회를 보고하면서 교인의 봉공(奉公)이 일반 인민보다 앞서고 있으며, 이는 종교인의 비종교인에 대한 국민적 모범이라고 칭송했다(1.428). 그는 1941년 《신앙생활》지 3월호에서는 "자립은 원칙이요 절서(絶西)는 시세"라는 글에서 우리에게 기독교 신앙을 전한 선교사들에 대해 적성 국가의 시민이라고 지칭하면서 그들과의 관계를 단절할 것을 주장했다.

> "西國 선교사들과 文書同事하는 모 청년 저술가가 작년에 사업 방향을 問함에 대하여 자립은 원칙이요 절서(絶西)는 시세니라 答하다. 신앙 독립, 사업 자립은 원래 신앙생활의 원칙이요, 아무리 선교사라 할지라도 전시에 있어서 帝國의 敵性국가의 시민인 이상 사업상 관계를 계속함은 피차 자숙할 일이다. 원칙에 합하고 시세에 違하는 일은 혹 강행할 수도 있지만, 원칙에 不合하고 시세를 逆하는 일은 신앙생활에 절대 금물이다." (1.429)

그는 1941년 《신앙생활》지 4월호에서는 주기도문의 일용할 양식을 설명하면서 "신 체제하의 국민은 일일의 양식을 국가로부터 배급받는 것이니 전일과 같이 부자라고 쌓아 두고 먹을 수는 없을 것이다. 그리스도인은 聖言을 奉하고 국가에 忠하여 일용할 양식을 배급받아 먹고 일일의 수고로 그날에 족할 것이다." (1.433)라고 말함으로써 민중의 궁핍한 삶을 애국적인 것으로 오도했고, 1941년 5월호 《신앙생활》활지 기행문에서는 황국의 지도로 만주의 치안이 확립되고 東亞共榮의 同福이 증진되고 있다고 선전했다(5.252).[11]

이처럼 남은은 일제 말에 대부분의 민족 지성인들이 걸어갔던 굴절

---

11) 비교. 『金麟瑞著作全集』 제5권, pp. 243, 245.

 경제 문제와 기독교윤리

의 길을 걸어갔던 것이 사실이다. 그러나 중요한 것은 민족 해방 이후 개인적인 과거사에 대해서 어떻게 처리하고 있는가 하는 점일 것이다. 인간은 누구나 범죄할 수 있고 실수할 수 있다. 그러나 우리는 자신의 범죄와 실수를 고백하고 회개하는 모습에서 한 인간의 됨됨이와 새 가능성을 보는 것이다. 남은은 《신앙생활》지를 속간하고 속간 이전인 1950년 봄에 썼던 글을 가필해서 1952년 9/10월호에 "일제 핍박하에 범한 죄과를 회개함"이란 제목의 글을 게재했다(2.398-400). 그는 이 글에서 일제하 자신이 범한 죄의 내용을 먼저 고백했다.

> "나는 일제 말기에 일기경례(日旗敬禮) 궁성요배(宮城遙拜) 만주항거요배(滿洲皇居遙拜)를 하였고 창씨하였으며 국방헌금 하였으며 誌上(지상)에 일본 시국문을 기재하였으며 일제 국민선서(國民宣誓)를 창독(唱讀) 又 게재한 일이 있다. 이는 민족 양심상 又 신앙 양심상 오점(汚點) 되는 것도 있다."

그는 신사참배를 하지는 않았다 하더라도 이에 항전하지 못했고 민족 양심상 신앙 양심상 오점을 남겼던 이유를 진술하게 고백했다.

> "이유는 첫째는 살아남아시 글 쓰고 싶은 욕심에서요, 둘째는 三一獄苦를 생각하고 두 번 다시 옥고를 감당할 용기가 나지 아니함이요, 셋째는 소학생 이하 네 아이를 부탁할 곳이 없기 때문이다."

그래서 남은은 순교자들의 신앙의 위대성을 특별히 강조했다.

> "순교자들이 자기의 죽음보다 절박한 사정의 老親 幼兒를 뒤에 두고 사소(死所)를 향하여 용감히 나가는 것은 참 위대한 신앙이

다. 나와 같은 자는 一身一死는 각오하면서도 절박한 사정에 실패
하였다. 사정보다 신앙의 不及이다."[12]

그가 일제하 자신의 죄를 고백했던 것이 형식적인 것이 아니라 진실
한 것이었음을 다음의 글은 입증한다.

　　"지금 와서 당시의 시국문을 보면 附日이란 점보다 거짓말을 그
　　반대의 참말처럼 기록한 점이 더욱 부끄럽다. 너는 일제 시국문을
　　쓴 놈이 무슨 정통이냐고 혹은 대면하여 혹은 편지로 욕하는 사람
　　이 적지 아니하다. 교회 모 신문사에서는 나를 천하에 성토하기 위
　　하여 일제 당시 誌上記錄을 동판에 옮겨 두었다고 들었다. 이런 욕
　　과 성토는 내 생전에만 감수할 뿐 아니라 千秋之下에 내 백골이라
　　도 무덤 속에서 그 책망을 감수하고자 한다."

그러나 신사참배일에 자기 대신에 가족이 끌려가 신사참배하도록 한
것과 동회에서 神宮名 쓴 지함(紙函)을 10전 주고 산 것을 철저히 통회
했던 남은이 성경 앞에서는 자신을 정죄하지 못한다면서 가이사에게
납세하라 하신 예수님의 말씀과 권세 잡은 자에게 복종하라 한 바울의
명령을 운운했던 것은 성경 해석의 시대적 한계로 보인다.[13] 한편 다른
글에서 남은은 신사참배에 대한 처리 문제가 한국 교회를 분란케 하고

---

12) 비교. 『金麟瑞著作全集』 제6권, p. 228.
13) 비교. K. Jaspers, *Die Schuldfrage. Ein Beitrag zur deutschen Frage*, 4. Aufl.(Zurich,
　　1947), p. 52 이하. 야스퍼스는 죄 고백과 관련하여 범죄자의 범죄적인 죄, 정치인의 정치
　　적인 죄, 비양심적인 개인의 도덕적인 죄, 하나님 앞에서의 형이상학적인 죄로 구분하
　　였다. 이에 비추어 본다면, 남은의 죄 고백은 도덕적인 차원의 죄 고백으로 분류할 수 있
　　을 것이다.

있다는 점에서 예수 그리스도의 속죄의 피를 강조하기도 했다.

> "요즘에 신사참배죄는 出獄 목사에게 가야만 회개가 되고 사유
> 함을 받는다는 것은 로마법왕의 사죄권과 같고 예전 율법주의와
> 마찬가지로 예수의 피와 출옥 성자의 종교적 행위를 동일시하는
> 것이다. 이는 복음을 변(變)하는 것이다." (3.535)

우리는 일제하 남은의 죄 고백이 해방 직후에 바로 나오지 않았다는
것, 그리고 그의 《신앙생활》지 속간과 함께 즉시 나오지도 않았다는 것
이 아쉽기는 하지만, 죄 고백의 높은 관문을 통과한 점에 대해서는 높
이 평가해야 할 것이다.

(2) 한국전쟁에 대한 이해

남은은 《신앙생활》지를 6 · 25 한국전쟁 중에 속간하였기 때문에 민
족 최악의 상황을 야기한 전쟁에 대해서 자신의 견해를 곳곳에서 피력
하고 있다. 그에게 있어서 이미 저질러진 한국전쟁은 민족의 전환점이
자 새로운 기회였다.

첫째로, 남은은 한국전쟁의 원인을 민족의 죄악과 올바르지 못한 신
앙에 두고 있다. 그는 "오늘 한국에 진실치 않은 신앙, 경건치 못한 예
배, 地方熱 싸움은 다 거룩치 못한 불이라. 이것이 재앙의 원인이 되는
줄 아는가, 모르는가?" (6.214) 소리치는 한편, 민족이 범한 우상숭배의
죄악을 나열하고 있다.

> "하나님! 우리는 죄인이로소이다. 우리의 열조가 중국 귀신을 제
> 사하였고, 이 백성이 인도 귀신을 숭상하였나이다. 하나님을 배반

하였는지라 서로 속이고 서로 싸우는 악한 백성이 되었나이다. 그
러므로 한 무제와 당 태종의 칼에 죽은 자 만고에 원한이 되고 몽고
인과 만주인의 손에 죽은 자가 동방에 진토되었고 임진 이래 일인
의 칼에 흐른 피 마르기 전에 대전란(大戰亂)이 이 땅에 벌어지니
죽고죽고 또 죽나이다."(1.215)

또한 남은은 4천 년 민족의 역사가 하나님 앞에서 죄악의 역사였기
때문에 타 민족에 의한 전란이 끊임없었다고 보고 있다.

"우리 민족의 역사를 돌아보아 고구려의 강포(强暴), 백제의 간
악(奸惡), 신라의 해족(害族), 고려의 부패(腐敗), 이조의 당쟁(黨
爭) 등이 모두 4천 년 죄악사다. 그 결과 한인과 몽고의 元人과 淸
의 滿人과 일본 등 제강인(諸强隣)의 칼에 3천 년의 유혈참극이 계
속하였다. 이제 와서는 유사 이래의 大殺戮者 소련의 잔학(殘虐)을
받고 있는 것이다."(6.246f)

그러나 남은은 국제 정치의 현실 속에서는 소련의 사주를 받은 김일
성과 조선공산당이 한국전쟁의 원인이었음을 간과하지 않고 있다.

"스탈린이 케페우의 살상 정책에 충실한 실행자를 물색함에 동
구의 티토는 이에 낙제하고 동아의 모택동이 이에 급제하고 조선
의 김일성이 이에 최우등이다. 스탈린이 무자비 학살을 제 동포에
게 실행할 적임자를 조선에서 택하였기 때문에 세계적 대살상의
실험을 조선공산당에게 지령한 것이 곧 한국동란이다."(2.380)

둘째로, 남은은 한국전쟁을 민족적인 회개의 기회로 삼고 있다.

"내가 불탄 성읍을 우는 것이 아니오라 이 백성의 죄악을 통곡하
옵고 무너진 예배당을 슬퍼하는 것이 아니오라 우리의 죄악을 통
곡하나이다. …번화한 거리에서 범한 죄악을 폐허에 엎디어 회개
하옵고, 벽돌 예배당에서 지은 죄를 재 위에 앉아 회개하나이다."
(1.255)

그러나 그는 누구보다도 한국 교회가 먼저 회개할 것을 촉구하고 있다.

"하나님은 한국 교회의 회개를 먼저 요구하신다. 그런데 한국 교
인은 회개하지 아니한다. 일제시대와 민국 시대에 변한 것이 무엇
이냐? 6 · 25 이전과 폐허 이후에 변한 것이 있느냐? 아무 반성이 없
다. 교회가 회개하기 전에 정부의 부패를 논하지 말라. 天照大神
목사를 聖壇에 세우고 인민의 죄를 책하지 말라. …교회부터 회개
하자." (2.418f)

특히 그는 한국 교회 안의 내적인 분열을 회개하라고 강권하고 있다.

"남북통일을 기도해야 할 교회가 교회 안에 삼파전의 38선을 쌓
아 놓고 두들기며 싸우고 있으니 교회의 38선 무너지기 전에 마
(魔)의 38선은 터지지 아니한다. 먼저 죄를 회개하라. 먼저 교회의
38선을 터치라." (2.536)

셋째로, 남은은 한국전쟁을 한국 교회와 한국 민족의 연단의 과정으
로 보고 있다.

"개인만 아니라 교회나 민족도 연단과 훈련을 겪고야 거룩하여
진다. 이스라엘은 외국의 전란을 만날 때마다 경성하고 회개하였

으며 교회도 로마 핍박 시대에 거룩하여졌고, 콘스탄틴 황제가 국교를 만든 뒤에는 도리어 부패하여졌다. 오늘 한국 교회가 일제 36년의 고난을 받고 계속하여 赤亂의 환난을 받는 것도 정금과 같은 보배를 만들기 위한 연단이니 잘 참고 이기사이다."(6.263)

그래서 그는 한국전쟁의 휴전을 앞둔 1953년 《신앙생활》지 3/4월호에서는 한국전쟁을 새 나라 새 교회 건설의 전기로 삼고자 제안하였던 것이다.

"하나님께서 우리를 불에서 꺼낸 것은 버리고자 함이 아니요 예루살렘 재건에 사용하고자 함이다. 한반도 폐허에 새 나라 새 교회를 건설하고자 함이니 회개함으로 준비하자."(6.217)

넷째로, 남은은 한국전쟁을 섭리하거나(2.413) 종지부 찍고 평화를 가져오는 것은 회의나 약조에 있는 것이 아니라 하나님과 관계하는 영혼들과 하나님 자신이라 보고 있다(1.588). 죄인된 인간은 전쟁을 일으키지만 하나님은 화평케 하는 아들들을 통해서 평화를 가져오신다는 것이다. 또한 남은은 한국전쟁의 한 가운데서 예수 그리스도의 십자가와 부활의 사건을 통해 마지막 희망을 붙잡고 있다.

"머리가 부숴지고 오장이 찢어지는 자가 다 어미의 사랑하는 아들이요 사지가 끊어지고 허리가 부러지는 자가 다 아내의 기다리는 남편이로소이다. 오! 이 비참한 피를 통하여 골고다의 십자가를 보게 하시옵소서. 통분할사 백의민족 멸절의 관두에서 부르짖나이다. 우리 민족 전부를 드리어 사망 권세를 이기시고 부활하신 예수를 가지게 하시옵소서. 그리하여 당신의 생명에서 재생하는 민족,

당신의 의에서 부흥하는 나라가 되게 하시옵소서." (1.260)

(3) 반공과 민족통일

6 · 25 한국전쟁 이래로 남은은 그가 일제하에서 비판했던 공산주의를 보다 철저히 반대하는 반공주의의 계열에 머물렀다. 그러나 그의 반공주의는 독재 정권 시대의 정권 안보나 맹목적인 비판과는 차원을 달리했다.

첫째로, 남은은 숙청과 무자비한 살상 때문에 공산주의를 반대했다.

> "맑스의 계급 투쟁에 레닌이 프롤레타리아의 독재를 가하고 레닌의 독재에 스탈린이 게페우 정책을 가하여 비밀경찰에 걸리는 대로 血肅淸을 단행하니 이제는 무자비 살상의 세상이 되었다. 사람들은 사회혁명 뒤에 지상천국이 된다고 기다렸으나 얻은 것은 세상 지옥이다." (2.379)

둘째로, 남은은 공산당의 박해로 인해 해방 전과 해방 후 수많은 성도들이 살해되고 순교하였기 때문에 공산주의를 반대했다. 특히 6.25 한국전쟁 기간 동안 기독교인들의 순교는 전국적인 단위에서 이루 말로 다 할 수 없을 정도로 많이 생겨났기 때문이다. 시울에시는 인길선 목사, 김예진 목사, 주채원 목사, 김응락 장로 등이 순교하였고, 남궁 목사를 비롯하여 많은 기독교인들이 납북되어 그곳에서 살해당했다. 전라도에서는 원당교회 교인 75명 중 73명이 살해되었고, 김주현 목사를 위시하여 목사 7인과 유남주 장로가 순교하였으며, 손양원 목사 외 성도 120여 명은 여수감옥에 수감되었다가 살해당했다. 황해도에서는 김익두 목사 외 8명의 성도들이 새벽기도회 중에 총살당했고, 임기주목사, 김영윤 목사, 원춘식 목사, 박경구 목사, 오원기 장로, 정일선 목사, 백인숙 전도사 등도 살해당했으며, 그 중 몇 사람은 시체조차 찾지 못하였다. 함경도에서는 조희염 목사, 김연 목사, 김형태 집사, 이무기 장로, 김경순 전도사, 권의봉 목사, 김진수 목사, 그리고 수많은 이름 모를 성도들이 살해되고 순교했다. 남은은 이 지역뿐만 아니라 전국에 서 많은 성도들이 살해당했음을 알게 되었고, 주님의 목회자들과 성도 들을 사랑하는 입장 위에서 공산주의를 반대하였다고 볼 수 있다 (5.503ff).

셋째로, 남은은 동양의 예루살렘 평양과 이북에 있는 3천 교회 예배 당이 폐허가 된 현실 속에서 주님의 교회를 사랑했기 때문에 공산주의 를 반대했다.

> "동양의 예루살렘 평양의 현재는 어떠한가? 열 번 스무 번 폭격 하여 도읍과 촌락은 폐허요 3천 제단은 무너졌도다. 적도(赤徒)가 죽이다가 남은 자를 오랑캐가 사로잡음이여 여자들이 거리에서 능 욕을 당하도다. 유사 이래 최대의 처참(悽慘)과 치욕(恥辱)!" (6.150)

그는 이 포학 무쌍한 공산주의 군대를 붉은 용의 군대로 지칭함으로 써 기독교의 적대적인 세력으로 규정하고 있다(6.348f).

이러한 반공의 입장에서 남은이 그릴 수 있는 민족통일의 방식은 무 력통일 내지는 북진통일이었다.[14] 그는 민족의 통일과 교회의 회복을

---

14) 비교. 김인서, 『이승만 박사를 변호함』(서울, 1963). 남은의 이와 같은 입장은 반공투사 로서 북진통일의 통일관을 지니고 있었던 이승만 대통령이 하와이에서 외롭게 죽자 그를 적극적으로 변호하게 하는 동기가 되었다고 본다.

위해서라면 제3차 세계 대전 같은 전쟁까지도 환영하였다.

> "하늘의 불이 모택동의 북경에 쏟아지는 날 만국의 예물이 이승
> 만의 서울에 폭주(輻輳)하리. 하나님의 진노가 스탈린의 모스크바
> 에 쏟아지는 날에 예수의 은혜 길선주의 평양에 다주 풍족하리."
> (6.153)

1953년 《신앙생활》지 3/4월호에서 그는 북진의 기회는 왔으나 회개
의 준비가 되어 있지 않은 한국 교회의 현실을 안타까워했다.

> "나는 분명히 고하노니 북진의 기회는 왔다. …이상은 세계 정세
> 요 우리의 기회이다. 그러나 기도 중에 보는 한국 사람과 한국 교회
> 는 아직 멀었다. 회개가 되지 않았다."(1.134)

그래서 그는 1953년 《신앙생활》지 7/8월호에서 이북은 이남이 찾아
회복해야 할 곳인데, 통일에 이르지 못하고 정전하게 된 것을 심히 한
탄하였던 것이다.

> "3 · 8선은 웬일이며, 백만 용사의 피 위에서 통일 없는 정전은
> 이 무슨 화인가? 삼천리금수강산은 처량하도다. 이북 강산은 언제
> 찾나."(6.233)

그러나 그는 민족의 문제를 궁극적으로 의뢰할 수 있는 분은 순교자
들의 피를 신원하시는 위에 계신 하나님뿐이심을 분명히 했다.

> "순교자의 아버지 하나님이시여! 저 붉은 군대도 이 땅에서 일소

하실 줄 믿습니다. 순교자들의 피는 호소합니다. …옛적 로마의 순
교자들은 한 나라와 싸웠지만 우리의 순교자들은 침략자 일본과
또다시 무자비한 소련 또는 중공과 싸웠습니다. 동북방에는 포악
한 2억만의 소련, 서북방에는 흉악한 6억만의 중공이 침입했고 남
에는 전일의 박해자 일본이 건너다보고 있습니다. 이렇게 우리는
사방으로 포위되어 동서남북 어느 방면에나 살아날 길이 막혔습니
다. 뒤에는 애굽 추병 앞에는 홍해, 그러나 위에는 하나님이 계십니
다. 순교자들의 아버지 하나님이 계십니다. …우리는 위에 계신 하
나님의 구원만 기다립니다. 하나님이여! 십자가의 제단에 붓는 순
교의 피를 신원하여 주시옵소서! 3·8 이북에서는 지금도 순교의
피가 흐르고 있습니다. 이 피의 역사를 듣고 주님 앞에 간구하옵기
는 철의 장막 속에서 신음 고통하는 형제자매를 속히 구출해 주시
옵고 순교자들의 유가족을 돌보아 주시옵소서." (6.260f)

(4) 국가와 교회

사회사상적인 측면에서나 사회윤리적인 측면에서 국가에 대한 이해
와 교회에 대한 이해 그리고 국가와 교회의 관계에 대한 이해는 참으로
중요한 항목이다. 여기서 필자는 국가와 교회의 관계에 대한 남은의 이
해를 중심으로 살펴보고자 한다.

첫째로, 남은은 국가 번영의 중심에는 교회와 기독교 정신이 있음을
밝히면서(2.445), 청교도들이 세운 미국의 민주주의와 그 이면의 기독
교를 배워야 함을 주장하고 있다.

"현재의 세계 지도권이 미국인에게 돌아간 사실만은 분명하다.
이는 미국을 의뢰하자는 말이 아니다. 세계를 알려면 미국을 배워
야 하고, 미국을 배우려면 미국의 정신인 예수교를 배워야 한다."
(2.365f)

 경제 문제와 기독교윤리

그래서 남은은 인류 문화에 일찍부터 공헌했지만 지금은 쇠퇴하고 있는 영국에 대해서 회개하고 퓨리턴의 정신을 회복할 것과 미국인을 시기하지 말고 세계 지도권의 양도섭리에 순종할 것과 같은 신앙의 미국인들과 힘을 합하여 반기독교 적색 국가를 속히 쳐부술 것을 충고하고 있다(2.450). 남은은 예수를 받은 아메리카 본토인은 말살되지 않고 문명의 번영을 경험하고 있지만 예수를 거절한 아메리카의 다른 본토인들은 흔적조차 없이 사라졌다고 말하면서(2.395-398), 한국인들에게 아세아 樂土의 주도적인 국가가 되도록 예수를 받아들일 것을 제안하고 있다.

"파타고니아 불모지에서 遊離 自滅하는 본 아메리카인을 보라. 대한 민족은 死의 土産 민족주의를 벗어버리고 예수를 옷 입으라. 나의 사랑하는 동포여! 생명의 구주 예수를 받아 신생 민족으로 아세아 樂土의 새 주인 되어지이다."(398)

둘째로, 남은은 「3·1 독립선언문」의 정신을 반성하면서 건국 운동을 위해 신앙을 수단화하기보다는 신앙이 건국 운동보다 우선이어야 함을 명백히 하고 있다.

"대한독립 운동은 서재필, 이승만 이래 예수교회를 근거로 하여 왔고 민족 대표 중 반수가 기독교인임에도 불구하고 그 독립선언문에 하나님과 祖靈을 바꾸었고 기독교 근본 교의를 위반하였고 제1 제2 계명을 침범하였고, 여기에서부터 祖靈 신사참배가 승인되었다. 기독교 대표들은 선언서 초안을 신앙 입장에서 검토하였던가? 교인의 피를 요구하는 역사적 운동에 신앙을 묻지 아니하였고 피로 기록하는 역사적 대문자에 하나님을 찾지 아니하였다. 기

독교 대표들이 교회보다 국가를 사랑하였고 교회나 신앙보다 독립
운동에 열심하였다. 교회를 이용하고 교의를 불문에 붙인 것은 신
앙의 실패다."(2.387)

그래서 남은은 애국가의 한 소절인 "하나님이 보호하사 우리나라 만
세"를 대한 건국의 근본정신으로 제시하고 있다.

"애국가의 하나님은 우리 민족의 하나님이시요 예수교를 통하여
우리가 더욱 분명히 알게 된 우리 주 예수의 하나님이시다. 만국 홍
망을 주장하시고 만국의 立滅과 인류의 생사를 主宰하시는 하나님
이 우리나라의 만세반석이시니 하나님이 보호하사 우리나라 만
세."(2.383)

그러나 남은은 교회가 국가에 예속된 기관은 아니며 그 고유의 구령
사업과 양심 회복을 감당함으로써 국가에 기여할 것을 강조하고 있다.

"교회는 교회로서의 사명이 있는 것이니 하나님의 말씀으로 국
민의 양심을 살리고 복음으로 만민을 구원할 것이니 시대의 요구
에 순응하는 문화 기관도 아니요 국가에 예속한 어용 기관도 아니
다."(6.228)

셋째로, 남은은 국가의 重修와 교회의 重修를 동일시하면서 애국의
눈물과 기도 그리고 진실한 회개를 촉구했으며(6.156f), 새 나라 새 교
회를 수축하기 위해서 회개는 절실하다고 주장했다.

"오늘 우리도 일제시대에 범한 죄 곧 누추한 옷을 벗고 새 옷을

입어 새사람 되어야 새 나라 새 교회를 세울 수 있다. 그런데 아직 일제시대의 범죄는 결코 용서함을 받지 못한다고 참소하고 있다. 그러나 여호수아의 누추한 옷을 벗기신 하나님은 예수의 보혈공로로 우리의 누추한 옷을 벗기신다."(6.169)

나아가 그는 교회의 회개가 전제되지 않고서 국가의 발전은 있을 수 없음을 강조했다.

"나도 폐허에서 외친다. 무너진 하나님의 제단을 수축하자. 금등대의 교회를 재건하고자 하는 자는 먼저 일제의 누추한 옷을 벗으라. …하나님의 교회가 정화되지 못하고서는 한국의 그날(그리스도가 통치하시는 새 세계의 날)은 오지 못한다."(3.322)

그래서 그는 정부의 부패를 논하기 전에 교회가 회개해야 함을 역설했다.

"교회가 회개하기 전에 정부의 부패를 논하지 말라."(2.418)

이처럼 남은에게 있어서 교회와 신앙은 국가 발전과 번영을 위해 절대 필요한 전제 조건이 되고 있다. 그러나 남은은 교회와 신앙이 국가 발전과 번영을 위한 수단이기보다는 신앙적 우선성이 국가 발전과 번영을 결과적으로 가져온다는 인식을 동시에 견지하고 있다. 이러한 인식은 오늘날 물질 만능의 시대에 하나님과 맘몬을 동시에 섬기려는 사람들이 주시해야 할 부분이다.

3. 남은의 사회사상의 신앙적인 뿌리

지금까지 우리는 남은 스스로 체계화시킨 적이 없는 그의 사회사상을 세 시기로 구분하여 그의 사회사상에 있어서 기독교 신앙은 항상 기본적인 배경이 되고 있음을 살펴보았다. 이제 우리는 이 점을 보다 명확히 정리하고자 한다.

첫째로, 남은의 사회사상은 신앙의 정체성에서 출발하는 관계성의 맥락에서 표출되고 있다. 우리는 이 사실을 무엇보다 1932년 1월《신앙생활》지 창간호의 창간선언문 두 번째 강령에서 발견할 수 있으며, 그는 이 선언문의 논지를 30년 이상 일관되게 견지하였다고 평가할 수 있다.

> "그리스도께서 주시면 우리는 받고 그리스도께서 요구하시면 우리는 드리며 그리스도께서 靜하시면 우리도 따라 靜하고 그리스도께서 動하시면 우리도 따라 動하나니 이는 신앙생활의 用 곧 실천이다."(1.26)

이처럼 남은의 신앙생활과 실천적인 삶의 모든 출발점은 바로 신앙의 내용 자체인 예수 그리스도에게서 비롯되고 있으며, 남은은 예수 그리스도의 십자가의 사건을 "믿을 십자가와 배울 십자가"의 양 차원으로 구분함으로써 신앙의 정체성과 관계성을 설명하기도 했다(2.66-68). 믿을 십자가는 믿는 신앙으로서 신앙의 근본이고 원인이며 반석인 반면에, 배울 십자가는 신앙의 생활로서 지엽이고 결과이며 건축이라는 것이다. 기독교 신앙생활은 믿을 십자가라는 구원의 은혜와 배울 십자가라는 희생적인 삶으로 구성되는데, 어느 한 쪽을 결하면 정도(正道)의 신앙이 될 수 없을 뿐만 아니라 오히려 적대적일 수 있다는 것이다.

> "십자가를 신앙하되 십자가를 지지 못하는 사람은 자기의 구원
> 을 이루되 남을 건지는 자는 못되는 것이요, 예수를 따라 십자가를
> 지고 교회와 인류를 위하여 피를 흘릴 수 있으되 믿을 십자가를 얻
> 지 못한 仁人賢者는 스스로 예수의 자리에 앉아 도리어 십자가의
> 적이 될 수 있는 것이다."(2.67)

남은은 믿을 십자가와 배울 십자가라는 이 두 차원을 "신앙의 수직
선과 평행선"의 맥락에서 다시 강조하기도 했다(2.72-73). 신앙의 수직
선은 하나님과의 사귐이고, 신앙의 평행선은 이웃과 사회에 대한 섬김
인데, 신앙의 본체인 하나님과의 관계만을 알고 평행 관계를 모르는 신
앙은 불완전한 신앙이라는 것이다. 남은의 이러한 인식은 야고보서 기
자의 행함이 없는 죽은 신앙과 행함이 있는 산 신앙을 통해 성서적으로
더욱 강화되고 있다(2.77-79). 야고보서 기자는 신앙이 없는 행(行)의
윤리를 말하는 것이 아니라 행함이 있는 산 신앙을 권면하는 것이며,
믿음이 죽으면 진정한 행함도 있을 수 없고, 따라서 행위는 언제나 신
앙에 정비례한다는 것이다.[15] 이처럼 남은은 자신의 현실 사회에 대한
관심과 그 안에서의 평행적인 신앙적 행위의 삶을 철저히 수직적인 신
앙적인 동기에서 출발하고 있는 것이다.

둘째로, 남은의 사회사상은 시대 문제와 씨름하는 그의 역사적 민감
성의 맥락에서 표출되고 있다. 그는 조선 교계의 상황을 언제나 주시하
면서 그 상황에 대한 신앙적 대안을 제시하고자 노력하였고, 조선 사회

---

15) 비교. 『金麟瑞著作全集』 제3권, pp. 567-568. 남은은 1954년 갈라디아서 강의에서도 信
   行合一의 차원을 동일하게 강조하고 있다.

의 문제를 아파하면서 그 문제를 신앙적으로 해결하고자 전력하였으며, 세계 교계와 국제적인 상황을 직시 반성하면서 조선 교계와 사회를 조명하고 대안을 마련하는 배움의 기회로 삼고자 했다. 그래서 그는 각 교파의 총회가 있을 때마다 총회의 논제를 보고하며 주요한 논제에 대한 자신의 입장과 대안을 제시하였고, 개별적인 교회들의 문제가 야기될 때는 산 넘어 불 보듯이 지나치지 않았다.[16] 또한 그는 국내외에서 벌어지는 정치 경제 사회 문화 전반의 문제들을 자동 안테나처럼 수신하여 소개하였고, 그 문제들을 기독교 신앙의 시각에서 바라보고 해명함으로써 새로운 전환의 기회로 삼고자 했다.[17] 이처럼 남은은 신앙의 수직적인 차원을 현실 상황에 대한 인식 없이 교조적으로 외치려 하지 않았고, 신앙의 사건이 현실 한 가운데서 일어나도록 현실 상황에 대한 관심을 언제나 견지하였던 것이다.

셋째로, 남은의 사회사상은 하나님의 뜻을 세우려는 예언자적인 사명감의 맥락에서 표출되고 있다. 남은 자신은 예언자를 다음과 같이 이해했다.

> "정직한 양심과 백전불굴의 용기와 투철한 신앙이 있어 참 예언자가 될 수 있는 것이요, 하나님의 분명한 말씀이 임하여 참 예언이 있는 것이다. 하나님이 평안을 말하라 하매 평안을 말하고 하나님이 멸망을 선포하라 하매 멸망을 말할 수밖에 없는 것이다." (1.42)

---

16) 비교. 『金麟瑞著作全集』 제1권, p. 367 이하, p. 374 이하; 제2권 p. 370 이하, p. 161 이하, p. 180 이하, p. 494 이하, p. 509 이하; 제6권 pp. 165, 338.

17) 비교. 『金麟瑞著作全集』 제1권, p. 397 이하; 제2권 p. 116 이하, pp. 163, 326, 338, 436 이하.

그러나 하나님은 예언자로 하여금 대개는 죄와 벌을 경고하는 말씀을 먼저 신언하시기 때문에 예언자는 하나님 안에서 희망의 소식을 잃지 말아야 한다고 했다(1.32). 남은은 자신이 창간한 《신앙생활》지가 시대에 항의하는 예언이 그 이유였다고 말하면서, 시대사조에 휩쓸리는 학도를 쫓아버리기보다는 가르치고 감화시키는 것을 교회의 책임이라고 함으로써 심판의 예언까지도 사랑과 희망의 예언으로 이어져야 함을 직시했다(2.498). 그래서 그는 6·25 한국전쟁의 폐허 한 가운데서도 회개와 함께 민족의 비전을 예언했던 것이다.

> "지금 이북 3000 제단이 무너지고 죽이는 중에도 신자는 더 번성하니 대한민국 그리스도화할 날이 올 것이다. 38도선을 중심한 한반도는 지리적 축복이 이스라엘과 같고 하나님을 아는 한민족은 종교적 天分이 이스라엘과 같다." (6.280)[18]

한편 남은은 예언자는 죄악을 책망하며 멸망을 예언하는 것이라서 듣는 자가 박해하고 예언대로 멸망을 보아야 하므로 고통이 크다고 전제하면서(2.388), 1954년 《신앙생활》지 12월호에서는 그 자신도 전도 40년의 세월을 돌아볼 때 예언자로서의 고통을 맛보았노라고 회고했고(1.268), 1955년 《신앙생활》지 9/10/11월호에서는 至上强制에 붙들려 30년 동안 신앙생활지로서 예언의 경고를 발하였으나 자신은 막대한 損害를 입이 왔다고 회고했디(2.555). 이처럼 남은은 삶의 상황을 판단하는 기준을 무엇보다 하나님의 뜻에 두었고, 비록 남들이 인정하지 않는 고통스럽고 외로운 예언자의 길이었지만, 교회와 민족에 대한

---

18) 비교. 『金麟瑞著作全集』 제6권, p. 199.

애정 속에서 그 길을 꿋꿋하게 걸었던 것이다.

4. 나가는 말

남은은 1951년 《신앙생활》지 7/8월호 속간지를 쓰면서 자신의 친한 이들이 영광의 순교를 당하였건만 자신은 남아 있음을 부끄러워하면서, 하나님의 성경을 가슴에 품고 수난의 한국 교회를 등에 걸머지고 주님의 자취를 따라 순교의 길을 걷는 것이 남아 있는 자신의 신앙 과제임을 밝히고 있다(2.361f). 그는 신앙 위에 우뚝 선 하나님의 남은 종이자 이 시대를 살고 있는 우리에게 위대한 신앙인으로 남아 있는 분이시다.

남은은 신앙 초창기에는 민족주의에 경도되어 있었으나 출옥한 이후로는 하나님의 손에 붙잡힌 전도자로서 무엇보다 하늘나라에 대한 소망으로 가득 찼던 분이시다. 그에게 있어서 하늘나라는 이 세상의 모든 이데올로기를 상대화하는 준거였고, 교회가 전개하는 운동이나 사업보다 전도를 시급하게 감당하도록 요구하는 동기였다(6.42f). 그가 이해했던 하늘나라는 개인 윤리적인 차원에 머물러 있어서 사회윤리적인 지평을 열기에는 역부족이었던 한계가 있다. 그러나 우리는 삶의 어떤 것보다 신앙을 우선시 하는 그의 순수한 신앙적 열정만은 대단히 컸음을 인정해야 할 것이다.[19]

이제 우리는 남은의 사회사상의 강점과 한계를 정리함으로써 나가는 말을 대신하려고 한다.

첫째로, 신앙 초창기 남은의 인도주의와 항일 민족주의는 나중에 3C(Christ, Church, Corea)로써 균형을 이루고 있음을 볼 수 있

---

19) 비교. 『金麟瑞著作全集』 제2권, p. 158 이하; 제4권, pp. 163 이하, 459.

다.(2.336) 이는 말씀과 신앙 전통과 상황 그리고 행위의 주체를 동시적으로 주시해야 하는 사회윤리적 통찰의 중요한 부분으로 발전시킬 수 있다는 점에서 그의 탁월한 이해라 할 수 있다.

둘째로, 남은의 조선인과 조선 사회에 대한 이해는 지금 이 시대를 살고 있는 우리들에게도 어느 정도 설득력을 지니고 있다. 그것은 우리 민족이 떨쳐 버려야 할 부끄러운 민족성을 지시하고 있기 때문이다. 그러나 그의 사회상이 민족성의 내면에 멈추고, 사회 구조적인 차원으로 확장되지 못함은 그의 인식적인 한계라 할 수 있다.

셋째로, 당시 기독교인의 수가 30만인 상황에서 농촌운동, 문화운동 등 각종 교회의 사업들보다는 전도 사업을 시급한 과제로 본 남은의 입장은 부분적으로는 정당했다. 선교의 다양한 과제에 있어서 전략적인 안배로 볼 수 있기 때문이다. 그러나 양적인 선교와 질적인 선교를 동시적인 과제로 설정하지 못한 것은 그의 신학적인 한계라 할 수 있다.

넷째로, 하늘나라의 소망, 사랑의 실천 등과 접맥되어 있는 남은의 세계주의는 원칙적으로 성서적이라 할 수 있다. 그러나 일본 제국주의 하에서 주장되는 세계주의는 민족 개체성을 부정함으로써 당시 일본 제국주의와 조선의 관계를 방치하거나, 지배와 종속의 구조를 강화하는 역기능적 요소가 될 수 있었는데, 이는 그의 상황적인 한계라 할 수 있다.

다섯째로, 남은의 죄 고백은 자기 은폐와 자기변명에 익숙한 역사적 경험 앞에서 높이 평가될 수 있는 부분이다. 그러나 죄 고백의 시기가 1952년 8월까지 무려 7년이나 유보되었던 것은 《신앙생활》지의 속간으로 인해 대두된 비판에 대해서 그가 뒤늦게 응답한 것으로 보인다. 그러므로 그가 죄 고백의 시기를 적절히 결단하지 못한 것은 아쉬움이라 할 수 있다.

여섯째로, 남은이 회개와 연단의 기회로 6·25 한국전쟁을 이해하고, 전쟁의 한가운데서도 희망을 보도록 한 것은 그의 공헌이라고 할 수 있다. 그러나 전쟁 자체의 죄악적인 차원을 강하게 부각시키지 못하고, 전쟁의 중지를 외치지 못한 것은 그의 전쟁관의 한계라 할 수 있다.

일곱째로, 현실 경험에서 제기된 남은의 반공은 어느 정도 정당했다고 할 수 있다. 그러나 용서와 화해 그리고 평화 공존의 가능성까지 나가지 못하고 반공 이데올로기에 순응한 것은 그의 시대적인 한계라 할 수 있다.

여덟째로, 교회의 재건이 국가의 재건을 가져온다는 남은의 신앙적 시각은 옳았다. 그러나 국가에 대한 구조적인 과제의 지평까지 열지 못하고 교회의 재건이라는 전자에 머물러 있었던 것은 그의 한계라 할 수 있다.

끝으로, 남은의 사회사상의 신앙적 배경이라 할 수 있는 관계성을 지향하는 신앙적 정체성과 현실 상황에 대한 역사적 민감성 그리고 현실 상황 속에 하나님의 뜻을 접목시키려는 예언자성은 사회사상을 전개하는 모든 이들에게 시대를 초월해서 요구할 수 있는 중요한 인식이라 할 수 있다. 이것이야말로 남은의 부분적인 다른 한계들을 압도하는 최대의 강점이라 할 수 있다.

남은 김인서가 하나님의 부르심을 받은 지도 어느덧 한 세대하고도 10년이 더 지났다. 그는 조선이 낳은 신토불이 무관의 신학자였지만, 아직 이 시대에 그만한 신학자를 만나기가 쉽지 않을 만큼 큰 신학자였다. 그는 깊은 영성의 소유자요 성령의 사람으로서, 천박한 현대 기독교인들에게 지금도 깊은 영성적 삶으로 도전하고 있다. 이제 우리는 그가 예시한 신앙적 정체성과 역사적 민감성 그리고 하나님의 예언자성을 사회 구조 한가운데 적극적으로 접맥시키는 것이 우리에게 맡겨진 소중한 과제임을 잊지 말아야 할 것이다.